HISTÓRIA CONTEMPORÂNEA

I

IMPRENSA DA UNIVERSIDADE DE COIMBRA
COIMBRA UNIVERSITY PRESS

U

Diretor Principal
Maria Manuela Tavares Ribeiro

Os originais enviados são sujeitos
a apreciação científica por referees.

Assistente Editorial
Marlene Taveira

Comissão Científica
Agnes Szilagyi
Universidade Eötvös Loránd (Budapeste)

Alice Kessler-Harris
Columbia University

Álvaro Garrido
Universidade de Coimbra

Daniel Innerarity
Universidad de Zaragoza

Hipólito de la Torre Gómez
UNED – Madrid

Ioan Horga
Universidade de Oradea – Oradea

Jean Garrigues
Universidade de Orléans

João Paulo Avelãs Nunes
Universidade de Coimbra

Jorge Alves
Universidade do Porto

Luís Reis Torgal
Universidade de Coimbra

Maria da Conceição Meireles
Universidade do Porto

Maria Luiza Tucci Carneiro
Universidade de São Paulo (Brasil)

Mariano Esteban Vega
Universidade de Salamanca

Maurizio Ridolfi
Università della Tuscia (Viterbo)

Rui Cunha Martins
Universidade de Coimbra

Sérgio Campos Matos
Universidade de Lisboa

Edição
Imprensa da Universidade de Coimbra
Email: imprensa@uc.pt
URL: http://www.uc.pt/imprensa_uc
Vendas online: http://livrariadaimprensa.uc.pt

Imagem da Capa
via pixabay.com

Infografia
Mickael Silva

Print by
CreateSpace

ISSN
2183-9840

ISBN
978-989-26-1161-7

ISBN Digital
978-989-26-1158-7

DOI
https://doi.org/10.14195/978-989-26-1158-7

Depósito Legal
425913/17

CLARA ISABEL SERRANO

ARTE DE FALAR E ARTE DE ESTAR CALADO

AUGUSTO DE CASTRO — JORNALISMO E DIPLOMACIA

I
U
IMPRENSA DA UNIVERSIDADE DE COIMBRA
COIMBRA UNIVERSITY PRESS

2 0 1 7 • C O I M B R A

Sumário

INTRODUÇÃO

O homem é uma corda esticada entre o animal e o super-homem: uma corda por cima do abismo; perigosa travessia. Perigoso caminhar; perigoso olhar para trás, perigoso parar e tremer[1].

Nascido em 1883, no ano da publicação de *Assim Falou Zaratustra* e da morte do compositor alemão Richard Wagner, o jornalista e diplomata Augusto de Castro viria a deparar-se na vida, como o próprio afirmou mais tarde, com "deliciosas ironias". Assim, veja-se que, enquanto *Zaratustra* pertenceu a um dos autores mais apreciados por Benito Mussolini – ditador italiano de quem Castro foi admirador confesso no decorrer das primeiras décadas do século XX e nascido, também ele, em 1883 –, já o desaparecimento do criador de *Parsifal,* deu o mote para um dos artigos mais nostálgicos de Augusto de Castro, que intitulou a sua penúltima obra, *Há oitenta e três anos em Veneza* (1966).

Nietzsche, a par de Schopenhauer e Stirner, havia celebrado a vontade, o eu, a ação individual. Mussolini reteve, da sua obra, "o modelo do «homem novo», forjado pela luta e apto a envolver-se em empreendimentos prometaicos"[2]. E "esticou a corda", no seu "quero viver

---

[1] NIETZSCHE, Friedrich - *Assim falou Zaratustra*. 15.ª Edição. Lisboa: Guimarães/ Babel, 2010, p. 29.

[2] MILZA, Pierre – *Mussolini*. Lisboa: Verbo, 1999, p. 99.

perigosamente"[3], por "cima do abismo", numa viagem "irreversível", em que se tornou impossível "parar" e "olhar para trás".

No entanto, a atitude de Augusto de Castro, perante a vida e as suas circunstâncias, seria muito diferente da exibida pelo ditador italiano. Viajante apaixonado, a sua jornada compreendeu muitas paragens, mas a prudência, a sensatez e o equilíbrio foram princípios norteadores, que impuseram um trajeto sem grandes perturbações. E, por isso, ao contrário do líder fascista, raramente o "perigo" constituiu o seu modo de vida, pelo que a "travessia" se caracterizou por uma aparente tranquilidade. Se esteve longe de ser um "super-homem", Castro teve, de facto, dois: Mussolini e Salazar, cada a um à sua maneira, ambos ditadores.

Uma viagem pela vida de Augusto de Castro Sampaio Corte Real é o que se propõe na obra *"Arte de falar e arte de estar calado": Augusto de Castro – Jornalismo e diplomacia*. Um título que, parafraseando o que Augusto de Castro deu a um dos artigos da obra *Imagens da Europa, vistas da minha janela*, sintetiza efetivamente, em nossa opinião, o ofício de um diplomata e de um jornalista: muitas vezes, a diplomacia e o jornalismo são feitos de palavras; outras vezes de silêncios. Se é certo que um diplomata deve possuir o firme domínio da oratória, já a diplomacia, como refere o embaixador António Martins da Cruz, é também discrição, atuação nos bastidores e comedimento público. E o mesmo se pode dizer do jornalismo. Muito embora, como bem sabemos, nem sempre assim é.

Augusto de Castro foi, essencialmente, um jornalista e um diplomata. De todas as atividades a que se dedicou, estas são as que, na nossa ótica, melhor definem a sua carreira e a sua personalidade. O jornalismo que, para si, sempre foi "a literatura do acontecimento", permitiu-lhe realizar a vocação de escritor, que, desde cedo, evidenciou.

---

[3] CASTRO, Augusto de – "O leão prostrado". In *Diário de Notícias*. Lisboa: Ano 79, domingo, 8 de agosto de 1943, p. 1.

A diplomacia, que acabou também por ser veículo da sua veia literária, possibilitou-lhe um contacto direto com realidades que sempre constituíram as temáticas predominantes dos seus escritos: a natureza, as viagens e a intelectualidade do seu tempo. O jornalismo e a diplomacia propiciaram-lhe, ainda, dar azo à sua personalidade de comunicador, de homem sociável e expansivo. Como ele próprio reconheceu, as palavras nunca lhe faltaram, embora, por vezes, tenha sentido que o silêncio era mais necessário do que as palavras.

Nascido em 1883, Augusto de Castro foi uma figura marcante da vida diplomática, política e cultural do século XX português. Ele acompanhou de perto as principais mudanças vivenciadas pelo país e privou com alguns dos principais atores políticos, económicos e culturais da cena nacional e internacional do seu tempo. Assim sendo, e na ausência de uma obra de fundo sobre este "homem público", o presente estudo intenta uma viagem pela vida de Augusto de Castro, sobretudo, no período compreendido entre a data do seu nascimento, 1883, e o seu regresso a Lisboa, em 1938, após a sua passagem à disponibilidade no Ministério dos Negócios Estrangeiros. Procurámos fazer um estudo de acentuado pendor biográfico. Um estudo que se inicia, mas que deixa algumas facetas e temáticas em aberto, que se pretendem objeto de trabalhos posteriores. Não se trata, pois, de uma biografia acabada do autor. Não é, sabemo-lo bem, uma biografia que define todo o perfil de Augusto de Castro. Porquê esta nossa opção?

A partir da Segunda Guerra Mundial, a biografia foi sendo afastada das produções historiográficas, sendo alvo de controvérsia, mesmo no interior de correntes renovadoras como, por exemplo, a *École des Annales*. Embora esta tradição historiográfica não tivesse abandonado a produção de biografias, era percetível uma clara demarcação deste género. Preteriu-se o sujeito individual e o acontecimento, em favor das abordagens macro-orientadas, estruturais, quantitativas e de longa duração.

A partir do final da década de 1970, com o surgimento de novas correntes historiográficas, em debate com a escola dos *Annales*, assistiu-se a um "retorno" ao indivíduo, através da revalorização da ação e dos atores na história. Se bem que Braudel tivesse preconizado que, pelo menos para as crianças até ao sétimo ano, a história deveria ter um rosto e, no *Mediterrâneo*, apesar de o grande protagonista ser o mar, a verdade é que não deixou de dar destaque à *histoire événementielle*, de que a Batalha de Lepanto constitui o melhor exemplo. Contudo, com o "renouvellement de l'histoire politique", proposto por nomes como René Rémond, Pierre Renouvin e Jean-Baptiste Duroselle, a biografia reassumiu uma posição de destaque, com o homem, esse "ser único de carne e osso", no dizer de Marc Bloch, a retomar um lugar central.

Neste contexto, muitos historiadores, sobretudo da contemporaneidade, apresentaram estudos de caráter biográfico. Ressalte-se Ian Kershaw, Paul Preston, Pierre Milza e Renzo de Felice, só para referir alguns dos que escreveram sobre ditadores da época do fascismo.

No "retorno" à biografia assistiu-se a um processo de profunda transformação das bases teórico-metodológicas da disciplina. Assim, uma primeira característica que marca as biografias históricas produzidas recentemente diz respeito à escolha dos personagens biografados. Na historiografia atual verifica-se um maior interesse pelo "homem comum": alguns estudos biográficos mostram que um indivíduo comum pode ser pesquisado como se fosse o microcosmos de todo um estrato social, num determinado período histórico. Outra das novas tendências do género biográfico é o seu objetivo central. Atualmente, um número significativo de historiadores procura refletir na articulação entre as trajetórias individuais e os contextos em que estas se concretizaram, sem cair no individualismo exacerbado. Uma biografia histórica representa ainda um desafio do ponto de vista do acesso às fontes. Por vezes, há planos da existência do biografado em que o silêncio da documentação encontrada não permite enunciar outra coisa senão os níveis de desconhecimento, propostos à fecundidade possível da reflexão a prosseguir com base em "fragmentos". Conforme refere José Miguel Sardica, em *Duque de Ávila e Bolama. Biografia,* "fazer uma biografia assemelha-se muito a fazer um *puzzle*: trata-se de descobrir e encaixar várias peças para uma imagem de conjunto que, afinal, permanecerá sempre incompleta"[4].

A biografia, mais do que qualquer outro género historiográfico, pressupõe uma estrutura narrativa. Contudo, como refere Luís Reis Torgal, em *António José de Almeida e a República*, esta tem "de supor uma constante reflexão crítica e interpretativa, no sentido objetivo e complexo da interpretação histórica, que implica, inclusivamente, um enquadramento de época"[5]. E aqui reside uma das maiores dificuldades do empreendimento biográfico: alcançar um equilíbrio entre a narração da trajetória seguida pelo indivíduo e a reflexão que a mesma deve suscitar, dado o frequente recurso à descrição dos factos. Tal como reconhece François Bédarida, biógrafo de Churchill, "longe de ser um exercício fácil, a tarefa revela-se tão temível quanto exaltante"[6].

Neste sentido, procurou-se entretecer uma linha narrativa com uma metodologia analítica, articulando-se o homem com o contexto global do seu tempo. Assim, seguindo uma ordem cronológica, a presente obra ensaia reconstruir os primeiros anos da vida de Augusto de Castro, repartidos pelo Porto e pela Quinta do Fontão, em Angeja, a sua formação, a sua propensão literária e os primórdios da sua carreira jornalística, detendo-se, *a posteriori*, na sua mudança para Lisboa, na sua ação enquanto parlamentar, na sua passagem por jornais de grande dimensão nacional, como o *Século (da Noite)* e o *Diário de Notícias*, e no essencial da sua carreira diplomática. Ao mesmo tempo

---

[4] SARDICA, José Miguel - *Duque de Ávila e Bolama. Biografia*. Lisboa: D. Quixote, 2005, p. 22.

[5] TORGAL, Luís Reis – *António José de Almeida e a República*. Lisboa: Círculo de Leitores, 2004, p. 9.

[6] BÉDARIDA, François – *Churchill*. Lisboa: Editorial Verbo, 2006, p. 19.

que procura acompanhar, não só as transformações ocorridas na sua cidade natal, nos finais da centúria Oitocentista, mas também a evolução da vida política nacional e internacional, nos finais do século XIX e nas primeiras décadas do século XX.

Nascido no Porto a 11 de janeiro de 1883, Augusto de Castro só viria a falecer em 1971, aos 88 anos de idade. A longa existência deste homem "frágil, franzino, ágil"[7], de olhar perscrutante, através de uns pequenos óculos redondos, e "bigode à americana", suscitou, por parte dos que o conheceram, opiniões mais ou menos favoráveis.

Caeiro da Mata, seu contemporâneo, enquanto "escolar de Direito", definiu-o como "um dos mais prestigiados jornalistas de todos os tempos em Portugal", "um diplomata habilíssimo", dotado de um "inquieto e formosíssimo espírito", uma "singular penetração crítica, juvenil espontaneidade e sedutora simplicidade"[8]. Algumas décadas mais tarde, o escritor David Mourão-Ferreira realçou "a lhaneza do seu trato, a inteligente bonomia do seu convívio, a efetiva prática da sua tolerância, a autenticidade e o fulgor da juventude do seu espírito"[9].

Por seu turno, o jornalista Mário Matos e Lemos, que com ele trabalhou no *Diário de Notícias* entre 1964 e 1971, exaltou a sua capacidade de defender a independência dos jornalistas, escrevendo: "um verdadeiro diretor de um jornal defende sempre os seus redatores (...), um verdadeiro diretor repreende, suspende ou despede um redator, mas nunca permite que a Administração lhe imponha, seja o que for neste campo"[10].

---

[7] FREIRE, Natércia – "Dimensão e Diversidade de uma obra". In *Artes e Letras. Suplemento Cultural do Diário de Notícias*. Lisboa: Ano XV, N.º 860, 29 de julho de 1971, p. 1.

[8] MATA, José Caeiro da – *Discurso pronunciado na homenagem prestada em Coimbra em 18 de março de 1953 a Augusto de Castro*. Lisboa: Academia das Ciências, 1953, pp. 4-8.

[9] FERREIRA, David Mourão – *Augusto de Castro, cronista*. Lisboa: Academia das Ciências, 1983, p. 331. [Separata *Memórias da Academia das Ciências de Lisboa. Classe de Letras*. Tomo XXIII. Lisboa: Academia das Ciências, 1983].

[10] LEMOS, Mário Matos e – *Um Vespertino do Porto*. Lisboa: Edição do Autor, 1973, p. 9.

Por sua vez, Fernando Pires, repórter do *Diário de Notícias* a partir de meados da década de cinquenta, deu conta da sua atenção para com os jornalistas, a quem acautelava para a censura:

> Certo dia em Lisboa, fui destacado para um serviço e fiz uma pergunta considerada inconveniente, que hoje diríamos politicamente incorreta. Tomé Vieira [chefe da redação] foi informado e, deduzi, o Diretor também. Receoso, confesso, dirigi-me ao gabinete de Augusto de Castro, bati, levemente, com os nós dos dedos na porta entreaberta, e avancei à resposta. Augusto de Castro endireitou-se na cadeira, mãos pequeninas sobre a secretária, expressão fechada mas cordial, e disse-me: "Estou informado do que se passou consigo no Ministério. Compreendo a razão da sua pergunta. Mas o senhor é muito novo, e inexperiente. De futuro, peço-lhe, tenha mais cuidado." E foi tudo[11].

De facto, embora fossem muito diferentes, por vezes até mesmo "diametralmente, opostas as sensibilidades políticas dos diferentes diretores dos jornais de então – desde Augusto de Castro, que fazia parte da elite do regime e era visita semanal de Salazar, até Raul Rego [*República*] ou Norberto Lopes [*Diário de Lisboa*], oposicionistas convictos – ninguém gostava da censura"[12].

Apesar do seu reconhecido mérito intelectual, Augusto de Castro não gostava de interferir, diretamente, no quotidiano da redação. João Coito, chefe de redação do *Diário de Notícias*, até abril de 1974, recordou, desta forma, as visitas do diretor durante as noites longas de fecho do jornal, por volta das quatro, cinco da manhã: "Augusto

---

[11] Entrevista a Fernando Pais, jornalista do *Diário de Notícias*.

[12] Cf. CORREIA, Fernando e BATISTA, Carla – "Anos 60: um período de viragem no jornalismo português". In *Media & Jornalismo. Revista do Centro de Investigação Media e Jornalismo*. Lisboa: Centro de Investigação Media e Jornalismo, N.º 9, 2006, p. 30.

de Castro ia sempre, até ser mais idoso. Era praticamente eu que despachava aquilo, ele já não me pedia nada, mas gostava de ver a maqueta da primeira página, perguntava o que vai aqui, o que vai ali, e eu explicava-lhe"[13].

Augusto de Castro possibilitou, também, a colaboração de escritores, artistas e, até, de músicos, que eram notórios oposicionistas, como João Gaspar Simões, Eduardo Lourenço, José Cochofel, Fernando Lopes-Graça e Luiz Francisco Rebello, no suplemento literário "Artes e Letras" do *Diário de Notícias*. Dirigido durante duas décadas pela poetisa Natércia Freire, este deu voz a inúmeros autores portugueses, em estreia ou já consagrados, de diversas tendências estéticas. Em 1964, David Mourão-Ferreira dava o seu testemunho relativamente à independência literária de Augusto de Castro:

> Todo o escritor independente que tenha alguma vez colaborado no *Diário de Notícias*, mormente em qualquer rubrica de caráter literário, haverá de honestamente reconhecer, perante Augusto de Castro, esta inestimável dívida de gratidão: a de ter visto sempre respeitada a sua própria independência. Quantos outros por mais liberais que se apregoem poderão acaso gloriar-se do mesmo?[14]

Ainda assim, na década de sessenta, na redação do periódico comentava-se que "no *Diário de Notícias* reina a inércia". A verdade é que este comentário continha em si um retrato do "Portugal amordaçado" de então: o periódico, à semelhança de tantos outros, não

---

13 CORREIA, Fernando e BATISTA, Carla – *Ob. cit.*, p. 29.

14 FERREIRA, David Mourão – "Três parágrafos sobre Augusto de Castro". In *Artes e Letras. Suplemento Cultural do Diário de Notícias*. Lisboa: Ano XV, N.º 860, 29 de julho de 1971, p. 1 [28 de dezembro de 1964. Palavras extraídas de um depoimento sobre a ação cultural do *Diário de Notícias*, a propósito do 1.º centenário do jornal e apresentado perante as câmaras da RTP].

registava abertura, publicava notícias opacas e era dirigido por um amigo pessoal do presidente do Conselho.

De facto e, apesar do vanguardismo no aspeto cultural, nas questões de fundo, os artigos de Augusto de Castro continuavam a sancionar o regime vigente, sendo sugeridos e circunscritos pelo próprio Salazar, como, de resto, se depreende da leitura da obra de Franco Nogueira, que, para ilustrar o relacionamento próximo entre o jornalista e o político, recorre, com frequência, à correspondência pessoal entre os dois:

> Exmo. Sr. Dr. Augusto de Castro:
> Para não me estender em explicações envio a V. Ex.ª uma carta agora recebida do Marcelo Mathias que sugere um artigo do *Diário de Notícias* sobre uma frase de um livro há pouco aparecido da autoria do almirante americano Leahy. Acerca da possibilidade de gizar um artigo na orientação definida pelo Dr. Marcelo Mathias, não me pronuncio sequer, pois V. Ex.ª é mestre no assunto e sabe melhor do que eu o que pode ou convém fazer.
> Com respeitosos cumprimentos,
> Oliveira Salazar[15].

Já depois da sua morte, também António Lobo Antunes na obra *Os Cus de Judas*, num registo não menos lapidar do que o empregue por Almada Negreiros no seu manifesto, referiu-se a Augusto de Castro e Júlio Dantas como "criaturas quitinosas, a bichanarem em sofás Império dramas históricos bordados no ponto cruz de diálogos de tremoço"[16].

Por outro lado, Cruz Malpique considerou-o, já em meados da década de oitenta, "um homem prudente, equilibrado, de invulgar

---

[15] NOGUEIRA, Franco – *Salazar*. Vol. IV. *O Ataque (1945-1958)*. Porto: 1986, p. 180.

[16] ANTUNES, António Lobo – *Os Cus de Judas*, 26.ª Edição. Lisboa: Leya, 2008, p. 60.

capacidade de adaptação às circunstâncias"[17]. As palavras do escritor alentejano ressalve-se, são as que, em nosso entender, melhor definem Augusto de Castro. De facto, a "prudência", o "equilíbrio" e a "capacidade de adaptação" nortearam o seu percurso no decorrer de um período marcado por profundas convulsões políticas e sociais que encaminharam, sistematicamente, o país para a queda e implantação de diferentes regimes: Monarquia Constitucional, Primeira República, Ditadura Militar e Estado Novo.

A análise dos historiadores tem afinado pelo diapasão de uma certa elegância da escrita, da importância da obra e da ligação ao regime de Salazar. Apesar de Augusto de Castro nunca ter sido objeto de uma obra de fundo, diversos artigos afloram a vida e a obra do escritor, jornalista e diplomata.

Assim, para além das curtas biografias que surgem na *Enciclopédia Luso-Brasileira de Cultura* e na *Grande Enciclopédia Portuguesa e Brasileira*, Maria Filomena Mónica, no *Dicionário Biográfico Parlamentar*, apresenta um curto esboço biográfico que destaca o período em que exerceu funções parlamentares (1905-1910) e as suas intervenções na Câmara dos Deputados.

Na obra *Jornais diários portugueses do século XX, Um dicionário*, Mário Matos e Lemos dá conta da sua passagem pela direção dos vespertinos *A Província* (1903-1904), *Folha da Noite* (1904-1905) e *A Noite* (1939) e do matutino *Diário de Notícias* (1919-1924; 1939-1945; 1947-1971), realçando, de igual modo, a sua posição enquanto redator-principal do *Jornal do Comércio* (1907-1909) e como cronista de *O Século*. Outras sínteses sobre o jornalismo português, como *Os Jornalistas nos Anos 30/40. Elite do Estado Novo*, da autoria de Helena Ângelo Veríssimo e *Os Jornalistas Portugueses. 1933-1974.*

---

[17] CRUZ, Malpique – *Augusto de Castro: o jornalista-escritor e o escritor-jornalista.* Porto: Câmara Municipal, 1988, p. 453 [Separata do *Boletim Cultural da Câmara Municipal do Porto*, 2.ª série, vols. 5-6, 1987-88].

Uma profissão em construção, de Maria Rosa Sobreira, abordam, sobretudo, a sua visão do jornalismo e o seu saudosismo das antigas práticas da imprensa. Por seu turno, João Paulo Freire em *O Diário de Notícias. Da sua fundação às suas bodas de diamante. Escorço da sua história e das suas efemérides* destacou a sua atuação enquanto diretor do matutino lisboeta, no período que mediou entre 1 de junho de 1919 e 29 de março de 1924.

A análise da sua atividade dramatúrgica foi ensaiada, em diversas obras e artigos, tanto pelo crítico teatral Luiz Francisco Rebello, como pelo historiador Duarte Ivo Cruz, que procuraram iluminar um aspeto menos conhecido da sua obra e da sua personalidade.

Alguns elementos da sua carreira diplomática foram analisados nos estudos de Pedro Aires Oliveira e de Bruno Cardoso Reis. Assim, se o primeiro, em "O corpo diplomático e o regime autoritário (1926-1974)", salientou a confiança que nele depositaram, tanto os ministros do Estado Novo, como o monárquico Teixeira de Sampaio, o segundo, em "A Primeira República e o Vaticano (1910-1926): a sombra inglesa e o peso do império" e "Portugal e a Santa Sé no sistema internacional (1910-1970)", destacou a sua ação enquanto ministro plenipotenciário de Portugal junto da Cúria Romana e o seu papel nas negociações do Padroado do Oriente (1926-1929).

Os historiadores Luís Reis Torgal e Ernesto Castro Leal sublinharam, não só o seu fascínio pelo fascismo italiano, mas também a sua proximidade em relação ao regime de Salazar. Luís Reis Torgal em "Intelectuais orgânicos e políticos funcionais no Estado Novo" considera Augusto de Castro como um dos intelectuais incontornáveis do regime, que dirigiu em momentos decisivos um jornal que funcionou quase como órgão oficioso do regime. E Ernesto Castro Leal, em *António Ferro. Espaço Político e Imaginário Social (1918-32)* observa que Augusto de Castro pontificou "no panorama jornalístico nacional, como um grande repórter atraído pela latinidade e pelo fascismo italiano, como facilmente se depreende da sua história de vida"[18].

Também Norberto da Cunha, em "O Salazarismo e a ideia da Europa", analisa diversos artigos de Augusto de Castro, versando a organização da Europa do pós-Segunda Guerra Mundial. Por seu turno, Simon Kuin, em "O braço longo de Mussolini: os *'Comitati d'Azione per l'Universitalità di Roma'* em Portugal (1933-1937)", explana brevemente a sua ação, enquanto membro dos *Comitati d'Azione per l'Universitalità di Roma*.

Importa ainda destacar o artigo sobre Augusto de Castro, da autoria de Maria Fernanda Rollo, no *Dicionário de História do Estado Novo*. Neste último, a historiadora descreve os momentos mais marcantes da sua vida, destacando a terceira e última vez que Augusto de Castro se encontrou à frente do *Diário de Notícias* (1947-1971) e a forma como essa direção "marcou decisivamente o modo de fazer jornalismo no Portugal do Estado Novo", uma vez que "o matutino acentuou a sua feição conservadora e oficiosa do regime"[19].

Para além de referências esparsas nas obras de caráter geral – vejam-se as *Histórias de Portugal*, dirigidas por José Mattoso e A. H. de Oliveira Marques – outros autores, como o escritor Vitorino Nemésio, os historiadores João Medina e Filipe Ribeiro de Meneses e o jornalista Mário Mesquita, sublinharam, em diversas passagens dos seus escritos, aspetos da vida de Augusto de Castro.

Na inexistência de uma obra biográfica sobre Augusto de Castro, este estudo visa trazer um contributo para um maior conhecimento desta figura, sublinhando, todavia, que não ainda a biografia abrangente e acabada sobre o autor que analisamos. Deste modo, constituíram-se como seus objetivos os seguintes:

---

[18] LEAL, Ernesto Castro – *António Ferro. Espaço Político e Imaginário Social (1918-32)*. Lisboa: Edições Cosmos, 1994, p. 50.

[19] ROLLO, Maria Fernanda – "Augusto de Castro Sampaio Corte Real". In ROSAS, Fernando e BRITO, J. M. Brandão de (dir. de) – *Dicionário de História do Estado Novo*. Vol. II. *M-Z*. Lisboa: Círculo de Leitores, 1996, p. 816.

1. Estudar a vida e a obra do jornalista e diplomata portuense, sobremaneira no período compreendido entre o último fôlego da Monarquia e o seu regresso a Portugal, em 1938, depois da sua passagem à disponibilidade no Ministério dos Negócios Estrangeiros, de modo a realçar as origens, a formação, as influências, o pensamento, o discurso, assim como os pontos de rutura e de contacto com acontecimentos da época, com os regimes que vivenciou e com alguns dos seus contemporâneos.

2. Analisar e explicar, não só o seu papel como deputado às Cortes pelo Partido Progressista, no período de agonia final do regime monárquico, como também a sua entrada e fugaz ascensão na carreira diplomática, que o conduziu a nomeações para legações tão importantes como Londres, Vaticano, Berlim, Bruxelas, Roma, e, novamente, Bruxelas.

3. Interpretar a sua passagem pela direção dos diários *A Província* e *Folha da Noite*, sem esquecer os escritos produzidos enquanto cronista de *O Século*, sobretudo as suas impressões de guerra.

4. Compreender a importância da sua atividade dramatúrgica, um dos aspetos menos conhecidos da sua obra, mas talvez, como refere Luiz Francisco Rebello, um dos mais consistentes.

5. Avaliar a sua primeira passagem, entre 1919 e 1924, pela direção do *Diário de Notícias* e as linhas editoriais privilegiadas.

6. Observar, ainda que de forma sucinta, a sua designação para o cargo de comissário-geral da Exposição do Mundo Português, intentando compreender o alcance do exercício desta função a partir dos seus próprios testemunhos. Analisar as principais linhas editoriais privilegiadas aquando da sua segunda passagem pelo *Diário de Notícias*, procurando compreender a relação estabelecida com o chefe de governo, António de Oliveira Salazar.

No que concerne à sua organização interna, no primeiro capítulo, depois de se passar em revista as principais transformações ocorridas no Porto, na segunda metade do século XIX, procura-se reconstituir o ambiente familiar de Augusto de Castro, o seu percurso escolar, a sua estreia nas lides literárias e jornalísticas, as amizades que encetou e que se prolongaram pela vida fora.

O segundo capítulo centra-se na sua efémera passagem pela Câmara dos Deputados e tenta explanar e compreender a sua "adesão" à República, sem perder de vista as suas primeiras direções e a importância de que se revestiu a sua atividade dramatúrgica e a sua ação como cronista de *O Século*. Ressalve-se que foi, aliás, ao serviço do jornal lisboeta, que Augusto de Castro se deslocou à Flandres, onde contactou diretamente com o Corpo Expedicionário Português e redigiu uma das obras mais emblemáticas, *Campo de Ruínas. Impressões da Guerra*.

O terceiro capítulo, após uma breve panorâmica da situação política, económica e social portuguesa, na segunda década do século XX, incide na sua primeira passagem pelo jornal ao qual o seu nome ficaria, para sempre ligado, o *Diário de Notícias*, ensaiando uma análise e interpretação dos seus artigos mais representativos. Procura-se ainda aferir do seu envolvimento na organização dos primeiros Congressos da Imprensa Latina, em Lyon e Lisboa, respetivamente, e na constituição da *Association de la Presse Latine*.

O quarto capítulo obedece ao signo da diplomacia. Ensaia-se uma análise do trabalho efetuado à frente das legações que assumiu, da agenda diplomática e da sua participação em *dossiers* tão importantes e controversos como, a título de exemplo, o dos Acordos de 1928 sobre o Padroado Português do Oriente. E aferir do seu fascínio por Mussolini e pelo fascismo italiano, ilustrado pelo artigo "O Destino Imperial de Roma".

Por fim e, em jeito de epílogo, tenta-se analisar o seu trabalho enquanto comissário-geral da Exposição do Mundo Português, recorrendo ao testemunho deixado na obra *A Exposição do Mundo Português e a sua finalidade nacional*; observar, genericamente, os dois ciclos em que assumiu a direção do *Diário de Notícias*; explanar e compreender de que forma se processaram as relações e a admiração de Augusto de Castro para com António de Oliveira Salazar. Este é, contudo, um rápido périplo pelos últimos trinta anos da sua vida que ficam a carecer de um estudo mais exaustivo e aprofundado.

Em anexo, edita-se uma cronologia que se julga fundamental para uma melhor compreensão da vida e da obra de Augusto de Castro.

Cumpre prestar alguns agradecimentos considerados essenciais.

Uma palavra especial de agradecimento é devida à Professora Doutora Maria Manuela Tavares Ribeiro, orientadora científica da pesquisa que subjaz à presente obra. A sua disponibilidade, a sua atenção e o seu rigor metodológico devem ser publicamente sublinhados.

Um bem-haja ao Doutor Reis Torgal e ao Dr. Mário Matos e Lemos, por toda a disponibilidade manifestada para o esclarecimento de dúvidas. Um agradecimento especial é, também, devido ao Professor Adriano Moreira, ao Dr. Milton Moniz e ao jornalista Fernando Pires que, oralmente ou por escrito, contribuíram com o seu testemunho sobre Augusto de Castro.

A investigação desenvolvida contou com o apoio da Fundação para a Ciência e Tecnologia (FCT), mediante a concessão de uma Bolsa de Doutoramento (SFRH/BD/44107/2008), financiada pelo Programa Operacional Potencial Humano (POPH) do Quadro de Referência Estratégica Nacional (QREN), Tipologia 4.1. – Formação Avançada, comparticipado pelo Fundo Social Europeu e por fundos nacionais do Ministério da Educação e da Ciência (MEC).

Entre as pessoas que me estão mais próximas, expresso o meu reconhecimento a meus pais, Maria Zulmira e Luís, ao meu irmão Gonçalo e à Cristina, sempre presentes e sempre disponíveis. E ao

Artur, pelo seu constante contentamento, capaz de provocar o maior dos sorrisos.

Não posso, de igual modo, deixar de agradecer aos amigos Catarina, César, Cláudia, Flora, Lina, Manuel, Marta e Paula, pelas constantes palavras de incentivo, pelo carinho que colocaram num empreendimento que não era o seu.

Por último, um agradecimento especial ao meu marido, Sérgio, pelas críticas e sugestões feitas, pela amabilidade e paciência que teve em me ouvir, pelas respostas céleres, sempre acompanhadas de comentários estimulantes e sensatos, pelo incentivo e apoio incondicional com que sempre me ajudou.

Capítulo I – O Homem, a Terra e as Gentes

1.1. Entre a Tradição e a Modernidade:
o Porto na Segunda Metade do século XIX

No início do século XIX, o Porto vivenciou, como de resto todo o país, grandes dificuldades, decorrentes não só dos desastres, das retaliações e da ocupação da cidade pelos franceses (primeira e segunda invasões, entre 1807 e 1809), mas também da guerra civil que culminaria no demorado e doloroso cerco da *civitas*, entre julho de 1832 e agosto de 1833. Tais acontecimentos provocaram, para além da desestruturação da vida económica e social, destruições na parte antiga, sobretudo na baixa ribeirinha e nas encostas circundantes.

Todavia, a partir de então e, sobretudo ao longo da segunda metade do século XIX, assistiu-se a uma rápida recuperação, graças à retoma do crescimento demográfico, à revitalização das atividades económicas, particularmente da indústria, ao progresso das infraestruturas de circulação e ao aparecimento de novos hábitos e valores. Todos estes fatores geraram profundas transformações, que se traduziram num adensamento da malha urbana e numa enorme expansão territorial.

Muitos dos becos e das vielas da cidade antiga desapareceram. Rasgaram-se novas ruas, alargaram-se ou prolongaram-se outras. Abriram-se novas artérias extramuros, apareceram novas áreas residenciais, criaram-se mercados, cemitérios e jardins, como o de S. Lázaro (1834)

23

e o de João Chagas, também conhecido por Jardim da Cordoaria (1865). O Jardim de S. Lázaro era, segundo Augusto de Castro, "pelo lusco-fusco, o alfobre de amores românticos e de costureiras sentimentais"[20]. Ao mesmo tempo a que se assistiu a uma reorganização da malha urbana, muito condicionada pela revolução das infraestruturas de circulação, observou-se o desenvolvimento dos transportes citadinos, com o início da circulação do *americano*, nos anos setenta, e do *elétrico*, nos anos noventa. Estes aproximaram a cidade dos seus subúrbios, estimulando o processo de urbanização da periferia:

> Sem abandonarem o carro de bois e outros meios de transporte tradicionais, como as caleches e os trens, ou as diligências para maiores distâncias, os portuenses conheceram a rapidez dos carros *americanos* desde 1872. Em breve, cruzariam a cidade em vários sentidos. Do Infante à Foz e a Matosinhos. Da estação de caminho de ferro do Pinheiro, em Campanhã, até ao centro da cidade. Duas companhias, a *Companhia Carris de Ferro do Porto* (com sede na Estação da Boavista) e a *Companhia Carril Americano do Porto à Foz e Matosinhos* (com sede na Estação do Ouro), disputavam entre si as linhas e asseguravam um transporte rápido (fundem-se numa só companhia em 1893). Em 1895, o sistema moderniza-se com a implantação dos carros elétricos sobre carris, em que o Porto assumiu também um papel pioneiro, mantendo-se, no entanto, algumas linhas de tração animal ou a vapor. Em 1902, a rede de carris abrangia quase 40 km de comprimento dentro da cidade, com 8 linhas de tração elétrica (25 km), 1 de tração a vapor (7,5 km) e 4 de tração animal (6,2 km)[21].

[20] CASTRO, Augusto de – *Conversar sobre viagens, amores, ironias*. 2.ª Edição. Lisboa/Rio de Janeiro: Portugal – Brasil Limitada/Companhia Editora Americana, 1919, pp. 190-191.

[21] RAMOS, Luís A. de Oliveira (dir. de) – *História do Porto*. Porto: Porto Editora, 1994, p. 393.

Para esse processo de urbanização da periferia muito contribuiu, de igual modo, a construção, entre 1884 e 1895, de um novo ancoradouro que viria a absorver grande parte do tráfico marítimo da cidade. Localizando-se três milhas a norte da zona ribeirinha, Leixões constituiu-se como porto de abrigo de várias carreiras internacionais, o que possibilitou um intenso intercâmbio comercial com o país e com o mundo.

O crescimento e as transformações sofridas pela cidade vieram, todavia, agravar velhos problemas, como o do abastecimento de água, do saneamento, da segurança e da habitação. Os progressos técnicos e os esforços empreendidos por públicos e privados permitiriam que alguns desses problemas fossem, progressivamente, minorados e debelados.

Assim, a partir de 1855, procedeu-se à iluminação a gás das principais artérias da cidade, que substituiu a anterior "quase escuridão das ruas, mal iluminadas por lampiões de purgueira, mortiços e sonolentos"[22]. A luz elétrica só chegaria no último quartel do século XIX, em 1886, mas viria, a partir de então, a impor-se no quotidiano portuense.

O sistema de abastecimento de água ao domicílio, cujas obras se tinham iniciado em 1882, entrou em funcionamento em 1887, sendo a captação de águas feita no rio Sousa, a três quilómetros da sua confluência com o Douro, para o reservatório do monte de Jovim.

Quanto à rede de esgotos, a construção do sistema de saneamento da cidade só viria a ser adjudicada e iniciada na primeira década do século XX. A limpeza da cidade, um dos maiores problemas com que era confrontada e alvo de repetidas críticas por parte dos contemporâneos, despertou, no entanto, crescentes cuidados na viragem do século, a avaliar pelo número crescente de varredores e de outro pessoal de limpeza.

---

[22] PIMENTEL, Alberto – *O Porto há 30 anos*. Porto: Livraria Universal de Magalhães & Moniz, 1893, p. 5.

Esta intensa fase de expansão urbana, de forte crescimento demográfico, de atração das populações rurais, de grandes transformações económicas, resultantes da progressiva importância das atividades industriais, acentuou a diferenciação social dos espaços citadinos. A par dos novos bairros e *chalés*, que enchiam as zonas nobres da cidade (a Boavista, a Foz, a Álvares Cabral), verificou-se uma grande disseminação de bairros operários, que se concentraram em determinadas áreas (Bonfim, Massarelos, Cedofeita, Lordelo do Ouro e Ramalde). Os extensos conjuntos de habitações para operários e as *ilhas*, "espaços que as elites identificavam como perigosos, não apenas fisicamente degradados, como também imorais e associais, viveiros de doenças e de revoltas"[23], vieram introduzir novos elementos na paisagem de algumas áreas da urbe, que perduraram, em alguns casos, até aos dias de hoje.

Mas, as profundas mudanças que tocaram o Porto, durante o século XIX, também atingiram a parte mais antiga da cidade, anteriormente delimitada pela Muralha Fernandina. Deste modo, impôs-se uma importante reorganização das vias de trânsito, com a abertura de novos arruamentos: Rua Nova da Alfândega e Rua Mouzinho da Silveira. Esta área foi ainda valorizada por construções que criaram novas centralidades, como o Palácio da Bolsa, o Mercado Ferreira Borges e a Alfândega Nova; e pela fixação, junto dos arruamentos com melhor acessibilidade, de empresas, companhias de seguros, jornais e bancos, ligados à burguesia mercantil e financeira.

Todas estas transformações no núcleo histórico conferiram uma crescente importância à *Praça Nova*, projetada na segunda década do século XVIII (1718). Este espaço público e as suas imediações tornaram-se, em meados de Oitocentos, o verdadeiro âmago da Cidade Invicta. Lugar de passeio, ponto de encontro predileto de negociantes, intelectuais e figuras políticas, aí predominavam as casas de comércio (ruas de Santo António, Clérigos e Almada), os cafés e botequins da

---

23 Idem – *Ob. cit.*, p. 394.

moda, como o *Guichard*, o *Suíço*, o *Central* e o *Camanho* – que viria a ser frequentado por Augusto de Castro –, a Livraria Moré, as ourivesarias, as relojoarias, as casas de pasto e as hospedarias.

Para oriente, o bulício comercial da praça estendia-se até à Rua de Santo António, hoje Rua 31 de Janeiro, com os seus luveiros, alfaiates e cabeleireiros da moda, a chapelaria *Real*, a *Casa de Banhos*, o *Teatro Circo* (depois *Príncipe Real*) e o *Baquet* – o único espaço da cidade, a par do Teatro de S. João, a possuir as condições mínimas para o teatro declamado e lírico.

Um pouco mais adiante, a Praça da Batalha era também um importante ponto de encontro, com o Teatro de S. João, o mais antigo e concorrido do Porto, hospedarias, casas de pasto, hotéis e o *Águia d'Ouro*, café de renome, que desde o final da década de trinta reunia uma clientela rica e fiel. Era aí que se juntavam algumas das figuras mais proeminentes da vida política, artística e intelectual portuense: "a *Águia de Ouro*, anciã das nossas casas de pasto, a velha confidente de quase todos os segredos políticos, particulares e artísticos desta terra; alguma coisa havia nesta modesta casa amarela do largo da Batalha, que desviava para lá os olhares de quem passava"[24]. Os políticos, que por este botequim passavam, sentavam-se à direita; os homens das artes e das letras à esquerda.

Outras zonas que, pela mesma altura, conheceram um dinamismo urbanístico notável, foram a Constituição, a Boavista e a Foz. Esta última tornou-se local de eleição, em especial no verão e, em particular, após a entrada em funcionamento do *Americano*: "a moda dos banhos de mar, a imitação do gosto de algumas famílias britânicas, que aí se instalaram e, sobretudo, os novos meios de transporte levaram cada vez mais gente do Porto à Foz"[25]. Aqui, foi-se desenvolvendo uma cultura cosmopolita com o seu passeio público – o

---

[24] DINIS, Júlio – *Uma família inglesa*. Porto: Livraria Civilização Editora, 1999, p. 21.
[25] RAMOS, Luís A. de Oliveira (dir. de) – Ob. cit., p. 391.

Passeio Alegre (1888) –, os seus cafés, os seus restaurantes, os seus hotéis e o seu casino.

Em suma, o Porto da segunda metade do século XIX industrializou--se, manteve a sua tradicional e próspera atividade mercantil, afirmou--se como centro polarizador de todo o norte e como entreposto atlântico. Mostrou-se uma cidade moderna, aberta à vida social, política e cultural, plena de vitalidade com os seus teatros, cafés e botequins, livrarias, passeios públicos e jardins românticos.

1.2. A Ilustre Casa de Oliveirinha

Foi no Porto, num dos quartos do número 495 da Rua de Cedofeita, transformado à pressa em sala de partos, que, pelas três e meia da tarde do dia 11 de janeiro de 1883, Isabel Maria Coelho Forte de Sousa Sampaio, na altura com 32 anos de idade, deu à luz um bebé do sexo masculino, que viria a ser, para além de jornalista e político – carreiras que iniciou ainda nos tempos da Monarquia – diplomata e figura grada da propaganda do Estado Novo.

Para essa quinta-feira, aquele que viria a ser durante três décadas e meia o "seu" jornal", o *Diário de Notícias*, previa céu nublado e vento fresco, soprando predominantemente do quadrante sudoeste. Os rigores do inverno fizeram-se, no entanto, sentir muito mais do que o previsto: um enorme temporal abateu-se sobre toda a região da Serra da Estrela e a agitação marítima provocou inúmeros estragos em barcos, nacionais e estrangeiros, que se encontravam fundeados ao largo da costa.

O único filho varão de Augusto Maria de Castro e de Isabel Maria Coelho Forte de Sousa Sampaio descendia, por via paterna, de Vasco Anes Corte-Real, filho primogénito do navegador português João Vaz Corte-Real, que terá estado ligado ao descobrimento da Terra Nova e da Península do Labrador e à exploração do Canadá. A linha da família paterna cruzava-se ainda com a de uma das figuras mais controversas e carismáticas da História Portuguesa, a do Marquês de Pombal, por via de um terceiro avô, Sebastião de Carvalho.

Mais recentemente integravam "a galeria de notáveis"[26] Francisco Joaquim de Castro Pereira Corte-Real, Francisco de Castro Matoso e José Luciano de Castro, respetivamente, avô e tios paternos do recém-nascido.

Francisco Joaquim de Castro Pereira Corte-Real, último administrador da Casa e Morgado da Oliveirinha, era um homem conhecido pelas suas ideias conservadoras, sendo descrito, num texto da época, como "orador de raça"[27], "temente a Deus e defensor dos preceitos bíblicos, que no «Velho Testamento» recomendavam com frequência que aos meninos não se poupasse a vara do castigo"[28]. Exerceu a sua influência a nível local: foi vogal da Junta Governativa de Aveiro, em 1845, e presidente da Câmara Municipal da mesma localidade, de 1857 a 1858. Tomou ainda "parte em todos os grandes movimentos políticos da sua época"[29].

Francisco de Castro Matoso formou-se em Direito em 1854 e seguiu a carreira da magistratura, primeiro como delegado do procurador régio na Feira e depois como juiz de 3.ª classe nas comarcas de Nisa e Benavente (1864 e 1865). Procurador régio do Tribunal da Relação do Porto desde 1866, atingiu o posto de juiz de 2.ª classe em 1870, seguindo nesse ano para Sintra e depois para o Porto. Em 1885 subiu ao Tribunal da Relação dos Açores e, no mesmo ano, transitou para

---

[26] COUTINHO, Francisco de Moura – "Casa Solar da Oliveirinha." *Arquivo do Distrito de Aveiro. Revista Trimestral para Publicação de Documentos e Estudos relativos ao Distrito.* Coimbra: Francisco Ferreira Alves. dezembro de 1944. Vol. X: N.º 39, p. 244.

[27] CERQUEIRA, Eduardo Ferreira – "O Aveirense Francisco de Castro Matoso visto através de uma homenagem dos seus conterrâneos." *Arquivo do Distrito de Aveiro. Revista Trimestral para Publicação de Documentos e Estudos relativos ao Distrito.* Coimbra: Francisco Ferreira Alves. 1974. Vol. XL: N.º 158, p. 92.

[28] Idem – *Ob. cit.*, p. 93.

[29] Idem – *Ibidem.*

o de Lisboa, chegando a presidente desse órgão em 1901. No mesmo ano ascendeu ao lugar de juiz conselheiro do Supremo Tribunal de Justiça. Foi ainda chamado a participar na Comissão do Código Penal (1888) e na Comissão da Reforma Judiciária (1890).

Ligado desde muito novo à política, integrou as fileiras do Partido Histórico, colaborando em alguns atos eleitorais. Contudo, só a partir de 1884 se dispôs a ser candidato a deputado, pelo Partido Progressista, pelos círculos onde era, reconhecidamente, influente: primeiro por Aveiro (1884) e, depois, sempre por Coimbra (1887, 1889, 1890, 1892, 1894 e 1897). Nomeado par do Reino, por Decreto de 17 de março de 1898, exerceu o cargo de vice-presidente em ambas as câmaras do Parlamento.

Não obstante a sua militância no Partido Progressista, "Castro Matoso sempre se bateu por um estatuto de independência, para não ser visto apenas como uma projeção da voz de seu irmão"[30], José Luciano de Castro.

Apesar de estabelecido na capital, nas férias ou quando a oportunidade se proporcionava, deslocava-se a Aveiro, até à sua quinta da Oliveirinha, recebida em herança por ser o mais velho dos varões. Esta ligação, que cultivou e manteve durante toda a sua existência ao concelho de Aveiro, levou-o a assumir a presidência da Comissão para a edificação do novo hospital da cidade e a apoiar as construções da ponte de S. João de Loure sobre o rio Vouga, e da estação de caminho de ferro de Quintãs. Também nas dezenas de intervenções que fez, tanto na Câmara dos Deputados, como na Câmara dos Pares, sobressaiu a defesa dos interesses das regiões de Aveiro e de Coimbra.

Por seu lado, o irmão, José Luciano de Castro, também se esforçaria por conservar o seu vínculo ao concelho de Aveiro. Tendo-se radicado, na sequência do casamento, em Anadia, vila à qual se

---

[30] Idem – *Ob. cit.*, pp. 835-836.

deslocava frequentemente, o seu domicílio em plena Bairrada atraiu a esta região diversas personalidades:

> À casa de Anadia, onde o ilustre chefe do partido progressista convalesce de uma doença pertinaz que, felizmente está vencida pela robusta organização do enfermo e pelos carinhosos afetos de família que o cercam, foram Suas Altezas Reais, há dois dias, testemunhar a sua solicitude pelo estado de saúde daquele lealíssimo servidor da monarquia e honrado português, que tem consagrado toda a sua existência já longa, desde o alvorecer da mocidade, à causa pública e ao serviço das nossas instituições[31].

A Casa de Anadia, a que se chegou a chamar a corte de Anadia, foi o último centro político de Portugal. Figuras do Governo e figuras da oposição, figuras da literatura e do jornalismo, desse período da sociedade portuguesa, passaram por lá[32].

Bacharel formado em Direito, em 1854, terá tido "uma fugaz passagem pela maçonaria, com o nome simbólico de Washington, na loja *Pátria e Caridade*"[33], do Grande Oriente de Portugal (foi iniciado maçon em 1852 ou 1853). Foi ainda nos tempos da Universidade que se dedicou ao jornalismo, colaborando com *O Observador* e o *Conimbricense*. No mesmo período foi redator principal do *Campeão do Vouga* – mais tarde continuado pelo *Campeão das Províncias* –, periódico "bissemanário político, literário e comercial"[34], que ajudou

---

[31] "Visita de Príncipes." *A Província*. Porto: António Alves da Silva. Ano XVIII, N.º 217, quinta-feira, 24 de setembro de 1903, p. 1.

[32] CASTRO, Augusto de – *A Tarde e a Manhã*. Lisboa: Empresa Nacional de Publicidade, 1949, p. 85.

[33] MÓNICA, Maria Filomena (coord.) – *Ob. cit.*, p. 836.

[34] *O Campeão do Vouga*. Aveiro: José Maria de Almeida Teixeira de Queirós. Ano I, N.º 1, sábado, 14 de fevereiro de 1852, p. 1.

a fundar em Aveiro, em estreita colaboração com o amigo e conterrâneo José Maria Teixeira de Queirós, pai do escritor Eça de Queirós.

A sua propensão para o periodismo levou-o ainda a cooperar, no Porto, com o *Comércio do Porto* e o *Nacional* e, em Lisboa, com a *Gazeta do Povo*, o *País* e *O Progresso*. Na Cidade Invicta criou o *Jornal do Porto* (1859), onde travou conhecimento com Ramalho Ortigão. Na capital esteve ligado à fundação do *Correio da Noite* (1881), futuro jornal oficioso do Partido Progressista.

Simultaneamente, na década de cinquenta e ainda na urbe portuense, José Luciano de Castro começou a advogar no escritório de Sebastião de Almeida e Brito. Entre 1891 e 1895 acabaria por retomar o exercício dessa atividade, desta feita em Lisboa, sendo, em 1892, nomeado vogal efetivo do Supremo Tribunal Administrativo.

Dedicou-se, desde muito cedo, à política. Logo em 1855 foi eleito deputado pelo círculo plurinominal da Feira. Até 1887 seria, sucessivamente, eleito pelos círculos uninominais da Feira, Vila Nova de Gaia, Viana do Castelo e Anadia.

Nomeado, em 1863, diretor-geral dos Próprios Nacionais, seis anos mais tarde seria chamado pelo Duque de Loulé para ministro dos Negócios Eclesiásticos e da Justiça (1869-1870). Quando o Partido Progressista, que tinha ajudado a fundar, chegou ao poder, em 1879, ocupou o cargo de ministro do Reino (1879-1881), a principal pasta política do governo de Anselmo José Braamcamp.

Após a morte deste último, assumiu a liderança do partido. Esta chefia permitir-lhe-ia exercer as funções de presidente do Conselho de ministros durante três períodos – 1886-1890, 1897-1900 e 1904-1906. Era exatamente esse o cargo que ocupava quando, a 11 de janeiro de 1890, Portugal recebeu o Ultimato Inglês. Deste viria a resultar a queda do seu governo e o início de uma longa crise política, que acabaria por desembocar na queda da Monarquia e na Implantação da República, a 5 de Outubro de 1910.

A influência política exercida por José Luciano de Castro seria decisiva para a carreira de Augusto de Castro. A proteção oferecida pelo tio paterno abrir-lhe-ia as portas da direção do jornal *A Província*, órgão progressista, do hemiciclo e da Caixa Geral de Depósitos e Instituições de Crédito e Previdência.

Por via materna, os ascendentes ilustres do recém-nascido não eram tão numerosos, havendo, todavia, a destacar o bisavô, Francisco Coelho de Sousa e Sampaio, lente da Universidade de Coimbra, autor de *Preleções de direito pátrio público e particular, oferecidas ao Serteníssimo Senhor D. João Príncipe do Brasil*, obra em que procurou definir o modo de ação do poder político do Estado Moderno.

1.3. As Paisagens que Iluminaram a Infância

O rapaz nascido no dia 11 de janeiro de 1883 recebeu o nome de Augusto de Castro Sampaio Corte-Real. Tanto pelo lado paterno, como pelo materno, a criança pertencia a uma classe privilegiada. Augusto Maria de Castro, o pai, último filho dos morgados da Oliveirinha, bacharel formado em direito, conheceu Isabel Maria Coelho Forte de Sousa Sampaio enquanto exercia as funções de delegado do Procurador Régio na Comarca de Figueiró dos Vinhos, onde o pai desta, Francisco Coelho de Sousa Sampaio, desempenhava o cargo de Juiz de Direito.

O enlace realizou-se na igreja matriz de Figueiró dos Vinhos, no dia 6 de abril de 1874. A partir de então, o novo casal viria, sucessivamente, a fixar residência em Torres Vedras (em finais de 1874) e em Estarreja (1879), após a transferência de Augusto Maria de Castro para o desempenho de idênticos lugares nessas Comarcas. Terá sido nesse período temporal que nasceu a primeira filha de Augusto e Isabel Maria – Maria do Carmo de Castro, única irmã de Augusto de Castro.

Em 1880, o pai do futuro diplomata foi escolhido para o lugar de ajudante do Procurador Régio junto do Tribunal da Relação do Porto, o que provocou nova mudança da família, desta vez para a Cidade Invicta.

Augusto de Castro ficou toda a vida apegado ao Porto, lugar que o viu nascer e crescer. De resto, foi na sua "inolvidável terra"[35], que passou parte da meninice:

> Nos primeiros anos que aqui vivi e que foram os primeiros anos da minha vida, recordo-me de que, às tardes, íamos a pé dar largos passeios pelas ribas e pelas encostas do Douro, onde o Porto entre penhascos nasce em procura do mar que o espera. Aí aprendi as primeiras virtudes que conheci da cidade e da sua alma que se forjou entre rochas, o ar rude da serra e o grande cântico de espuma e vento com que o mar a recebe nos braços de Leixões e de Leça[36].

No entanto, seria ao Vouga e aos seus "fundos de paisagem polvilhados a oiro"[37], que a sua infância e juventude ficariam indelevelmente ligadas, como o próprio reconheceria, algumas décadas mais tarde:

> Todo o homem é, espiritualmente, filho da paisagem que iluminou a sua infância. A nossa alma é moldada na terra. Nascido no Porto, tripeiro de origem, foi nas terras do Vouga que passei, posso dizer, a minha infância. De lá, espiritualmente, parti. Quando meus Pais vinham passar as férias do Natal, da Páscoa ou as férias grandes ao Fontão, a pouco mais de três quilómetros

---

[35] CASTRO, Augusto de – *Homens e Paisagens que eu conheci*. Lisboa: Livraria Clássica Editora, 1941, p. 78.

[36] Idem – *Ob. cit.*, p. 26.

[37] CASTRO, Augusto de – *Religião do Sol. Prosas Rusticas*. Coimbra: F. França Amado Editor, 1900, p. 52.

de Angeja, começava para mim a grande evasão rústica da aldeia que foi a primeira e a melhor escola do meu espírito. Se, mais tarde, a vida me separou dessas primeiras afeições, nunca na realidade, as esqueci[38].

As longas temporadas no Fontão foram descritas em *Religião do Sol*, obra redigida por Augusto de Castro enquanto estudante da Universidade de Coimbra. Nela descreve com minúcia não só as paisagens do Fontão e de Angeja, a quinta, o pessoal de serviço doméstico e os vizinhos, mas também as desfolhadas, as romarias e outras festividades locais. Prova desta pormenorizada narrativa é a sua visão do Fontão:

> A minha fresca aldeia escorrega toda por um carreiro íngreme e pedregoso, num vale que defronta um montado de verdes sombrios, de pinheiros esguios como cadafalsos e folhagens sinistras como almas de corvos. As casas todas se anicham, numa grande pacificação de conforto, brancas, enviuvando há séculos do dono, metendo vento pelas frestas, mas todas elas de peitos amplos, com músculos retesados e vigorosos[39].

Se, do pessoal que prestava serviço doméstico na casa, lembrava "a boa Ana, limpa, fresca, nas rugas dos seus sessenta anos"[40], que todas as manhãs o acordava e lhe estendia "os calções de malha, a camisa de folhos e as botas abonecadas"[41], dos vizinhos recordava o regedor Laranjeira, "de suíças ruivas lançadas em penacho aos cantos, grandes mãos calejadas e faces de vinagre"[42], que, por vezes,

---

[38] Idem – "Prefácio". In SOUTO, Ricardo Nogueira – *Angeja e a Região do Baixo Vouga*. Aveiro: tip. Minerva Central, 1937, pp. 11 e 15.

[39] CASTRO, Augusto de – *Religião do Sol...*, p. 34.

[40] Idem – *Ob. cit.*, pp. 29-30.

[41] Idem – *Ob. cit.*, p. 31.

[42] Idem – *Ob. cit.*, p. 70.

o acompanhava pelos seus passeios, falando "das vindimas, dos milhos queimados e da fruta"[43].

No que respeita às festas, é a de Nossa Senhora do Carmo, tradicionalmente celebrada a 16 de julho, que merece maior destaque. Esta encontrava-se, intimamente, ligada ao solar herdado pelo pai, pois era na capela da Quinta do Fontão que estava a imagem da padroeira. Era também aí que se celebrava, no segundo dos três dias que durava a festividade, a eucaristia:

> Logo no outro dia – domingo – manhãzinha cedo, começam a vir os padres de longe, a cavalo em éguas de cabeça esbatida, com malhas brancas nas patas, e estribos de caixa à antiga. Chegam todos e ao meio-dia em ponto, entre o compasso acentuado e grave da batuta do regente da música e a cantilena roufenha e solene da festa, dá-se começo ao palmear sagrado da missa. A capelinha é um santuário de madeira gasta, amarelecida. Nela a Padroeira está risonha, e tem uns olhos muito puros e muito suaves para minha Mãe e para a velha Ana que andaram nesse dia desde o raiar do Sol a aperaltar as jarras com florões de buxo e de camélias. Terminada a festa é o almoço dos padres lá em casa, enquanto os músicos lá fora vão entornando, numa santa jucundidade, a última alegre gota do quente sangue de Cristo[44].

Religião do Sol é, provavelmente, o título mais sugestivo de toda a sua vasta obra. De caráter autobiográfico – apesar do autor contar à época apenas 17 anos, idade talvez muito precoce para uma tão grande nostalgia –, estas prosas rústicas parecem encerrar um caráter ritualista, que marca a passagem da adolescência para a vida adulta, ou seja, a saída, porventura dolorosa, traumática, da casa paterna no

---

[43] Idem – *Ibidem*.
[44] Idem – *Ob. cit.*, pp. 41-45.

Porto e a entrada na Academia, em Coimbra, longe dos que lhe eram mais próximos e queridos. Como o próprio reconhece na dedicatória que fez no ano da publicação do livro a Amadeu Cunha:

«Amadeu: acompanhaste afetuosamente a feitura deste livro e sem as carinhosas palavras de fé que ele sempre te mereceu eu não o teria decerto publicado. Numa das páginas que se seguem, em que inscrevi o teu nome, eu quis publicamente afirmar o reconhecimento em que estou do muito que devo à tua amizade sempre leal – como exemplo e muito compensadora consolação de muitas asperezas desta vida. Que este livro seja para ti, como é para mim, uma amorável recordação da nossa velha, sempre dedicada e generosa estima de irmão» Augusto.[45]

Como à primeira vista o título podia fazer sugerir não se trata de uma evocação em moldes pagãos do astro rei – recorde-se que Augusto de Castro escreve sobre o campo e as tradições do campo –, mas antes uma hábil utilização do vocábulo religião, o qual, em última análise, pode remeter para a sua origem latina *religare* – ligar de novo. Ou seja, através do sol e da alegria contagiante, estabelecer um novo laço com a infância, sentida já, porém, como um passado distante e irrecuperável.

Como tem sido referido, *Religião do Sol* reflete a idiossincrasia lusa, patente no processo de estereotipação que opera nas descrições do pessoal doméstico e do ambiente pastoril e inocente, com que descobre o amor. Retrata também a dualidade campo/cidade, dicotomia que pode ser vista como "produto" da vida de Augusto de Castro, uma vida ora citadina, no Porto, ora campestre, no Fontão. Este binómio encontra-se, de igual modo, presente em autores da

---

[45] TAVARES, Pedro Villas Boas – "A propósito da *Religião do Sol*". In *Primeiro de janeiro. Das Artes/Das Letras*. Porto: 20 de março de 1985, p. 16.

sua época, como Cesário Verde, e reflete as transformações ocorridas no seu tempo.

As longas temporadas no Fontão e em Angeja seriam, novamente, recordadas – com nostalgia e saudosismo – por Augusto de Castro, já na fase adulta, ao aceder escrever o prefácio da obra *Angeja e a Região do Baixo Vouga*, de Ricardo Nogueira Souto. Nesse evoca, uma vez mais, a importância desse período para a formação do seu espírito e caráter:

> Se toda a nossa vida é dominada pelas impressões da primeira idade, eu devo, sem dúvida, às fontes risonhas, aos calmos e ondeantes campos, às estradas luminosas, às romarias, aos vinhedos e aos pomares do Baixo Vouga, em que fui criado, esse fundo de otimismo tranquilo, de confiança jovial e de sereno amor pelo espaço e pela luz que sempre, que até hoje, dominou o meu espírito[46].

Nas primeiras páginas dessa monografia local reconhece que falar de Angeja ou do Fontão é "uma evocação dos doces, frescos e cantantes vergéis do Vouga em que meus primeiros anos decorreram"[47]. Pormenor de não menos importância é o facto de associar à Quinta do Fontão a imagem que guarda da mãe: "quando recordo minha Mãe é, sob os caramanchões do jardim, em que duas grandes bicas de água ora soluçam, ora cantam, que a vejo passar e chamar-me, perpetuamente viva, com seus grandes olhos que pareciam sempre rezar quando me viam"[48].

Angeja, o Fontão e a festividade de Nossa Senhora do Carmo assumiriam uma tal relevância para Augusto de Castro que este, mais tarde, só viria a partilhar o espaço com aqueles que lhe eram mais

---

[46] CASTRO, Augusto de – "Prefácio". In SOUTO, Ricardo Nogueira – *Angeja...*, p. 14.

[47] Idem – *Ob. cit.*, p. 12.

[48] Idem – *Ob. cit.*, p. 14.

próximos – o poeta João Lúcio, colega do curso de Direito, companheiro da toada coimbrã; e os escritores e políticos Júlio Dantas e
Carlos Malheiro Dias, amigos com quem compartilhava o gosto pela
poesia, pelo romance, pelo teatro, mas também pelo jornalismo, pela
política e pela diplomacia. Dito de outro modo: com os amigos forjados na juventude e nos primeiros anos da fase adulta, mas que se
prolongariam, singularmente, para toda a vida.

1.4. A Instrução Primária e os Estudos Preparatórios

Foi no Porto que Augusto de Castro fez a instrução primária, que
concluiu com distinção no exame de português, como o próprio recordaria muito mais tarde:

> A cerimónia desta noite evoca na minha memória fatigada pelo
> tempo a lembrança de uma outra data tão longínqua da minha
> meninice, quando, ainda nos calções dos nove ou dez anos, o
> aluno de primeiras letras que eu era vinha receber numa sessão
> a que presidiu o Rei D. Carlos, de visita ao Porto, o diploma de
> distinção no exame de Português"[49].

Prosseguiu os seus estudos no Liceu Central do Porto. À época,
os estabelecimentos oficiais de instrução média dividiam-se em duas
categorias: liceus centrais e liceus nacionais. Os liceus de Lisboa, do
Porto e de Coimbra eram liceus centrais, os restantes eram nacionais.
O Liceu Central do Porto estava instalado em prédios arrendados ou
emprestados (casarão de S. Bento da Vitória, prédios vizinhos e

---

[49] "Homenagem prestada na cidade do Porto ao "Diário de Notícias" e ao dr. Augusto de Castro." In *Diário de Notícias*. Lisboa: Ano: 100, N.º 35452, quarta-feira, 11 de
novembro de 1964, p. 7.

Bateria), instalações essas que não satisfaziam, pela exiguidade e falta de funcionalidade, as necessidades da comunidade escolar. O reitor em exercício era Ilídio Aires Pereira do Vale (1881-1897), também professor na Escola Médica do Porto, e o regime de frequência havia passado a ser, a partir de 1895-1896, misto.

No Liceu, iniciado num período de grande desordem pedagógica e legal (1892-1895), devido à consumação das providências tomadas pelo Ministério extrapartidário de José Dias Ferreira, Augusto de Castro frequentou disciplinas, tanto da secção de ciências, como de letras, num total de cinco (1893-1897) e não de seis anos, como previam as anteriores reformas de José Luciano de Castro (1886-1892). No entanto, apesar do seu percurso liceal ter sido feito em apenas cinco anos, o quinto e o sexto anos foram dados como concluídos na certidão emitida pela secretaria do Liceu Central do Porto, no dia 20 de julho de 1897. Esta "anarquia nos estudos"[50] vem justamente ao encontro do que foi escrito acerca da atuação de José Dias Ferreira à frente da pasta da Instrução Pública:

> Deste modo, em 1892, a instrução secundária não se dirigia a nenhum fim determinado, não possuía nenhum plano de estudos (bom ou mau), não se regia por nenhum critério pedagógico reconhecível e os seus estabelecimentos oficiais nem sequer exigiam para entregar o diploma final um nível aceitável de conhecimentos mínimos: isto é, em resumo, a instrução secundária não existia como tal[51].

Augusto de Castro cursou Língua e Literatura Portuguesa, Língua Latina, Língua Francesa, Língua Inglesa, Geografia, História, Matemática, Filosofia, Física, Química, História Natural e Desenho. O seu

---

[50] Idem – *Ob. cit.*, p. 64.
[51] Idem – *Ibidem*.

percurso liceal parece não ter escapado à mediania: aprovação com distinção apenas a Língua Portuguesa (1893), Geografia (1894), Literatura, História e primeira parte da Língua Latina (1895). Os resultados obtidos comprovavam a sua vocação para as Letras/Humanidades.

Dos professores do Liceu evocará, mais tarde, o seu mestre de latim, "de barbas até aos pés"[52], que "tinha a suave mania de que, além do *hora, horae, horam*, sabia muito de botânica"[53]. A propósito deste período lembrará ainda o seu "explicador do estudo da Geografia, um poeta que fora amigo de Soares de Passos, chamado Augusto Luso, que morava no Campo de Santo Ovídio"[54]. Seria "este velho vate"[55] que, descobrindo a inclinação do "pequeno pelas Musas"[56], o incentivaria a "cultivar o gosto pela literatura"[57], contribuindo, decisivamente, para a descoberta da "minha capacidade criativa e para a escultura dos meus próprios textos"[58].

Em 1896, Augusto de Castro iniciou a sua colaboração com o diário *A Província* – que mais tarde viria a dirigir –, assinando o folhetim "A Neta da Tia Anica". Em 1897 Castro viria a integrar, conjuntamente com Amadeu Cunha e Óscar de Pratt, a direção da revista *Os Livres: Revista Mensal de Letras, Artes e Ciências*. Editada no Porto, pela Livraria de Sousa Brito, esta publicação que só conheceu um fascículo, contou com as colaborações, entre outros, de Júlio Brandão, Camilo Pessanha, Alexandre Braga Filho, Carlos de Lemos e Avelino Dantas.

Ainda em 1897, os três incorporaram a redação de *A Revista Literária*, cuja direção literária pertencia a José de Carvalho e Melo e a Pereira de Lemos, e a artística a Ernesto Meireles. Nesta publi-

---

52 Homenagem prestada na cidade do Porto...". In *Diário de Notícias*, p. 7.

53 Idem – *Ibidem*.

54 Idem – *Ob. cit.*, p. 11.

55 Idem – *Ibidem*.

56 Idem – *Ibidem*.

57 Idem – *Ibidem*.

58 Idem – *Ibidem*.

cação bimensal, que conheceu apenas cinco números (janeiro a julho de 1897), Amadeu Cunha e Augusto de Castro assinaram trabalhos, que foram sendo intercalados com os contributos de Sampaio Bruno, Augusto Gil, Mayer Garção, Olavo Bilac, Teófilo Braga e Rodrigo Solano, entre outros. Nos números três, quatro e cinco de *A Revista Literária*, Augusto de Castro manifestou toda a sua irreverência, criticando aquilo que considerava ser "a tacanhez intelectual"[59] de José Fernandes Costa, autor de *O poema do ideal – intermezzo lírico* (1894):

> O poeta do *Poema Ideal* entregue aos tremores d'uma ira que não é mais que o respingar de uma vaidade balofa, descarrega a bílis que se lhe amontoa no cérebro e desata em versos coxos, azaranzados, a brandir o azorrague de um sarcasmo insonso[60].

Datam do mesmo ano os seus primeiros artigos no jornal portuense fundado em 1868: "Meu Pai era grande amigo de Gaspar Baltar e eu, precoce menino de 14 anos, comecei a publicar artigos no *Primeiro de Janeiro*"[61].

1.5. Na "Cidade das Serenatas e dos Rouxinóis"

Foi em outubro de 1897, numa atmosfera marcada, externamente, pela primeira transmissão de rádio da história (Marconi, 14 de maio) e pela mal sucedida expedição polar de Salomon August Andrée (julho a outubro) e, internamente, pelo regresso do Partido Progressista

---

[59] CASTRO, Augusto de – "A Crítica entre nós". In *Revista Literária*. Dir. de C. A. de Mattos Soeiro. Porto: Livraria Souza Brito, Ano 1.º, N.º 3, maio de 1897, p. 37.

[60] Idem – "A Crítica entre nós." In *Revista Literária*. Dir. de Carvalho e Melo e Mattos Soeiro. Porto: Typ. Ocidental, Ano 1.º, N.ᵒˢ 4 e 5, Junho-Julho de 1987, p. 74.

[61] Homenagem prestada na cidade do Porto...". In *Diário de Notícias*, p. 7.

ao poder, pela criação da Carbonária Portuguesa e pela realização do sétimo congresso do Partido Republicano, que Augusto de Castro se matriculou na Faculdade de Direito de Coimbra.

Como o mesmo reconhecerá mais tarde, a deslocação para a Lusa Atenas deveu-se apenas ao facto de, à época, não existir universidade na cidade do Porto: "aqui teria feito o meu curso universitário de Direito se nessa altura, ele existisse nessa Universidade"[62]. Acabaria, contudo, por se render aos encantos da urbe "reclinada sobre a formosa colina que os soluços da água do Mondego embalam"[63], guardando para sempre na memória "a formosa e ajardinada terra"[64], em que "todas as ruas, todas as pedras, todas as casas estão impregnadas do espírito da mocidade e da evocação do génio"[65].

Na altura, a Universidade compreendia ao todo 1624 alunos inscritos, sendo que, aproximadamente, 40% frequentava a Faculdade de Direito (602 alunos)[66]. Apesar do meio académico não ser assim tão restrito, estudar em Coimbra – a única universidade do país na altura – significava aceder a uma elite, que tinha praticamente assegurado um papel relevante na sociedade. Muitos dos estudantes que frequentavam as diversas faculdades travavam conhecimento entre si e faziam questão de manter esse conhecimento e essa amizade pela vida fora. Era, assim, criada uma "rede de velhos amigos", que permitia aos seus membros utilizarem a experiência adquirida e partilhada na juventude para se entreajudarem ao longo das suas

---

[62] "Doutoramento «Honoris Causa» de Augusto de Castro Sampaio Corte-Real". *Separata da Revista da Faculdade de Letras da Universidade do Porto. História*. Porto: Faculdade de Letras, 1970, p. 23.

[63] CASTRO, Augusto de – *Fumo do Meu Cigarro*. Lisboa: Empresa Literária Fluminense, 1921, p. 142.

[64] Idem – *Ob. cit.*, p. 148.

[65] Idem – *Ob. cit.*, p. 144.

[66] O que quer dizer que 37% do total dos alunos inscritos na Universidade de Coimbra frequentava a Faculdade de Direito. Cf. *Anuário da Universidade de Coimbra. 1897-1898*. Coimbra: Imprensa da Universidade, 1897.

carreiras[67]. O próprio biografado o admitiria mais tarde: "Coimbra era uma escola maravilhosa de alegria onde se afinavam e ilustravam sensibilidades e generosidades que, pela vida fora, marcavam depois temperamentos, inteligências e culturas"[68].

Foi justamente, enquanto escolar de Direito, que travaria conhecimento com José Caeiro da Mata, Aristides e César de Sousa Mendes e Henrique Trindade Coelho, futuros políticos e diplomatas, com os quais haveria de se cruzar. A malha tecida em Coimbra estaria para sempre presente no seu caminho.

Apesar de o mundo académico ser restrito e elitista, a entrada no seu seio, longe do burgo natal e da influência paterna, terá suscitado alguma apreensão a Augusto Maria de Castro que, de imediato, procurou retirar o filho do anonimato. Para esse efeito, solicitou a intervenção de Maria Emília Seabra de Castro, esposa do, à altura, presidente do Conselho. Pretendia o primeiro que a segunda diligenciasse no sentido de conseguir, através dos seus conhecimentos, que o aluno número 39 do curso de Direito fosse apresentado e recomendado aos seus novos lentes:

> Minha Prezada Mana
>
> O meu Augusto está, como sabe, matriculado no primeiro ano de Direito. Está muito animado e conta que fará nas aulas boa figura.
>
> Convém, porém, que os lentes o conheçam e que alguém das suas relações lho apresente. Não conheço o Teixeira de Abreu, nem o Guilherme Moreira. Para o primeiro dizem-me que é competente o Dr. Artur Montenegro, que aí está, e para o segundo, o Souto Maior, brasileiro, que também aí vive e é das suas relações.

---

[67] Cf. MENESES, Filipe Ribeiro de – *Salazar-Biografia Política*. Lisboa: D. Quixote, 2010, p. 31.

[68] NAMORA, Fernando – "Augusto de Castro ou o Jardim da Vida e da Escrita". Sep. *Memórias da Academia das Ciências de Lisboa. Classe de Letras. Tomo XXIII*. Lisboa: Academia das Ciências, 1983, p. 315.

Peço-lhe, pois, o obséquio de conseguir que estes dois cavalheiros escrevam àqueles lentes, recomendando-lhe e apresentando-lhe o Augusto de Castro Sampaio Corte Real, n.º 39.

Mano amigo criado,

Augusto de Castro[69].

Se acaso estes o viriam a conhecer e, mais tarde, recordar não foi possível averiguar. Pode-se é enumerar os professores que marcaram Augusto de Castro: "o velho Pedro Penedo"[70], já recordado por Eça de Queirós, em *A Correspondência de Fradique Mendes*, como lente "do antigo tipo fradesco e bruto"[71]; "o enfrascado e doce Pita"[72], que "reinava na Universidade no Direito Canónico"[73]; "e o grande Calisto da *Cavalaria da Sebenta* do Camilo, o Calisto das esporas, o *pianola* da eloquência universitária, o homem mais mecanicamente eloquente que ainda me foi dado conhecer!..."[74]. Avelino César Augusto Maria Calisto, responsável pela primeira cadeira do curso – Filosofia de Direito –, era tido por um homem carismático, erudito e inteligente, que cultivava a arte de palavrear, sendo considerado um dos mais brilhantes lentes da Faculdade de Direito da Universidade de Coimbra. Era, também, um conhecido apreciador do *canelão*, praxe muito ativa no século XIX e que só viria a desaparecer com a implantação da República.

---

[69] MOREIRA, Fernando – *José Luciano de Castro. Correspondência política (1858-1911)*. Lisboa: Instituto de Ciências Sociais da Universidade de Lisboa/Quetzal Editores, 1998, pp. 423-424.

[70] CASTRO, Augusto de – *Fumo...*, p. 146.

[71] QUEIRÓS, Eça de – *A Correspondência de Fradique Mendes*. Lisboa: Livros do Brasil, 1900, p. 9.

[72] CASTRO, Augusto de – *Fumo...*, p. 146. Refere-se a José Pereira Paiva Pita, doutor e lente em Direito, autor da obra *Estudo sobre a ignorância ou erro de direito* (Coimbra: Imprensa da Universidade, 1871).

[73] CASTRO, Augusto de – *Arca de Noé*. Lisboa: Livraria Bertrand, s.d., p. 137.

[74] CASTRO, Augusto de – *Fumo...*, p. 146.

Se, na cidade "das serenatas e dos rouxinóis"[75], Avelino Calisto foi, dos mestres, quem mais o impressionou, já João Lúcio Pousão Pereira seria, de entre os colegas de carteira, quem conquistaria a sua amizade e confiança, tornando-se "companheiro inseparável"[76]:

> João Lúcio foi um afeto e foi um culto dos meus quinze anos. Estou a vê-lo como ele era então na aula do Calisto – alto, muito magro, uma grande gaforina encaracolada, coroando, como uma trunfa leonina, a sua linda cabeça de aedo e de tribuno. Dentro das sebentas, ele trazia já, escondido, um livro de versos admirável, talvez a sua obra-prima, *Descendo*. Juntou-nos então uma amizade que é um dos maiores títulos de honra da minha vida por havê-la merecido – tão alto considerei sempre o seu grande espírito e o seu grande caráter[77].

João Lúcio Pousão Pereira, mais conhecido por João Lúcio, era filho de João Lúcio Pereira, o mais abastado proprietário de Olhão, dono da grande quinta de Marim. Era ainda sobrinho materno de Henrique Pousão, pintor que se formou no Naturalismo, mas que viria a abraçar o Impressionismo, célebre pelas pinturas executadas em Roma, Nápoles e na ilha de Capri.

O convívio, "em cinco anos de Porta Férrea e de Couraça dos Apóstolos"[78], tornou-os companheiros "de códigos e de musas"[79], de excursões e de incursões, "com capas de estudante, pelas calçadas silenciosas da noturna Coimbra"[80]. De igual modo, seriam os dois os responsáveis pela redação de *Até que enfim!*, peça apresentada na

---

[75] CASTRO, Augusto de – *Fumo...*, p. 142.

[76] CASTRO, Augusto de – *Conversar...*, p. 112.

[77] Idem – *Ibidem*.

[78] CASTRO, Augusto de – *Conversar...*, p. 113.

[79] CASTRO, Augusto de – *Arca...*, p. 137.

[80] CASTRO, Augusto de – *Fumo...*, p. 144.

récita de despedida do curso jurídico de 1897-1902. Esta obra viria também a ser apresentada em Lisboa, no Teatro S. Carlos. A sua publicação, ainda no ano de 1902, seria feita, de acordo com os autores, por duas ordens de razão: "em primeiro lugar, pela recordação, pela suavíssima saudade que estas páginas representam; em segundo lugar, pela espontaneidade, a mocidade e a irreverência"[81] que encerram.

A peça, escrita ao jeito de *In Illo Tempore*, de Trindade Coelho, do *Livro do Doutor Assis*, de Alberto Costa (ex Pad. Zé) e de outros continuadores do *Palito Métrico*, apresenta, num prólogo e oito quadros, personagens pitorescas, com sentido de humor, que testemunham o irreverente modo de ser dos estudantes. Mas, se a crítica mordaz, o caricato e o burlesco são características importantes da obra, esta não deixa também de ter em conta a efemeridade do tempo. Por *Até que enfim!* perpassa a consciência de que a passagem por Coimbra é célere e com ela se estão a viver os últimos momentos da mocidade. Mais do que diversão, a peça carreia sentimentos de nostalgia e despedida: "quem vai deixar essa terra/deixa, deixa a mocidade/Já não ama, já não sonha/Parte, parte com saudade!"[82]. A juventude é "destravada" porque é breve. Coimbra "pertencia aos jovens", porque era necessariamente "destravada" – e breve.

O fim do curso ditaria a separação, mas não o esquecimento: "começámos a ver-nos raras vezes. Escrevíamo-nos pouco. Mas nunca diminuiu nem enfraqueceu no meu coração a amizade fervorosa e a admiração sem limites por esse luminoso espírito e por essa alma preciosamente formada"[83]. Augusto de Castro regressaria ao Porto, João Lúcio ao Algarve.

Com efeito, estabelecido como advogado em Olhão, João Lúcio rapidamente se afirmaria como um dos mais importantes "chefes

---

[81] Idem – *Ibidem*.

[82] Idem – *Ob. cit.*, p. 110.

[83] CASTRO, Augusto de – *Conversar...*, p. 114.

políticos locais"[84], herdando a grande influência política reconhe-
cida ao pai. Membro do Partido Regenerador-Liberal de João Franco desde 1904, em agosto de 1906, João Lúcio seria eleito para a
Câmara dos Deputados, numa clara demonstração, não só da sua
influência pessoal, mas também do extraordinário enraizamento
do franquismo no Algarve. Durante a República, sob a presidência
de Sidónio Pais, seria novamente eleito deputado pelo círculo de
Faro, na eleição geral de 1918, integrando a minoria monárquica
da Câmara dos Deputados.

Simultaneamente, continuaria a dedicar-se à poesia – mais
tarde considerada "uma leitura inovadora da corrente simbolis-
ta-decadentista"[85], – publicando *O Meu Algarve* (1905) e *Na Asa
do Sonho* (1913). O vírus da pneumónica, que assolou a região
a partir de maio de 1918, acabaria por lhe ceifar a vida na manhã
de 26 de outubro. A sua morte prematura abalou Augusto de
Castro que (a esse respeito) escreveria: "Adeus João! Contigo
morre, meu querido companheiro, a parte mais nobre da minha
mocidade"[86].

Para além de João Lúcio, Augusto de Castro partilhou os bancos
da faculdade com João Henrique Ulrich, neto materno dos primeiros
viscondes da Orta e paterno do comendador e deputado homónimo
João Henrique Ulrich. Formado no mesmo ano que o biografado,
advogou em Lisboa entre 1902 e 1907, tendo-se filiado então no
Partido Regenerador, vindo a aderir à ala mais conservadora, dirigida por Campos Henriques. Eleito deputado pelo círculo plurinominal do Porto, exerceu funções entre 1908 e 1910. Fiel aos ideais

---

[84] MÓNICA, Maria Filomena (coord.) – *Dicionário Biográfico Parlamentar. 1834-1910*. Vol. III *(N-Z)*, p. 229.

[85] JÚDICE, Nuno – "João Lúcio e o coração das coisas". In *Viajantes, escritores e poetas: retratos do Algarve*. Coord. de João Carlos Carvalho e Catarina Oliveira. Lisboa: Colibri/Faro: Universidade do Algarve, 2009, p. 103.

[86] CASTRO, Augusto de – *Conversar...*, p. 115.

monárquicos, após o 5 de Outubro, a sua intervenção na vida pública fez-se por via das posições ocupadas em grandes companhias – Companhia dos Tabacos, Companhia da Zambézia, Companhia Nacional de Navegação, Companhia Carris de Ferro de Lisboa e Companhia das Águas de Lisboa – e instituições bancárias – vice-governador e governador do Banco Nacional Ultramarino.

Augusto de Castro cruzou-se ainda, nos tempos da faculdade, com os futuros advogado e político republicano Alexandre Braga (1871-1921), os poetas saudosistas Afonso Lopes Vieira (1878-1946), Augusto Gil (1873-1929) e Teixeira de Pascoaes (1877-1952), o poeta neorromântico, conhecido como o *Musset português*, Fausto Guedes Teixeira (1871-1940), o poeta, pedagogo e publicista João de Barros (1881-1960) e o poeta e jornalista Carlos de Lemos (1867-1954).

Cada uma destas personalidades será, mais tarde, recordada pelo jornalista e diplomata. Fausto Guedes Teixeira e Carlos Lemos como "os poetas coimbrões, bacharéis em sonetos e tricanas, em plena glória lírica"[87]. Alexandre Braga como "grande artista e orador"[88]. Teixeira de Pascoaes e Augusto Gil como poetas, cujos "estros gorjeavam já pelo Penedo da Saudade e por Santa Clara"[89]. Afonso Lopes Vieira como "um dos maiores artífices da Beleza que Portugal criou", um "poeta, no grande e profundo sentido da palavra, que serviu a poesia e batalhou pela poesia com um fanatismo, uma inteireza de caráter, uma paixão monástica e soturna de peregrino e de devoto"[90]. João de Barros como "o meu velho companheiro, poeta que conservou na sua alma e no seu monóculo de Coimbra o segredo dum juvenil lirismo"[91].

---

[87] CASTRO, Augusto de – *Arca...*, p. 136.
[88] CASTRO, Augusto de – *Fumo...*, p. 144.
[89] CASTRO, Augusto de – *Arca...*, p. 136.
[90] Idem – *Ob. cit.*, pp. 135-136.
[91] Idem – *Ob. cit.*, p. 143.

Nos cinco anos que viveu na cidade "das serenatas e dos rouxinóis"[92], Augusto de Castro habitou o número 15 dos Arcos do Jardim – hoje número 11 do Bairro Sousa Pinto. Era aí que tinha o seu "pequeno quarto de estudante, velho como os quartos de todos os estudantes, nu de móveis, com o clássico candeeiro de latão, a vela ardendo no gargalo duma garrafa partida, quase também nu de roupa, mas povoado de quimeras"[93]. O lugar "Arcos do Jardim" já na altura se designava por Bairro Rodrigo Sousa Pinto – deliberação tomada pela Câmara Municipal de Coimbra, a 22 de novembro de 1894, em reconhecimento das "superiores qualidades morais e cívicas do antigo lente de matemática, Rodrigo Ribeiro de Sousa Pinto"[94]. Contudo, a resistência à mudança, muito comum em situações como esta por parte dos locais, terá contribuído para que a denominação "Arcos do Jardim" se tivesse mantido durante todo o percurso académico de Augusto de Castro, sendo essa a morada que consta nos anuários da Universidade.

No interregno das aulas, os seus destinos eram o Fontão – que deu a conhecer a João Lúcio – Anadia e o Porto. Foi na vila da Bairrada, "quando passava, em casa de José Luciano de Castro, uma parte das férias grandes de estudante"[95], que conheceu, numa tarde do verão de 1902, "o príncipe reinante da literatura do seu tempo"[96], Júlio Dantas:

> Figura levemente tímida, dum poeta magro, extremamente elegante, vagamente *mussettiano*, bordado a bigode preto, emoldurado por uma frondosa cabeleira preta e iluminado por dois olhos negros. Usava ainda as gravatas à Rostand. Tinha já esse

---

[92] CASTRO, Augusto de – *Fumo...*, p. 142.

[93] Idem – *Ob. cit.*, pp. 146-147.

[94] LOUREIRO, José Pinto – *Toponímia de Coimbra*. Tomo I. Coimbra: Coimbra Editora, 1960, p. 181.

[95] CASTRO, Augusto de – *A Tarde...*, p. 85.

[96] Idem – *Ob. cit.*, p. 58.

hábito, que lhe ficou pela vida fora, de brincar, enquanto falava, com o anel num dedo da mão esquerda.[97]

O escritor era, no dizer de Augusto de Castro, "a celebridade do momento"[98], uma vez que "saía fresco, brilhante, tilintante de glória, dum êxito estrepitoso e recente: *A Ceia dos Cardeais*"[99]. A estreia da peça tinha ocorrido no Teatro D. Amélia, hoje S. Luís, a 24 de março de 1902.

O grande sucesso que Dantas – a quem Augusto de Castro chamaria "o Quarto Cardeal", numa clara alusão à obra protagonizada por três cardeais de diferentes nacionalidades – conheceu na sua noite de estreia deveu-se, na opinião de Eunice Azevedo, "não tanto à peça em si, mas à impressionante cenografia, ao cuidado do talentoso Augusto Pina (1872-1938) e ao elenco de topo"[100], constituído por João Rosa (1843-1910), Augusto Rosa (1852-1918) e Eduardo Brazão (1851-1925).

Apesar do êxito e de algumas referências elogiosas em alguma imprensa da época, a peça recebeu – e continuaria a arrecadar ao longo das décadas – muitas críticas:

> E, como a comédia se cifra nisto, devemos concordar que toda ela não foi mais do que um pretexto para ouvirmos bons versos e vermos um cenário vistoso. No fim, a impressão deixada no espírito é nula e a gente sai do teatro sem mais pensar em tal. Ora, foi isto, *A Ceia dos Cardeais*[101].

---

[97] Idem – *Ob. cit.*, p. 87.

[98] Idem – *Ibidem*.

[99] Idem – *Ibidem*.

[100] AZEVEDO, Eunice – *A Ceia dos Cardeais*. Centro de Estudos do Teatro/Instituto Camões. In http://cvc.instituto-camoes.pt/teatro-em-portugal-espetaculos/2467-a-ceia--dos-cardeais.html [consulta efetuada em 29 de outubro de 2012].

[101] F.R. – "Teatros". In *A Comédia Portuguesa. Revista Semanal de Crítica, Política, Artes, Letras e Costumes*. Dir. de Marcelino Mesquita. Lisboa: Litografia Universal. Ano I, n.º 11, 7 de abril de 1902, p. 7.

Contudo, é indiscutível a sua importância na história do teatro português, não só pelo número de representações que alcançou, tanto no país, como no estrangeiro, mas também pelo seu caráter de testemunho histórico-cultural do Portugal de então. Como referiu Luiz Francisco Rebello, "muito deste teatro, mesmo nos casos de maior apuro técnico ou literário, possui hoje um interesse apenas documental. Mas espelham-se nele os gostos e as preocupações de uma época"[102].

Como é sabido, a crítica ao trabalho do escritor não se esgotou nos comentários à *Ceia dos Cardeais*, nem sequer se restringiu à sua produção literária. Júlio Dantas, o homem, foi, também, alvo de comentários corrosivos por parte do movimento modernista português. O mais polémico de todos, o célebre *Manifesto Anti-Dantas*, de José Sobral de Almada Negreiros, publicado em 1915, no seguimento da estreia de *Soror Mariana*.

Nesse texto, o poeta futurista atacava principalmente Júlio Dantas – mas não só – como símbolo de uma geração retrógrada, bem como do estagnado panorama literário português: "Uma geração, que consente deixar-se representar por um Dantas é uma geração que nunca o foi! É um coio de indigentes, de indignos e de cegos! É uma resma de charlatães e de vendidos, e só pode parir abaixo de zero!"[103]. Através da ironia e do sarcasmo, utilizando uma linguagem iconoclasta e insultuosa, abusando de exclamações, repetições e enumerações, Almada fustigava o academismo instalado e os valores tradicionais. Em suma, tratou-se de "um ataque implacável ao edifício cultural e artístico vigente, que impedia a entrada e frutificação em Portugal, das novas correntes estéticas. Era Almada a abrir caminho ao Futurismo e a si próprio"[104].

---

[102] REBELLO, Luiz Francisco – *Três espelhos...*, p. 114.

[103] NEGREIROS, Almada – *Manifesto Anti-Dantas e por extenso por José de Almada-Negreiros Poeta D'Orpheu Futurista e Tudo*. Lisboa: J. A. Negreiros, 1915, p. 1 (obs.: em maiúsculas no original).

[104] Cf. DACOSTA, Fernando – "Almada e Dantas a Nu". In *Público Magazine. Almada. Um Homem no Século*. Lisboa. N.º 161, domingo, 4 de abril de 1993, pp. 44-48.

Augusto de Castro estaria também, certamente, entre "os jorna-listas do *Século* e de [...] todos os jornais!"[105] visados, e, talvez, entre os dramaturgos atingidos, uma vez que nas suas peças[106], à semelhança de Júlio Dantas, era "patente a adesão à estética natu-ralista reinante"[107].

A tarde de 1902 seria a primeira em que veria o autor de *Um Serão nas Laranjeiras*. A intimidade de Carlos Malheiro Dias, de quem se tornaria amigo na Cidade Invicta, aproximá-los-ia mais tarde. "E desse convívio, que os anos estreitaram"[108], nasceria "a amizade", que os acompanharia "pela vida fora"[109]. A estreita ligação entre os dois viria a ser, mais tarde, decisiva para o futu-ro profissional de Augusto de Castro. De facto, foi durante o período em que Júlio Dantas assumiu a direção da Escola da Arte de Representar que Augusto de Castro se tornou professor da oitava cadeira desse estabelecimento de ensino. E foi durante a primeira passagem do amigo pelo Ministério dos Negócios Es-trangeiros (inverno de 1921-1922) que Augusto de Castro viu abri-rem-se-lhe as portas do Palácio das Necessidades. Uma vez mais, à semelhança da proteção oferecida pelo tio paterno, José Lucia-no de Castro, a amizade de Júlio Dantas, seria deveras profícua para Augusto de Castro.

Quando o destino de férias era a sua cidade, Augusto de Castro aproveitava para rever os amigos Amadeu Cunha, António Patrício, Rodrigo Solano e Justino Montalvão. O *Camanho* era – "às tardes"[110]

---

[105] NEGREIROS, Almada – *Manifesto...*, p. 4 (obs.: em maiúsculas no original).

[106] Ele próprio levaria à cena, no Teatro Nacional, *Caminho Perdido* (1906) e *Amor à antiga* (1907) e, no Teatro D. Amélia, depois – após a queda da monarquia – Teatro República, *Chá das Cinco* (1909), *Vertigem* (1910) e *As Nossas Amantes* (1912).

[107] REBELLO, Luís Francisco – "Augusto de Castro: Evocação do Dramaturgo"..., p. 340.

[108] CASTRO, Augusto de – *A Tarde...*, p. 88.

[109] Idem – *Ibidem*.

[110] Idem – *Ibidem*.

– o ponto de encontro. Neste botequim, um dos mais afamados do Porto, frequentado por Guerra Junqueiro, com quem viria a manter "relações familiares"[111], António Nobre e Sá de Albergaria, "pululavam as ideias e as notícias e o intenso trânsito de pessoas favorecia os contactos"[112].

Frequentador, na companhia de Amadeu Cunha, das "tempestades líricas do Teatro S. João"[113], onde os "desempenhos das cantoras suscitavam, por vezes, ruidosos partidarismos"[114], nas noites de ópera, o seu leque de convivência alargava-se ao financeiro Ricardo Malheiros (1864-1932), ao jovem ensaísta Paulo Osório (1882-1965), ao escultor António Teixeira Lopes (1866-1942), ao engenheiro António José Arroio (1856-1934), ao mestre de piano Ernesto Maia, ao historiador e crítico de arte José de Figueiredo (1872-1937) e ao pintor e ilustrador António Carneiro (1872-1930).

De igual modo, foi nessas temporadas que conheceu, "na sua padaria do Bonjardim"[115], José Pereira de Sampaio (Bruno):

Entre duas fatias de pão de trigo e sacudindo o farelo das mãos, Bruno moía, à vista do freguês, a farinha da mais cerrada, brilhante e admirada erudição literária do seu tempo. Junqueiro ia vê-lo e o escritor, enquanto pesava as brancas e fofas «padas», ia dissertando sobre Eurípedes e Ovídio. Era um gordo poço de filosofia e de ciência – e um poço de bondade[116].

---

[111] CASTRO, Augusto de – *Cinco Figuras*. Lisboa: Empresa Nacional de Publicidade, 1963, p. 89.

[112] FERNANDES, José A. Rio – "Coisas do Porto. O Botequim." In *O Tripeiro*. Porto: Associação Comercial do Porto. 7.ª Série, Ano XII: N.º 10, outubro de 1993, p. 310.

[113] Idem – *Ibidem*.

[114] TAVARES, Pedro Villas Boas – "Amadeu Cunha...", p. 425.

[115] Homenagem prestada na cidade do Porto...". In *Diário de Notícias*, p. 11.

[116] Idem – *Ibidem*.

Várias vezes terá visto passar, na Praça Nova, Ramalho Ortigão, que "vivia em Lisboa, mas nunca esquecera as suas raízes portuenses"[117], logrando mesmo o privilégio de conviver com essa "lenda viva da literatura portuguesa"[118].

Foi, também, num desses períodos de férias que travou conhecimento com Carlos Malheiro Dias. Com o conterrâneo haveria de manter "relações de amizade, que nunca afrouxaram"[119]:

> Conheci-o no Porto – a sonhar a glória, a fortuna, o amor, a juventude. Acabava de sair *O Filho das Ervas* [1900] que foi o primeiro livro digno da sua forte personalidade. Ligámo-nos desde essa época, a despeito da diferença de situação e idades, por uma amizade profunda[120].

Carlos Malheiro Dias era oito anos mais velho que Augusto de Castro. Nascera no Porto, na mesma Rua de Cedofeita, a 13 de agosto de 1875, no seio de uma família tradicional pertencente à burguesia comercial da capital nortenha. Em 1900, quando se conheceram, Carlos Malheiro Dias já tinha entrado na vida política ativa, com a filiação no partido Regenerador.

Todavia, o seu percurso académico haveria de se revelar volúvel e descontínuo: após os primeiros estudos no Colégio de S. Quitéria, no Porto, e depois no Liceu de Lamego, empreendeu a primeira viagem ao Brasil (1893-1897), país no qual se estabeleceria em 1893. Aí iniciou a sua vida literária, como colaborador de jornais e autor de ficção. Contudo, o romance *A Mulata* (1896) acabaria por suscitar uma onda de contestação tão feroz, que o autor op-

---

[117] Homenagem prestada na cidade do Porto...". In *Diário de Notícias*, p. 7.

[118] Idem – *Ibidem*.

[119] Idem – *Ob. cit.*, p. 11.

[120] CASTRO, Augusto de – *Homens e Sombras*. Lisboa: Empresa Nacional de Publicidade, s.d., p. 159.

taria pelo regresso a Portugal: "o autor d'*A Mulata* teve que abandonar o Brasil por lhe ser irrespirável o clima de hostilidade ali criado pelo romance"[121].

Restituído ao país de origem, matriculou-se no Curso Superior de Letras de Lisboa (1896-1897), que terminaria em 1899. Em 1897, entrou na loja maçónica "Luís de Camões" de Lisboa, da qual terá sido erradicado logo no ano seguinte, por falta de pagamento de quotas. Combinou, então, a colaboração regular em jornais do norte do país, com alguns serviços políticos, como o de administrador do 2.º Bairro do Porto. Eleito deputado pelo Partido Regenerador, no sufrágio de 1901, pelo círculo eleitoral de Viana do Castelo, em 1903 foi nomeado chefe de gabinete do ministro das Obras Públicas, o conde de Paçô Vieira. Reeleito parlamentar pelo mesmo círculo em 1904 e 1906, após da morte de Hintze Ribeiro, acabaria por seguir "António Teixeira de Sousa, chefe da fação mais à esquerda dos regeneradores e presidente do ministério em 1910"[122]. Depois de 1910 manteve-se fiel às suas convicções monárquicas e exilou-se no Brasil (novembro de 1913), tornando-se um crítico do novo regime:

> O que fez a República, entretanto? Sacrificou as populações a uma seita. Em vez de governar para o país, governou para um partido. Em vez de atrair as forças sociais, repeliu-as, ameaçou-as, abriu contra elas hostilidades, ofendeu-as nas suas crenças, nas suas tradições, nos seus interesses. Enclausurado na demagogia, perdendo de vista a nação, o governo legislou para a Rua. Eis o erro da República, que explica toda a sucessão alarmante dos seus desastres[123].

---

[121] CHORÃO, João Bigotte – *Carlos Malheiro Dias na ficção e na história*. Lisboa: Instituto de Cultura e Língua Portuguesa, 1992, p. 20

[122] MÓNICA, Maria Filomena (coord.) – *Dicionário Biográfico Parlamentar. 1834-1910*. Vol. II *(D-M)*. Lisboa, Assembleia da República, 2004, p. 37.

[123] DIAS, Carlos Malheiro – *Ciclorama Crítico de um Tempo: Antologia*. Lisboa: Vega, 1982, p. 148.

Na introdução que faz à obra *Ciclorama crítica de um tempo: Antologia*, Mário Mesquita sublinha o facto de a lealdade à monarquia, personificada na figura do rei D. Manuel II ter travado a carreira política de Malheiro Dias, pois este "não se obstinou em aderir à República"[124]. Esta atitude foi contrária à de inúmeros políticos e intelectuais ligados à monarquia, que encontraram o seu lugar no novo regime, como os amigos Augusto de Castro, Eduardo Schwalbach e Júlio Dantas:

> Malheiro Dias não comungava do espírito «triunfador» destes seus confrades [Júlio Dantas e Augusto de Castro] que sempre fizeram questão em estar de bem com o Estado e com os homens, não partilhava do seu otimismo «fin-de-siècle», nem do seu estilo cor-de-rosa de estar no mundo[125].

Uma vez na antiga Vera Cruz, viria a dirigir a *História da Colonização Portuguesa do Brasil* (1921-1924), considerada por Augusto de Castro, "a mais vibrante reivindicação imperial que a literatura portuguesa de todos os tempos ainda produziu e o mais precioso documento moderno do espírito português oferecido ao génio brasileiro"[126]. A sua contribuição, enquanto historiador, para esta obra coletiva viria, contudo, a ser questionada por Jaime Cortesão, colaborador na mesma publicação, por entender que, em Malheiros Dias, "sobrava talento literário, mas falecia o método histórico"[127].

Em 1924, outra vez em Portugal, publicou o opúsculo *Exortação à Mocidade*, em que enaltecia a ação do rei D. Sebastião: "D. Sebastião foi uma reincarnação do Portugal do século XV – o seu misticismo, a sua

---

124 MESQUITA, Mário – "Introdução. A vocação de jornalista em Carlos Malheiro Dias". In DIAS, Carlos Malheiro – *Ciclorama...*, p. 11.

125 Idem – *Ibidem*.

126 CASTRO, Augusto de – *A Arca...*, p. 170.

127 CHORÃO, João Bigotte – *Carlos Malheiro Dias...*, p. 82.

bravura, a sua pureza reincarnadas"[128]. Este escrito acabaria por ser, veementemente, contestado por António Sérgio, estendendo-se a polémica com o ensaísta até 1925, com réplica de Malheiro e tréplica de Sérgio. Este último "desfez" a figura do "herói patriota", ridicularizando as façanhas militares, a ausência de dimensão política e a religiosidade exacerbada, classificando-o como um "fanfarrão" e "mentecapto"[129]. Na verdade, a polémica não foi mais do que uma disputa entre o racionalismo (searerio) de Sérgio e o romantismo (monárquico/integralista) de Malheiro Dias. Aliás, António Sérgio designou, com graça, esta contenda como a da "lanterna e do calorífero"[130].

Esta não seria a única polémica que António Sérgio alimentaria com um dos amigos de Augusto de Castro. Recorde-se a acesa disputa sobre a questão da saudade com Teixeira de Pascoaes[131] em *A Águia*, que conduziria à dissidência de alguns colaboradores desta revista literária e científica, que viriam a integrar o projeto *Seara Nova* – casos de António Sérgio e Raul Proença.

De regresso ao Brasil, Carlos Malheiro Dias continuou a dedicar-se ao jornalismo, fundando *O Cruzeiro* (1928), que se tornaria a principal revista ilustrada brasileira do século XX. Em 1931 foi designado presidente da Federação das Associações Portuguesas no Brasil.

A ascensão ao poder de Oliveira Salazar levou-o a aderir ao Estado Novo, que aparentava ser "a restauração do Portugal tradicional"[132]:

---

[128] DIAS, Carlos Malheiro – *Exortação à Mocidade*. 2.ª Edição. Lisboa: Portugal--Brasil Sociedade Editora, 1925, p. 52.

[129] Cf. SÉRGIO, António – *Bosquejo da História de Portugal*. 2.ª Edição. Lisboa: Oficinas Gráficas da Biblioteca Nacional, 1923 e Idem – "Tréplica. A Carlos Malheiro Dias sobre a questão do Desejado". In Seara Nova: Revista Quinzenal de Doutrina e Crítica. Dir. de Raúl Proença. Lisboa. N.ᵒˢ 45 e 46, maio de 1925, pp. 173-177.

[130] Cf. MOTA, Maria – "Sob o signo de Prometeu. A polémica sebastianista entre António Sérgio e Carlos Malheiro Dias (1924-1925)". In *VIII Congresso LUSOCOM*, p. 2127. http://conferencias.ulusofona.pt/index.php/lusocom/8lusocom09/paper/viewFile/162/138 [página consultada em 5 de novembro de 2012].

[131] Cf. MOTA, Carlos Alberto Magalhães Gomes – *A Polémica Entre António Sérgio e Teixeira de Pascoaes*. UTAD, 1998.

[132] Idem – *Ibidem*.

"liberta das injunções da tirania da maioria fundada pela república democrática, a nação recuperava a identidade e a glória dos Descobrimentos"[133]. Esta imagem envolveu-o, conquistou o seu pensamento e atraiu o seu apoio, passando os seus discursos, na primeira metade da década de 30, quer em Portugal, quer no Brasil, a exaltar a ditadura salazarista.

Em 1935, o governo de Salazar nomeou-o embaixador de Portugal em Madrid. Esta seria, segundo Eduardo Schwalbach, "a recompensa pela sua adesão ao regime"[134]. Acabaria, contudo, por não tomar posse do lugar, por motivos de saúde.

Sobre o autor de *Os Teles de Albergaria* (1901) e *A Paixão de Maria do Céu* (1902), Augusto de Castro escreveria: "quero compará-lo a alguém e só encontro dois nomes: Oliveira Martins e Camilo. Descendeu dos dois. Tinha o fulgor dum; a emotividade trasbordante e fatídica do outro"[135]. Esta amizade forjada pelo jovem Augusto de Castro, na sua cidade natal, no interregno dos seus estudos em Coimbra, prolongar-se-ia pela vida adulta. Os dois permaneceriam "intimamente ligados pelo afeto, pela companhia, pela influência de espírito"[136] durante as décadas seguintes, até à morte, a 19 de outubro de 1941, de Carlos Malheiro Dias.

E, após cinco anos de estudos, mas também de intenso convívio intelectual, social e cultural, no eixo Porto-Aveiro-Coimbra, Augusto de Castro concluiu a licenciatura em 1902, com média de 14 valores. O curso de Direito, o mais frequentado pelas elites "condutoras" do país, abriu-lhe as portas da advocacia, que logo começou a exercer na cidade do Porto, num escritório situado no Largo de S. João Novo. Simultaneamente abraçaria o jornalismo, assumindo a direção do

---

[133] Idem – *Ibidem*.

[134] Cf. SCHWALBACH, Eduardo – *À lareira do passado*. Lisboa: Edição do Autor, 1944, p. 382.

[135] CASTRO, Augusto de – *Homens e Sombras,* p. 162.

[136] CASTRO, Augusto de – *A Arca...*, p. 165.

jornal *A Província*, fundado por Oliveira Martins, órgão de informação ligado ao Partido Progressista, de José Luciano de Castro.

Na verdade, pode-se dizer que estes "verdes anos" encerram em si todas as vocações que viriam a marcar a sua vida, com a única exceção a ser, talvez, a diplomacia. Em primeiro lugar, a advocacia, da qual, em todo o caso, em breve se desencantaria; o jornalismo, o seu "signo", que o ligaria, ao longo de várias décadas, a alguns dos órgãos mais importantes da imprensa nacional; a participação na vida política, decorrente também das suas ligações familiares, que o levaria a ser eleito para a Câmara dos Deputados em 1905, em 1906 e, novamente, em 1908; a atividade literária, que lhe granjearia, mais tarde, o reconhecimento, através da atribuição do Grande Prémio Nacional de Literatura (1968); sem esquecer a dramaturgia, que lhe permitiria levar à cena dos principais teatros lisboetas as suas peças.

É ainda possível começar a traçar a sua personalidade e o seu caráter. Surgindo, primeiro como uma criança dócil, que acata inclusive as admoestações do pessoal doméstico da Quinta do Fontão, acaba por revelar a irreverência e audácia do seu espírito nas primeiras investidas jornalísticas contra Fernandes Costa. Estaria, contudo, a agir intrepidamente? Ou a coberto da proteção paterna e da tenra idade?

Nos anos que se seguiriam viria a revelar-se muito mais sensato e prudente, procurando evitar o confronto dentro e fora da academia. Moderado nas suas atitudes e nas suas posições, granjeou amizades entre progressistas e regeneradores, monárquicos e republicanos. Estava dado o tom que adotaria nos anos seguintes e, enfim, pela vida fora:

> [No Parlamento] Augusto de Castro mostrou-se um deputado vocacionado para o trabalho burocrático em comissões e mostrou algum desconforto quando teve de entrar no confronto

político, daí o reduzido número de intervenções e o tom cordato em que as proferiu[137].

De facto, como já foi referido, Augusto de Castro sempre fez questão "em estar de bem com o Estado e com os homens"[138]. Isso permitir-lhe-ia atravessar vários regimes – Monarquia, República, Ditadura Militar, Estado Novo – incólume, sem se perceber se era, convictamente, monárquico, republicano ou salazarista. Admirador da "excelente e enorme figura de D. Carlos"[139], também seria amigo e apreciador de António José de Almeida – o mesmo que chamara "irresponsável" e "animal" ao penúltimo rei de Portugal, no famoso artigo "Bragança, o último"[140]. Sobre o presidente da República nascido em Vale da Vinha, concelho de Penacova, escreveria: "durante o seu período presidencial pôs ao serviço do seu cargo, não apenas as qualidades superiores do seu espírito, as suas faculdades admiráveis de tribuno, o seu patriotismo e o seu bom senso, mas ainda e sobretudo o contagioso idealismo do seu coração"[141].

O líder da República Nova Sidónio Pais era, de igual modo, respeitado por Augusto de Castro, que o definiu como um "homem intrépido"[142], "corajoso e de ação"[143], "portador e arauto duma ideia

---

[137] MÓNICA, Maria Filomena (coord.) – *Dicionário Biográfico Parlamentar. 1834-1910. Vol. I (A-C)*, p. 834.

[138] MESQUITA, Mário – "Introdução. A vocação de jornalista...". In DIAS, Carlos Malheiro Dias – *Ciclorama Crítico...*, p. 11.

[139] CASTRO, Augusto de – *Fumo...*, p. 130.

[140] Cf. TORGAL, Luís Reis – "António José de Almeida: jornalista e político da República". In PEIXINHO, Ana Teresa e SANTOS, Clara Almeida (coord.) – *Comunicação e Educação Republicanas. 1910-2010*. Coimbra: Imprensa da Universidade de Coimbra, 2011, p. 20.

[141] ALMEIDA, António José de – *Quarenta anos de vida literária e política*. Vol. IV. Lisboa: J. Rodrigues & C.ª, 1934, pp. 326-327.

[142] CASTRO, Augusto de – *Homens e Sombras*, p. 126.

[143] Idem – *Ibidem*.

e duma juventude, que o destino trairia e a morte venceria"[144]. Mas era também amigo de Norton de Matos, candidato pela Oposição às eleições de 1949, a julgar pelas prestimosas dedicatórias inscritas nos livros que lhe enviou e que se encontram presentes no acervo documental do general, na sua casa em Ponte de Lima:

> Ao seu [grande] amigo General Norton de Matos, como homenagem de Augusto de Castro, *1929*.
>
> Ao alto e admirável espírito de Portugal o General Norton de Matos este livro [do] exílio do admirador dedicado e amigo grato Augusto de Castro. *Paris* [*1933*].
>
> A Sua Excelência o General Norton de Matos este livro [do] exílio que já atravessou duas fronteiras. Com a sincera e velha admiração do amigo grato Augusto de Castro. *Roma, [1933]*.

Todavia, seria também (grande) admirador e defensor da obra de António de Oliveira Salazar – "[Salazar] foi um criador político de génio. Frei Portugal, ele foi o monge, o mestre, o chefe integralmente devotado ao País. Não viveu a sua existência. Viveu, no sangue e em todo o seu ser, a existência do País"[145].

Concluindo, como assinalou Vitorino Nemésio, com o seu atento rigor de ensaísta, "Dantas e Castro foram expoentes de uma época em que a literatura recobria e espelhava em fogo-fátuo o viver quotidiano – a política, os negócios, a burguesia triunfante e a sua pauta de opções"[146]. Na verdade, Augusto de Castro sempre terá abdicado das suas ideias, das suas convicções políticas (se, de facto, as tinha), para aderir às ideias dos outros, para estar de acordo com as ideolo-

---

[144] Idem – *Ibidem*.

[145] CASTRO, Augusto de – *O Mundo não começa amanhã*. Amadora: Livraria Bertrand, 1971, p. 272 e 278-279.

[146] NEMÉSIO, Vitorino – *Jornal do Observador*. Lisboa: Verbo, 1974, p. 78.

gias triunfantes do seu tempo. Não avançando com ideias próprias, ao invés, reproduzindo as ideias de outros, Augusto de Castro revelou uma invulgar capacidade de adaptação às circunstâncias, conseguindo fazer uma suave transição para os diferentes regimes que atravessou – Monarquia Constitucional, Primeira República, Ditadura Militar e Estado Novo. Revelando grande sentido de oportunidade e até oportunismo político durante toda a sua vida, Augusto de Castro conseguiu reunir as condições necessárias para garantir a sua sobrevivência, enquanto jornalista, diplomata e homem público.

Capítulo II – Várias Carreiras, uma Única (Grande!) Vocação: O Jornalismo

2.1. Da Agonia da Monarquia à Implantação da República

No último quartel do século XIX, Portugal mergulhou numa imensa crise política, que culminaria com a queda da Monarquia e a proclamação da República, na madrugada de 4 para 5 de Outubro de 1910. Esta mudança de regime efetivar-se-ia devido ao imenso desgaste que a instituição monárquica conheceu, ao longo de todo a centúria Oitocentista, mas, sobremaneira, nas últimas décadas do século; e à extraordinária ação doutrinária e propagandística desenvolvida pelo Partido Republicano Português, desde a data da sua criação, em 1876.

Com efeito, a subjugação do país aos interesses coloniais britânicos, o rotativismo, os sucessivos escândalos financeiros da família real, o poder da Igreja, a ditadura de João Franco, a crescente instabilidade política e social e a aparente (ou real!) incapacidade da Coroa para acompanhar a evolução dos tempos e adaptar-se à modernidade, propondo-se contribuir para a superação do abismo que separava Portugal da restante Europa transpirenaica, tudo isto contribuiu para um inexorável e irreparável processo de erosão da Monarquia Portuguesa – do qual os defensores de um novo regime souberam tirar proveito.

Procurando salientar o contraste entre "os velhos vícios" e os "novos ideais" e, entusiasmada com os recentes triunfos da República em França e em Espanha, a propaganda republicana foi sabendo retirar dividendos de alguns acontecimentos de repercussão popular – como o Tratado de Lourenço Marques, o Tricentenário de Camões, as celebrações do Centenário Pombalino e o Ultimato Inglês –, para promover o seu pensamento e granjear novos e fervorosos adeptos.

Deste modo, logo nas eleições de outubro de 1878, o partido conseguiria eleger, pelo círculo do Porto, José Joaquim Rodrigues de Freitas, "o primeiro deputado republicano que se fez escutar em plena Câmara Baixa da monarquia constitucional portuguesa"[147]. Os dois restantes candidatos republicanos – Teófilo de Braga e Manuel de Arriaga – não obtiveram sufrágios suficientes para a eleição.

Se o Tratado de Lourenço Marques, negociado no decurso de 1878, pelo ministro dos Negócios Estrangeiros, Andrade Corvo, mas cujas cláusulas só foram conhecidas pela opinião pública em 1879, suscitou uma onda de protesto, liderada pelos Partidos Progressista e Republicano, que culminaria na queda dos Regeneradores, então no poder, e em alterações ao próprio Tratado; e o Tricentenário de Camões, comemorado com atos significativos, como o colorido cortejo cívico que percorreu as ruas de Lisboa, no meio de grande entusiasmo popular, evidenciou o início do divórcio entre as classes urbanas e a Monarquia, sendo "arvorado em símbolo por todos os que sonhavam com outros rumos, mais democráticos e benfazejos"[148]; o Ultimato Inglês foi o epílogo de uma dinâmica de aproveitamento partidário, da exploração de uma série de acontecimentos políticos, para denegrir e abalar fortemente a Monarquia e os partidos no poder. "A nota diplomática entregue por Mr. Petre ao governo português, nesse

---

[147] HOMEM, Amadeu Carvalho e RAMIRES, Alexandre – *Memorial Republicano.* Coimbra: Câmara Municipal de Coimbra, 2012, p. 54. José Joaquim Rodrigues de Freitas viria a dar o seu nome ao Liceu Central do Porto, frequentado por Augusto de Castro, depois da implantação da República em 1910.

[148] HOMEM, Amadeu Carvalho e RAMIRES, Alexandre – *Ob. cit.*, p. 74.

infausto 11 de janeiro de 1890"[149] – no exato dia em que Augusto de Castro completou sete anos de idade – incentivou o recrudescimento do patriotismo, mas também da crítica à Monarquia, centrada na figura de D. Carlos, que, reunindo na mesma noite o Conselho de Estado, aceitou sem contestar os termos da comunicação britânica:

> Em presença duma rutura iminente das relações com a Grã-Bretanha e todas as consequências que poderiam dela derivar, o governo resolve "ceder" às exigências recentemente formuladas nos dois últimos memorandos, ressalvando por todas as formas os direitos da Coroa de Portugal nas regiões africanas de que se trata, protestando bem assim pelo direito que lhe confere o artigo 12.° do Ato Geral de Berlim de ser resolvido o assunto em litígio por mediação ou arbitragem. O Governo vai expedir para o Governo-Geral de Moçambique as ordens exigidas pela Grã-Bretanha[150].

A humilhação nacional suscitada pelo *Ultimatum* levou o Partido Republicano a crescer em número de apoiantes e a surgir, aos olhos da opinião pública, como a única força política defensora dos brios patrióticos e capaz de resgatar o orgulho nacional. Começava aqui, verdadeiramente, o colapso da monarquia constitucional portuguesa.

Com efeito, o país explodiria em ira. As manifestações de patriotismo e de apelo à guerra suceder-se-iam. Foi neste clima de exaltação nacional que Alfredo Keil e Henrique Lopes de Mendonça compuseram o atual hino nacional. O governo caiu e, no dia 14 de janeiro, foi empossado um novo ministério, presidido por António de Serpa Pi-

---

[149] Idem – *Ibidem*, p. 99.

[150] TEIXEIRA, Nuno Severiano – "Política externa e política interna no Portugal de 1890: o Ultimatum Inglês". *Análise Social*. Lisboa: Instituto de Ciências Sociais da Universidade de Lisboa. 1987. Vol. XXIII (98): N.° 4, p. 694.

mentel, o major que, no Conselho de Estado, defendera a resistência à imposição britânica e, "numa atitude fleumática, preconizara a insatisfação face a uma possível rendição"[151].

Os republicanos não desperdiçaram a ocasião e aproveitaram o clima quase insurrecional que se estabeleceu. A 23 de março, António José de Almeida, futuro presidente da República, foi preso por ter publicado no "«Número Programa» da «Folha Académica», que se pretendia bissemanária, intitulada *O Ultimatum*"[152], o famoso artigo *Bragança, o último*, "texto extremista"[153], "pequeno vaso de veneno"[154], verdadeiramente ofensivo e insultuoso para com o monarca. O então estudante do primeiro ano de medicina de Coimbra, questionando-se a pretexto da "irresponsabilidade" do rei considerada no artigo 72.º da Carta Constitucional, considerava-o "um irresponsável", não à semelhança dos homens, mas dos bichos, devendo assim ser enjaulado, "nas gaiolas centrais do Jardim Zoológico"[155] e identificado sob a designação de "o último animal de Bragança"[156].

A 11 de abril era a vez do poeta Abílio Guerra Junqueiro dirigir contra o muito criticado rei o opúsculo *Finis Patriae*, cujas estrofes iniciais seriam recitadas por toda a parte:

---

[151] Cf. PINTO, Rui Miguel da Costa – *Das explorações africanas ao Ultimatum Inglês.* Comunicação apresentada na Academia de Marinha, em 28 de junho de 2011, p. 18. Disponível em http://www.marinha.pt/PT/amarinha/atividade/areacultural/academiademarinha/Conferencias/Documents/Das_exploracoes_africanas.pdf [consulta efetuada em 30 de novembro de 2012].

[152] TORGAL, Luís Reis – *António José de Almeida e a República*. Lisboa: Círculo de Leitores, 2004, p. 44.

[153] Idem – "António José de Almeida: jornalista e político da República". In PEIXINHO, Ana Teresa e SANTOS, Clara Almeida (coord.) – *Comunicação e Educação Republicanas. 1910-2010*. Coimbra: Imprensa da Universidade de Coimbra, 2011, p. 21.

[154] HOMEM, Amadeu Carvalho e RAMIRES, Alexandre – *Ob. cit.*, p. 118.

[155] TORGAL, Luís Reis – *António José de Almeida e a República...*, p. 46.

[156] HOMEM, Amadeu Carvalho e RAMIRES, Alexandre – *Ob. cit.*, p. 118; TORGAL, Luís Reis – "António José de Almeida: jornalista...", pp. 20-21 e Idem – *António José de Almeida e a República...*, p. 46.

Ó cínica Inglaterra, ó bêbeda impudente,

Que tens levado, tu, ao negro e à escravidão?

Chitas e hipocrisia, evangelho e aguardente,

Repartindo por todo o escuro continente

A mortalha de Cristo em tangas de algodão[157].

Esta obra, que apresentava Portugal "como uma nau sem rumo, entregue aos jogos malabares de trafulhas incapazes"[158], seria precedida do poemeto *O Caçador Simão*, publicado no jornal *A Província* e, depois, em muitos outros periódicos. Recorde-se que Simão era um dos apelidos do rei D. Carlos, logo o caçador Simão pretendia designar o próprio soberano, recentemente entronizado. Com efeito, na primeira quadra, Guerra Junqueiro hostilizava o rei, acusando-o de indiferença, perante a agonia do pai moribundo e a dor da rainha. Nas estâncias seguintes contava-se o calvário da Pátria, "profanada nos seus brios, abandonada à sua sorte, desprezada por aqueles que mais a deveriam acarinhar"[159]. O ódio expresso por Junqueiro, "um ódio de fera, um ódio de desforra, um ódio sem indulgência, sem transigência, sem vacilação"[160], levá-lo-ia a concluir esta peça com um terceto, que viria a revelar-se um "vaticínio tremendo", uma "desmesura profética"[161], não faltando quem o interpretasse como um incentivo/uma exortação ao regicídio/à tragédia: "Papagaio real, diz-me, quem passa?/– É alguém, é alguém que foi à caça/Do caçador Simão!..."[162].

Formalizando a cedência, a 20 de agosto de 1890, era assinado o Tratado de Londres, entre os dois "velhos aliados". Este reconhecia a soberania inglesa sobre toda a região do Chire até ao Zambeze, em

---

[157] Idem – *Ob. cit.*, p. 57.

[158] HOMEM, Amadeu Carvalho e RAMIRES, Alexandre – *Ob. cit.*, p. 115.

[159] Idem – *Ibidem*.

[160] Idem – *Ibidem*.

[161] Idem – *Ibidem*.

[162] Idem – *Ibidem*.

troca do reconhecimento do domínio português no planalto de Manica e uma relevante zona de Angola. Publicado no *Diário do Governo* de 30 do mesmo mês e apresentado ao Parlamento nesse mesmo dia, desencadearia uma nova onda de protestos e, mais uma vez, a queda do governo.

Na sequência deste humilhante episódio foi criada, em Lisboa, a Liga Liberal, movimento de protesto contra o Tratado de Londres, presidido por Augusto Fuschini, com a participação de João Crisóstomo, que promoveu uma reunião, no Teatro de S. Luís, em que participaram cerca de quatrocentos oficiais envergando os seus uniformes. Após 28 dias de crise política, foi nomeado, a 14 de outubro, um governo extrapartidário, presidido por João Crisóstomo, apoiado pela Liga Liberal. A calma foi regressando aos poucos.

Estes acontecimentos, desencadeados pelo Ultimato Britânico de 11 de janeiro de 1890, condicionariam irreversivelmente a evolução política portuguesa, despoletando uma série de eventos, que desembocariam no regicídio e, posteriormente, na implantação na República.

A insurreição do 31 de Janeiro de 1891, que teve lugar na cidade em que Augusto de Castro nasceu, foi o primeiro desses acontecimentos. Esta tentativa revolucionária – iniciada sob o júbilo da festa, mas que acabaria em tragédia – realizou-se sob o modelo da remota revolução de 24 de agosto de 1820: saídos dos quartéis, comandados por militares de baixa patente, os revoltosos seguiram inclusive o mesmo itinerário que os vintistas haviam trilhado. "Fogacho romântico, sentimentalmente bordado com a seda da ingenuidade e da militância improvisada"[163], a revolta – que nem sequer cuidou de dominar militarmente os lugares estratégicos da cidade do Porto – acabaria, contudo, por fracassar, após os tiros da Guarda Municipal e as descargas de artilharia da Serra do Pilar.

---

[163] Idem – *Ob. cit.*, p. 129.

Apesar de, no imediato, se ter assistido a um refluxo do republicanismo – com as detenções e julgamento dos prisioneiros; o exílio de, entre outros, José Pereira Sampaio (Bruno) e Basílio Teles; a clara demarcação da "aventura nortenha" do Diretório do Partido Republicano (sentida como amarga deceção por aqueles que tiveram que se exilar na sequência do falhanço da revolução); a condenação expressa da tentativa de golpe militar pelos periódicos da época –, este viria, progressivamente, a recuperar. Com efeito, a memória que ficaria, mais tarde, do 31 de Janeiro de 1891, seria a do iniciar de uma "fecunda e grande obra"[164] a favor da República, que viria, inclusive, a recuperar os símbolos nacionais – bandeira e hino – que haviam ficado ligados à revolta da cidade do Porto.

Os governos monárquicos que se sucederam à derrota do movimento portuense, preconizando, ora a tomada de "rasgadas medidas liberais"[165], ora "o engrandecimento do poder real"[166], mostraram-se incapazes de resolver os problemas económicos, financeiros e sociais com que o país se via confrontado.

Na verdade, logo em julho de 1892, Portugal viu-se sem alternativa e, perante "uma economia «galinha choca» e um endividamento galopante, anunciou uma bancarrota parcial"[167]. Faltavam o ouro brasileiro e as remessas dos emigrantes da antiga colónia. Escasseava também o crédito, com que se poderia "mascarar" o problema e adiar a solução. As consequências da insolvência nacional foram terríveis, pois, para além dos inevitáveis custos ao nível da reputação,

---

[164] Idem – *Ob. cit.*, p. 133.

[165] HOMEM, Amadeu Carvalho e RAMIRES, Alexandre – *Ob. cit.*, p. 154.

[166] Idem – *Ibidem*.

[167] CAETANO, EDGAR – "1892 – Portugal: Era uma vez… um País que não pagou a dívida". In *Jornal de Negócios*. Edição online. Lisboa: Cofina media, domingo, 31 de janeiro de 2012. Disponível em http://www.jornaldenegocios.pt/economia/detalhe/1892__portugal_era_uma_vez_um_paiacutes_que_natildeo_pagou_a_diacutevida.html [consulta efetuada em 27 de novembro de 2012].

o país viu-se obrigado a retirar-se dos mercados financeiros internacionais durante várias décadas.

A "questão social", nomeadamente, as condições de vida do campesinato e dos trabalhadores empregados nas fábricas e nos ofícios urbanos preocupava também os políticos dos vários quadrantes, que se mostravam, todavia, incapazes de legislar, como já se fizera noutros países europeus, "sobre as condições sanitárias no local de trabalho, a fixação de um salário mínimo, a limitação do dia de trabalho, o descanso semanal, os acidentes de trabalho e as pensões de reforma"[168].

A deriva monárquica e as sucessivas crises ministeriais; os "pequenos ódios" e as "pueris emulações"[169] entre os chefes dos partidos progressista e regenerador; e, no quadro maior da falência do rotativismo, as dissidências de João Franco e de José Maria d'Alpoim; conduziriam ao esgotamento das soluções constitucionais e a uma implantação, cada vez maior, do Partido Republicano Português, que habilmente se aproveitava da situação e esgrimia argumentos contra a Coroa.

"«Vencido [da vida] suplente», admirador secreto de soluções rijas, musculadas"[170], D. Carlos acabaria por formular um convite a João Franco para a chefia de um novo governo (maio de 1906), aquiescendo, desta forma, o seu patrocínio à ditadura de um só homem contra todas as forças políticas organizadas de um reino. Este último consulado franquista – que se desenvolveu em duas fases nitidamente diferenciadas, a primeira de observância da Constituição (maio de 1906 a maio de 1907), a segunda assumidamente ditatorial (maio de 1907 a fevereiro de 1908) – conduziria inevitavelmente ao drama do regicídio.

De facto, após dois anos marcados pelo escândalo dos "adiantamentos à casa real", pela greve académica de 1907 e pela revolta de 28 de janeiro de 1908, no dia 1 de fevereiro, de um só golpe, dois carbonários,

---

168 RAMOS, Rui (coord.) – "A Segunda Fundação", p. 241.

169 HOMEM, Amadeu Carvalho e RAMIRES, Alexandre – *Ob. cit.*, p. 177.

170 Idem – *Ob. cit.*, p. 190.

Alfredo Luís da Costa e Manuel dos Reis Buíça, decapitaram a monarquia portuguesa, deixando o trono nas mãos de um D. Manuel com pouca margem de manobra para gerir uma situação política explosiva. Com efeito, "o regicídio escreveria o epitáfio da coroa em Portugal"[171], que sucumbiria nas ruas de Lisboa, na madrugada de 4 para 5 de Outubro de 1910, às mãos do protagonista Machado Santos.

Após seis gabinetes ministeriais, recriminações de diversa ordem nas hostes monárquicas e uma oposição republicana que se tinha preparado para todas as eventualidades, um novo regime desabrochava, pleno de entusiasmo e idealismo, mas pouco esclarecido quanto ao colossal empreendimento que tinha pela frente.

2.2. As Carreiras Fugazes: o Advogado e o Parlamentar

Foi nesse período extremamente difícil e conturbado da vida política portuguesa, feito de agonia para a Monarquia Constitucional e de lances decisivos para o Partido Republicano Português, que Augusto de Castro Sampaio Corte-Real, findo o curso de Direito na Universidade de Coimbra, abriu banca de advogado no Porto, no Largo de S. João Novo. O recém bacharel instalava-se nas imediações do Tribunal Criminal e Correcional do Porto, que, desde 1863, funcionava no edifício e conservava o nome do convento aí existente.

A sua estreia nas lides judiciais ocorreria a 17 de novembro de 1902. Em agosto de 1903, o diário *A Província* dava conta do modo como Augusto de Castro havia conquistado o tribunal da Régua, enquanto advogado de defesa:

> Levantou-se, em seguida, o snr. dr. Augusto de Castro. Figura
> insinuante, olhar vivo, de uma estranha mobilidade, revelando

---

[171] Idem – *Ob. cit.*, p. 212.

extraordinária inteligência. Logo às primeiras palavras, ganha, vence, domina o auditório. É soberbo. Fala com calor, com sinceridade, com verdadeira eloquência. Dá toda a energia da sua mocidade, toda a imensa bondade do seu coração, toda a beleza da sua alma, ao discurso brilhante que profere. Pela justeza impecável da sua crítica, pela habilidade e felicidade com que desfaz os elementos principais da acusação, pela serenidade e firmeza do seu porte, dir-se-ia estar ali um velho e glorioso lutador do foro. Sem desfalecimento, mantendo-se sempre na altura soberba a que conseguira remontar-se no exordio, é um triunfador: não há no tribunal uma única consciência que o não compreenda e aplauda. Tem verbo fácil, fluente e de uma elegância rara; tem, sobretudo, uma lógica irresistível, com que desfaz a acusação, como se esta fora uma coluna de fumo batida da ventania. Historiando o crime, mostra-se convicto, e convence da inocência dos réus. O que, porém, nos surpreende e encanta é o brilho, a louçania, a graça delicadíssima do seu dizer. Positivamente, o ilustre causídico é um orador de raça. Espera-o um largo e formosíssimo futuro[172].

A descrição, extremamente viva e calorosa, que parece aportar mais a uma cena desportiva do que a uma disputa em tribunal, daria o mote para outras que se seguiriam no referido jornal e, mais tarde, na *Folha da Noite*. Estes dois periódicos refeririam a participação de Castro em diversas audiências, em diferentes comarcas do país, qualificando-o sempre de "altruísta", "eloquente" e "distinto advogado"[173]. Não serão certamente de estranhar tais enaltecimentos à pessoa que exercia o cargo de diretor político dos referidos jornais e que era sobrinho paterno do chefe dos Progressistas, partido político ao qual os supracitados órgãos de comunicação social eram afetos. Os elogios

---

[172] *A Província*. Porto. Ano XVIII, N.º 183, sexta-feira, 14 de agosto de 1903, p. 1.

[173] *A Província*. Porto. Ano XVIII, N.º 116, segunda-feira, 25 de maio de 1903, p. 1.

exagerados, os panegíricos estrondosos, feitos na linguagem rebuscada e enfática da época, continuariam a ser uma constante, não só durante o exercício da sua profissão de advogado, mas também, mais tarde, enquanto parlamentar.

Seriam, no entanto, "breves" os seus passos pelo mundo da advocacia. A propensão para o periodismo levá-lo-ia a reiniciar, quase em simultâneo, a atividade de jornalista, tendo assumido, a 25 de maio de 1903, a direção política do diário vespertino fundado por Oliveira Martins:

> Começava a vida prática como advogado, mas aquilo que verdadeiramente o apaixonava não era escrever contestações, redigir minutas de agravo ou construir réplicas e tréplicas – embora o seu espírito se ajustasse às trabalhosas tarefas da advocacia e da jurisprudência. [...] Há a notar aqui que o seu amor ardente [era] pelo jornalismo[174].

Com a deslocação para Lisboa, para assumir, primeiramente, o lugar de deputado, para o qual foi eleito em 1905 pelo círculo plurinominal de Bragança e, posteriormente, para continuar a dedicar-se ao jornalismo como redator principal do *Jornal do Comércio*, abriria novo espaço, desta feita na Rua do Crucifixo, em plena Baixa/Chiado. Contudo, também na capital Augusto de Castro não singraria como advogado, acabando por enveredar por outros caminhos.

Ainda no período monárquico, por "tradição familiar" e "por confessadas convicções", alistou-se no Partido Progressista, que abraçara "desde os bancos da Universidade"[175]. A sua estreia na política ocorreria em 1905, depois de ter sido eleito pelos brigantinos:

---

[174] OLIVEIRA, Maurício de – *Evocação de Augusto de Castro: palavras proferidas no almoço do Rotary Clube de Lisboa*. Lisboa, 1971, p. 4.

[175] *Ibidem*.

Telegrama do nosso correspondente de Bragança confirma a vitória alcançada naquele círculo pelos deputados progressistas, entre os quais se conta o nosso querido amigo e ilustre diretor da *Folha da Noite*, snr. dr. Augusto de Castro. Por isso o felicitamos e o abraçamos. O snr. dr. Augusto de Castro seguiu hoje no rápido para a capital[176].

Proclamado deputado da nação a 4 de abril de 1905 desempenharia, conjuntamente com António de Sousa Horta Sarmento Osório, a função de secretário nas sessões preparatórias.

O seu primeiro discurso no hemiciclo, pronunciado a 23 de agosto de 1905, não poderia ter sido feito numa conjuntura mais difícil: a reabertura das Cortes, após a cisão no Partido Progressista, motivada pela Questão dos Tabacos. Mais uma vez, esta pendência havia dividido os diferentes grupos políticos, que, no fundo, se degladiavam entre a Companhia dos Tabacos, de Henry Burnay e a Companhia dos Fósforos.

José Maria de Alpoim, esse "homem imenso e louro"[177], que, no dizer de Raúl Brandão, "não tem um minuto de seu: não descansa, não pode"[178], então ministro da Justiça, havia atacado abertamente Espregueira e criticado as medidas com que este pretendia solucionar aquela importante questão financeira. Abandonando o Governo, com a alegação de quebra de coesão, a sua saída conduziria à constituição de uma nova fação política, a denominada "Dissidência Progressista". Acompanhá-lo-iam, entre outros, o escritor Abel Botelho e os professores universitários Caeiro da Mata, Joaquim Pedro Martins e Francisco Fernandes; os viscondes de Algés, de Penalva e do Ameal; os advogados Sousa Costa e Pereira Reis; o jornalista Santos Tavares; os futuros de-

---

[176] *Folha da Noite*. Porto. Ano II, N.º 36, segunda-feira, 13 de fevereiro de 1905, p. 1.

[177] BRANDÃO, Raul – *Memórias*. Vol. I. Paris/Lisboa: Aillaud/Bertrand, 1925, p. 32.

[178] Idem – *Ibidem*.

mocráticos Barbosa de Magalhães e Mota Veiga; e o futuro evolucionista, centrista e sidonista, António Caetano de Abreu Egas Moniz.

Nessa quarta-feira, 23 de agosto de 1905, uma semana após a reabertura da Câmara dos Senhores Deputados da Nação Portuguesa, coube a Augusto de Castro falar em defesa do executivo presidido por seu tio. Não entrando em acusações contra os dissidentes, começou por distinguir a crise ministerial da crise partidária:

> Dizem os franceses que colocar bem uma questão é resolvê-la. Enunciemos, pois, os factos e apreciemos depois. Deram-se dois factos: uma crise ministerial, e uma crise partidária. A crise ministerial manifestou-se como todas elas se manifestam, e resolveu-se como todas se resolvem, como a resolveria o Sr. Conselheiro Hintze Ribeiro se estivesse no poder, e como as resolverá o Sr. João Franco, se um dia for ao poder. A outra crise foi partidária[179].

Evocando uma frase de Emilio Castelar, presidente da Primeira República Espanhola – "Tenho muitas vezes prestado ao meu partido o serviço da minha palavra, mas outras vezes tenho-lhe prestado o serviço do meu silêncio"[180] – recordou a cisão de 1901 no seio dos regeneradores, para considerar que estes se deveriam remeter ao silêncio quando o assunto eram as dissidências:

> A verdade é que a minoria regeneradora teria prestado ao seu partido um grande serviço com o seu silêncio, porque as suas palavras só conseguiram recordar factos. A nota da nossa impressão

---

[179] Intervenção de Augusto de Castro Sampaio Corte Real. "Diário da Câmara dos Senhores Deputados da Nação Portuguesa. 1822-1910". In *Debates Parlamentares*. Direção de Serviços de Documentação e Informação. Assembleia da República. Sessão de 23-08-1905, p. 11. Disponível em http://debates.parlamento.pt/page.aspx?cid=mc.cd&diary=a1905m08d23--0011&type=texto [consulta efetuada em 9 de janeiro de 2013].

[180] Idem – *Ibidem*.

é que os homens públicos do partido regenerador têm a memória bastante fraca. Deu-se no partido regenerador uma crise tão grave como a que se está discutindo[181].

Num discurso que Maria Filomena Mónica considera apaziguador, este terá sido, por certo, numa época de ânimos inflamados, mais moderado que muitos dos pronunciados por esses dias na Câmara dos Deputados. Todavia, nele é possível encontrar críticas aos regeneradores pelas acusações proferidas contra os progressistas e recriminações explícitas à conduta adotada por Hintze Ribeiro, em 1901:

> O chefe do partido progressista perseguiu de alguma forma os membros da comissão dissidentes? Não. Em 1901, o chefe do partido regenerador dissolveu as Câmaras, perseguiu pela forma a mais acintosa os deputados dissidentes e, não contente com isso, publicou em ditadura uma lei eleitoral, destinada a expulsá-los do Parlamento[182].

Augusto de Castro terminaria a sua alocução defendendo a atuação de José Luciano – "[o renascimento do] nosso sistema parlamentar deve-se a quem, dados os factos apontados, não abandonou as cadeiras do poder e não fechou as Câmaras [do Parlamento]"[183] – e observando que "o partido progressista deseja ter e confia num governo liberal, que tenha a força precisa para governar"[184].

Pouco depois deste discurso, a situação no Parlamento ficaria irremediavelmente comprometida. Com efeito, no dia 25 de agosto,

---

[181] Idem – *Ibidem*.

[182] Intervenção de Augusto de Castro Sampaio Corte Real... Sessão de 23-08-1905, p. 11. Disponível em http://debates.parlamento.pt/page.aspx?cid=mc.cd&diary=a1905m08d23-0011&type=texto [consulta efetuada em 9 de janeiro de 2013].

[183] Idem – *Ibidem*.

[184] Idem – *Ibidem*.

José Luciano e Alpoim insultar-se-iam, com os epítetos de "falsário" e "vendido" e, no dia 1 de setembro, o general Sebastião de Sousa Dantas Baracho e o reitor da Universidade de Coimbra Manuel Pereira Dias, chegariam a vias de facto em plena Câmara dos Pares. Os tumultos suscitados pelas divergências – que João Franco compararia ao *Dreyfus affair* –, levariam D. Carlos a ditar, a 10 de setembro, a dissolução do Parlamento.

Na primeira legislatura que cumpriu, em 1905, Augusto de Castro foi ainda nomeado secretário particular de Eduardo José Coelho (1835-1913), ministro do Reino. A 29 de abril do ano seguinte, Augusto de Castro não conseguiria a eleição por Aveiro, uma vez que a dissidência progressista, encabeçada por Egas Moniz, conseguiria suplantar as forças progressistas nesse círculo. Porém, no sufrágio de 19 de agosto de 1906 foi eleito pelo círculo plurinominal de Aveiro, tendo prestado juramento na sessão de 2 de outubro de 1906.

No seu segundo mandato registou, uma vez mais, um reduzido número de intervenções, importando destacar os seus discursos de 20 de outubro e de 5 de dezembro de 1906. No primeiro, defendeu a necessidade de reformar e modernizar o parlamento, assim como a de "moralizar" a administração do país, exigindo dos homens públicos idoneidade moral e reputação sem mácula:

> [Há] necessidade de reformar o atual regime parlamentar, de restabelecer os seus princípios verdadeiramente representativos e democráticos, as suas garantias de independência, seriedade e prestígio. Com efeito, o Parlamento Português tem graves culpas a expiar, tem erros que emendar. É portanto necessário restaurá--lo e reorganizá-lo, restabelecer-lhe todas as garantias e dar-lhe todos os seus direitos. Perfeitamente de acordo, mas de necessário também que o Parlamento Português exija dos homens públicos uma conduta nova de princípios, liberdade e moralidade. É necessário que esses homens públicos tenham o direito de dizer a

esse Parlamento que o único guarda das garantias parlamentares é ele próprio[185].

No segundo, apresentou e lutou pela aprovação do projeto de lei sobre a responsabilidade ministerial, tema recorrente da vida política portuguesa desde a implantação do liberalismo. Esta era, a par da lei eleitoral e da contabilidade pública, "uma das bases da Concentração Liberal, a coligação progressista-franquista que sustentava o governo de João Franco"[186]:

> Desde 1826 se tem tratado da questão, mas sempre tem sido ela posta de parte, à espera de que na política portuguesa surja um momento em que não haja nada de mais urgente a tratar. Provada a necessidade e urgência de se promulgar uma lei de responsabilidade ministerial, declaro que esta lei é essencialmente uma lei preventiva, e nunca será uma lei repressiva. (...) Termino declarando que, se realmente a questão da responsabilidade ministerial é, mais do que uma questão política, uma questão política e moral, urge fazer essa obra de saneamento moral nos nossos costumes políticos, sendo também a obra da instrução a única forma de se conseguir a nossa reabilitação cívica[187].

---

[185] Intervenção de Augusto de Castro Sampaio Corte Real. "Diário da Câmara dos Senhores Deputados da Nação Portuguesa. 1822-1910". In *Debates Parlamentares*. Direção de Serviços de Documentação e Informação. Assembleia da República. Sessão de 20-10-1906, p. 10. Disponível em http://debates.parlamento.pt/page. aspx?cid=mc.cd&diary=a1906m10d20-0010&type=texto [consulta efetuada em 14 de janeiro de 2013].

[186] Mónica, Maria Filomena (coord.) – *Dicionário...*,Vol. I, p. 834.

[187] Intervenção de Augusto de Castro Sampaio Corte Real. "Diário da Câmara dos Senhores Deputados da Nação Portuguesa. 1822-1910". In *Debates Parlamentares*. Direção de Serviços de Documentação e Informação. Assembleia da República. Sessão de 05-12-1906, p. 12. Disponível em http://debates.parlamento.pt/page. aspx?cid=mc.cd&diary=a1906m12d05-0012&type=texto [consulta efetuada em 14 de janeiro de 2013].

Em 1908 seria eleito para o seu terceiro e último mandato pelo círculo plurinominal de Ponta Delgada, tendo prestado juramento a 2 de maio do mesmo ano. Uma vez mais, voltaria a exercer, conjuntamente com Fernando de Sousa Botelho e Melo, a função de secretário nas sessões preparatórias. Nesta legislatura, urge destacar um único discurso, o de 10 de julho de 1908, em que respondeu a António José de Almeida sobre a polémica questão dos adiantamentos à Casa Real. Começando por reconhecer ao referido tribuno a excecional capacidade oratória – "não encontro, no presente momento, nada que bem exprima o domínio nervoso em que me encontro, ao ter de responder ao discurso desse meridional da palavra, que é o Sr. António José de Almeida"[188] –, acabaria por acusá-lo de apenas desejar adensar o problema para fustigar o governo: "nessas circunstâncias, compreendo, agora, porque é que S. Exa. falou e por que é que pretende arrastar o debate. É única e simplesmente para flagelar o Governo e irritar a discussão"[189]. Não concluiria, contudo, sem antes afirmar o vazio de ideias que era o Partido Republicano Português e também a vida política da época, vaticinando um porvir confrangedor para a mesma: "o que se tem visto é que não aparecem princípios novos, nem homens novos; há apenas, da parte de todos, o simples prazer de destruir. Na realidade, para aqueles que veem o futuro, o espetáculo é simplesmente desolador; o que se lhes antolha é a derrocada"[190]. Terminaria a sua intervenção, na sessão do dia 11 de julho, fazendo a sua profissão de fé no rei D. Manuel II e numa "monarquia que satisfaça os verdadeiros

---

[188] Intervenção de Augusto de Castro Sampaio Corte Real. "Diário da Câmara dos Senhores Deputados da Nação Portuguesa. 1822-1910". In *Debates Parlamentares*. Direção de Serviços de Documentação e Informação. Assembleia da República. Sessão de 10-07-1908, p. 19. Disponível em http://debates.parlamento.pt/page.aspx?cid=mc.cd&diary=a1908m07d10-0019&type=texto [consulta efetuada em 14 de janeiro de 2013].

[189] Idem – *Ibidem*.

[190] Idem – *Ibidem*.

interesses do país, não pelo esforço pessoal de quem quer que seja, mas pelo esforço coletivo de todos"[191].

Em síntese, enquanto parlamentar, "no período crítico que levou à queda da Monarquia"[192], Augusto de Castro revelou-se pouco interventivo. Não obstante as usuais críticas dirigidas às fações opostas, os seus discursos pautaram-se sempre pela cordialidade, pela moderação e pela ponderação. Manifestou ainda "algum desconforto, quando teve de entrar no confronto político"[193] aberto, preferindo visivelmente o trabalho mais burocrático, mas também menos conflituoso, das comissões parlamentares[194]. E tanto assim foi, que integrou mais de uma vintena destes órgãos internos com competências especializadas, tendo neles desempenhado, por diversas ocasiões, os cargos de secretário e redator.

Durante o exercício das suas funções (1905-1910), Augusto de Castro cruzou-se, nos corredores do hemiciclo, com o escritor Júlio Dantas, eleito para a legislatura de 1905-1906, por Coimbra pelas hostes progressistas, e com o amigo da "toada coimbrã" João Lúcio, eleito para o mandato de 1906-1908 por Faro, sob o patrocínio dos regeneradores liberais de João Franco.

Nos Passos Perdidos encontrou ainda Eduardo Schwalbach Lucci, eleito para as legislaturas de 1905-1906, 1906-1908 e 1908-1910, pelo círculo plurinominal da Horta, com o apoio do Partido Regenerador. Unidos pelo gosto pela escrita e pela interpretação teatral viriam a

---

[191] Intervenção de Augusto de Castro Sampaio Corte Real. "Diário da Câmara dos Senhores Deputados da Nação Portuguesa. 1822-1910". In *Debates Parlamentares*. Direção de Serviços de Documentação e Informação. Assembleia da República. Sessão de 11-07-1908, p. 16. Disponível em http://debates.parlamento.pt/page.aspx?cid=mc.cd&diary=a1908m07d11--0016&type=texto [consulta efetuada em 14 de janeiro de 2013].

[192] MÓNICA, Maria Filomena (coord.) – *Dicionário...*, Vol. I, p. 833.

[193] Idem – *Ob. cit*, p. 834.

[194] Cf. Idem – *Ob. cit.*, p. 833. Importa destacar as de "Instrução Primária e Secundária" (primeira legislatura); "Legislação Civil" e "Disciplina e Negócios Estrangeiros e Internacionais" (segunda legislatura); "Regimento e Disciplina" e "Reclamações e Vacaturas" (terceira legislatura).

apresentar, a 22 de agosto de 1908, um projeto de lei conjunto, que solicitava que fosse concedida à Câmara Municipal de Lisboa a isenção de pagamento da contribuição de registo, devida por doação de um terreno, no cemitério do Alto de S. João, para construção de um jazigo para os atores portugueses. Seria também com este destacado jornalista, que viria a alternar mais tarde, por duas vezes, na direção do matutino lisboeta *Diário de Notícias*.

Por outro lado, também no Parlamento encontraria Pedro de Barbosa Falcão de Azevedo e Bourbon, 2.º conde de Azevedo, deputado entre 1908 e 1910, representando o círculo de Viana do Castelo, familiar por afinidade depois do casamento, em 1905, de Augusto de Castro com Maria Emília de Barbosa Falcão de Azevedo e Bourbon, de quem teve duas filhas: Maria Cândida e Maria Isabel. O cunhado, monárquico convicto, viria a manter-se fiel aos princípios do trono mesmo após a implantação da República. Refugiado em Espanha desde essa altura, acabaria por regressar ao país de origem em 1914. Senador monárquico durante o consulado sidonista, em janeiro de 1919, aquando da proclamação da Monarquia do Norte, sobraçou a pasta da Agricultura, do Comércio, da Indústria e do Trabalho do Governo Provisório. Com o malogro desta tentativa foi preso e, em abril de 1920, foi condenado pelo Tribunal Militar Especial do Porto. Com a publicação da Lei n.º 1144, em *Diário do Governo*, de 9 de abril de 1921, que concedia amnistia a "todos os crimes de natureza política, religiosa, ou social, que não tenham causado dano, nem às pessoas nem à propriedade"[195], Pedro de Barbosa Falcão de Azevedo e Bourbon saiu do cárcere. Contudo, durante o período de cativeiro escreveu, por diversas vezes, a Augusto de Castro para que este, recorrendo aos seus

---

[195] "Lei n.º 1444, concedendo amnistia para diversos crimes e delitos e inserindo várias disposições sobre o mesmo assunto". In *Diário do Governo*. I Série. N.º 73, sábado, 9 de abril de 1921, p. 579. Disponível em http://www.dre.pt/pdf1s/1921/04/07300/05790580. pdf [consulta efetuada em 9 de abril de 2013].

conhecimentos, pudesse apressar o perdão para os conjurados de 1919, como é possível concluir pela leitura das cartas remetidas por Augusto de Castro ao 2.º Conde de Azevedo:

Lisboa, 19 de setembro de 1920

Conforme o que te dizia na minha última carta, fui ontem procurar o presidente do Ministério. Entre outros assuntos, falámos na amnistia. Ele disse-me que, se nessa altura ainda for governo, tenciona apresentar ao parlamento, no primeiro dia da próxima reabertura das câmaras, o projeto de amnistia. Dou-te esta notícia com infinito prazer, embora sempre com receio de que algum acontecimento imprevisto venha ainda modificar tão belos projetos. Vamos a ver[196].

Lisboa, 20 de março de 1921

Vou agora no jornal atacar de novo o problema da amnistia a propósito do soldado desconhecido[197]. Parece-me este um momento excecional para a reconciliação nacional. Os incidentes de há dias – lamentáveis e condenáveis a todos os respeitos – que deram lugar às recentes prisões de monárquicos vieram de novo colocar na ordem do dia a amnistia. Nesta o indulto que é possível é o que é preciso aconselhar. Vou fazê-lo. Há nas cadeias militares que estiveram em França e outros com serviços ao país assinalados em África. Tudo isso deve ser prezado – e atendido. Vamos a ver[198].

---

[196] Cartas para Conde de Azevedo/Augusto [de Castro]. Coleção Manuscritos. M-2--CA58 (3). Biblioteca Pública Municipal do Porto.

[197] Augusto de Castro abordou, de facto, o assunto nos editoriais publicados no *Diário de Notícias* a propósito do túmulo do soldado desconhecido. Cf. *Diário de Notícias*. Lisboa: Ano 57, N.º 19814, quarta-feira, 16 de março de 1921, p. 1 a *Diário de Notícias*. Lisboa: Ano 57, N.º 19820, terça-feira, 22 de março de 1921, p. 1.

[198] Cartas para Conde de Azevedo/Augusto [de Castro]. Coleção Manuscritos. M-2--CA58 (4). Biblioteca Pública Municipal do Porto.

Após a saída da prisão, Pedro de Azevedo manteve a militância política, integrando o Conselho Superior da Política Monárquica.

Por seu lado, Augusto de Castro manter-se-ia nas bancadas parlamentares até praticamente às vésperas da revolução republicana. Com efeito, só a 28 de junho de 1910, altura em que a Câmara dos Deputados foi dissolvida, deixaria de exercer as funções para as quais tinha sido eleito. A 28 de agosto do mesmo ano assistiria à vitória dos regeneradores de Teixeira de Sousa, naquelas que seriam as últimas eleições da Monarquia Constitucional.

Entretanto, desde setembro de 1908, que acumulava o cargo de tribuno com o de chefe de serviços da Caixa Geral de Depósitos e Instituições de Previdência. Para o desempenho do referido lugar havia solicitado ao Parlamento, em conformidade com o disposto no artigo 3.º do Ato Adicional à Carta Constitucional, autorização para acumular o exercício das funções legislativas com as de bancário. Na maior instituição financeira do país desempenhou os cargos de administrador-geral (de 14 de novembro de 1911 a 16 de junho de 1912) e de vogal do Conselho de Administração (14 de dezembro de 1914 a 24 de janeiro de 1915 e ainda de 11 de outubro de 1915 a 30 de dezembro de 1917). A 17 de dezembro de 1920, encontrando-se já à frente do *Diário de Notícias*, solicitou licença ilimitada sem vencimento, que lhe foi concedida por despacho ministerial publicado em *Diário do Governo*, 2.ª série, de 23 de dezembro de 1920.

Enquanto trabalhador daquele grupo bancário foi requisitado, por diversas vezes, para comissões de serviço: Instrução Pública (Ministério da Instrução Pública, 1917-1918), Ensino Artístico (Museu de Arte Antiga, 1918), Comissão dos Prejuízos de Guerra (Ministério dos Negócios Estrangeiros, 1919) e Conferência de Paz (Ministério dos Negócios Estrangeiros, 1920). Em julho de 1920, partiria para a capital francesa, sob a alçada do ministério dos Negócios Estrangeiros, em missão de serviço público.

Foi no cargo de chefe de serviços da Caixa Geral de Depósitos que a revolução republicana veio encontrar o ex-deputado progressista. Com efeito, após os acontecimentos desencadeados na noite do dia 3 de outubro de 1910, na madrugada de 4 para 5, os canhões acantonados na Rotunda pelos revoltosos, às ordens do comissário naval Machado Santos, troaram toda a noite, não permitindo o descanso de Lisboa. Já de manhã, no Tejo, os cruzadores *Adamastor* e *S. Rafael*, controlados pelos marinheiros sublevados, bombardearam o Paço das Necessidades. Pouco depois das nove horas, a República foi proclamada da varanda da Câmara Municipal. Esse momento assinalou a implantação de um novo regime, perante a débil resistência das forças monárquicas, exceção feita à ação de Henrique de Paiva Couceiro.

Os combates deixaram uma forte impressão em Augusto de Castro, que deles deu conta ao escritor e amigo, Antero de Figueiredo (1866-1953): "Em minha casa não houve novidade de maior. Mas V. não calcula o que foi essa Lisboa transformada durante 30 e tantas horas num verdadeiro campo de batalha!"[199]. Nessa mesma carta, datada de 14 de outubro, inquiria ainda: "Quando é que V. vem a Lisboa aderir? O Justino Montalvão já veio"[200].

Augusto de Castro utilizou nessa carta o verbo *aderir*, que foi tão profusamente conjugado, nos meses que se seguiram à implantação da República, pelos que desertaram da monarquia para o campo dos vencedores. Descurando a "tradição familiar" e fazendo tábua rasa das "confessadas convicções"[201] que o tinham levado a alistar-se no Partido Progressista; revelando falta de coerência com a alocução proferida no Parlamento, poucos meses após o regicídio, em pleno verão de 1908, em que havia proclamado a sua confiança no novo

---

[199] Correspondência para Antero de Figueiredo/Augusto de Castro. Coleção Manuscritos. M-AF746 (26).

[200] *Ibidem.*

[201] *Folha da Noite*. Porto. Ano II, N.º 106, sexta-feira, 19 de maio de 1905, p. 1.

soberano e numa monarquia feita "pelo esforço coletivo de todos"[202]; Augusto de Castro, perante a mudança de regime, que se apresentava, desde há muito, como um cenário plausível, abandonou o campo monárquico e abraçou a causa republicana, revelando, deste modo, a sua enorme capacidade de sobrevivência e de adaptação políticas. Que, de resto, voltará a mostrar na passagem para a Ditadura Militar e para o Estado Novo. O seu grande objetivo – garantir a manutenção na vida pública e a prossecução da carreira literário-jornalística. Ou como o próprio escreveu:

> Por enquanto ainda não fui atingido pelos ventos revolucionários. Vamos a ver. Nosso Senhor me ampare esse barco no meio da tormenta! Tenho pensado muito na minha vida que preciso de refazer. Vontade para isto tenho eu ainda. É deitar mãos ao trabalho – e caminhar! Caminhar – eis tudo! Preciso de trabalhar![203]

De resto, a *adesivagem* – que João Medina considera "um dos mais impressionantes e curiosos movimentos sociais da nossa classe política nos tempos modernos"[204] – deste notável do Partido Progressista é clara na missiva remetida a Antero de Figueiredo, a 25 de outubro de 1910:

> Deus queira que tudo sossegue. É mesmo uma necessidade de espírito. De vez em quando, ilustres patetas falam em restaurações monárquicas ou não sei quê. Patetas. Patetices! O que é

---

[202] Intervenção de Augusto de Castro Sampaio Corte Real. "Diário da Câmara dos Senhores Deputados da Nação Portuguesa. 1822-1910". In *Debates Parlamentares*. Direção de Serviços de Documentação e Informação. Assembleia da República. Sessão de 11-07-1908, p. 16. Disponível em http://debates.parlamento.pt/page.aspx?cid=mc.cd&diary=a1908m07d11-0016&type=texto [consulta efetuada em 14 de janeiro de 2013].

[203] Correspondência para Antero de Figueiredo/Augusto de Castro. Coleção Manuscritos. M-AF746 (27).

[204] Idem – *Ob. cit.*, p. 98.

preciso é paz. Por agora, não temos senão que nos felicitar pela República – e desejar vê-la encaminhada pelos verdadeiros destinos nacionais[205].

Esta adesão ao novo regime teria o alto patrocínio de um dos autores que mais tinha contribuído para o descrédito das instituições monárquicas e para a criação da ambiência revolucionária que conduziria à implantação da República: Abílio Manuel Guerra Junqueiro. Augusto de Castro mantinha, com o escritor transmontano de Freixo de Espada-à-Cinta, "relações familiares"[206], que se perpetuavam desde os tempos de convívio no *Camanho*. Como descreveria mais tarde, aquele viria a interceder pelo sobrinho do valetudinário progressista junto do então ministro das Finanças do Governo Provisório, José Relvas:

> Em 1910, quando se proclamou a República, eu estava no princípio da minha vida pública e literária. Uma manhã, dessa época, em 10 ou 12 de outubro, eram pouco mais de dez horas da manhã, quando me vieram dizer que me procurava e estava na sala o sr. Guerra Junqueiro. O Poeta estava encostado gravemente ao seu eterno guarda-chuva. «Vim a sua casa porque desejo saber qual é a sua situação oficial e se tem razões para temer alguma coisa que o atinja.» É preciso não esquecer que eu, a despeito de estar completamente fora da política era próximo e direto parente dum dos grandes e mais discutidos chefes políticos da Monarquia, José Luciano de Castro. - Preciso de saber qual é a sua situação oficial. Eu era apenas nesse tempo chefe de serviços na Caixa Geral de Depósitos, lugar que obtivera por concurso. Confirmei essa indicação a Junqueiro. Trocámos poucas palavras.

---

[205] Correspondência para Antero de Figueiredo/Augusto de Castro. Coleção Manuscritos. M-AF746 (27).

[206] CASTRO, Augusto de – *Cinco Figuras...*, p. 89.

O Poeta tinha que fazer: saiu logo. Passaram-se dias. Uma tarde fui chamado ao gabinete do Administrador Geral da Caixa. José Relvas, ministro das Finanças do Governo Provisório, visitava aquele estabelecimento do Estado e desejava ser apresentado aos funcionários. Ouvindo o meu nome, José Relvas interrompeu as apresentações e chamou-me de parte: - O senhor é o dr. Augusto de Castro? E abrindo a carteira, mostrou-me um cartão de Guerra Junqueiro, onde, em cima, estava escrita a indicação «Caixa Geral dos Depósitos». Por baixo o meu nome, seguido desta frase: «Como se fosse meu filho!»[207].

Nesta recordação, passada a papel em 1950, reconheceu que Junqueiro era "um incondicional amigo que, aos seus camaradas de letras nunca deixou, em momentos difíceis, de prestar uma solidariedade"[208]. Concluiria que "muitos lhe deveram muito"[209]. Sendo ele, sem dúvida, um dos muitos.

Conquanto, nesta memória de tempos remotos, é possível notar, simultaneamente, destreza e subtileza, na abordagem de algumas questões, por parte do jornalista portuense. Como refere, Augusto de Castro estava, de facto, fora da vida política, mas não havia assim tanto tempo. Na verdade, deixara de se sentar nas bancadas do hemiciclo apenas a 28 de junho de 1910, ou seja, a escassos três meses e uma semana da sublevação republicana. Para além disso, o lugar que ocupava à época na Caixa Geral de Depósitos havia sido obtido, não por concurso, mas por nomeação para o posto deixado vago por António José Lopes Navarro.

Augusto de Castro não seria, no entanto, o único ilustre que o Partido Progressista daria à República. Apesar de nesta fação políti-

---

207 Idem – *Ob. cit.*, pp. 89-91.
208 CASTRO, Augusto de – *Cinco Figuras...*, p. 91.
209 Idem – *Ibidem*.

ca não se ter registado uma adesão maciça ao novo regime – o que consolou o conselheiro António Cabral, que se empenhou em historiar o processo da *adesivagem*, tendo concluído que o seu partido fora o que menos *adesivos* dera à República –, ainda assim, esta forneceu ex-deputados, como João Catanho de Meneses, João Baptista Ribeiro Coelho, Manuel Homem de Melo da Câmara, 1.º Conde de Águeda, e Júlio Dantas. Este último, nas palavras de António Cabral, voltou "costas às marquesas monárquicas, e passou a fazer mesuras e versos às Severas e Joaquinas dos Cordões republicanos"[210]. A *adesivagem* "foi ainda musa inspiradora de outros poetas do "progressismo", como Afonso Lopes Vieira e Henrique Lopes Mendonça"[211].

Esta liberdade de escolha teria sido outorgada pelo próprio chefe do "velho partido Patuleia", como lhe chamara Oliveira Martins. José Luciano de Castro, após a invasão do seu palacete na Rua dos Navegantes pela multidão, decidiu recolher-se à sua mansão de Anadia, deixando aos seus correligionários a opção de decidirem como se comportarem perante o novo regime.

Concluindo, Augusto de Castro contou-se entre os muitos *adesivos* da República. Que foram copiosamente criticados e satirizados, quer pela imprensa, quer pela literatura da época:

> Não sabemos se o leitor já reparou em que toda a gente é republicana, que são republicanas as pedras das calçadas, as árvores das montanhas como se nesta boa pitoresca terra portuguesa nunca houvesse monarquia. Aqueles que sempre vimos sentados à lauta mesa monárquica, aparecem-nos entrajados de vermelho e verde, jurando que no ventre de sua *madre* deram os primeiros vivas à república. E há que acreditá-los para que nos não apodem de talassas e nos

---

[210] CABRAL, António – *As minhas memórias políticas. Em plena República*. Lisboa, 1932, p. 112.

[211] LOPES, Fernando Farelo – *Poder Político e Caciquismo na I República Portuguesa*. Lisboa: Editorial Estampa, 1994, p. 45.

não corram à pedra. (...) Que belo país! Que formidável raça! (...) Hoje são monárquicos alguns caturras. Mas os monárquicos fervorosos do tempo da monarquia, os comilões... esses foram todos para a República. A República é mãe ubérrima e eles são insaciáveis[212].

Como reconheceria, mais tarde, Armando Boaventura, monárquico indefetível, autor do livro intitulado *Sem Rei nem Roque...A Restauração da Monarquia em 1926 e o Império dos Altos-comissários*, estudioso aficionado do fenómeno da *adesivagem*, esta representaria uma ameaça constante para os regimes recém instalados, fossem de que natureza fossem. Esta obra – uma espécie de história de Portugal virtual, com o regresso à Monarquia e o "retorno dos «adesivos» às avessas"[213], ou seja, dos monárquicos que se tinham passado para as fileiras republicanas e que, nesta ficção política, voltariam a aderir à Coroa restaurada em 1926 – constituía uma resposta a *Saúde e Fraternidade: história dos acontecimentos políticos em Portugal desde agosto de 1924 a novembro de 1926*, de Abílio Campos Monteiro (1876-1933).

Em *Sem Rei nem Roque*, Armando Boaventura ideava não só a *adesivagem* do *Diário de Notícias* à restauração monárquica, como também a redação de um artigo "a duas colunas, corpo nove"[214] por parte de um "Augusto de Castro recém-chegado de Londres"[215], saudando a reimplantação da monarquia em Portugal. Num tom mordaz, e aludindo com frequência às suas ligações à Companhia Industrial de Portugal e Colónias, que, em 1919, adquiria o *Diário de Notícias*, Armando Boaventura qualificava Castro de "comparsa desta comédia política

---

[212] "Toda a Gente". In *O Liberal. Jornal Independente*. Lisboa: Ano X, N.º 3119, sábado, 3 de dezembro de 1910, p. 1.

[213] Idem – *Ob. cit.*, p. 117.

[214] BOAVENTURA, Armando – *Sem Rei nem Roque.../A Restauração da Monarquia em 1926 e o Império dos Altos-comissários*. Lisboa: Casa Ventura Abrantes Livraria Editora, 1924, p. 18.

[215] Idem – *Ob. cit.*, p. 17.

que tem sido a vida portuguesa nos últimos anos"[216] e classificava-o, não sem ironia, de "monárquico desde o *fumo do meu cigarro* aristo-crático, de «bout doré» até aquele *amor à antiga* pela Tradição"[217].

No prefácio de *Sem Rei nem Roque*, Armando Boaventura escrevia:

> A República foi a monarquia desses *monárquicos*. Foi o regime dos *adesivos* – crapulosos, repelentes, vilões. E o adesivo constitui sempre um perigo, uma ameaça constante. Se outras razões de ordem histórica não houvesse para que a República se extinguisse em Portugal, bastar-lhe-iam os adesivos"[218].

Como que parafraseando o autor, João Medina concluirá, a pro-pósito dos seus efeitos perversos:

> A *adesivagem*, sendo ao mesmo tempo uma causa e um efeito da República, comprometeu todo o esforço autenticamente revolu-cionário ou apenas reformador que a ideia e o sonho de República encerravam para homens que por ela tinham sofrido e por ela tanto tinham sonhado de olhos postos numa realidade que diziam hedionda e que queriam (im)possivelmente transformada[219].

2.3. A Direção d' *A Província* e uma Aventura a Solo – *Folha da Noite*

Em 1903, ao mesmo tempo que dava os primeiros passos na ad-vocacia, Augusto de Castro retomou, agora com outra maturidade, a

---

[216] BOAVENTURA, Armando – *Sem Rei nem Roque... A Restauração da Monarquia em 1926 e o Império dos Altos-comissários.* Lisboa: Casa Ventura Abrantes Livraria Edi-tora, 1924, p. 13.

[217] Idem – *Ob. cit.*, pp. 36-37.

[218] Idem – *Ob. cit.*, pp. 9-10.

[219] MEDINA, João – "A Revolução Falhada ou a República Frustrada ao Nascer...", p. 118.

atividade pela qual viria a ser eminentemente reconhecido, a de jornalista. Assumindo, a 25 de maio, a direção do diário *A Província*, manter-se-ia nesse cargo até à extinção do referido vespertino, que aconteceria a 8 de julho de 1904.

O periódico monárquico, que havia sido fundado e dirigido por Oliveira Martins (1845-1894), fizera a sua aparição a 25 de maio de 1885. Num artigo de fundo publicado nessa segunda-feira, o diário portuense afirmava-se "progressista e provinciano"[220] e apresentava, como programa, o desejo de contribuir para a "moralização e a melhoria da administração pública, a ordem, o equilíbrio e a remodelação do Estado, a defesa do trabalho nacional, a restauração da indústria e a proteção às classes desvalidas"[221]. Este número marcava, assim, as diretrizes da *Vida Nova*, projeto por que pelejou Oliveira Martins e cujas linhas expôs não só na primeira página deste periódico, mas também na obra *Política e economia nacional*, vinda a lume em 1885.

De facto, o escritor e historiador nascido em Lisboa procurou dirigir este jornal no sentido de o tornar "órgão das esperanças no resgate da Pátria, mediante o rejuvenescimento de um antigo e respeitado Partido Monárquico"[222]. As suas expectativas acabaram, contudo, por revelar-se efémeras e falazes. Após a morte de Anselmo Braamcamp (1885) e a sua substituição por José Luciano de Castro, "o *progressimo português*, não obstante a seiva nova que Oliveira Martins e os seus amigos tentaram instilar-lhe, depressa voltou às manhas e artimanhas da *Vida Velha*"[223].

Em 1901, para além da mudança de escritórios e da ampliação da redação, o jornal passou a poder contar com a colaboração, entre

---

[220] *A Província*. Porto. Ano 1.º, N.º 1, segunda-feira, 25 de maio de 1885, p. 1.

[221] LEMOS, Mário Matos e – *Jornais diários portugueses do século XX..*, pp. 519 – 520.

[222] SERRÃO, Joel (dir. de) – *Dicionário de História de Portugal*. Vol. IV. *Lisboa-Pário*. Porto: Livraria Figueirinhas, 1984, p. 213.

[223] Idem – *Ibidem*.

outros, dos escritores e jornalistas Júlio Dantas, Carlos Malheiro Dias, Aníbal Soares (1882-1925), Francisco Villaespessa (1877-1935), Coelho Neto e José Maria dos Santos Júnior (*Santonillo*).

Augusto de Castro assumiu a direção política do vespertino portuense a 25 de maio de 1903, no exato dia em que o periódico completava dezoito anos de existência. Esta função proporcionou-lhe o palco para as primeiras declarações públicas sobre assuntos políticos. Ou, dito de uma outra forma, a efetivação de um jornalismo ativo e combativo pelo partido em que se havia filiado, o Progressista. De facto, sob a sua orientação, o jornal continuaria a desferir duros ataques aos regeneradores, ao estilo da época, como se pode verificar pelo editorial "A queda", de 28 de maio de 1903:

> Dizem notícias recentes que a queda do governo está para breve. Uma tropeçadela talvez, uma canelada mais. Desde que o snr. Hintze Ribeiro entrou – louvado Deus! – naquele portal largo e majestoso do Ministério do Reino, com o seu governo, os seus projetos e a sobrecasaca preta, tem andado sempre assim: aos encontrões. É provável que ainda agora se consiga levantar. Até esse dia, fusco e frio, em que havemos finalmente de ter o gosto de o ver por aí abaixo, roto, amarelo, com as lunetas partidas, o olhar desvairado, sujo, com sangue, quebrar ossos numa pedra enlameada. E então cai de vez. Nunca mais se levanta[224].

As críticas aos correligionários de Hintze Ribeiro eram, de resto, uma constante nos editoriais, que, do ponto de vista da política nacional, não deixavam igualmente de abordar a grave situação económico-financeira do reino e a falta de crédito de Portugal no estrangeiro; as responsabilidades que recairiam sobre o Partido Pro-

---

[224] *A Província*. Porto. Ano XVIII, N.º 119, quinta-feira, 28 de maio de 1903, p. 1.

gressista, na eventualidade deste assumir o poder; João Franco, o franquismo e os efeitos da dissidência regeneradora; e o promissor futuro do então delfim do partido, José Maria de Alpoim.

Contudo, outros assuntos eram também tratados em editorial. Um dos mais recorrentes era a situação do ensino em Portugal, nomeadamente a necessidade de resolver o problema da instrução popular, não apenas no país, mas também e, em particular, na cidade do Porto. Para além da imprescindível reforma do ensino secundário e da questão dos manuais escolares. De igual modo, mereceram destaque a administração central e colonial, o acesso aos empregos públicos, a navegação mercantil portuguesa e a questão agrícola.

Relativamente ao exterior, foram objeto de análise a morte de Leão XIII e o conclave para eleição do futuro Papa (Pio X); as eleições na Alemanha (julho de 1903); o novo governo espanhol (julho de 1903) – presidido por Raimundo Férnandez Villaverde e Augusto González Besada – e a política por este gizada; a crise política italiana (março de 1904); e ainda a fome em Cabo Verde, questão tão cara à imprensa da época. Foram também tratados assuntos regionais como a instrução popular no Porto; a jurisdição da Câmara Municipal; a Biblioteca de S. Lázaro e o seu funcionamento; e a chegada à Cidade Invicta de Guerra Junqueiro e os conflitos havidos com a polícia, em finais de junho de 1904.

O jornal, que apresentava quatro páginas a seis colunas e um formato de 56x40, incluía correspondência telegráfica de Portugal e do estrangeiro e, ainda, as secções "Notícias", "Casos e comentários" e "Folhetim".

Continuando a enaltecer a ação do partido político "sob cuja bandeira militamos"[225], este órgão de comunicação social daria conta, não só da expansão territorial dos progressistas – "vai abrir

---

[225] *A Província*. Porto. Ano XVIII, N.º 121, sábado, 30 de maio de 1903, p. 1.

brevemente em Odemira um centro progressista, prova da força e do prestígio deste partido político"[226] –, mas também dos passos (viagens, estado de saúde, visitas recebidas, etc.) do "insigne chefe e eminente homem de estado, snr. conselheiro José Luciano de Castro"[227], assim como dos que lhe eram mais próximos.

No jornal pontificavam também as referências elogiosas a amigos e companheiros do diretor político de *A Província*, como João Lúcio – entretanto convidado para colaborador deste periódico – e Carlos Malheiro Dias. Para além dos panegíricos constantes a Augusto de Castro, da lavra do próprio diário ou transcritos de outros correligionários progressistas:

> O nosso brilhantíssimo colega *O Dia* escreve as seguintes palavras que de toda a alma lhe agradecemos: «Regressou ontem da Rede o dr. Augusto de Castro, um dos mais belos espíritos da moderna geração literária. O dr. Augusto de Castro é *já hoje alguém*. A sua passagem pela *Província* assinalou-a pelo brilho e pelo feitio todo moderno que desde logo adquiriu aquele nosso prezado colega portuense. Os artigos tão lúcidos do dr. Augusto de Castro são lidos com um grande interesse, assim como os magníficos trabalhos literários, que o colocam a par dos nossos mais ilustres homens de letras»[228].

A primeira página de *A Província* esteve, de igual modo, atenta às primeiras participações do seu diretor em comícios políticos. A sua estreia ocorreu no dia 13 de março de 1904, "no Porto, cidade de tão sinceros empreendimentos, vanguarda histórica das mais nobres

---

[226] *Ibidem*.

[227] *A Província*. Porto. Ano XVIII, N.º 195, sábado, 29 de agosto de 1903, p. 1.

[228] *A Província*. Porto: António Alves da Silva. Ano XVIII, N.º 217, quinta-feira, 24 de setembro de 1903, p. 1.

resistências cívicas que regista o passado"[229]. Nessa assembleia, presidida pelo Conde de Samodães recordou a difícil situação em que o país se encontrava, para, de seguida, afirmar que não iria discutir "as propostas da fazenda", porque fossem "elas o que fossem, representavam o aumento dos encargos tributários e o país não podia aceitar novos encargos na sua já dificílima situação, nem o governo tinha o direito de lhe exigir quaisquer sacrifícios"[230].

Ainda no mesmo mês, Augusto de Castro estaria presente em novo comício, desta feita na cidade de Coimbra. Porém, a sua alocução na "cidade das serenatas e dos rouxinóis"[231] daria origem a "mal-entendidos", por parte de *O Debate* e *O Mundo*. Estes dois periódicos de tendência republicana refeririam, nas suas edições diárias, que o diretor político de *A Província* teria afirmado "que se o seu partido não cumprisse o seu dever, ao fim de *seis meses* de governo, ele, orador, o abandonaria"[232]. O vespertino portuense seria forçado a vir a terreiro clarificar as palavras do seu diretor, esclarecendo que este não tinha falado "em seis meses, nem em seis anos, nem em seis dias"[233], não tinha marcado "prazos a ninguém – o que, de resto, seria absolutamente grotesco"[234]. Augusto de Castro ter-se-ia confessado antes "monárquico e progressista", assim como convicto de que, quando o seu partido subisse ao poder, fizesse o "governo que o país reclamava e esperava"[235].

A Província procuraria, ainda, esclarecer e contextualizar as referências elogiosas que este tinha dirigido a Bernardino Machado

---

[229] *A Província*. Porto: António Alves da Silva. Ano XIX, N.º 59, segunda-feira, 14 de março de 1904, p. 1.

[230] *Ibidem*.

[231] CASTRO, Augusto de – *Fumo...*, p. 142.

[232] *A Província*. Porto: António Alves da Silva. Ano XIX, N.º 71, quarta-feira, 30 de março de 1904, p. 1.

[233] *Ibidem*.

[234] *Ibidem*.

[235] *Ibidem*.

(1851-1944). Como é sabido, este professor da Universidade de Coimbra fora deputado pelo Partido Regenerador entre 1882 e 1886, Par do Reino em 1890, e ministro das Obras Públicas, Comércio e Indústria, de fevereiro a dezembro de 1893. Apesar da reformulação do ensino profissional e das inovações introduzidas nos setores da agricultura, do comércio e da indústria (escreveu mesmo *A Agricultura*, em 1899), Bernardino Machado acabaria por se desiludir com a Monarquia e aderir ao Partido Republicano Português, em 1903. Assim, segundo *A Província*, Augusto de Castro durante o seu discurso teria, apenas, procurado demonstrar a admiração que sentia pela atitude deste homem, que "desiludido da política a que votara uma parte da sua vida, sacrificando tudo, votara-se lealmente a outra"[236]. E o diário criado por Oliveira Martins esclarecia ainda: "Ele, orador [Augusto de Castro], no dia em que adquirisse a mesma convicção do snr. conselheiro Bernardino Machado, não teria dúvida alguma em fazer o mesmo. Mas não estava, porém, desiludido"[237].

A 9 de julho de 1904 era publicado o último número deste jornal, que assim se referia a esse facto: "Abandona a direção política de *A Província*, o snr. dr. Augusto de Castro. Por esta razão e ainda por motivos d'ordem interna suspende hoje este jornal a sua publicação"[238].

Em jeito de balanço pode dizer-se que, durante o curto período – 25 de maio de 1903 a 9 de julho de 1904 – em que assumiu a direção política deste diário, Augusto de Castro esteve durante longas temporadas afastado do seu cargo. Essas ausências foram, essencialmente, motivadas por deslocações. A conjugação destes dois fatores – curto período e longas ausências – com a pouca experiência profissional adquirida até então, leva a que seja possível discordar do excerto do

---

[236] *Ibidem.*

[237] *Ibidem.*

[238] *A Província*. Porto: António Alves da Silva. Ano XIX, N.º 152, sábado, 9 de julho de 1904, p. 2.

artigo transcrito de *O Dia*: "A sua passagem pela *A Província* assinalou-
-a pelo brilho e pelo feitio todo moderno que desde logo adquiriu
aquele nosso prezado colega portuense". De facto, as alterações produzidas por Castro à frente deste diário não foram significativas.
O estilo e o formato mantiveram-se, os colaboradores, salvo raras
exceções, conservaram-se os mesmos. Resta apenas acrescentar que
foi, sob a sua orientação, que deixou de existir o diário em que Oliveira Martins depositara tantas esperanças para renovação do Partido
Progressista e, consequentemente, da vida política portuguesa.

Contudo, mais tarde, o fim do vespertino portuense suscitaria
forte polémica e ampliada discussão. Em causa as razões que teriam
conduzido ao seu desaparecimento, assim como as convicções políticas de Augusto de Castro e a sua suposta (in)dependência financeira. Na verdade, em 1905, o republicano *O Mundo* acusaria Augusto
de Castro de se ter aliado à "Comissão de negociantes de protesto
contra as medidas da Fazenda"[239], criada após as eleições ganhas
pelos regeneradores, para dar largas ao seu descontentamento e fundar um novo jornal – a *Folha da Noite* –, provocando, assim, o fim
de *A Província*. O periódico afeto ao Partido Republicano Português
insinuaria ainda que o jornalista não era um "político de convicções
firmes"[240] e que o diário recém criado se "meneou e deixava menear
ao sabor das conveniências"[241] dos membros daquela comissão, lançando duras críticas, ora a regeneradores, ora a progressistas, esquecendo a sua filiação (progressista)[242].

---

[239] Era então Ministro da Fazenda António Teixeira de Sousa (28 de fevereiro de
1903 a 20 de outubro de 1904).

[240] *Folha da Noite*. Porto. Ano II, N.º 98, sexta-feira, 5 de maio de 1905, p. 1.

[241] *Ibidem*.

[242] A *Folha da Noite* só assumiu a sua filiação no Partido Progressista no editorial
datado de 5 de maio de 1905. Cf. *Folha da Noite*. Porto. Ano II, N.º 98, sexta-feira, 5
de maio de 1905, p. 1. Aquando da sua fundação, este jornal esclareceu que não tinha
qualquer cor política, procurando apenas salvaguardar o comércio e os seus interesses,
por se encontrar ligado à Comissão de protesto contra as medidas da Fazenda. Cf. *Folha
da Noite*. Porto. Ano II, N.º 61, sábado, 18 de março de 1905, p. 1.

A *Folha da Noite*, órgão de imprensa dado às bancas uma semana após o último número de *A Província*, haveria de responder às
acusações proferidas. Sem negar a ligação à referida "comissão de
protesto" – cujas críticas às opções do ministro da Fazenda haviam
sido bastante aplaudidas pelo Partido Republicano Português, o que
conduziria à sua conotação com este partido – recordaria que naquela pontificavam homens de todos os quadrantes políticos: "Lem-
bre-se *O Mundo* que a comissão de protesto não era republicana:
era uma comissão de comerciantes de todas as cores políticas"[243].
No que concerne ao desaparecimento de *A Província*, atribuía o fim
do vespertino portuense "à ingratidão, ao frio abandono dos seus
mesmos correligionários"[244], acrescentando ser essa "uma história
que se há de narrar em público, um dia, e que nem sequer esboça-
mos aqui para que não nos acusem de querer semear cizânia onde
só queríamos ver união e concórdia"[245]. A *Folha da Noite* reafirma-
va-se ainda progressista, por entender que "a agremiação partidária
a que pertencemos é a representante das tradições mais belas do
constitucionalismo"[246]. Sem, no entanto, deixar de ressalvar: "Se um
dia o partido progressista deixar de ser isto – não seremos nós quem
nele fique. Mas só por essa razão"[247].

Quanto às acusações dirigidas a Augusto de Castro, apesar deste
já não se encontrar à frente daquele jornal – o biografado abandonou
a direção política da *Folha da Noite* a 26 de abril de 1905, por motivo dos seus trabalhos parlamentares – e, por isso, não ter "procura-
ção que nos autorize a réplica"[248], considerava que o seu "ilustre

---

[243] *Folha da Noite*. Porto. Ano II, N.º 98, sexta-feira, 5 de maio de 1905, p. 1.
[244] *Ibidem*.
[245] *Ibidem*.
[246] *Ibidem*.
[247] *Ibidem*.
[248] *Folha da Noite...*, 5 de maio de 1905, p. 1.

amigo está muito acima do chavascal em que amassam lama aqueles que pretendem enodoá-lo"[249].

Os duros ataques disferidos pelo *O Mundo*, para além de lançarem a desconfiança sobre as motivações de Augusto de Castro para fundar um novo jornal e de semearem a suspeita sobre divisões no seio de *A Província*, colocavam em causa a sua independência jornalística. Com efeito, teria recorrido ao apoio financeiro dos comerciantes que integravam a dita "Comissão de protesto", a fim de custear o seu periódico, permitindo depois que este último desse voz aos "interesses" dos seus patrocinadores. Ademais, as críticas questionavam as suas crenças ideológicas e a suposta lealdade ao Partido Progressista, uma vez que a dita comissão estaria conotada com o Partido Republicano Português, razão pela qual a *Folha da Noite* moveria fortes censuras aos dois partidos monárquicos.

A controvérsia entre os dois jornais ficaria por aqui, mas esta não seria a primeira, nem a última vez em que as convicções políticas e a independência financeira de Augusto de Castro seriam postas em causa, como adiante se verá, pela análise da *Folha da Noite*.

Será, certamente, lícito ver em todas estas questões (des)alinhamentos partidários, mandos e desmandos políticos, dos quais os jornais eram, muitas vezes, porta-vozes. Mas também a subsistência de questões relacionadas com o grande capital, que instrumentalizava os meios de comunicação social em função dos seus interesses.

Não sendo possível apurar as razões que terão conduzido ao desaparecimento de *A Província*, uma certeza há contudo: o jornal que saiu para as bancas uma semana depois, *Folha da Noite*, foi fundado graças ao apoio financeiro do comerciante, Pedro Maria da Fonseca Araújo (1862-1922)[250], "importante figura da burguesia portuense,

---

[249] *Ibidem*.

[250] Cf. LEMOS, Mário Matos e – *Jornais diários portugueses do século XX...*, p. 338 e *Nota Biográfica de Pedro Araújo (1862-1922)*. http://sigarra.up.pt/up/pt/web_base.gera_pagina?P_pagina=1006616 [consulta efetuada em 30 de janeiro de 2013].

101

negociante de bacalhau e proprietário das firmas Fonseca & Araújo, L.^{da} e International Mercantil Company"[251]. Membro da referida Comissão, à época era também presidente da Associação Comercial do Porto e filiado no Partido Progressista. Havia sido proprietário de *A Província* e "era muito afeiçoado à família de José Luciano de Castro, a quem representava nos negócios do vinho na cidade do Porto"[252] e a quem continuaria ligado mesmo após a queda da Monarquia.

Para além da preservação do vínculo a este importante negociante, o novo órgão de comunicação social manteve a tipografia em que era impressa *A Província*: tipografia a vapor de José da Silva Mendonça, sita no número 30, da Rua da Picaria, no Porto. No mesmo local funcionavam também, ainda que provisoriamente, a redação e a administração. Mudaram, todavia, o editor – passava a exercer as funções Alberto Ferreira Neves – e os colaboradores: Joaquim Leitão, Júlio Brandão, Raul Brandão, Paulo Osório e João de Meira. O único colaborador que transitou de *A Província* para a *Folha da Noite* foi José Maria Santos Júnior (*Santonillo*).

No seu primeiro número, num longo artigo de fundo, o jornal criticava com violência a vida pública portuguesa, afirmando que nesta "só a intriga domina e triunfa"[253], censurando ainda o sistema de "compadrio" instalado: "os homens não são levados aos altos cargos do Estado pelo relevo dos seus merecimentos e pelo triunfo dos seus trabalhos. A proteção, o empenho, a lisonja – são as únicas aceites na Arcada"[254]. Passando em análise a questão do tabaco, a difícil situação dos diversos setores de atividade e os graves problemas como que se defrontavam as diversas regiões do país, o artigo terminava com a explanação do programa do diário que então surgia:

---

[251] MÓNICA, Maria Filomena (coord.) – *Dicionário...*, Vol. I, p. 211.

[252] Idem – *Ob. cit.*, p. 212.

[253] *Folha da Noite*. Porto. Ano I, N.º 1, sábado, 16 de julho de 1904, p. 1.

[254] *Ibidem*.

A missão deste jornal é pugnar por esse movimento de independência e de patriotismo, com sinceridade e com fé – ao lado de todos os que pensam e sentem, com amargura, mas sem inteiro desânimo ainda as coisas tristes que aí ficam anotadas[255].

O jornal assumia-se, assim, como um órgão de imprensa apartidário, ligado à Comissão de protesto contra as medidas da Fazenda e, por isso, defensor do comércio e dos seus interesses. Só mais tarde, findo este vínculo, reconheceria a sua tendência progressista[256]. Tinha então quatro páginas a seis colunas e um formato de 55x40, que manteria até ao último número, excetuando no período compreendido entre 10 de março e 13 de maio de 1905, em que se assistiu à sua redução (53x38). Para além dos editoriais – consagrados essencialmente à política portuguesa –, o vespertino compreendia ainda as secções "Notas & Factos", mais tarde intitulada "Casos e Comentários", "Noticiário", "Parnaso" e "Folhetim".

Tal como *A Província*, o periódico seguia passo a passo a vida e a obra de José Luciano. Acompanhava, também, com vívido interesse Augusto de Castro, as suas deslocações, as vicissitudes da sua saúde, bem como a existência e a carreira dos seus progenitores:

> Partiu hoje para Celorico da Beira onde vai assistir a uma festa de família de um amigo seu, demorando-se apenas um ou dois dias, o diretor deste jornal, snr. dr. Augusto de Castro[257].
>
> Há 2 dias que guarda o leito, com uma angina, o diretor da *Folha da Noite* e ilustre advogado snr. dr. Augusto de Castro[258].

---

[255] *Ibidem.*

[256] Cf. Editorial datado de 5 de maio de 1905. Cf. *Folha da Noite*. Porto. Ano II, N.º 98, sexta-feira, 5 de maio de 1905, p. 1.

[257] *Folha da Noite*. Porto. Ano I, N.º 34, quinta-feira, 25 de agosto de 1904, p. 1.

[258] *Folha da Noite*. Porto. Ano I, N.º 107, sábado, 19 de novembro de 1904, p. 1.

Tomou já posse do lugar de Desembargador da Relação dos Açores, ao qual foi ultimamente promovido, o nosso respeitável amigo, snr. Conselheiro Augusto Maria de Castro. S. Ex.ª foi, porém, reconduzido à comissão que até hoje e tão idoneamente tem desempenhado de Auditor do Tribunal do Contencioso Fiscal do Norte[259].

Passa hoje o aniversário natalício da snr. D. Isabel Sampaio de Castro Corte Real, dedicada esposa do nosso prezado amigo snr. Conselheiro Augusto Maria de Castro, integérrimo juiz do Tribunal do Contencioso Fiscal do Norte, e mãe do nosso querido amigo e ilustre diretor político deste jornal, snr. dr. Augusto de Castro, pessoa que na nossa sociedade é uma das mais cativantes pelas suas virtudes e pela sua inexcedível bondade[260].

À frente da *Folha da Noite*, o jornalista portuense entraria em acesas polémicas, com o *Diário da Tarde* e *O Norte*. Com o primeiro a propósito de uma disputa que opunha a Companhia Carris de Ferro do Porto à Câmara Municipal; com o segundo a respeito das supostas (e perigosas) ligações ao Partido Republicano Português.

O também progressista *Diário da Tarde*, na sua edição de 12 de dezembro de 1904, referiria que Augusto de Castro, no comício que tivera lugar no dia anterior, no Salão da Porta do Sol, teria declarado, a propósito dos direitos da Companhia Carris, "não ter competência para discutir juridicamente o assunto[261]." Em editorial, datado do dia 13 do mesmo mês, o advogado defender-se-ia, afirmando não só ter "competência jurídica para apreciar documentos da natureza dos apresentados"[262], mas sobejando-lhe ainda "uma outra competência

---

[259] *Folha da Noite*. Porto. Ano I, N.º 66, sábado, 1 de outubro de 1904, p. 1
[260] *Folha da Noite*. Porto. Ano II, N.º 18, segunda-feira, 23 de janeiro de 1905, p. 1.
[261] *Folha da Noite*. Porto. Ano I, N.º 126, terça-feira, 13 de dezembro de 1904, p. 1.
[262] *Ibidem.*

que faltava a muita gente: a autoridade moral"[263]. Quanto às acusações feitas pelo referido periódico de ser "um progressista... um pouco fora de barreiras", e de "não encontrar entre os progressistas quem o acompanhasse" responderia com uma interrogação e uma afirmação: "pois para ser progressista é preciso concordar com tudo o que fazem, sob qualquer aspeto da sua atividade, todos os progressistas?"[264]/"Também não os procurei. E lá diz o ditado: «antes só...»[265]".

Já as insinuações feitas pelo *O Norte* levariam o visado e a *Folha da Noite* a reagir em dois extensos editoriais intitulados "Uma questão pessoal"[266]. O jornal portuense de tendência republicana, que contava com João Chagas entre os seus colaboradores, referia-se, no seu número 1587, de 15 de março, nos seguintes termos a Augusto de Castro:

> O que é deplorável, o que indigna, é que certa imprensa especule indecorosa e ignobilmente, inventando interrogatórios, fraseando-os e reticenciando-os por uma forma verdadeiramente criminosa, embora sob uma capa aparente de responsabilidade. Essa imprensa servida, entre outros vaganaus, por uma garotelho que andou agarrado a republicanos, viajando e recebendo ordenados à custa de alguns deles, vem fazendo insinuações que, ou nos enganamos muito, lhe virão a sair muito caras. *Que com su pan las coma*[267].

A questão fundamental prendia-se, uma vez mais, com o facto do diarista nascido na Invicta ter acompanhado a Comissão de protesto contra as medidas da Fazenda, nos comícios por esta realizados um

---

[263] *Ibidem.*

[264] *Folha da Noite.* Porto. Ano I, N.º 126, terça-feira, 13 de dezembro de 1904, p. 1.

[265] *Ibidem.*

[266] Cf. *Folha da Noite.* Porto. Ano II, N.º 61, sábado, 18 de março de 1905, p. 1 e *Folha da Noite.* Porto. Ano II, N.º 62, segunda-feira, 20 de março de 1905, p. 1.

[267] *Folha da Noite...,* 18 de março de 1905, p. 1.

pouco por todo o país, e de ter fundado, com o apoio do referido grupo comercial – e para defesa dos seus interesses – a *Folha da Noite*.

As "insinuações atentatórias"[268] ao seu bom nome seriam contestadas pelo próprio através de uma missiva dirigida aos redatores do referido jornal republicano. Esta seria publicada não só pelo *O Norte*, mas também pela *Folha da Noite*. Augusto de Castro solicitaria, ainda, a ingerência no caso de três membros da referida comissão, a saber, Alfredo Pereira, José Ferreira Gonçalves e José de Pimentel. Este terceto viria a confirmar que a sua participação em comícios tinha sido sempre solicitada por elementos daquela comissão e a reiterar que aquele nunca tinha recebido subsídio ou ordenado algum. Estes três homens sustentavam ainda que a *Folha da Noite* tinha, de facto, sido criada para defender os interesses do comércio e do país, acrescentando que, durante o período em que se mantivera a ligação da referida comissão ao dito jornal, o seu diretor havia procedido sempre "com lealdade e correção"[269].

Na verdade, também o diário fundado pelo biografado sustentaria esta posição, publicando no seu número 62 o seguinte esclarecimento: "O snr. dr. Augusto de Castro prestou sempre gratuitamente os seus serviços à *Folha da Noite* – jornal que lhe tem custado até hoje sacrifícios e despesas pessoais"[270].

Augusto de Castro manter-se-ia na direção deste periódico até ao dia 25 de Abril de 1905, altura em que abandonaria o cargo "por motivo dos seus trabalhos como deputado às Cortes"[271]. Contudo, desde o dia 8 de abril que se encontrava afastado do exercício dessas funções[272]. O seu nome reapareceria como diretor político da *Folha*

---

[268] *Ibidem.*

[269] *Ibidem.*

[270] *Folha da Noite...*, 20 de março de 1905.

[271] Cf. LEMOS, Mário Matos e – *Jornais diários portugueses do século XX...*, p. 339.

[272] *Folha da Noite*. Porto. Ano II, N.º 73, segunda-feira, 8 de abril de 1905, p. 1.

da Noite nas edições de 19 e 20 de maio seguinte, mas a 21 deixaria novamente de constar da primeira página do jornal. Publicou-se então uma carta sua, agradecendo a distinção que lhe fora conferida pela *Folha da Noite*, mas esclarecendo que se tratara por certo de um mal-entendido, pois se afirmara a sua disponibilidade para colaborar com o referido vespertino, continuava a não poder abandonar Lisboa e assumir as responsabilidades inerentes à direção política de um jornal[273]. Acabaria por encarregar-se desse desiderato Álvaro de Castro Neves (1854-1936), mas sem que o seu nome alguma vez tivesse constado da primeira página do periódico. De resto, esta publicação não sobreviveria muito tempo à saída de Castro, datando o seu último número de 14 de agosto desse ano.

2.4. Da Escola da Escrita à Escola do Teatro

Com a eleição para o Parlamento pelo Partido Progressista, Augusto de Castro fixou residência em Lisboa, onde continuou a dedicar-se ao jornalismo como redator principal do *Jornal do Comércio*. Maurício de Oliveira (1909-1972), diretor de *A Capital* e de *O Jornal do Comércio*, num discurso proferido após a morte do seu "insigne Mestre", salientava, sem ironia, que "o amor ardente pelo jornalismo e o desprendimento que sempre teve pelas vaidades terrenas não o impediram de aceitar *descer* na escala hierárquica, passando de diretor de um diário a redator de outro"[274].

Manter-se-ia no matutino lisboeta entre 17 de abril de 1907 e 31 de dezembro de 1909. A 1 de janeiro de 1910, o seu nome, bem como o de Eduardo Burnay (1853-1924), diretor político do referido jornal,

---

[273] Cf. *Ibidem* e *Folha da Noite*. Porto. Ano II, N.º 108, segunda-feira, 22 de maio de 1905, p. 1.

[274] OLIVEIRA, Maurício de – *Evocação de Augusto de Castro: palavras proferidas no almoço do Rotary Clube de Lisboa*. Lisboa, 1971, p. 4.

desapareceram do cabeçalho, sendo substituídos pelos de João Augusto Melício (1865-1917) e Júlio de Mascarenhas. A mudança só seria explicada alguns meses mais tarde, já após a implantação da República. Assim, em nota publicada na primeira página, no dia 12 de outubro de 1910, o jornal afirmava-se apolítico e esclarecia a sua linha de conduta desde o início do ano:

> No dia 1 de janeiro do corrente ano, *O Jornal do Comércio* passou a ser propriedade de uma nova Empresa, composta exclusivamente por comerciantes, com o fim ÚNICO (*sic*) de defender os direitos e pugnar pelos interesses da classe a que especialmente se destina. Desde essa data, *O Jornal do Comércio* pôs absolutamente de parte toda e qualquer política para se dedicar ao comércio. Respeitador do regime monárquico em que vivêramos até ao dia 4 do corrente mês, *O Jornal do Comércio* procurou sempre, na sua nova fase, ser correto e imparcial. Agora perante a República, seguirá o mesmo caminho, com a mesma correção e imparcialidade[275].

Com efeito, a 1 de janeiro de 1910, o diário desvinculara-se da família Burnay. Adquirido por Henry Burnay (1838-1909), 1.º Conde de Burnay, para "defesa dos seus pontos de vista"[276], este entregara a direção política do mesmo ao irmão, Eduardo. O banqueiro, falecido em março de 1909, conhecido por estar à frente da Companhia dos Tabacos de Portugal e por ser "velho inimigo de Alpoim"[277],

---

[275] *Jornal do Comércio*. Lisboa. Ano: 58.º, N.º 16980, quarta-feira, 12 de outubro de 1910, p. 1.

[276] MÓNICA, Maria Filomena (coord.) – *Dicionário...*, Vol. I, p. 485. Henry Burnay socorria-se da chamada "imprensa burnaysia", o mesmo é dizer d' *O Jornal do Comércio* e do *Correio da Manhã*, para fazer ecoar os seus protestos contra as decisões que não lhe eram favoráveis ou para denegrir a imagem dos seus adversários. Cf. FERNANDES, Paulo Jorge – *Mariano Cirilo de Carvalho. O «Poder Oculto» do liberalismo progressista (1876-1892)*. Lisboa: Assembleia da República/Texto Editores, 2010, p. 269.

[277] FAVA, Fernando Mendonça – *Leonardo Coimbra e a I República. Percurso político e social de um filósofo*. Coimbra: Imprensa da Universidade de Coimbra, 2008, p. 24.

recebera, por diversas vezes, o apoio de José Luciano de Castro. Após a aquisição, a nova gerência, assumida pela Empresa do Jornal de Comércio, procurou distanciar o periódico não só dos interesses do financeiro e da sua família, mas também de toda e qualquer suposta ligação a partidos políticos.

Como referido, a partir de setembro de 1908, Augusto de Castro acumulou as funções de parlamentar e de redator principal de *O Jornal de Comércio*, com o lugar de chefe de serviços da Caixa Geral de Depósitos e Instituições de Previdência. Com a saída, em 31 de dezembro de 1909, da redação do diário lisboeta, e, em junho de 1910, do hemiciclo, manteve apenas o exercício de funções no maior grupo financeiro português. No entanto, a partir do ano letivo de 1912/1913 juntou ao desempenho do cargo a regência da 8.ª cadeira – "Organização e Administração Teatral" – da Escola de Arte de Representar.

Desde os tempos de estudante na Lusa Atenas, que Augusto de Castro demonstrara a sua propensão para a atividade dramatúrgica. Foi, aliás, como já foi referido, um dos responsáveis – conjuntamente com João Lúcio – pela redação de *Até que enfim!*, revista académica apresentada na récita de despedida do curso jurídico de 1897-1902. Desde então produzira cinco peças, todas elas levadas à cena nos principais teatros lisboetas. Também no Parlamento havia demonstrado o seu interesse por esta arte, requerendo, por diversas vezes, a audição dos ministros do Reino e dos Negócios Estrangeiros, a propósito do descrédito artístico a que havia sido votado o Teatro D. Maria II, da pungente situação dos atores portugueses e dos direitos de propriedade intelectual.

Fundado por portaria régia de 15 de novembro de 1836, subscrita por Passos Manuel – então ministro do Reino de D. Maria II –, o Conservatório Geral de Arte Dramática havia sido a primeira escola de teatro portuguesa. Instalado no antigo Convento dos Caetanos, em Lisboa, teve em João Baptista da Silva Leitão de Almeida Garrett (1799-1854) o seu maior impulsionador. Orientado, essencialmente, para o ensino das artes e da criação dramatúrgica, era, à época da sua criação, constituído por três organismos: a Escola Dramática ou de Declamação, a Escola de Dança, Mímica e Ginástica Especial e a Escola de Música.

Por decreto de 21 de novembro de 1861, a Escola Dramática ou de Declamação, já na dependência direta do Teatro Nacional, sofreu a sua primeira grande reformulação pedagógica: criação do curso de declamação, independente do da arte de representar, o que levou a escola a denominar-se apenas Escola de Arte Dramática. Em 1892, com Luís Augusto Palmeirim (1821-1893) no cargo de diretor do Conservatório, foi suprimida a secção de arte dramática, que só voltou a ser restabelecida em 1901, com Eduardo Schwalbach à frente da direção. Com a implantação da República, o Conservatório Real de Lisboa passou a denominar-se Conservatório Nacional. No ano seguinte, a 22 de maio, autonomizou-se a Escola Dramática, que passou a designar-se Escola de Arte de Representar.

Aberto concurso para a regência da 8.ª cadeira, Augusto de Castro apresentou a provas – que decorreram entre 28 de outubro e 9 de novembro de 1912 – a dissertação *Os direitos intelectuais e a criação histriónica*. Versava a mesma sobre "a inclusão da criação artística do intérprete teatral entre as formas de expressão artística protegidas pela lei"[278]. Fazendo uma síntese histórica dos direitos de autor, o dramaturgo passava em revista uma série de pensadores, alguns deles saindo da sua esfera conservadora, como Proudhon (1809-1865), com o qual, por certo, contactara na cadeira de Economia Política, na Universidade de Coimbra; e Ernest Renan (1823-1892), o "historiador crítico de Cristo", que Salomão Saragga (1842-1900) teria pretendido abordar, quando das Conferências do Casino, não fosse a suspensão das mesmas. Este bosquejo crítico não abarcava autores

---

[278] CASTRO, Augusto de – *Os direitos intelectuais e a criação histriónica: a interpretação cénica pode constituir uma propriedade artística*. Lisboa: Tip. A Editora, 1912, p. 42.

antigos, uma vez que o conceito de direitos de autor não existia na Idade Média, predominando, sim, o anonimato, valor tipicamente medieval. Se Kant "admitia o privilégio de proteção aos escritores e impugnava-o aos artistas, com o fundamento do esforço, meramente mecânico ou intelectual, de que dependia a reprodução num e noutro caso"[279], Augusto de Castro ia mais longe e mostrava-se partidário do alargamento das "fronteiras dos direitos intelectuais"[280].

Por ideia inovadora defendia que a liberdade interpretativa – acrescentar falas ou gestos no calor do momento ou de modo premeditado – deveria constituir, por si só, um reconhecido ato de (re)criação artística do ator. E exemplificava com a *Princesa de Bagdad*, de Alexandre Dumas, filho (1824-1895):

> Quando a *Princesse de Bagdad* foi, em 1881, representada pela primeira vez, na última cena do último ato, quando Lionette se lança aos joelhos de Jean, o original de Dumas mandava apenas exclamar à atriz: – «Je suis innocente, je te le jure, je te le jure!» Assim foi a peça representada pela atriz Croizette. Mais tarde, Eleonora Duse, no papel, acrescentou-lhe nessa passagem um movimento e uma expressão que o autor não concebera. Eis como Dumas, que, em edições e indicações futuras, aceitou a rubrica e as palavras novas, conta o caso: «Après avoir dit à son mari – Je suis innocente, je te jure, je te le jure! Lionette, le voyant incrédule, se relève, pose la main sur la tête de son fils et dit une troisième fois: – Je te le jure! Ce mouvement si noble et si convaincant n'a pas été exécuté à Paris. Ni mademoiselle Coizette ni moi ne l'avions trouvé, et cependant il fallait que ce troisième – Je te le jure – fût irréfutable et irrésistible. L'intonation seule, si puissante qu'elle fût, ne pouvait y suffire. C'est la Duse,

---

[279] Idem – *Ob. cit.*, pp. 11 e 12.
[280] Idem – *Ob. cit.*, p. 14.

l'admirable comédienne italienne que passionne Vienne en ce moment, qui a eu cette belle inspiration, quand elle a créé le rôle à Rome"[281].

O direito de propriedade sobre aquilo que Augusto de Castro apelidava de "a criação histriónica – criações diferenciadas, autónomas, dentro da mesma criação dramática"[282] –, deveria não só ser protegido, mas também remunerado durante a vida do intérprete. O dramaturgo mostrava-se partidário da defesa desse direito, por entender que assim se poderiam evitar as imitações: "Se o ator conseguir provar que determinada criação de uma figura dramática é trabalho seu, independente da obra que o sugeriu, terá estabelecida a base que lhe garante o privilégio da reprodução do seu trabalho"[283].

É, no entanto, possível questionar a proposta do professor a concurso. Ao sugerir que se incluísse no direito de propriedade a liberdade criativa do intérprete, não estaria Augusto de Castro a propor uma dupla liberdade dos direitos de autor? Por um lado, os do criador da obra literária adaptada (romance vertido em peça) e, por outro, os do ator que, inadvertida ou deliberadamente, acrescentava frases e/ou gestos a um já adaptado trecho teatral? Se este princípio fosse admitido, é lícito perguntar: a que distância começariam a ficar os originais?

Concluídas as provas "com notável brilho e elevação"[284], Augusto de Castro conseguiria a nomeação para a regência da oitava cadeira, a 9 de novembro de 1912. Juntar-se-ia, na mesma data, ao escritor portuense, o futuro dirigente do Integralismo Lusitano, José Hipólito Raposo (1885-1953), selecionado para assegurar a lecionação da terceira cadeira, "Filosofia Geral das Artes".

---

[281] Idem – *Ob. cit.*, pp. 22-23.

[282] Idem – *Ob. cit.*, pp. 24-25.

[283] Idem – *Ob. cit.*, p. 33.

[284] Cf. *Escola da Arte de Representar. Relatório do Diretor. Ano Letivo de 1912-1913*. Série I, N.º 2. Lisboa: Imprensa Nacional, 1914, p. 5.

Completavam o corpo docente do estabelecimento de ensino o próprio diretor, Júlio Dantas, responsável pela sexta cadeira, "História das Literaturas Dramáticas"; o político e professor Alberto Ferreira Vidal (1871-1967), que tinha a seu cargo a regência da primeira cadeira, "Língua e Literatura Portuguesa"; o docente José António Moniz (1849-1917), a quem ficara entregue a segunda cadeira, "Arte de dizer"; o escritor e encenador, Augusto Xavier de Melo (1853-1933), a quem havia sido confiada a quarta cadeira, "Arte de interpretar"; o ator, realizador e argumentista António Pinheiro (1867-1943), encarregue de dirigir a quinta cadeira, "Estética teatral"; a atriz Lucinda do Carmo (1861-1922), responsável pela lecionação da sétima cadeira, "Arte de Representar", sexo feminino; e o ator cómico, António de Chaby Pinheiro (1873-1933), encarregue de dirigir a sétima cadeira, "Arte de representar", sexo masculino. As disciplinas de "Ginástica Teatral" e "Dança" foram entregues, respetivamente, a António Domingos Pinto Martins e Encarnação Fernandes.

Durante o período de tempo em que se encontrou ligado à Escola da Arte de Representar, Augusto de Castro acumulou as funções de secretário e chegou a representar o diretor, Júlio Dantas, em diversas ocasiões. Participou ainda em ciclos de conferências, como a que teve lugar no salão nobre do Teatro Nacional Almeida Garrett, de 13 a 25 de maio de 1913, em que apresentou a comunicação *Teatro Português e a Convenção de Berlim*.

Durante o ano letivo de 1911-1912, o Conselho Teatral, presidido pelo Governador Civil de Lisboa, elaborou um projeto de reforma para o Teatro Nacional Almeida Garrett, através de uma subcomissão encarregue da sua apresentação. Esta era formada por Júlio Dantas, Luís Barreto da Cruz e António Pinheiro. A temporada de 1912-1913 foi a primeira a iniciar-se à luz desta restruturação. Augusto de Castro foi chamado para presidir ao Conselho de Gerência deste palco. Acompanharam-no Joaquim Costa, enquanto gerente-delegado, Luís Pinto, como tesoureiro e Carlos Santos, na qualidade de secretário. António Pinheiro assumiu o cargo de diretor de cena.

O dramaturgo regressava, assim, ao Teatro Nacional que tinha assistido à representação das suas duas primeiras peças, nos últimos anos da Monarquia Constitucional: *Caminho Perdido*, levada à cena em 1906, e *Amor à Antiga*, em 1907. Na verdade, entre 1906 e 1918, ou seja, entre os 23 e os 25 anos, Augusto de Castro escreveu seis peças, uma das quais em um ato; e nos mais de 50 anos que ainda lhe restaram para viver, apenas em 1934, aos 51 anos, acrescentou a essas uma sétima[285], que nunca chegou a subir à cena.

Luiz Francisco Rebello (1924-2011) entende que poderá objetar--se "que o seu interesse pelo teatro foi episódico e quantitativamente escassa a sua produção neste setor"[286]. No entanto, de acordo com este historiador das artes cénicas, "o teatro constituiu a parte mais duradoura e consistente da sua obra literária"[287], pois nunca deixou de o atrair – para além das peças redigidas, traduziu ainda para a língua de Camões o melodrama *A Águia de Duas Cabeças*, de Jean Cocteau (1948) e a comédia *Esta Noite em Samarcande*, de Jacques Deval (1952).

"No vinténio que marcou a transição de um século para o outro, e de regime também"[288], foi o naturalismo/realismo, recebido dos dramaturgos franceses do Segundo Império e da Terceira República – Eugène Brieux (1858-1932), Henri Lavedan (1859-1940), Paul Hervieu (1857-1915) e Maurice Donnay (1859-1945) – que dominou os palcos

---

[285] CASTRO, Augusto de – *Amor, peça em quatro atos, com um prólogo e em epílogo*. Lisboa: Empresa Nacional de Publicidade, 1934.

[286] REBELLO, Luiz Francisco – "Augusto de Castro: Evocação do Dramaturgo"..., p. 337.

[287] Idem – *Ibidem*.

[288] REBELLO, Luiz Francisco – "O Teatro na transição do regime (1875-1876 a 1917-1918)". In *A República foi ao Teatro...*, p. 76.

nacionais. Por isso, "quando, em 1906, Augusto de Castro se abeirou da cena"[289], também ele acabou por talhar os seus dramas e as suas comédias pelo figurino francês em voga. Aliás, à época, como questiona Luiz Francisco Rebello, como era possível "escapar à influência dos vários Capus, Lavedan e Hennequin que regularmente eram servidos a um público que se comprazia em procurar nas obras nacionais um reflexo do que se entendia por "espírito parisiense"?"[290].

Augusto de Castro acabaria, assim, por gravitar na órbita do naturalismo/realismo, tal como aconteceria com outros autores, como Eduardo Schwalbach (*O Íntimo, Santa Umbelina, A Cruz da Esmola* e *Os Postiços*), Carlos de Moura Cabral (*Paris em Lisboa*), Alberto Braga (*A Estrada de Damasco, A Irmã* e *O Estatutário*), Coelho de Carvalho (*Casamento de Conveniência* e *A Infelicidade Legal*), Augusto de Lacerda (*A Lei do Divórcio* e *O Pasteleiro de Madrigal*), Bento Mântua (*Novo Altar, Má Sina* e *Missa Nova*) e Vasco Mendonça Alves (*A Conspiradora* e *Os Marialvas*).

A temática central da dramaturgia de Augusto de Castro foi o amor, mais concretamente, o amor adulterino, sob a forma de triângulo sentimental. Este foi tratado, segundo a tipologia estabelecida por Duarte Ivo Cruz, "com violência, em *Caminho Perdido*, com moderação, em *A Culpa*, com ironia, em *Amor à Antiga*, ou com a graça mais esfuziante, em *As Nossas Amantes*"[291]. De resto, com a escolha da palavra "amor" para o título de duas das suas peças – *Amor à Antiga* e *Amor* – e de um vocábulo com a mesma raiz etimológica, "amante", para uma terceira – *As Nossas Amantes* – o autor não quis deixar qualquer dúvida em relação à essência da sua

---

[289] REBELLO, Luiz Francisco – "Augusto de Castro: Evocação do Dramaturgo"..., p. 339.

[290] REBELLO, Luiz Francisco – "O Teatro na transição do regime (1875-1876 a 1917-1918)". In *A República foi ao Teatro...*, p. 77.

[291] CRUZ, Duarte Ivo – *História do Teatro Português*. Lisboa: Editorial Verbo, 2001, p. 206.

obra teatral. Neste aspeto, mostrou-se mais arrojado que o seu amigo e contemporâneo Júlio Dantas: ao passo que Augusto de Castro abordou essencialmente uma conceção mais atual do amor, o segundo acabou por exaltar sempre o amor palaciano e cortês, situando a trama das suas obras quase invariavelmente no século XVIII.

Apesar da "audácia", o escritor portuense não conseguiu impedir que os seus dramas (*Caminho Perdido* e *Vertigem*) e as suas comédias (*Amor à Antiga, Chá das Cinco*, e *As Nossas Amantes*) fossem tocados pela trivialidade e pela fragilidade dos enredos, somente compensados – de acordo com a opinião de Luiz Francisco Rebello – por diálogos habilmente construídos.

Foi com *Caminho Perdido*, drama em três atos, que Augusto de Castro "fez a sua estreia de escritor de teatro"[292], no dia 24 de março de 1906, no D. Maria II. Este contou com um elenco de escol, que reuniu nomes prestigiados como os de Ferreira da Silva (1859-1923), Joaquim Costa (1853-1924) e Adelina Abranches (1866-1945). O assunto da peça foi assim resumido pelo crítico de teatro *Ego*, do jornal *O Dia*:

> A adúltera [*Elisa*], depois de confessar ao amante que traz no ventre um filho seu, e vendo o egoísmo sórdido desse homem a quem amava, vendo-o tremer das responsabilidades e cheio de cobardia, deixa-o partir perdendo-o, e, não podendo continuar a respirar, no lar, com o marido, uma atmosfera de ciladas e mentiras, decide fugir, também, para entregar-se apenas ao fruto do amor, ao filho, redimindo com a sua carinhosa missão maternal todo esse passado de impureza e lodo[293].

---

[292] *O Século*. Lisboa: Ano 26.º, N.º 8708, domingo, 25 de março de 1906, p. 2. Desconhecendo, possivelmente, a existência da peça *Até que enfim!*, representada na Academia de Coimbra em 1901, o jornalista d'*O Século* considerou *Caminho Perdido* a estreia teatral de Augusto de Castro.

[293] *O Dia*. Lisboa: (16.º Ano) 7.º Ano. N.º 1842 (4715), segunda-feira, 26 de março de 1906, p. 2.

O drama de Augusto de Castro abordava, a seu modo, a ideia de emancipação feminina de que Henrik Ibsen (1828-1906) havia sido arauto em *Casa de Bonecas* (1879) e *Hedda Gabler* (1890). Tal como *Nora Helmer* de *Casa de Bonecas* – que se rebelou contra a ilusão de um casamento perfeito, ao descobrir a hipocrisia que pautava as relações humanas – também *Elisa*, a protagonista de *Caminho Perdido,* interpretada pela atriz Maria Pia, desafiava os preconceitos sociais, reassumindo a sua liberdade e o seu direito de escolha. O autor procurava, assim, colar-se ao dramaturgo norueguês, falecido quatro dias antes da estreia da sua peça, na defesa de valores, como a emancipação, a realização pessoal e a liberdade individual. No entanto, à sua peça faltariam "o engenho e arte" do escritor escandinavo.

De resto, a crítica da época não deixaria, desde logo, de salientar alguns dos problemas que o drama enfermava. Se *O Século* considerava que "*Caminho Perdido* não parecia trabalho de quem se estreava", uma vez que "o primeiro ato, especialmente, igualava em técnica, em diálogo e em desenho de carateres, muitas das obras de autores de longo tirocínio"[294], o *Diário de Notícias* entendia que "a peça, não estando isenta de defeitos, não deixava de ter excelentes qualidades"[295]. Enquanto *A Vanguarda* escrevia que "*Caminho Perdido* tem três atos, e o melhor dos três, é incontestavelmente o primeiro[296]", os jornalistas de *A Época* consideravam que se "o primeiro ato decorreu com o maior interesse"[297], o segundo foi "menos interessante"[298] e o "terceiro um tanto fastidioso pela enorme extensão da sua primeira cena"[299], concluindo que "o sr. dr. Augusto de Castro não foi feliz no assunto que

---

[294] *O Século*. Lisboa: Ano 26.º, N.º 8708, domingo, 25 de março de 1906, p. 2.

[295] *Diário de Notícias*. Lisboa: Ano 42.º, N.º 14485, domingo, 25 de março de 1906, p. 2.

[296] *A Vanguarda*. Lisboa: Ano IX (XVI), N.º 3353, domingo, 25 de março de 1906, p. 2.

[297] *A Época*. Lisboa: Ano V, N.º 65, domingo, 25 de março de 1906, p. 2.

[298] *Ibidem.*

[299] *Ibidem.*

escolheu para a sua peça"[300]. Reconheciam, todavia, "que a sua obra era um primor de literatura, tendo muitas cenas habilmente descritas"[301].

No entanto, foi *Braz Burity*, pseudónimo do jornalista e crítico teatral Joaquim Madureira (1874-1954), que se revelou mais corrosivo no jornal *A Luta*. Apesar de reconhecer que Augusto de Castro entrava "logo, sem perífrases e sem rodeios no seu assunto, dando com o vigor da frase, as linhas características das suas personagens e, pela violência cénica das suas situações, deixando preso da sua engrenagem o interesse sempre vivo dos espectadores"[302], considerava que *Caminho Perdido* tinha como tema o "assunto escabroso e banal, corriqueiro e porco, do adultério, cru e grosseiro"[303], apresentado "sem espiritualizações de afeto e com brutalismos de materialidade"[304]. E para o crítico teatral, o drama representado em 1906 definia, desde logo, o seu autor:

Caminho Perdido explorando no adultério, apenas, o escândalo e a materialidade das paixões, enfileira o sr. Augusto de Castro entre os teatralistas dos figurinos franceses, que, ignorando que do chifre se podem fazer espichos para vasilhas, pentes de alisar, botões, espátulas, tinteiros, polvarinhos, cabides, caixas de rapé e uma infinidade de artigos de uso doméstico e comércio rendoso, encarecem a matéria-prima e arrasam a indústria dos penteeiros, monopolizando para o teatro, sob fórmulas literárias e artísticas, a exploração mercantil do chavelho, de guisa tal, que anda uma pessoa, por entre peças e romances, na lezíria das letras, tão arriscado e temeroso de uma colhida, como por entre as boiadas do Ribatejo[305].

---

[300] *Ibidem.*

[301] *Ibidem.*

[302] *A Luta.* Lisboa: Ano 1.º, N.º 84, segunda-feira, 26 de março de 1906, p. 3.

[303] *Ibidem.*

[304] *Ibidem.*

[305] *Ibidem.*

Na verdade, a peça levada à cena no dia 24 de março no palco principal do Teatro D. Maria – "escrita com os impetuosos arrojos da mocidade, numa linguagem viril, enérgica e nervosa"[306] –, acabou por gerar, pelo assunto tratado, acesa polémica, como, aliás, viriam a descrever dois jornais da época:

> Decorreram os dois primeiros atos com interesse por banda do público, e, no final do último, parte dos espectadores deram em arrastar os pés, num protesto visivelmente injustificado, tanto mais quanto a peça de Augusto de Castro se alguns defeitos acusa, são insignificantes indecisões de estreante, que aliás soube vencer triunfalmente os escolhos de um primeiro original[307].
>
> Contudo, e apesar dessas qualidades excecionais, a peça não logrou impor-se na sua sequência, ao agrado dos espectadores. Se a linguagem permanecia enérgica, se o diálogo não esmorecia com espontaneidade e vigor, a ação enveredava para situações e conflitos em que a lógica não bastava para fazer esquecer a crueza, audaciosamente despida de artifícios. Um sussurro de desagrado acompanhou toda a grande cena do 3.º ato, entre os dois amantes, que constitui a parte culminante da ação e aquela onde o autor, abusando do seu excessivo culto da verdade, mais audacioso se mostrou, nas intenções e nos processos[308].

Contudo, este último periódico, *Notícias de Lisboa*, não deixava de referir que o desagrado do público não tinha chegado ao ponto deste último se manifestar ostensivamente contra a peça e o seu

---

[306] *Notícias de Lisboa*. Lisboa: Ano II, N.º 362, segunda-feira, 26 de março de 1906, p. 2.

[307] *O Dia*. Lisboa: (16.º Ano) 7.º Ano. N.º 1842 (4715), segunda-feira, 26 de março de 1906, p. 2.

[308] *Notícias de Lisboa...*, 26 de março de 1906, p. 2.

autor, como havia acontecido na estreia de *Almas Doentes*, de Marcelino Mesquita (1856-1919), a 28 de abril de 1905.

Com efeito, o tema de *Caminho Perdido* já havia suscitado, ainda antes da sua estreia, forte protesto por parte do comissário do governo junto do Teatro D. Maria II, Alberto Pimentel, que considerava que não se deveria consentir a "representação de um trabalho que se lhe afigurava escabroso e como tal incurso nas disposições proibitivas da lei reguladora do repertório do D. Maria"[309]. Na sequência da troca de argumentos com o jovem dramaturgo, o funcionário acabaria por se demitir, o que permitiria a representação da obra, uma vez que "a gerência do D. Maria II estava dispensada de submeter as suas decisões ao voto de uma entidade que não existia"[310].

No ano seguinte, a 16 de fevereiro de 1907, era a vez de subir à cena, no mesmo Teatro, a comédia em quatro atos, *Amor à Antiga*. Esta viria a conhecer outras três apresentações, em 1908, em 1910 e em 1915, sendo também representada no Brasil. O elenco da estreia reuniu nomes como os de Ferreira da Silva, Augusto de Melo (1852-1933), Joaquim Costa, Inácio Peixoto (1869-1943), Ana Pereira (1845-1921), e Augusta Cordeiro (1868-1952).

A ação decorria num grande solar de província e colocava em contraste uma velha questão do século XIX: a dos casamentos por conveniência entre a nobreza decadente e empobrecida e a burguesia abastada e recém-nobilitada. Ou, nas palavras de Augusto de Castro, a aristocracia "inútil", mas "bela de coração", "orgulhosa", mas "pobre" e a burguesia "rica" e "ascendente"[311]. O enredo era composto sob o pano de fundo do tema mais caro ao dramaturgo, o do triângulo amoroso, entre *Jorge*, de origem fidalga, mas arrui-

---

[309] *Notícias de Lisboa*, 26 de março de 1906, p. 2.

[310] *Ibidem*.

[311] CASTRO, Augusto de – *Amor à Antiga*. 2.ª Edição. Lisboa: Empresa Literária Fluminense, L.da, 1922, p. 11.

nado, *Luisinha*, moça simples e comunicativa, única filha da rica Viscondessa de Amares, e *Margarida*, jovem viúva, letrada e voluptuosa, com grande apetência para os casos extraconjugais. Augusto de Castro parece ter-se reservado a si mesmo um papel na trama, ao intervir através de *Lopo*, velho celibatário interpretado por Ferreira da Silva, que se afigura ser o contraponto da história e que no final acaba por lhe dar o mote moralizador: "no amor, à moderna ou à antiga, como na vida, só a simplicidade e a sinceridade são perfeitamente belas e úteis"[312]. Este drama sentimental, em que Augusto de Castro se mostrou defensor de princípios morais conservadores, foi, "talvez a sua peça mais conhecida"[313] e a que maiores elogios recebeu da imprensa da época.

Daí em diante, todos os seus entrechos conheceram a estreia no Teatro D. Amélia, depois República, hoje S. Luís. Foi o caso, em 1909, de *Chá das Cinco*, enredo nunca publicado, que acabaria por se perder – provavelmente terá sido consumido, como tantos outros textos, pelo incêndio que, a 13 de setembro de 1914, deflagrou no Teatro República. Estreada no dia 13 de janeiro, depois de naquele palco se ter assistido a "um jejum prolongadíssimo de originais"[314], a peça constituída por três atos era, segundo o crítico do jornal *A Luta*, Manuel de Sousa Pinto, "uma farsa que descaía ligeiramente na revista"[315]. E o crítico continuava: "*Chá das Cinco* é uma peça em que se serve chá, e eis a sua única relação com o título, que tanto podia ser a *Rabeca do Conselheiro*, como o *Expediente de Julião Botelho* ou a *Estufa Matrimonial*"[316]. Sendo um dos protagonistas, *Julião Botelho*, interpretado por Augusto Rosa que o tratou "com um

---

[312] Idem – *Ob. cit.*, p. 176.

[313] REBELLO, Luiz Francisco – "Augusto de Castro: Evocação do Dramaturgo"..., p. 342.

[314] *A Luta*. Lisboa: Ano 4.º, N.º 1106, terça-feira, 19 de janeiro de 1909, p. 2.

[315] *Ibidem*.

[316] *Ibidem*.

cuidado que ele não merecia e o levantou"[317], o enredo girava em torno de *Maria Helena*, recém-casada com *Manuel*, que receando que "o marido afrouxasse na paixão e se constipasse"[318], provocava-lhe "o ciúme para lhe medir o amor, com um primo yankisado e permanentemente tolo, que se lhes hospedou em casa"[319]. Nas palavras do crítico teatral de *A Luta*:

> Sem espírito, sem entrecho, sem vida, nem imaginação, o *Chá das Cinco*, aguado e frio, não faz mal a uma mosca, mas não faz bem à gente. Além de ser uma obra integralmente má, a que não vale apontar defeitos, porque toda ela é um defeito em 3 atos, é uma obra enfadonha, enfastiadora, desinteressante, e das sentenças do aborrecimento não há recursos[320].

Opinião bem diferente teve o crítico do vespertino *O Dia* que considerou *Chá das Cinco* "um primor literário que prende a atenção pelo brilho do diálogo, feito com uma graça e espírito adoráveis"[321]. Após ter sido "magnificamente representada"[322], o "público festejou autor e intérpretes"[323].

Na noite de 18 de fevereiro de 1910 foi a vez de subir ao palco do Teatro D. Amélia *Vertigem*, comédia em quatro atos. Esta peça aproximava-se, pelo título, de outras suas contemporâneas como *A Rajada*, de Henri Bernstein (1876-1953), *A Labareda*, de Henry Kistemaeckers (1872-1938) e *A Torrente*, de Maurice Donnay (1859-1945). Curiosamente, o mesmo título viria a ser dado pelo dramaturgo

---

[317] *Ibidem.*

[318] *Ibidem.*

[319] *Ibidem.*

[320] *Ibidem.*

[321] *O Dia*, 15 de janeiro de 1909, p. 3.

[322] *Ibidem.*

[323] *Ibidem.*

francês Charles Méré (1883-1970) – nascido no mesmo mês e no mesmo ano que Augusto de Castro – a uma sua obra de 1922 (*Le Vertige*), que conheceria diversas representações, nos palcos portugueses, nos primeiros anos da década de 20.

No rol de atores que deram vida às personagens criadas pelo dramaturgo portuense é possível encontrar nomes consagrados do teatro da época, como Augusto Rosa, Chaby Pinheiro, António Pinheiro e Maria Falcão (1874-?). Tal como em *Caminho Perdido*, o autor pôs em cena um caso de adultério, protagonizado por uma mulher, *Maria Eduarda* – interpretada pela atriz Maria Falcão. A *Ilustração Portuguesa*, de 28 de fevereiro de 1910, descrevia, desta forma, o drama da heroína da história:

> *Maria Eduarda*, a dolorosa protagonista, a vítima inconsciente dessa eterna vertigem que é o Amor não é apenas a expressão humana dum *fait divers* do sentimento, não é apenas uma mulher, – é a Mulher, em toda a magnitude do seu sacrifício e da sua expiação, é a suprema torturada entre a loucura dum momento e o dever de toda a vida, é a eterna crucificada entre dois amores, fugindo do bem que a procura, procurando o mal que a repele, sofrendo tanto quando é feliz, como quando é desgraçada, matando com um beijo, semeando a ruína com um sorriso, e mendigando perdão inocente duma criança com a mesma nobreza tranquila com que rejeita o perdão humilhante dum marido[324].

Daria também conta que o "público, afeto ao *vaudeville* ligeiro"[325], não teria sabido "reconhecer todas as belezas e todas as qualidades

---

[324] *Ilustração Portuguesa*. Lisboa: Empresa do Jornal *O Século*. Série II, N.º 210, segunda-feira, 28 de fevereiro de 1910, p. 274.

[325] *Ibidem*.

da peça"[326]. De facto, como refere Luiz Francisco Rebello, esta terá sido, "porventura, a produção teatral menos conseguida"[327] de Augusto de Castro.

A 3 de janeiro de 1912 foi a vez de estrear no palco do Teatro República *As Nossas Amantes*. Protagonizada por Eduardo Brasão (1851-1925), Ferreira da Silva, Chaby Pinheiro e Adelina Abranches, o enredo desta comédia foi, assim, narrado pela *Ilustração Portuguesa*: "Desta vez trata-se dum homem que buscando um repouso no casamento, ele, desiludido, farto da existência oca da sociedade que levou, encontra na esposa, ignorante de todas essas coisas, um desejo louco de as conhecer e daí o conflito do seu lar"[328]. Em *A Máscara: arte, vida, teatro*, Manuel de Sousa Pinto considerava que a nova produção tinha um "título obscuro, pois de amantes, esposas, primas, sogras, e tias ali se trata com igual insistência"[329]. E concluía:

> Estas *Nossas Amantes* são, pelo entrecruzar das personagens, pelo seu entrar e sair incessantes, pelo seu vai e vem teimoso, uma quadrilha precipitada. Todos vão, vêm, tornam a ir e a voltar, para dizerem coisas, como nas revistas do ano. E quase todos, nesta peça acelerada, se limitam a dizer coisas, muitas coisas, coisas de todo o género (...). As *Nossas Amantes* têm, portanto, esses dois graves inconvenientes: corda demais e demasiados ditos, no, que Augusto de Castro se mostra um admirador fervoroso desses dois impenitentes e vazios cavaqueadores cénicos, que são Robert de Flers e G. A. de Caillavet[330].

---

[326] *Ibidem.*

[327] REBELLO, Luiz Francisco – "Augusto de Castro: Evocação do Dramaturgo"..., p. 342.

[328] *Ilustração Portuguesa*. Lisboa: Empresa do Jornal *O Século*. Série II, N.º 308, segunda-feira, 15 de janeiro de 1912, p. 81.

[329] PINTO, Manuel de Sousa (dir. publ.) – *A Máscara: arte, vida, teatro*. Lisboa: Livraria Ferin, Editora. N.º 2, Vol. I, sábado, 27 de janeiro de 1912, p. 32.

[330] Idem – *Ob. cit.*, p. 33.

Seis anos depois, em abril de 1918, o dramaturgo apresentou *A Culpa*, peça em um ato, representada por um elenco que reuniu nomes prestigiados como os de Ângela Pinto (1869-1925), Lucinda Simões (1850-1928), Ferreira da Silva, António Pinheiro e uma jovem atriz (1898-1990), que se havia estreado no mesmo palco, a 17 de novembro de 1917, no papel de vagabunda na peça *Marinela*, de Benito Pérez Galdós (1843-1920), e que havia de se destacar no panorama artístico nacional: Amélia Rey-Colaço. O entrecho girava em torno de *Luísa* – interpretada por Ângela Pinto – que havia recentemente enviuvado. Consumida e atormentada pela culpa de ter assistido à morte do marido a quem havia traído em vida – tendo mesmo chegado a engravidar do amante –, procurava pôr termo à relação que mantinha há "dez anos"[331], para não continuar a atraiçoar o esposo já falecido, através da figura omnipresente da filha. A peça "habilmente dialogada"[332], não era, no entanto, mais do que um simples exercício de teatro[333], com um enredo débil e personagens frágeis e esquemáticas. Após sete cenas de diálogos que tendiam para a inconsequência, somente a última cena fazia mergulhar o espectador no coração do drama.

Em 1934, Augusto de Castro publicou a sua derradeira obra teatral, *Amor*, tragédia em quatro atos, com um prólogo e um epílogo, que nunca viria a ser representada em palco. Esta era, mais uma vez, a história de um adultério. O enredo começava com a protagonista, *Helena*, a decidir terminar a relação extraconjugal que mantinha com *Frederico*, marido da sua melhor amiga, conseguindo convencê-lo a não abandonar a esposa. Contudo, passados cinco anos, já noiva de um outro homem, o inconformado *Frederico* reaparecia, asseguran-

---

[331] CASTRO, Augusto de – *A Culpa*. Lisboa: Portugália Editora, 1918, p. 44.

[332] REBELLO, Luiz Francisco – *História do Teatro Português...*, p. 114.

[333] REBELLO, Luiz Francisco – "Augusto de Castro: Evocação do Dramaturgo"..., p. 340.

do a *Helena* que nunca a havia esquecido. Esta, depois de várias tentativas frustradas para afastar o ex-amante, e "num último esforço para se libertar desse peso obscuro"[334], decidiria matar-se. Para procurar impedir o ato tresloucado da amada, *Frederico* acabaria por se envolver com esta numa luta. No meio do confronto, uma bala perdida atingiria mortalmente *Frederico*, consumando-se assim a tragédia. Para evitar o escândalo, as duas mulheres atingidas por esta atroz fatalidade, acabariam por recorrer ao embuste: para ocultar da sociedade a triste realidade, a mulher de *Frederico* afirmaria que este se havia suicidado e *Helena* terminaria a relação com o noivo, por compreender que nunca o poderia fazer feliz. Tal como o de *Elisa*, o caminho de *Helena*, era também um "caminho perdido" – "mas um caminho que tinha de ser percorrido, o seu *caminho*"[335].

No prólogo e no epílogo desta peça surgiam as sombras dos amantes trágicos de Verona, *Romeu* e *Julieta*, que dissertavam sobre o nefelibatismo, a fragilidade e a ilusão do amor. Não obstante o clima poética do início e do fim da obra, *Amor* pode ser criticado pelo "melodramatismo da efabulação"[336] e pela "excessiva carga literária de um diálogo"[337] que, se por vezes, é de uma surpreendente naturalidade, outras é demasiado sentencioso.

Com efeito, o entrecho publicado em 1934 enquadrava-se numa serôdia permanência do Naturalismo nos palcos portugueses, num capítulo que se procurava encerrar na história do teatro nacional. No mesmo ano estreava no D. Maria a sátira *Gladiadores*, de Alfredo Cortez (1880-1946). Esta peça – pateada com escândalo pelo público – que visava, entre muitos alvos, os totalitarismos, introduziria o Expressionismo em Portugal, "constituindo, na obra do seu autor e

---

[334] Idem – *Ob. cit.*, p. 343.
[335] Idem – *Ob. cit*, pp. 343-344.
[336] Idem – *Ob. cit*, p. 344.
[337] Idem – *Ibidem*.

no panorama do teatro luso do seu tempo, um exemplo ímpar"[338].
No entanto, só a meio da década seguinte alguns dos nomes mais
representativos da dramaturgia moderna – como Eugene O'Neill (1888-
1953), Federico García Lorca (1898-1936), Jean Anouilh (1910-1987),
Jean Cocteau e J. B. Priestley (1894-1984) – começariam a chegar ao
palco do Nacional. O ano de 1947 acabaria por constituir-se como
um marco na história moderna da literatura dramática portuguesa,
com as estreias de *O Mundo Começou às 5 e 47*, de Luiz Francisco
Rebello, no Teatro-Estúdio do Salitre, e *Benilde ou a Virgem-Mãe*,
de José Régio (1901-1969), no Teatro Nacional. Se a primeira, uma
fábula em um ato, marcava a estreia do autor e punha em oposição
o velho mundo que se recusava a morrer e o novo que o atacava e a
lei do tempo que a ambos governava, com expedientes de originalidade expressionista, a segunda, obra considerada vanguardista para
a época, oscilava entre o duro realismo das ambiências e da situação
e o simbolismo dos monólogos da protagonista. Estes entrechos – o
último dos quais adaptado ao cinema por Manoel de Oliveira em 1975
– abririam caminho às produções mais arrojadas dos anos 50 e 60:
A Promessa (1957) e *O Judeu* (1966), de Bernardo Santareno (1920-
1980); *O Render dos Heróis* (1960), de José Cardoso Pires (1925-1998);
Felizmente Há Luar! (1961), *Todos os Anos pela primavera* (1963),
O Barão (1965), *A Guerra Santa* e *A Estátua* (1967), de Luís Sttau
Monteiro (1926-1993).

Concluindo, a produção teatral de Augusto de Castro foi claramente tributária da estética naturalista/realista, herdada do século
XIX, tendo nesse campo lugar ao lado de nomes como Júlio Dantas,
Henrique Lopes de Mendonça, Marcelino Mesquita, Ramada Curto,
Vasco de Mendonça Alves e Hipólito Raposo. O seu teatro, de simples entretenimento, pouco questionador dos problemas político-
-sociais, não pretendia atingir a consciência crítica do espectador.

---

[338] Idem – *O Teatro simbolista e modernista (1890-1939)...*, p. 79.

Centrando-se na banalidade dos triângulos amorosos e no mero desafio às convenções sociais e morais, Augusto de Castro refugiou--se numa "cínica bonomia que serviu de invólucro a frágeis enredos, habilmente dialogados"[339], que não geraram controvérsia, nem profundas discussões. As peças por ele escritas não proporcionaram sensações, ideias, impulsos duradouros, daí terem caído no olvido.

2.5. *Fumo do meu Cigarro* e *Campo de Ruínas* – Crónicas d' *O Século (da Noite)*

Enquanto na Europa, 1915 ficou marcado pela generalização da Primeira Guerra Mundial, com a entrada da Itália (e de San Marino) e da Bulgária na contenda, em Portugal este foi o ano do "Movimento das Espadas", da "Afrontosa Ditadura" de Pimenta de Castro (1846--1918) e do regresso ao poder de Afonso Costa (1871-1937).

No ano da morte de Ramalho Ortigão (27 de setembro) e de Sampaio Bruno (6 de novembro), Teixeira de Pascoaes editou a *Arte de Ser Português*, "reflexão mítico-política e poética em que o ideal de nacionalidade, como impulso utópico/conceptual para a revigoração da Pátria, se constituiu como pedra de toque"[340]; António Sérgio (1883-1969) lançou *Educação Cívica*, obra que se constituiu como um marco "simbólico na reflexão pedagógica em Portugal"[341]; e António Sardinha (1887-1925) publicou *Valor da Raça – Introdução a uma Campanha Nacional*, livro que levaria os adversários políticos do Integralismo Lusitano a qualificar este movimento de "nacionalismo rácico".

---

[339] REBELLO, Luiz Francisco – *História do Teatro Português...*, p. 114.

[340] LAMBERT, Maria de Fátima – "Teixeira de Pascoaes, Almada e Pessoa: breves notas para a redenção da nacionalidade no século XIX". Porto, 1997, p. 3. In http://www.academia.edu/1089445/_Teixeira_de_Pascoaes_Almada_e_Pessoa_breves_notas_para_redencao_da_nacionalidade_no_seculo_XX_ [página consultada em 27 de fevereiro de 2013].

[341] NÓVOA, António – "António Sérgio (1883-1969)". In *Thinkers on Education*. Vol. IV. *(Prospects, n.º 91-92)*. Paris: UNESCO/IBE, 1994, p. 501.

Por seu lado, Augusto de Castro tornou-se cronista de *O Século –
Edição da Noite*, assinando a secção "Palavras leva-as o vento"[342]. Esta
edição especial do histórico periódico lisboeta fundado por Sebastião
de Magalhães Lima iniciou a sua publicação a 19 de setembro de 1914,
com o intuito de "não demorar demasiadamente a divulgação das
muitas e importantes notícias da guerra que recebíamos dos nossos
correspondentes no estrangeiro"[343]. O vespertino de tendência republicana terá sido dirigido por Augusto de Castro, a partir de fevereiro
de 1915. E afirma-se "terá sido dirigido", porque o seu nome nunca
chegou a constar da primeira página de *O Século – Edição da Noite*.
No entanto, o próprio deu a conhecer esse facto, por meio de missiva,
a Antero de Figueiredo, amigo de longa data, radicado na Foz do
Douro: "Estou dirigindo *O Século da Noite*, por instâncias amáveis
do Silva Graça. Escuso de lhe dizer, participando-lhe este facto, que
o jornal está inteiramente ao seu dispor"[344]. De reter ainda, desta
carta, a interferência uma vez mais, a seu favor, de um vulto profundamente ligado aos ideais republicanos, de um homem que ajudou a
concretizar a República, o que prova não só a abrangência das suas
relações pessoais/profissionais e a transição serena que fez da Monarquia para a República, mas também a sua completa aceitação/integra-
ção por parte do regime implantado a 5 de Outubro de 1910.

As crónicas publicadas na coluna que assinava em *O Século – Edição da Noite* foram reunidas pelo autor num volume dado à estampa,

---

[342] A primeira crónica da secção "Palavras leva-as o vento" foi publicada a 12 de
abril de 1915 e era dedicada ao compositor Óscar da Silva. Cf. *O Século – Edição da
Noite*. Lisboa. Ano II, N.º 182, segunda-feira, 12 de abril de 1915, p. 1. Augusto de Castro
assinou esta secção até 24 de maio de 1917, data da sua última crónica intitulada "Os
carecas". Cf. *O Século – Edição da Noite*. Lisboa, Ano 4.º, N.º 943, quinta-feira, 24 de
maio de 1917, p. 1. A partir daí as suas crónicas/entrevistas passaram a surgir na edição
matutina d'*O Século*.

[343] *O Século – Edição da Noite*. Lisboa, Ano II, N.º 119, terça-feira, 19 de janeiro de
1915, p. 1.

[344] Correspondência para Antero de Figueiredo/Augusto de Castro. Coleção Manuscritos. M-AF717(3).

pela primeira vez, em março de 1916. A obra, que acabaria por conhecer mais cinco edições, tomou a designação *Fumo do Meu Cigarro*. Embora tenha sido repetidamente afirmado que a secção de onde provinham as crónicas se intitulava "Fumo do meu cigarro", a verdade é que, como acima se constatou, os escritos reunidos para o volume pertenciam à rubrica "Palavras leva-as o vento", tornando-se *Fumo do meu cigarro* apenas no momento da publicação do livro. Ademais a secção constava da edição vespertina do periódico lisboeta, *O Século – Edição da Noite*, e não da publicação que todas as manhãs chegava às bancas de jornais, como também foi afirmado erradamente.

Como terá comentado Júlio Dantas, a propósito da suposta simplicidade e até mesmo humildade do amigo, "ele escreveu um livro a que poderia ter chamado «O Fumo do Meu Charuto», mas preferiu um título mais sóbrio e chamou-lhe apenas «O Fumo do Meu Cigarro»..."[345]. Este gracejo não corresponderia, no entanto, à verdade, uma vez que, em 1913, num conjunto de entrevistas publicadas em *O Século* e intituladas "Fumam? Cigarro, charuto ou cachimbo?", Augusto de Castro havia confessado a sua predileção pelo primeiro. Neste inquérito, que colheu o testemunho de diversas personalidades, o portuense confessava que "fumava, sobretudo, quando trabalhava"[346] e "que estava convencido de que seria mais fácil escrever sem pena e tinta ou lápis do que sem os cigarros"[347]. Quanto ao charuto, considerava-o "uma extravagância a cujo luxo me dou, no entanto, à sobremesa"[348]. A esta luz talvez o comentário de Júlio Dantas possa constituir um leve remoque aos hábitos do amigo, uma vez que os cigarros é que eram o verdadeiro tabaco-motor do seu trabalho.

---

[345] OLIVEIRA, Maurício de – *Evocação de Augusto de Castro...*, p. 5.

[346] *Ibidem*.

[347] *Ibidem*.

[348] *Ibidem*.

Esta predileção pelos pequenos objetos de uso masculino e próprios da classe (média) alta, daria o mote a algumas das suas rubricas: "A bengala", "O meu chapéu alto" e "O meu amigo engraxador". Para além de elementos identificativos da classe social de que se sentia mais próximo, "a bengala masculina, a bengala de volta, com uma leve anilha de oiro"[349], "o chapéu alto de coco"[350] e "a tenda dum engraxador"[351], repleta de "caixas de pomadas"[352], constituíam, certamente, recursos para atrair público para a leitura das suas crónicas: por um lado, a classe alta que neles se revia, por outro, as classes média e baixa que estes haveres ambicionavam possuir.

A natureza, as mulheres, as viagens e a intelectualidade constituíam as restantes temáticas predominantes das suas crónicas. Ou, como elencou o escritor brasileiro, Paulo Barreto, "a vida da arte, das dançarinas, das flores, das atrizes, dos frutos, da beleza das mulheres..."[353].

Se, a respeito da natureza, expressava com alguma trivialidade, aspectos já antes abordados em *Religião do Sol*, como, por exemplo, "a primavera para mim só começa quando o primeiro cabaz de morangos entra em minha casa"[354], mas talvez do agrado do público da época, a propósito das mulheres exprimia o dualismo entre a mulher do povo e a "mulher-artista"[355]. Ou seja, entre a mulher que vinha já descrita desde a sua primeira obra, trabalhadora, "que percorria as ruas, livre, como um pássaro"[356] e a mulher que mais prendia a

---

[349] CASTRO, Augusto de – *Fumo do Meu Cigarro*. 5.ª Edição. Lisboa: Empresa Literária Fluminense, 1921, p. 39.

[350] Idem – *Ob. cit*, p. 229.

[351] Idem – *Ob. cit*, p. 239.

[352] Idem – *Ibidem*.

[353] BARRETO, Paulo – "Fumo do Meu Cigarro". In *O Século – Edição da Noite*. Lisboa: Ano IV, N.º 944, sexta-feira, 25 de maio de 1917, p. 1.

[354] Idem – *Ob. cit*, p. 19.

[355] Idem – *Ob. cit*, p. 83.

[356] Idem – *Ob. cit*, p. 45.

sua atenção, talvez pela sua ligação ao mundo das artes, a que colocava a "graça feminina"[357] ao serviço da dança, da música, do teatro.

No que concerne a viagens destacava cidades e monumentos visitados que o tinham marcado, dentro e fora do país, como Coimbra "reclinada sobre a formosa colina que os soluços da água do Mondego embalavam"[358], Paris e Londres "enormes casas de hóspedes"[359], e Veneza, "a cidade da paixão da Gioconda, dos doges, das conspirações e das vinganças"[360], sem esquecer essa "grande preciosidade, esse documento de arte"[361] que era o Alhambra. Relativamente aos "homens de letras"[362], para além de discorrer e recomendar aos seus leitores obras da autoria de amigos e conhecidos, como *Ao ouvido de Mme X*, de Júlio Dantas, *D. Pedro e D. Inês*, de Antero de Figueiredo, *Recordações de Cena*, de Augusto Rosa (1852-1918) e *Rafael Bordalo*, de Manuel Sousa Pinto (1880-1934), tecia comentários sobre personalidades com as quais convivia ou havia convivido, como Augusto Gil (1873-1929), Teixeira de Queirós (1848-1919), Ramalho Ortigão, Manuel de Macedo (1839-1915), Sampaio Bruno e Ricardo Jorge (1858-1939).

Num registo mais analítico e menos descritivo, a propósito da "epopeia da Bélgica e da Sérvia"[363], na Primeira Guerra Mundial, discutia o papel central que a noção de pátria tinha na defesa de um país:

> Enquanto as outras nações balcânicas cruzam os braços, o povo sérvio lança-se sobre os invasores, entrincheirando-se nas montanhas, disputa, palmo a palmo o território da sua raça, fuzila de ódio e de paixão, de revolta e de cólera, a marcha desesperada

---

[357] Idem – *Ob. cit*, p. 74.
[358] Idem – *Ob. cit*, p. 142.
[359] Idem – *Ob. cit*, p. 136.
[360] Idem – *Ob. cit*, p. 114.
[361] Idem – *Ob. cit*, p. 213.
[362] Idem – *Ob. cit*, p. 149.
[363] Idem – *Ob. cit*, p. 215.

dos inimigos. E a lição belga, como a lição sérvia, vem demonstrar ao mundo que a noção de Pátria ainda é a mais formosa, a mais nobre, a mais fecunda de todas as grandes expressões do Ideal[364].

Longe ainda do "debate essencialismo *versus* construtivismo, que tem dominado a generalidade do pensamento social contemporâneo, no que se refere à formação de identidades"[365], e, consequentemente "das teorias expendidas por politólogos como, por um lado, Elie Kedourie, Ernest Gellner, Eric Hobsbawm, Benedict Anderson, e, por outro lado, por Pierre van den Berghe, Geertz, Fischmann, Stokes, Kiernan, bem como das soluções de «terceira via», representadas por Hastings e, sobretudo, por Anthony Smith, Hutchinson e Llobera"[366], Augusto de Castro, no seu discurso, parece aproximar-se muito mais da teoria que atribui à ideia de pátria e de nação uma origem mais essencial, perene e, portanto, mais antiga. Defendendo que identidades como as que estavam afiliadas às tradições, à comunidade de sangue, à raça e etnia, à língua, ao território, ou ao culto religioso e à cultura, apresentavam contornos claramente delimitados que persistiam ao longo do tempo, o autor portuense escrevia:

E, no fim de contas, a Pátria não é mais do que uma tradição. Defendendo, metro a metro, a sua terra, um povo não defende apenas a materialidade do território que lhe pertence; defende mais alguma coisa: a espiritualidade duma alma coletiva, feita de

---

364 Idem – *Ob. cit*, pp. 215-216.

365 ROVISCO, Maria Luís – "Reavaliando as narrativas da nação – Identidade Nacional e Diferença Cultura". In *Atas do IV Congresso Português de Sociologia – Sociedade Portuguesa: Passados Recentes, Futuros Próximos*. Coimbra: 2000, p. 1. Disponível em http://www.aps.pt/cms/docs_prv/docs/DPR462dca1d5f381_1.PDF [consulta efetuada em 28 de fevereiro de 2013].

366 CATROGA, Fernando – "Pátria e nação". Paraná: Centro de Documentação e Pesquisa de História dos Domínios Portugueses da Universidade Federal do Paraná, 2011/2012, p. 32. Disponível em http://www.humanas.ufpr.br/portal/cedope/files/2011/12/P%C3%A1tria-e-Na%C3%A7%C3%A3o-Fernando-Catroga.pdf [consulta efetuada em 28 de fevereiro de 2013].

dores, de mortes, de fé e de recordações. A Pátria não é apenas um sítio, é a tradição – porque é a tradição que a fecunda e enfloresce, que a cria e perpetua[367].

O autor parecia alimentar a ideia de que matar e morrer pela pátria era normal, necessário e até glorioso: "Sublime lição a da Bélgica e a da Sérvia, em cujos corpos sangram as dores redentoras do sacrifício"[368]. Tal como Horácio (65 a.C.-8 a.C) havia exortado os mais jovens a imitar os seus antepassados, também Augusto de Castro fazia eco das palavras do poeta romano: *Dulce et decorum est pro patria mori.*

Em 1917, Castro dava a lume duas novas obras: *Fantoches e Manequins* e *O que eu vi e ouvi em Hespanha.* Se a primeira reunia, uma vez mais, as crónicas publicadas na coluna de *O Século – Edição da Noite,* "Palavras leva-as o vento", a segunda compilava um conjunto de entrevistas realizadas no país vizinho para o periódico lisboeta, entre junho e agosto de 1917. Enquanto em *Fantoches e Manequins* repetiu, no essencial, as temáticas já abordadas em *Fumo do meu Cigarro,* em *O que eu vi e ouvi em Espanha* fez luz sobre a gravosa situação que a pátria de Cervantes atravessava.

Desde os finais do século XIX, inícios do século XX, que a Espanha vivia um período extremamente conturbado, exacerbado pela perda das suas últimas colónias na América e na Ásia (Cuba, Porto Rico, Guam e Filipinas), durante a regência da rainha Maria Cristina (1858-1929), e pela *Guerra de Marruecos* (1909), já durante o reinado de Afonso XIII. Traumatizado com as recentes amputações coloniais, na sequência da guerra com os Estados Unidos, o governo de Madrid procurava, por todos os meios ao seu alcance, consolidar o seu protetorado em Marrocos. Após ter conseguido alcançar o reconhecimento deste, por parte da França, através da assinatura do "Tratado

---

[367] Idem – *Ob. cit,* p. 216.
[368] Idem – *Ob. cit,* p. 217.

de Fez", em março de 1912, o país vizinho tudo fez para garantir a manutenção e a pacificação do território espanhol em solo marroquino. Contudo, estas acarretariam um enorme esforço económico e humano e conduziriam à concentração de boa parte dos recursos militares na região do Magrebe.

Internamente subsistia ainda na memória de todos a lembrança da *Semana Trágica* de Barcelona (1909), reprimida com grande violência pelas autoridades, e da qual haviam resultado largas dezenas de mortos, meio milhar de feridos e milhares de detidos. Ao longo dos anos da Grande Guerra, a estabilidade social tinha sido, sucessivamente, afetada, quer pela divisão interna das províncias, quer pela permanente dúvida que pairou entre a posição de neutralidade e a posição intervencionista. Mesmo entre os que apoiavam o intervencionismo existiam divisões: por um lado, os que defendiam a entrada da Espanha no conflito ao lado dos países que constituíam a *Entente Cordiale* e, por outro, os que assumiam uma postura pró--impérios centrais. De facto, durante todo este período, as forças armadas espanholas não ocultavam a grande admiração que sentiam pela "disciplina" prussiana do exército alemão. Convém não esquecer as relações existentes entre as duas forças militares, uma vez que era frequente o envio de oficiais espanhóis para quartéis na Alemanha, a fim de receberem instrução.

Em 1917, a declaração por parte da Alemanha de uma guerra total – na sequência da qual se assistiu ao torpedeamento do vapor *San Fulgencio* (9 de abril de 1917) – e a entrada dos Estados Unidos na contenda, intensificaram a pressão sobre o governo espanhol para entrar no conflito ao lado dos aliados. Disso mesmo deu conta Augusto de Castro em *O que eu vi e ouvi em Espanha*:

> Esta nação, "encostada à beligerância heroica da França, bloqueada no mar pela beligerância dos aliados e pela selvageria dos atentados germânicos, pelo desencontro de opiniões e paixões, em

plena efervescência, atravessa na realidade uma crise que poderemos denominar «de consciência» e que é uma das maiores da sua história. A Espanha, não pode, pela própria força das circunstâncias, ser neutral, mas também não pode, não quer ser intervencionista"[369].

As suas notas realçaram ainda a perturbação política desencadeada pela situação vivida, que conduziria às sucessivas demissões dos presidentes dos conselhos de ministros espanhóis Álvaro de Figueroa y Torres, Conde de Romanones (1863-1950), Manuel García Prieto (1859-1938), e Eduardo Dato (1856-1921). O Conde de Romanones, que concedeu ao repórter português um encontro no seu palácio do *Passeo de la Castellana*, confessava-se "partidário de uma neutralidade largamente benévola para os aliados"[370], uma vez que acreditava que "ser aliadófilo era sinónimo de ser liberal"[371] e acabava a entrevista reconhecendo que "tudo, tudo está neste momento em crise, em Espanha"[372].

O problema da neutralidade espanhola foi também abordado nas entrevistas ao deputado e chefe do partido reformista, Melquíades Álvarez (1864-1936) e ao primeiro-ministro em funções, Eduardo Dato. Se o primeiro advogava a "absoluta necessidade de uma completa identificação da política externa da Espanha com os aliados e o imediato rompimento de relações com a Alemanha"[373], o segundo alimentava a esperança da Espanha, "pela sua neutralidade e pelo prestígio mundial de que gozava o seu rei"[374], pudesse "ser chamada a arvorar a bandeira branca entre os exércitos que se degladiavam"[375].

---

[369] CASTRO, Augusto de – *O que eu vi e ouvi em Espanha*. Lisboa: Livreiros-Editores, 1917, pp. 7-8.

[370] Idem – *Ob. cit*, p. 33.

[371] Idem – *Ibidem*.

[372] Idem – *Ob. cit*, p. 34.

[373] Idem – *Ob. cit*, p. 41.

[374] Idem – *Ob. cit*, p. 47.

[375] Idem – *Ibidem*.

O problema das "Juntas" e o recrudescimento do nacionalismo catalão foram, de igual modo, testemunhados por Augusto de Castro. E se em relação ao movimento dos militares entendia tratar-se de "um descontentamento originado em favoritismos, que vinha de longe, mas que se acentuou depois da queda do gabinete Dato"[376], a propósito do segundo considerava que os acontecimentos insurrecionais de Barcelona ameaçavam erguer "na política de Espanha, franca e deliberadamente, o pavilhão da revolução civil"[377].

Depois do que tinha "visto e ouvido" no país vizinho, Augusto de Castro concluía:

> O drama da política espanhola está, pois, apenas no seu início. O conflito desenha-se, adivinha-se, mas ainda não se desencadeou em toda a sua intensidade. Os ventos sopram violentos. E, no próprio palácio do Oriente, Afonso XIII, sente sobre a velha e nobre coroa espanhola o redemoinhar da tempestade[378].

De facto, o agudizar da situação na Catalunha, a crescente instabilidade social, a crise da indústria (1919), o avanço das ideias anarquistas e leninistas, a exigência de uma solução para o "problema marroquino"[379] e a sucessiva "valsa dos Ministérios"[380] conduziriam, primeiramente, à ditadura de Miguel Primo de Rivera (1923-1930) e, posteriormente, à queda da Monarquia e à proclamação da Segunda República, a 14 de abril de 1931.

Após as entrevistas realizadas no país vizinho, Augusto de Castro seguiu "em missão especial de *O Século* à Inglaterra e à França"[381],

---

[376] Idem – *Ob. cit*, p. 13.

[377] Idem – *Ob. cit*, p. 49.

[378] Idem – *Ob. cit*, p. 23.

[379] VILAR, Pierre – *História de Espanha*. Lisboa: Livros Horizonte, 1971, p. 96.

[380] Idem – *Ob. cit*, p. 95.

[381] *O Século*. Lisboa. Ano 37.º, N.º: 12808, sexta-feira, 3 de agosto de 1917, p. 1.

tendo também visitado as trincheiras da Flandres. Dessa incumbência resultaram "crónicas de impressões"[382], que foram, posteriormente, reunidas em *Campo de Ruínas*.

A obra posta "à venda em todas as livrarias do país"[383] no dia 15 de maio de 1918 – data da nomeação do décimo sexto governo da Primeira República Portuguesa – reunia "um feixe de crónicas admiráveis sobre a guerra e de que os leitores de *O Século* já conhecem uma grande parte"[384]. Cindido em três secções, "Soldados portugueses", "Ruínas e heróis", e "O eco das batalhas", o volume resultava de uma compilação de 18 textos, quatro deles inéditos. Os que haviam sido publicados nas edições diárias do jornal foram reproduzidos na íntegra. Exceção feita a dois títulos, "Sol de Portugal" e "Como a Alemanha será vencida", que sofreram pequenos ajustes por parte do autor. De salientar, no entanto, que quatro das crónicas publicadas em *O Século* não chegaram a integrar a coletânea.

Dedicado "ao «amor» de um soldado português"[385] que naquela terra "precisava de ter por quem morrer", o livro passava em revista o dia a dia nas trincheiras, os assaltos alemães, as paradas militares, os hospitais de campanha, o quotidiano das populações, as memórias da primeira batalha do Marne, as ruínas da Catedral de Reims, as linhas inglesas, a morte do aviador francês Georges Guynemer (1894--1917), a destruição de Arras, a ação da Cruz Vermelha, a ofensiva de paz alemã, os *raids* sobre Paris, os soldados lusos e o esforço militar português. Para além de retratar algumas personalidades da época, como Tamagnini de Abreu e Silva (1856-1924), comandante do Corpo Expedicionário Português (CEP), William Graves Sharp (1859-1922), embaixador americano em Paris, Eleftherios Venizelos

---

[382] *Ibidem.*

[383] *O Século*. Lisboa: Ano 38.º, N.º: 13085, quinta-feira, 15 de maio de 1918, p. 1.

[384] *O Século*, 15 de maio de 1918, p. 1.

[385] CASTRO, Augusto de – *Campo de Ruínas...*, p. 9.

(1864-1936) e David Lloyd George (1863-1945), respetivamente, chefes dos executivos grego e inglês.

Mas Augusto de Castro não foi o único enviado especial de *O Século*. À época encontravam-se também a fazer a cobertura jornalística do conflito António Lobo de Almada Negreiros (1868-1939), que "esteve no *front* francês, como correspondente de *O Século* e da Agência Americana, e dali passou para a frente italiana, com o mesmo encargo, acrescido das correspondências para a agência inglesa *Exchange Telegraph*"[386], e Paulo Mendes Osório, jornalista radicado em Paris, desde 1911, que conhecia bem Castro por com ele ter colaborado em *A Província* e a *Folha da Noite*. E também estes dois publicistas acabariam por reunir os escritos publicados em *O Século* em duas obras. A primeira a ser publicada, ainda em 1917, e com prefácio de Bernardino Machado, foi a de Almada Negreiros, *Portugal na Grande Guerra: Crónicas dos Campos de Batalha*. Três anos mais tarde foi a vez de Paulo Osório dar à estampa *Quando estávamos em guerra. O que se desconhece ainda sobre os soldados portugueses em França*.

Eram, contudo, Augusto de Castro e Almada Negreiros que faziam chegar com maior assiduidade os seus relatos à redação do matutino lisboeta. O estilo de ambos era extremamente visual e perturbador, revestido de um tom dramático, destinado a causar a maior impressão possível nos leitores, que, por certo, não deixariam assim de pensar nos seus compatriotas destacados na Flandres. Os dois repórteres de guerra, grandes conhecedores do meio jornalístico, sabiam bem que, quanto mais emocionantes fossem os seus textos, mais público captariam para a sua leitura e, em consequência, para a compra daquele jornal e não de outro. Uma vez que as suas crónicas afloravam idênticos temas, as suas opiniões acabavam, muitas vezes, por transmitir ideias, impressões e sensações semelhantes.

---

[386] *Grande Enciclopédia Portuguesa e Brasileira*. Vol. II. *Alma-Apua*. Lisboa: Página Editora, 1998, p. 20.

Tendo percorrido "o verdadeiro teatro de guerra"[387], que era "esse grande mar de lama das trincheiras"[388], os dois jornalistas descreveram uma das mais terríveis faces da Primeira Guerra Mundial. Assim, se para Augusto de Castro, "essas galerias imensas, intermináveis, abertas no solo, onde só podíamos caminhar um a um e que serpenteavam caprichosamente na sombra"[389] eram um "verdadeiro flagelo"[390], pois "as covas imensas, as covas profundas, as covas intermináveis pesavam sobre o espírito como uma obcecação"[391], "sepultavam, sufocavam"[392], para Almada Negreiros nesses "«funis» profundos encharcados pelas chuvas"[393], em que "tropeçávamos, por vezes, em destroços humanos que as águas puseram a descoberto"[394], "o sol descia para o ocaso, como uma chaga rubra de sangue"[395]. E concluía:

> Eram os mortos e feridos dos combates incessantes. Mas os feridos de guerra não gemiam. Habituados a sofrer, eles consideravam dívidas à Pátria essas feridas honrosas, cujas cicatrizes eram o seu maior distintivo heroico. A noite tombava, devagar, sobre a terra tremente, que ejaculava fogo e que segregava lágrimas de mães e de órfãos. Na atmosfera sufocante havia apóstrofes de raiva. E o duelo formidável continuava sempre... sempre...[396]

---

[387] NEGREIROS, Almada – "Visita aos campos de batalha de onde o inimigo foi expulso". In *O Século*. Lisboa. Ano 37.º, N.º: 12795, sábado, 21 de julho de 1917, p. 1.

[388] CASTRO, Augusto de – *Campo de Ruínas...*, p. 33.

[389] Idem – *Ob. cit*, p. 38.

[390] Idem – *Ob. cit*, p. 40.

[391] Idem – *Ob. cit*, pp. 40-41.

[392] Idem – *Ob. cit*, p. 41.

[393] NEGREIROS, Almada – "Visita aos campos de batalha de onde o inimigo foi expulso"..., 21 de julho de 1917, p. 1.

[394] Idem – *Ibidem*.

[395] Idem – *Ibidem*.

[396] Idem – *Ibidem*.

Augusto de Castro destacava ainda os efeitos desestabilizadores para os soldados, do ponto de vista psicológico:

> Procuro algum traço, algum pormenor, algum relevo ou alguma sombra (...). Nada! Apenas a solidão espessa, insondável, a solidão triste e informe – e o ruído de artilharia que não se sabe de onde vem e abala a tranquilidade aparente e formidável das coisas[397].

Os hospitais de campanha foram também visitados pelos dois escritores. E se o natural do Porto pôs a tónica na "ordem, higiene e claridade"[398] desses "pequenos hospitais, instalados perto das linhas de fogo"[399] e na "dedicação dos médicos portugueses ao serviço do exército"[400], já o pai do futuro "poeta do *Orpheu* e tudo" salientou a "esmerada perfeição científica"[401] e o "cunho acentuado de «portuguesismo»"[402] dos "diversos serviços instalados em hospitais ingleses e dos postos de socorros"[403], montados junto à frente de combate.

Em relação ao general Tamagnini, se Augusto de Castro destacava os seus traços físicos, "o seu grande busto dobrado, a sua face enérgica, de feições acentuadas e fortes, a sua pele tostada, o seu bigode, ainda negro, sobre uma boca varonil, que lembravam ligeiramente os últimos retratos de Mouzinho"[404], o escritor nascido em Aljustrel enfatizava o seu retrato psicológico, "o ar de bondade deste insigne militar", que "contrastava singularmente com a sua nobre

---

[397] CASTRO, Augusto de – *Campo de Ruínas...*, pp. 43-44.

[398] Idem – *Ob. cit.*, p. 49.

[399] Idem – *Ibidem*.

[400] Idem – *Ibidem*.

[401] NEGREIROS, Almada – "Os serviços de saúde do Corpo Expedicionário Português". In *O Século*. Lisboa: Ano 37.º, N.º: 12805, terça-feira, 31 de julho de 1917, p. 1.

[402] Idem – *Ibidem*.

[403] Idem – *Ibidem*.

[404] CASTRO, Augusto de – *Campo de Ruínas...*, p. 60.

e altiva figura de homem de guerra" e a forma como "conquistava rapidamente todas as simpatias, antes mesmo de se pôr em contacto direto connosco"[405].

No que respeita aos soldados portugueses, ambos concordavam quanto à sua bravura, destreza e capacidade de adaptação. Com efeito, Augusto de Castro escreveu:

> Tudo quanto se diga da disciplina, da coragem, do valor do soldado português é pouco. Transportado para longe da sua terra e para uma guerra diferente de todas as guerras até hoje conhecidas as suas qualidades de adaptação foram maravilhosas, o seu espírito de resistência e sacrifício excederam toda a expectativa[406].

Já Almada Negreiros, para além de frisar que "os nossos rapazes têm um aspeto encantador; sós, ou em companhia de ingleses e franceses, eles gesticulam pouco e falam baixo; são perfeitíssimos *gentlemen*"[407], destacava que "o soldado português, audacioso e já habituado às peripécias da espécie da guerra que nos foi imposta, acusa superioridade manifesta sobre o soldado «boche»"[408].

As recordações das paisagens de guerra foram também passadas a papel pelos dois jornalistas. A este propósito, se o que mais impressionou Augusto de Castro foram "a desolação e a morte dos grandes horizontes de batalha – desertos sem fim que milhões de soldados povoam enterrados na planície; cemitérios colossais que

---

[405] NEGREIROS, Almada – "Entrevista ao general Tamagnini". In *O Século*. Lisboa: Ano 37.º, N.º: 12794, sexta-feira, 20 de julho de 1917, p. 1.

[406] CASTRO, Augusto de – *Campo de Ruínas...*, pp. 61-62.

[407] NEGREIROS, Almada – "Os combates aéreos de todas a noites. Maravilhosos fogos de artifício". In *O Século*. Lisboa: Ano 37.º, N.º: 12808, sexta-feira, 3 de agosto de 1917, p. 1.

[408] NEGREIROS, Almada – "Entrevista ao general Tamagnini". In *O Século*. Lisboa: Ano 37.º, N.º: 12794, sexta-feira, 20 de julho de 1917, p. 1.

milhões de vivos habitam, sepultados na noite"[409], mas também "a estranha e luminosa ansiedade dos grandes duelos do ar, as tempestades de artilharia que destroçam cidades e arrasam colinas"[410] e, ao mesmo tempo, "todo o anónimo, desconhecido, espantoso esforço das tarefas dos arsenais, a organização formidável dos abastecimentos, as instalações colossais dos serviços militares e hospitalares"[411]; já Almada Negreiros considerou "a paisagem da guerra – a que já chamaram de lunar – inspiradora como um conto de Edgar [Allan] Poe"[412]. Na guerra que viu destacava "o silêncio que prenuncia tempestades e os «tornados» furibundos que desfazem as tempestades; a mascarada trágica dos caminhos, contra os aviões e dos homens contra as balas"[413]. Mas também "as peças de artilharia travestidas de folhagens verdejantes e de feixes de lenha e a tripla essência da cobardia, da traição, da insidia, infetando o ambiente de horror"[414].

De referir que, da parte dos enviados especiais de O Século, não houve, no imediato, nas páginas do jornal, comentários à batalha de La Lys, travada no sul da Flandres, a 9 de abril de 1918. Muito provavelmente porque faltou, nos dias que sucederam à derrota do Corpo Expedicionário Português, uma perceção clara da extensão da hecatombe militar, naquele que constituiu o momento mais traumático da acidentada participação lusa na Grande Guerra, sendo que o seu desenlace feriu profundamente os "brios nacionais", chegando mesmo a falar-se de um novo Alcácer-Quibir[415].

---

[409] CASTRO, Augusto de – *Campo de Ruínas...*, p. 166.

[410] Idem – *Ob. cit.*, pp. 166-167.

[411] Idem – *Ob. cit.*, p. 167.

[412] NEGREIROS, Almada – "O português, soldado moderno". In *O Século*. Lisboa: Ano 37.º, N.º: 12811, segunda-feira, 6 de agosto de 1917, p. 1.

[413] Idem – *Ibidem*.

[414] Idem – *Ibidem*.

[415] Cf. MOTA, Guilhermina – "Batalha de La Lys: um relato pessoal". *Revista Portuguesa de História*. Coimbra: Faculdade de Letras da Universidade de Coimbra. 2006. Tomo XXXVIII, p. 77.

Os relatos de Augusto de Castro e de Almada Negreiros, a par dos de Paulo Osório, apesar de se revestirem de grande importância para o conhecimento da participação portuguesa na Primeira Guerra, nunca alcançaram, contudo, o êxito de outros livros, sobretudo os de memórias, escritos por combatentes. Entre os mais relevantes, "pela objetividade dos factos narrados ou pelo estilo"[416], encontram-se, relativamente às trincheiras da frente ocidental, os de Augusto Casimiro (1889-1967), Jaime Cortesão (1884-1960), André Brun (1851-1926) e Vasco de Carvalho e aos, sertões de África, o de Carlos Selvagem (1890-1973). "Qual mergulho na poeira multiforme dos dramas individuais"[417], por eles perpassa "a perspetiva dos soldados"[418]. Tratando-se de "descrições na primeira pessoa, feitas por alguém que viveu a batalha minuto a minuto, ombro a ombro com os companheiros, tomando iniciativa, partilhando angústias, vendo cair os feridos e os mortos", estes livros constituíram-se como as obras de referência sobre a participação lusa na Primeira Guerra Mundial.

---

[416] MARQUES, A. H. de Oliveira – *Ob. cit.*, p. 169.
[417] MOTA, Guilhermina – Idem – *Ob. cit.*, p. 77.
[418] Idem – *Ibidem.*

Capítulo III – "Arte de Falar e a Arte de Estar Calado": do Jornalismo à Diplomacia

3.1. Da Implantação da República ao "Reino da Traulitânia"

Na manhã de 5 de Outubro de 1910 a República que, segundo a *Ilustração Portuguesa* "era há muito uma aspiração do povo, foi proclamada das janelas da Câmara Municipal"[419] de Lisboa por José Relvas, perante "o delirante entusiasmo da multidão"[420]. No mesmo dia, na praia da Ericeira, D. Manuel, "sua mãe, sua avó e a comitiva"[421], transportados por uma "pobre barca de pescadores"[422], que "foi o derradeiro bergantim do último rei de Portugal"[423], dirigiram-se ao iate *Amélia*, onde já os aguardava o príncipe D. Afonso (1865-1920). A embarcação acabou por conduzir a família real ao minúsculo território britânico situado no extremo sul da Península Ibérica, Gibraltar. Daí o derradeiro monarca luso seguiu para Inglaterra, tendo fixado residência em *Fulwell Park*, Twickenham, nos arredores de Londres. Apesar das incursões de Paiva Couceiro de 1911 e 1912 e do "Reino da Traulitânia",

---

419 *Ilustração Portuguesa*. Lisboa: Empresa do Jornal *O Século*. Série II, N.º 242, segunda-feira, 10 de outubro de 1910, p. 464.

420 *Ibidem.*

421 *Ibidem.*

422 *Ibidem.*

423 *Ibidem.*

a Monarquia Portuguesa exalou o seu último sopro de vida ao "som dos trovões da Rotunda"[424] e do "entrechoque das ondas do mar"[425].

O Governo Provisório, constituído por homens fortes do Republicanismo, como Teófilo Braga (presidência), António José de Almeida (Interior), Afonso Costa (Justiça), Basílio Teles (Finanças) e Bernardino Machado (Estrangeiros), desde logo, fixou as suas principais linhas de ação. Assim, se no plano externo, as preocupações que dominavam o ministério dos Negócios Estrangeiros se prendiam com o reconhecimento do novo regime, no plano interno, os republicanos mostravam-se, sobremaneira, interessados em erradicar símbolos e privilégios da Monarquia.

Na Europa, para além de Portugal, apenas a França e a Suíça eram Repúblicas. O gabinete de Bernardino Machado rapidamente se apercebeu que o relacionamento externo de Portugal dependia largamente da atitude do governo inglês. Por isso, não obstante, as desconfianças em relação ao respeito britânico pela integridade do império colonial português e à concessão do estatuto de exilado a D. Manuel II, aquele que haveria de ocupar, por duas vezes, a cadeira da presidência da República, não hesitou em favorecer as relações com Londres, por forma a conseguir os seus intentos. Esta ligação privilegiada com o *Foreign Office* acabaria por prevalecer ao longo de toda a história diplomática da Primeira República – muito embora houvesse quem advogasse uma relação dominante com Paris, sendo João Chagas (1863-1925), ministro plenipotenciário nessa capital desde abril de 1911[426], o principal defensor dessa tese[427].

---

[424] HOMEM, Amadeu Carvalho e RAMIRES, Alexandre – *Ob. cit.*, p. 226.

[425] *Ilustração Portuguesa*. Lisboa: Empresa do Jornal *O Século*. Série II, N.º 242, segunda-feira, 10 de outubro de 1910, p. 464.

[426] NOVAIS, Noémia Malva – *João Chagas. A Diplomacia e a Guerra (1914-1918)*. Coimbra: Minerva, 2006, p. 29.

[427] Cf. SERRA, João B. – "A evolução política (1910-1917)". In ROSAS, Fernando e ROLLO, Maria Fernanda (coord.) – *História da Primeira República Portuguesa*. Lisboa: Edições Tinta da China, 2009, p. 94.

Por cá, entre as medidas tomadas para suprimir os privilégios do regime deposto contaram-se a extinção do Conselho de Estado e da Câmara dos Pares, a demissão dos funcionários ao serviço das casas reais, a supressão dos títulos nobiliárquicos, das distinções honoríficas e dos direitos de nobreza, a proscrição *ad aeternum* da família de Bragança e a adoção de novos símbolos nacionais (hino e bandeira)[428].

O Governo Provisório levou ainda a cabo uma política de profunda laicização, que se apresentou como a concretização das ideias defendidas pelos republicanos nas últimas décadas do século XIX[429]. No imediato, foram expulsos os jesuítas e extintas as ordens religiosas; laicizados os feriados religiosos e abolido o juramento religioso; suprimido o ensino da doutrina cristã nas escolas primárias e nas escolas normais; e extinta a Faculdade de Teologia da Universidade de Coimbra. A 3 de novembro e a 25 de dezembro de 1910 foram publicadas, respetivamente, a Lei do Divórcio e as Leis da Família. Estes diplomas que contrariavam completamente os valores do Portugal conservador, representavam uma rutura com o passado, pois dispensavam, embora sem abolir, toda e qualquer legitimação de índole religiosa.

Como corolário do movimento de secularização e, com o objetivo de acabar com as "ligações perigosas" mantidas entre o Estado e a Igreja Católica durante o período da Monarquia, foi publicada no *Diário do Governo*, n.º 92, de 21 de abril de 1911, a *Lei de Separação do Estado das igrejas*, decretada a 20 de abril. Da autoria do ministro da Justiça Afonso Costa, o diploma[430] apartava a religião da esfera política e colocava em pé de igualdade todos os credos e todas as

---

[428] Cf. Idem – *Ibidem*.

[429] Cf. NETO, Vítor – "A questão religiosa: Estado, Igreja e conflitualidade sócio-religiosa". In ROSAS, Fernando e ROLLO, Maria Fernanda (coord.) – *História da Primeira República Portuguesa*. Lisboa: Edições Tinta da China, 2009, p. 132.

[430] A redação da *Lei de Separação do Estado das Igrejas* foi influenciada pelo conteúdo do relatório de Aristide Briand (1862-1932), que serviu de base à lei homónima publicada em França, a 9 de dezembro de 1905. Cf. NETO, Vítor – *Ob. cit.*, p. 134.

confissões religiosas. Contudo, na prática, a promulgação da Lei tinha um outro objetivo bastante mais concreto: estancar a excessiva intervenção da Igreja na vida pública, uma vez que esta era, segundo os republicanos, a grande razão para a sociedade e o país se encontrarem em tal estado de atraso e decadência.

Como seria de esperar, a publicação do diploma deu origem a fortes protestos, não só por parte dos meios católicos nacionais e de Roma, mas também da própria população, que perduraram, "pelo menos, até à ditadura de Sidónio Pais"[431]. Maioritariamente rural e analfabeta, aquela continuava a obedecer à hierarquia eclesiástica e tinha hábitos extremamente enraizados[432], que se mostrariam muito difíceis de mudar, ao contrário do que profetizara Afonso Costa: "a ação da medida será tão salutar, que em duas gerações Portugal terá eliminado completamente o catolicismo, que foi a maior causa da desgraçada situação em que caiu"[433].

A Constituição, aprovada a 21 de agosto de 1911, acabaria por confirmar a separação, entendida como uma consequência da liberdade de consciência e de crença. Inspirado pela prática da Terceira República Francesa, o texto constitucional apontava, "para o laicismo, a igualdade social e o direito à resistência, como normas fundadoras do novo regime, para além dos tradicionais direitos à liberdade, à segurança e à propriedade"[434]. Como novidades no campo dos direitos e

---

[431] Cf. Idem – *Ob. cit.*, p. 136. A propósito de Sidónio Pais consulte-se a obra de DIAS, Armando Malheiro – *Sidónio e Sidonismo*. Vols. I e II. Coimbra: Imprensa da Universidade de Coimbra, 2006

[432] Como, por exemplo, o toque dos sinos, as procissões e a colocação de emblemas religiosos sobre as fachadas dos monumentos públicos ou dos edifícios privados.

[433] *O Tempo*. Lisboa: Ano 1.º, N.º 12, segunda-feira, 27 de março de 1911, p. 1.

[434] FARINHA, Luís – "O Regime Republicano e a Constituição de 1911 – Entre a "Ditadura do Legislativo" e a "Governação em Ditadura": Um equilíbrio difícil". In *Historia Constitucional: Revista Eletrónica de Historia Constitucional*. Oviedo: Universidade de Oviedo. Area de Derecho Constitucional
Centro de Estudios Políticos y Constitucionales. Nº. 13, 2012, p. 603. Disponível em http://www.historiaconstitucional.com [consulta efetuada em 18 de março de 2013].

das garantias individuais encontravam-se ainda a igualdade religiosa, a abolição da pena de morte para todos os crimes e o *habeas corpus*. Os constituintes de 1911 diminuíram "os poderes do presidente da República e retiraram-lhe o poder de dissolução (até 1919)"[435], introduziram "uma (ainda tímida) fiscalização judicial da constitucionalidade"[436] e optaram "por impor normas rígidas às futuras revisões constitucionais (de modo a evitarem a sua alteração)"[437]. Valorizaram "todas as forças de representação parlamentar (plenitude da competência legislativa) e de participação popular (sufrágio, petição e ação popular)"[438], ao mesmo tempo que minimizaram "a ação governamental, dependente formalmente do presidente da República, mas na verdade sujeita aos convénios partidários parlamentares"[439].

Como questão cara que era ao ideário republicano, a Constituição consagrou ainda o ensino primário elementar como obrigatório e gratuito. Foi, aliás, no campo da educação "indispensável ao ressurgimento nacional"[440] que a ação republicana se iniciou muito precocemente, ainda na última década do século XIX. Com a chegada ao poder e, perante uma realidade que afastava o país da maioria dos seus congéneres europeus, essa ação intensificou-se, tendo o combate ao analfabetismo constituído uma das grandes bandeiras dos diversos governos. Deste modo, optou-se pelo recurso às "escolas temporárias móveis, em especial para o ensino de adultos"[441] e apostou-se na expansão da rede escolar primária. No entanto, se as escolas móveis alcançaram sucesso,

---

[435] Idem – *Ob. cit.*, p. 602.

[436] Idem – *Ibidem*.

[437] Idem – *Ibidem*.

[438] Idem – *Ibidem*.

[439] Idem – *Ibidem*.

[440] PROENÇA, Maria Cândida – "A educação". In ROSAS, Fernando e ROLLO, Maria Fernanda (coord.) – *História da Primeira República Portuguesa*. Lisboa: Edições Tinta da China, 2009, p. 169.

[441] MARQUES, A. H. de Oliveira – *A Primeira República Portuguesa (para uma visão estrutural)*. 1.ª Edição. Lisboa: Livros Horizonte, 1971, p. 108.

tendo, segundo José Salvado Sampaio, frequentado este ensino, entre 1913 e 1930, 200 mil alunos, dos quais obtiveram aproveitamento cerca de 100 mil[442], o crescimento da rede escolar primária não conseguiu atingir a desejada cobertura de todo o país: "continuaram a existir, principalmente, no interior, muitas regiões sem escolas, e as condições materiais do parque escolar também não obtiveram uma considerável melhoria"[443]. Para a conveniente preparação dos professores primários, "foram criadas numerosas escolas normais, com métodos de ensino e apetrechamento atualizados"[444].

No que concerne ao ensino secundário, apesar de este não ter merecido por parte da República a atenção que seria de esperar, aumentou-se substancialmente o número de professores, sendo estabelecidas duas escolas normais superiores para a sua preparação (integradas nas Universidades de Lisboa e de Coimbra). Mais importantes foram as reformas do ensino técnico e profissional, levadas a cabo na sequência dos decretos de António José de Almeida (1911) e Alfredo de Magalhães (1918)[445]. "Por todo o país foram sendo inauguradas diversas escolas técnicas agrícolas, comerciais e industriais"[446] e assistiu-se a um crescimento notável do número de alunos matriculados neste nível de ensino[447].

---

[442] Cf. SAMPAIO, José Salvado – "Escolas Móveis – contribuição monográfica". In *Boletim Bibliográfico e Informativo*. Lisboa: C.I.P. Gulbenkian, N.º 9, 1969, pp. 9-28.

[443] PROENÇA, Maria Cândida – "A educação"..., p. 177.

[444] MARQUES, A. H. de Oliveira – *A Primeira República*..., p. 109.

[445] Na sequência do primeiro assistiu-se à transformação do Instituto Industrial e Comercial em duas escolas, elevadas a nível universitário, o Instituto Superior Técnico e o Instituto Superior do Comércio. Também a Escola de Agronomia e veterinária foi desdobrada nos novos Instituto Superior de Agronomia e Escola de Medicina veterinária, ambas com categoria superior. Cf. Idem – *Ibidem*. O segundo diploma, datado de 14 de julho de 1918, assinado pelo ministro da Instrução Pública Alfredo de Magalhães, reformou o ensino técnico e fundou um segundo Instituto Superior de Comércio, no Porto. Cf. PROENÇA, Maria Cândida – "A educação"..., p. 179 e MARQUES, A. H. de Oliveira – *A Primeira República Portuguesa*..., p. 109.

[446] Idem – *Ibidem*.

[447] Cf. PROENÇA, Maria Cândida – "A educação"..., p. 180.

No ensino superior foram criadas duas novas universidades, uma com sede em Lisboa e outra no Porto. Em Coimbra foi criada a Faculdade de Letras, que substituiu a extinta Faculdade de Teologia. A maior oferta universitária e a completa reestruturação deste setor – com novos planos de estudos, aumento substancial dos quadros docentes e moderno apetrechamento científico – viriam a provocar um considerável aumento na frequência deste nível de ensino: entre 1911/1912 e 1925/1926 assistiu-se a um crescimento de 239%[448].

Assistiu-se, de igual modo, a um acréscimo da frequência feminina nos diversos níveis de ensino, como resultado do desenvolvimento social e económico e da ação de diversas associações femininas, com relevo para a Liga Republicana das Mulheres Portuguesas. Decretou-se ainda o primeiro Acordo Ortográfico, que procurou "modernizar" a escrita da Língua Portuguesa e, deste modo, tornar mais fácil a aprendizagem da mesma pelas massas.

No plano social, apesar dos republicanos terem tentado responder às reivindicações dos trabalhadores, diminuir as injustiças sociais e melhorar as condições de trabalho, muitos foram aqueles que acabaram profundamente desiludidos com este regime político, por entenderem que aquilo que a República fez foi insuficiente. A primeira deceção aconteceu em dezembro de 1910, com o decreto que regulamentava o direito à greve, que ficou conhecido como "o decreto--burla". "Muito embora, a greve fosse descriminalizada, impuseram--se condicionamentos que dificultaram a sua concretização"[449], o que defraudou, em muito, as expectativas do mundo operário. Mais tarde, em janeiro de 1911 foi decretado o descanso semanal obrigatório, de

---

[448] Cf. NÓVOA, António – "A República e a escola: das intenções generosas ao desengano das realidades". In *Reformas de Ensino em Portugal. Reforma de 1911*. Lisboa: I.I.E., 1989, p. XXVIII.

[449] SAMARA, Maria Alice – "A questão social: à espera da «Nova Aurora»". In ROSAS, Fernando e ROLLO, Maria Fernanda (coord.) – *História da Primeira República Portuguesa*. Lisboa: Edições Tinta da China, 2009, p. 157.

preferência aos domingos, o que motivou, uma vez mais, o vivo protesto dos trabalhadores. A Lei de julho de 1913, que previa o princípio da responsabilidade patronal nos acidentes de trabalho, teve sempre uma aplicação limitada, porque os Tribunais de Desastres do Trabalho nela previstos funcionaram sempre de forma irregular e precária. E o pacote legislativo, com verdadeiro significado para as "forças vivas" do trabalho, só foi publicado depois do final da Primeira Guerra Mundial. Assim, só em 1919, os gabinetes de Augusto Dias da Silva e Domingos Pereira (1882-1956) aprovaram a construção de bairros sociais, o horário de oito horas de trabalho diário e de 48 horas de trabalho semanal, os seguros sociais obrigatórios, os subsídios na velhice, na invalidez e na doença, e o apoio económico às mulheres grávidas necessitadas.

Em face do desencanto sucederam-se as greves, fruto de um movimento operário cada vez mais combativo e do desenvolvimento do associativismo nos meios rurais. O muito elevado número de greves mostra, para José Manuel Tengarrinha, que não foi a Primeira República que não conseguiu dominar o movimento operário, mas sim que foi este, "sem organização forte, sem objetivos políticos, sem um partido político que disputasse o Poder, que não conseguiu traduzir a nível político a inegável influência que exercia no plano social"[450].

Para além desta difícil relação com os operários organizados e com os trabalhadores – aos quais o poder republicano não poupou críticas[451] – as divergências, no seio dos republicanos que levaram a importantes cisões no campo político, enfraqueceram – e muito – o

---

[450] TENGARRINHA, José Manuel – *Estudos de História Contemporânea de Portugal*. Lisboa: Editorial Caminho, 1983, p. 83.

[451] "Da parte do poder, foi sendo criada uma ideia de que estes se articulavam com outros conspiradores contra o regime e, na conjuntura da guerra, chegou a ser referido que os operários eram pagos com ouro alemão". In SAMARA, Maria Alice – "A questão social: à espera da «Nova Aurora»"..., p. 159.

regime recém-implementado. Momento decisivo para a rutura dentro do Partido Republicano Português foi o da eleição do primeiro presidente, Manuel de Arriaga, a 24 de agosto de 1911. Apoiado por António José de Almeida e Brito Camacho – "o «Bloco» conservador"[452] –, o escritor e político de origem açoriana derrotou Bernardino Machado, o candidato de Afonso Costa, "num ambiente de recriminações entre o «Bloco» e o grupo parlamentar «democrático»"[453].

Na sequência desta desinteligência, entre setembro de 1911 e fevereiro de 1912, foram lançadas as bases dos três principais partidos do republicanismo constitucional: o Partido Democrático, de Afonso Costa, herdeiro das estruturas do velho Partido Republicano Português; o Partido Evolucionista, de António José de Almeida; e a União Republicana (unionistas), de Manuel Brito Camacho[454]. No rescaldo da Primeira Guerra Mundial e do sidonismo, com cisões, fusões e a emergência de novos agrupamentos políticos, o campo republicano multiplicou-se numa profusão de partidos.

A estas divergências somou-se a pressão por parte dos monárquicos, que se organizaram especialmente na Galiza, de onde partiram as duas incursões de Paiva Couceiro. O governo português estava, internacionalmente, isolado: a Inglaterra olhava com desconfiança para o novo regime; a Espanha, depois de ter perdido o seu império, observava com vívido interesse a instabilidade política portuguesa[455]; e a Alemanha, em face das suas pretensões expansionistas em África, acompanhava o desenrolar da governação do país com redobrada

---

[452] MARQUES, A. H. de Oliveira – *A Primeira República Portuguesa (para uma visão estrutural)...*, p. 131.

[453] SERRA, João B. – *Ob. cit.*, p. 103.

[454] A União Nacional Republicana, que se cindira do Partido Republicano Português em outubro de 1911, rapidamente se dividiu em dois pequenos partidos (1912): Evolucionista, constituído em torno da figura de António José de Almeida, e Unionista, em volta de Brito Camacho.

[455] Tanto a primeira, como a segunda incursões de Paiva Couceiro originaram protestos diplomáticos junto do governo espanhol.

atenção, tentando, através, de negociações com os ingleses, fazer reverter para si parte do património colonial luso.

Em janeiro de 1913, os democráticos alcançaram o poder, tendo o primeiro ministério de Afonso Costa – que durou 13 meses (janeiro de 1913 a fevereiro de 1914) –, conseguido conter o défice orçamental e equilibrar as contas públicas. A este seguiram-se os governos de Bernardino Machado (fevereiro a dezembro de 1914), que se confrontou com o deflagrar da guerra na Europa, e de Vítor Hugo de Azevedo Coutinho (dezembro de 1914 a janeiro de 1915), que ficou conhecido como o executivo "de «Os Miseráveis», em alusão ao nome do seu presidente"[456].

Este consulado, "que era veladamente comandado por Afonso Costa"[457], atingido logo na sua génese por uma crise de legitimidade constitucional[458], não sobreviveria ao chamado «Movimento das Espadas», um protesto de oficiais levado a cabo "entre 20 e 22 de janeiro, contra uma transferência de um seu camarada, alegadamente por motivos políticos"[459]. O protagonista do movimento foi, uma vez mais, Machado Santos[460]. Após a apresentação do pedido de demissão do governo de Azevedo Coutinho, o chefe de Estado, Manuel de Arriaga, encarregou o general Joaquim Pereira Pimenta de Castro (1846-1918) da formação de um novo ministério. O gabinete de Pimenta de Castro, desde muito cedo apodado de ditadura – a primeira do republicanismo

---

[456] SERRA, João B. – *Ob. cit.*, p.117.

[457] NAVARRO, Bruno J. – *Governo de Pimenta de Castro. Um General no Labirinto Político da I República*. Lisboa: Assembleia da República, 2011, p. 55.

[458] No próprio dia da apresentação do novo governo ao Congresso foi aprovada, no Senado, uma moção de desconfiança apresentada por Miranda do Vale. Cf. Idem – *Ibidem*.

[459] SERRA, João B. – *Ob. cit.*, p.116.

[460] Muito embora tivesse sido eleito deputado às Constituintes, Machado Santos cedo manifestou sinais de desagrado face ao andamento da política na República, expressando a sua opinião no jornal que funda e dirige, *O Intransigente*, e passando da palavra aos atos, organizando ou participando em vários movimentos insurrecionais: abril de 1913; janeiro de 1914; o "Movimento das Espadas", em 1915; Tomar, em 1916 tendo e participando no golpe sidonista, em 1917.

português –, por impedir o funcionamento do Congresso da República e por imiscuir-se na atividade legislativa[461], manteve-se em funções até à revolução de 14 de maio de 1915.

A revolta que estalou em Lisboa contra a "afrontosa ditadura", embora rápida, não deixou de ser bastante violenta, saldando-se em centenas de mortos e feridos. Perante a desproporção de forças que não estava a seu favor, o governo de Pimenta de Castro demitiu-se ao final da tarde do dia 14, e Manuel de Arriaga apresentou a sua resignação. A Junta Revolucionária, organizada dias antes do golpe e constituída quase exclusivamente por militares[462], como o major do Estado-Maior Norton de Matos, impôs um novo ministério que acabaria por ser presidido por José de Castro, vice-grão-mestre da Maçonaria[463].

Este manter-se-ia em funções até 29 de novembro de 1915, altura em que Afonso Costa, já restabelecido de uma fratura de crânio[464], assumiu a presidência do seu segundo consulado, constituído, na íntegra, por democráticos. Consultado, cerca de um mês depois, pelo *Foreign Office*, sobre a possibilidade de o governo português requisitar os navios mercantes alemães estacionados em portos nacionais (continente, ilhas e ultramar), fazendo saber que estes seriam de grande utilidade no esforço de guerra de Sua Majestade, a 23 de fevereiro de 1916, Afonso Costa ordenou a apreensão dos vapores

---

[461] Que era prerrogativa exclusiva do Parlamento, nomeadamente com a publicação de uma nova lei eleitoral (24 de fevereiro de 1915). Cf. NAVARRO, Bruno J. – *Ob. cit.*, p. 158.

[462] O único civil que integrava a Junta Revolucionária do 14 de maio era António Maria da Silva.

[463] O ministério imposto pela Junta Revolucionária deveria ter a chefiá-lo João Chagas. No entanto, não chegou a tomar posse do cargo, pois foi vítima de um atentado, ficando gravemente ferido e cego de um olho. Cf. SERRA, João B. – *Ob. cit.*, p.118.

[464] No dia 3 de julho de 1915, Afonso Costa, ao julgar-se vítima de um atentado num elétrico a caminho do Dafundo, atirou-se pela janela do mesmo, fraturando o crânio e ficando alguns dias no hospital de S. José, às portas da morte. O desastre deu origem a uma "maldosa adivinha rimada que perguntava: «Qual é coisa, qual é ela, que entra pela porta e foge pela janela?»". Cf. MEDINA, João – *Portuguesismo(s)*. Lisboa: Centro de História da Universidade de Lisboa, 2006, p. 283.

germânicos fundeados nos portos nacionais e coloniais. A 9 de março, a Alemanha respondeu com uma declaração formal de guerra, que foi seguida da imediata partida de Lisboa do ministro plenipotenciário alemão (10 de março)[465]. Como corolário, no dia 16 de março, foi constituído o governo da União Sagrada, integrado por democráticos e evolucionistas, escusando-se os unionistas de Brito Camacho a aderir e mantendo acesa a sua crítica à participação de Portugal no conflito, pelo menos no teatro de guerra europeu.

No entanto, a partir de 9 de março de 1916, a prioridade das prioridades no campo governativo havia passado a ser a constituição e a organização de um corpo expedicionário[466]. Sob a direção do ministro da Guerra, o general Norton de Matos, os preparativos seguiram o seu curso e, após uma instrução preliminar em quartéis das divisões de Tomar, Coimbra e Viseu, os militares mobilizados convergiram para Tancos, onde se fez a concentração e a instrução final antes do embarque para o *front* – "Milagre de Tancos"[467]. A partida do primeiro contingente[468] para França ocorreu no dia 30 de janeiro de 1917.

Contudo, a preparação e a partida do Corpo Expedicionário Português para as trincheiras da Flandres foram feitas num ambiente hostil. A esmagadora maioria dos portugueses, analfabeta ou quase, ignorava quem eram os beligerantes, quais as origens e as motivações do conflito. Por isso, não compreendia por que é que milhares de jovens compatriotas deviam arriscar a vida por uma causa que lhes era alheia. E se a defesa das colónias em África, a explicação mais corrente, até

---

[465] Sidónio Pais, ministro plenipotenciário português na Alemanha também abandonou Berlim.

[466] Cf. SERRA, João B. – *Ob. cit.*, p. 120.

[467] Maior operação de relações públicas e propaganda jamais organizada pelo exército em Portugal com o fim de apresentar ao país e ao mundo o "milagre" da "ressurreição" do exército português, após apenas três meses de treinos em Tancos.

[468] No dia 30 de janeiro de 1917, a 1.ª Brigada do Corpo Expedicionário Português (CEP), sob o comando de Gomes da Costa, partiu para França. O CEP ocupou um setor em Artois, perto de Armentiêres, junto dos britânicos.

encontrava adeptos, a que fazia assentar a intervenção portuguesa na mera ajuda devida a um aliado – explicação que nem por isso foi descurada – não reuniu o apoio desejado pelos "guerristas".

Em termos militares, verificaram-se, também, resistências, não só por parte dos soldados (infrações à disciplina, deserções), mas dos próprios oficiais (desobediências), passando pela revolta de 13 de dezembro de 1916, encabeçada por Machado Santos[469].

Os custos destes anos de guerra foram extremamente elevados para o país. Para além das baixas, em breve houve fome, pobreza, motins e grandes manifestações[470]. Agudizaram-se ainda as divergências políticas, que conduziram à queda do governo da União Sagrada, de imediato substituído por um executivo liderado por Afonso Costa (25 de Abril de 1917), formado na íntegra por democráticos. Apesar de ter constituído um dos ministérios mais longos da Primeira República Portuguesa[471] e, muito embora, no plano externo, a ação da União Sagrada tivesse atingido os objetivos a que se tinha proposto, no plano interno, a oposição dos partidos e dos grupos políticos que não a quiseram integrar[472] minou a sua capacidade de atuação.

O terceiro governo de Afonso Costa (25 de Abril a 5 de dezembro de 1917) "(res)suscitou todas as oposições"[473]: a do movimento ope-

---

[469] Encabeçando forças militares que aguardavam o embarque para o teatro de operações em França, Machado Santos saiu de Tomar em direção a Abrantes. Foi preso no dia seguinte e levado para bordo do cruzador couraçado "Vasco da Gama". A insubordinação militar verificou-se também na Figueira da Foz e em Castelo Branco. A ideia era cercar Lisboa, a partir de Tomar. Foi publicado um falso número do *Diário do Governo*, com a demissão do Ministério e a nomeação de um outro, sob a presidência de Machado dos Santos. O estado de sítio foi declarado.

[470] Em 1917 foi criada, em Lisboa, a "Sopa dos Pobres", sinal evidente da crescente penúria das populações, ao mesmo tempo que, um pouco por todo o lado, se verificaram assaltos a estabelecimentos comerciais. Os sindicalistas reforçaram as suas posições. As greves e os protestos multiplicaram-se, levando à instauração do estado de sítio em Lisboa.

[471] Cerca de 406 dias.

[472] Os unionistas de Brito Camacho, os reformistas de Machado Santos e os socialistas.

[473] SERRA, João B. – *Ob. cit.*, p. 121.

rário e sindical, a das camadas populares urbanas, a dos possidentes e conservadores, a das províncias e a da Igreja[474]. Verificou-se, portanto, o alargamento da base social da oposição ao governo e o estreitamento da sua base política de apoio[475].

Apesar dos constantes apelos dos políticos que constituíam o restante espectro partidário, para a formação de um consenso mais alargado, Afonso Costa não se mostrou disposto a negociar ou a ceder o controlo do executivo e da administração. Começou, por isso, a crescer, no meio político, a convicção de que o recurso a um golpe de estado seria a única forma de pôr cobro à contínua supremacia dos democráticos em todas as instâncias do poder[476]. Esse golpe acabou por chegar, a 5 de dezembro de 1917, com os revoltosos a ocuparem, uma vez mais, a Rotunda.

A insurreição protagonizada por uma Junta Revolucionária, formada por Sidónio Pais (presidente), Machado Santos e Feliciano Costa (vogais), triunfou a 8 de dezembro, após três dias de intensos confrontos, que se saldaram numa centena de mortos. Depois de se ter declarado pronta a assumir o poder, a Junta ordenou a detenção de Afonso Costa, que se encontrava no Porto[477], prendeu e destituiu o próprio presidente da República, Bernardino Machado[478], e decretou a dissolução do Congresso da República.

---

[474] Idem – *Ibidem*. A Igreja encontrou nas "aparições" ou "milagres" de Fátima (maio a outubro de 1917) uma oportunidade para dar resposta à perseguição movida pelos republicanos e suscitar o entusiasmo da população, que fez do local um espaço de peregrinação (ainda que não reconhecido oficialmente pela Igreja Católica – esse reconhecimento só chegou em 1930, quando a hierarquia católica aceitou os "milagres" e iniciou a construção de uma basílica e de uma capela no lugar das "aparições", ao lado da qual, ainda hoje, se conserva a "azinheira grande").

[475] Cf. Idem – *Ibidem*.

[476] Cf. SERRA, João B. – *Ob. cit.*, p. 122.

[477] Afonso Costa participava, desde 19 de novembro de 1917, numa conferência dos governos aliados em Paris. Tendo regressado a Portugal no dia 6 de dezembro, depois de ter passado uma noite em Coimbra, foi para o Porto, a pedido do governo.

[478] Tendo sido destituído do seu cargo a 12 de dezembro de 1917, Bernardino Marchado forçado a abandonar Portugal, tendo fixado residência em França.

O executivo formado a 11 de dezembro procurou, com as suas primeiras medidas, apaziguar a situação social: abolição da censura e cancelamento de todas as ordens de exílio contra jornalistas; anulação de castigos impostos a bispos, como o desterro; libertação de todos os que ainda se encontravam presos na sequência da revolta de 13 de dezembro de 1916; reintegração de todos os funcionários, civis e militares, que haviam sido afastados na consequência da aplicação das chamadas "Leis de Defesa da República" e do 14 de maio de 1915; revogação da ordem de mobilização dos funcionários dos correios e telégrafos[479]. As determinações do novo regime pareceram oportunas e criaram, num país empobrecido e divido pela guerra, uma forte expectativa.

Contudo, os sinais do caráter ditatorial do novo regime começaram a surgir desde cedo. A 27 de dezembro, já o major de cavalaria e lente de Matemática da Universidade de Coimbra, Sidónio Pais, acumulava as funções de presidente do ministério e de presidente da República. Entretanto, havia mandado publicar o Decreto n.º 3673, de 21 de dezembro, que no seu artigo 2.º, criava na polícia de investigação, "um corpo de polícia preventiva, com um chefe e 40 agentes"[480], que constituiu o embrião de uma verdadeira polícia política. E, no dia 29 de dezembro, colocava restrições à liberdade de expressão, com a publicação da Portaria n.º 1882, que determinava que não fosse permitido o reaparecimento de jornais suspensos, nem a fundação de novos, sem a licença do ministro do Interior[481], bem como proibindo a divulgação de manifestos, moções e deliberações do Partido Democrático.

---

[479] Cf. SERRA, João B. – *Ob. cit.*, p. 125.

[480] "Decreto n.º 3673, modificando o quadro do pessoal da polícia de investigação de Lisboa". In *Diário do Governo*. I Série. N.º 222, sexta-feira, 21 de dezembro de 1917, p. 1. Disponível em http://www.dre.pt/cgi/dr1s.exe?t=dr&cap=1-1200&doc=19172050& v02=&v01=2&v03=1900-01-01&v04=3000-12-21&v05=&v06=&v07=&v08=&v09=&v10 =&v11=Decreto&v12=3673&v13=&v14=&v15=&sort=0&submit=Pesquisar [consulta efetuada em 11 de abril de 2013].

[481] Foi ministro do Interior, das Colónias e das Finanças da "República Nova" João Tamagnini de Sousa Barbosa (1883-1948).

Era o início da arquitetura de um novo período político, que os seus apoiantes designaram de "República Nova". O chefe de Estado foi elevado a uma posição de poder que não tinha paralelo na história portuguesa, desde o fim do absolutismo monárquico. "A sua figura insinuante, o seu garbo, a sua valentia serena"[482], os seus discursos inflamados, os seus gestos estudados, proporcionaram-lhe um enorme entusiasmo popular e conferiram-lhe a auréola de um líder forte, carismático[483], e até de contornos messiânicos. Daí o epíteto de "Presidente-Rei", aposto por Fernando Pessoa, "nessa longa ode fúnebre"[484], escrita em sua memória.

Com efeito, o regime sidonista foi uma experiência inovadora, que antecipou em vários aspetos – populismo, chefia carismática, contornos autoritários – a tendência totalitária e fascizante de vários governos, desenvolvida na Europa durante o período compreendido entre as duas guerras mundiais.

Todavia, as consequências da participação portuguesa na Primeira Guerra Mundial faziam-se sentir cada vez mais e o estado de graça de Sidónio Pais começava a desvanecer-se. Alguns setores da vida nacional, nomeadamente a Igreja e os monárquicos[485], viam com bons olhos o fim do sidonismo. O mundo operário, que apoiara Sidónio na consecução do golpe de dezembro de 1917, e os meios políticos ligados ao Partido Democrático não escondiam também o desejo de mudança.

A "obra do ressurgimento e progresso da Pátria" defendida por Sidónio não surtia efeitos e a situação interna deteriorava-se rapida-

---

[482] VALENTE, Vasco Pulido – *Portugal. Ensaios de História e de Política*. Lisboa: Alêtheia Editores, 2009, p. 162.

[483] "Quando passeava nas ruas de Lisboa, a cavalo ou de automóvel aberto, todos se descobriam à sua passagem como se fosse um rei... ou um santo." VALENTE, Vasco Pulido – *Portugal. Ensaios de História e de Política*. Lisboa: Alêtheia Editores, 2009, p. 162.

[484] MEDINA, João – *Portuguesismo(s)...*, p. 290.

[485] Muitos monárquicos haviam regressado do exílio durante o sidonismo e aceitado a sua reincorporação no Exército.

mente, traduzindo-se em ações grevistas – contra a carestia de vida e a diminuição dos salários – comícios, insubordinações militares, etc..

No dia 5 de dezembro de 1918, durante as comemorações do golpe perpetrado por si, em 1917, Sidónio sofreu um primeiro atentado, mas saiu ileso. Poucos dias depois, a 14 de dezembro, um novo atentado revelou-se fatal. O seu funeral, realizado no dia 21 de dezembro, decorreu no meio de enormes manifestações de pesar.

No próprio dia 14 de dezembro, assumiu o poder o até então secretário de Estado da Marinha[486], João do Canto e Castro. Eleito presidente da República pelas duas Câmaras do Parlamento no dia 16, com o apoio dos unionistas, foi ele quem liderou o regresso à "Nova República Velha" e jugulou as revoltas monárquicas de janeiro de 1919: a Monarquia do Norte, liderada por Paiva Couceiro, que à época ficou também conhecida por "Reino da Traulitânia" ou, simplesmente, "A Traulitânia"; e o pronunciamento militar de Monsanto, comandado por Aires de Ornelas, ao qual se seguiu a "Escalada de Monsanto", que culminou na vitória dos republicanos.

3.2. *Diário de Notícias*: Percursos

Em 1919, no ano do regresso de Bernardino Machado do exílio; da suspensão de Salazar e Cerejeira do corpo docente da Universidade de Coimbra; das homenagens a Magalhães Lima e Afonso Costa; do reconhecimento pelo Papa Bento XV da República Portuguesa; da assinatura do Tratado de Versalhes; e da eleição de António José de Almeida para a presidência da República; Augusto de Castro tornou-se diretor do *Diário de Notícias*, cargo que assumiria, em três períodos diferentes, acabando por totalizar 35 anos à frente deste

---

[486] Dado o pendor presidencialista do sidonismo, os ministros eram designados por secretários de Estado.

matutino lisboeta. A direção mais longa que o jornal já conheceu e, certamente, uma das mais longas da imprensa nacional portuguesa.

Foi no fim do ano de 1864, exatamente no penúltimo ano da Guerra de Secessão, que o projeto, acalentado durante longos anos por José Eduardo Coelho, começou a ganhar forma. Em 29 de dezembro de 1864 surgiu o primeiro número-programa do *Diário de Notícias*, o segundo número-programa foi lançado no dia 30, e, no dia 1 de janeiro de 1865, o número definitivo. Para o lançamento deste projeto associara-se a Eduardo Coelho, que já passara pela redação da *Revolução de setembro*[487] e de *O Conservador*[488], Tomás Quintino Antunes (1820-1898), proprietário da Tipografia Universal[489]. Da associação destes dois homens, ou seja, da experiência de redação e de impressão e do capital, nasceu em Lisboa um jornalismo com projeção e regularidade, que envolveu um conjunto de figuras públicas, como Eça de Queirós[490], amigo íntimo de Eduardo Coelho, Ramalho Ortigão[491], entre outros.

---

[487] O jornal *Revolução de setembro* foi fundado por José Estêvão Coelho de Magalhães e Mendes Leite, e redigido por António Rodrigues Sampaio. Iniciou a sua publicação a 22 de junho de 1840 e findou-a a 20 de janeiro de 1901.

[488] *O Conservador* publicou o seu primeiro número a 21 de janeiro de 1862. Suspendeu a sua publicação a 28 de fevereiro de 1865, com o número 922. Foram seus redatores principais António Correia de Lacerda e Paulo Eduardo Pacheco.

[489] Tomás Quintino Antunes adquiriu, em 1862, a tipografia a Eduardo de Faria. Passaram então a imprimir-se ali *O Conservador*; *O País*; *O Jornal de Lisboa*, de Barbosa Leão; *O Comércio de Lisboa,* de Eduardo Tavares; *O Progresso e a Ordem*, de Jaime Anahory; e *A Crónica dos Teatros*, de que era diretor Eduardo Coelho, e no próprio edifício tinha a sua redação. Em 1881, a Tipografia Universal era classificada de *importantíssima* pela Associação Tipográfica Lisbonense, e os seus trabalhos tidos como *dignos do mais alto valor.*

[490] A 24 de julho de 1870 o *Diário de Notícias* iniciava a publicação, em folhetins, do romance original *Mistério da Estrada de Sintra*, de Eça de Queirós e Ramalho Ortigão.

[491] Atraído certamente pela popularidade rapidamente conquistada pelo *Diário de Notícias*, Ramalho Ortigão propôs a Eduardo Coelho, ainda quando o matutino se não publicava às quartas-feiras (o que aconteceu só a partir de 19 de dezembro de 1870), "fazer um periódico semanal intitulado *Gazeta da segunda-feira*. A proposta não teve, no entanto, seguimento. Ramalho Ortigão viria mais tarde a ser, durante muitos anos, colaborador do *Diário de Notícias*. Cf. CUNHA, Alfredo da – *Diário de Notícias. A sua fundação e os seus fundadores. Alguns factos para a história do jornalismo português*. Lisboa: Diário de Notícias, s.d., p. 10.

José Eduardo Coelho nasceu em Coimbra, a 22 de abril de 1835, e faleceu em Lisboa, a 14 de maio de 1889. O seu pai, João Gaspar Coelho, foi um acérrimo defensor da causa liberal: militou no Cerco do Porto, defendeu a Constituição de 1838, acompanhou sempre o Partido Setembrista e fundou a imprensa da *Oposição Nacional*. A sua intensa atividade política levou-o mesmo ao Limoeiro, de onde só saiu em 1847, vindo a falecer um ano depois.

Com apenas 13 anos de idade Eduardo Coelho deslocou-se a capital, onde começou a trabalhar como caixeiro, em duas lojas de ferragens. Foi durante esse período que escreveu o seu primeiro livro *Livrinho dos Caixeiros*. Em 1854 tornou-se mestre de crianças e professor de francês. Apesar das inúmeras contrariedades que vivenciou nessa altura, conseguiu dar estampa o seu primeiro romance, *O Pastor da Floresta* e decidiu-se por uma nova profissão, a de tipógrafo.

Em 1857 ingressou como oficial compositor nos quadros da Imprensa Nacional. A partir dessa data, a sua atividade tornou-se inesgotável: em 1859 publicou *A vida dum Príncipe*; fez-se seguidamente correspondente do *Nacional*, do Porto, redator principal da *Crónica dos Teatros* e noticiarista d'*O Conservador* e da *Revolução de setembro* e secretário de António Feliciano de Castilho (1800-1875) e de José Estêvão (1809-1962).

Foi enquanto colaborador de *O Conservador* e da *Revolução de Setembro* que o seu caminho se cruzou, pela primeira vez, com o de Tomás Quintino Antunes, proprietário da Tipografia Universal, responsável pela impressão daqueles periódicos. Do convívio diário destes dois homens surgiu o projeto, que deu lugar, passados poucos anos, ao *Diário de Notícias*[492].

---

[492] O incremento dado em Portugal, pelo aparecimento do *Diário de Notícias*, às publicações congéneres, foi assinalável. Em janeiro de 1865, publicavam-se em Lisboa "quarenta folhas de várias naturezas e fins" e duzentos periódicos em todo o país (continente, ilhas e colónias). Em maio de 1914, existiam, em todo o território português, quatrocentos e cinquenta e sete revistas e jornais. Cf. Idem – *Ob. cit.*, p. 21.

A primeira edição do matutino teve lugar na antiga Rua dos Calafates[493], números 108-120, tendo este nome mudado, posteriormente, para Rua do Diário de Notícias, no último dia de 1885, por decisão camarária, precisamente para assinalar as duas décadas de existência do periódico.

O *Diário de Notícias* apostou no pequeno anúncio e no baixo preço de venda. Dez réis, quando começou. Os dois fundadores ter-se-ão inspirado no modelo do jornal espanhol *Correspondencia de España* (1859-1925)[494] e do francês *Petit Journal*[495], com a sua mistura de notícias e de anúncios[496]. De resto, o surgimento destes três jornais latinos inseriu-se num amplo movimento de renovação jornalística, em que a imprensa preponderantemente romântica ou de opinião deu lugar à imprensa noticiosa, que passou a ter como principal preocupação a informação.

Para mais facilmente vender, o novo periódico criou uma nova profissão, a dos ardinas, que percorriam as ruas a vender o jornal, sistema que assegurou grande divulgação ao matutino, surpreendendo os próprios autores da ideia. Assim, no fim do primeiro ano, o novo diário, que começara a sua publicação com 5000 exemplares, atingira já os 9600 por dia.

O primeiro número-programa do *Diário de Notícias*, publicado na quinta-feira, 29 de dezembro de 1864, definia assim o programa do

---

[493] A Rua dos Calafates, atual Rua do Diário de Notícias, fica situada no Bairro Alto, a escassos metros do Jardim António Nobre e do Miradouro de São Pedro de Alcântara, onde existe um conjunto escultórico da autoria do escultor Costa Mota e do arquiteto Álvaro Augusto Machado, dedicado a Eduardo Coelho e à figura do ardina.

[494] O *Correspondencia de España* foi um periódico vespertino de ideologia conservadora, fundado em 1859 por Manuel María de Santa Ana. Desaparecido em 1925, alcançou grande popularidade por ser um jornal generalista, o primeiro a ser vocacionado por as classes operárias. Ficou conhecido por "La Corres".

[495] Diário parisiense publicado entre 1863 e 1944. Fundado pelo jornalista, banqueiro e empresário Moïse Polydore Millaud (1813-1871), nas suas colunas foram publicados vários romances de Émile Gaboriau (1832-1873) e de Ponson du Terrail (1829-1871).

[496] Cf. LEMOS, Mário Matos e – *Jornais Diários Portugueses...*, p. 262.

matutino: "interessar a todas as classes sociais, ser acessível a todas as bolsas e compreensível a todas as inteligências"[497]. Prometia "em estilo fácil e com a maior concisão"[498] informar o leitor "de todas as ocorrências interessantes, assim de Portugal como das demais nações, fora da política e das polémicas"[499], para que este, "quaisquer que fossem os seus princípios e opiniões, as comentasse a seu sabor"[500]. Anunciava-se, assim, um "jornal de todos e para todos – para pobres e ricos de ambos os sexos e de todas as condições, classes e partidos"[501].

Neste programa encontravam-se, para aquele que foi mais tarde seu diretor, Alfredo da Cunha (1863-1942), as razões que explicavam o triunfo quase imediato do matutino: o registo com a possível verdade de todos os acontecimentos e a eliminação do artigo de fundo político (a supressão do artigo editorial político tem como corolário a abstenção da polémica jornalística) – "não discutindo política, não se sustentava a polémica"[502].

O prestígio que o novo matutino foi granjeando valeu-lhe a escolha, em 1880, pela Comissão Executiva do tricentenário da morte de Camões, formada por Teófilo Braga, Manuel Pinheiro Chagas, Ramalho Ortigão, Jaime Batalha Reis, Silva Porto, Columbano Bordalo Pinheiro, entre outros, para seu órgão oficial[503]. E, em 1908, a Liga Nacional de Instrução proclamou-o "Benemérito da Instrução Popular". De facto, desde o primeiro momento, que o *Diário de Notícias*

---

[497] CUNHA, Alfredo da – *Ob. cit.*, p. 3.

[498] Idem – *Ibidem.*

[499] Idem – *Ibidem.*

[500] Idem – *Ibidem.*

[501] Cf. FREIRE, João Paulo (coord.) – *Ob. cit.*, p. 33

[502] Cf. Idem – *Ibidem.*

[503] Em 1879 o *Diário de Notícias* publicara o seu primeiro incitamento à celebração do tricentenário da morte de Camões. Os sucessivos apelos lançados valeram-lhe, mais tarde, em 1880, a escolha por parte da Comissão Executiva desse centenário, para seu órgão oficial. Nesse mesmo ano de 1880, o *Diário de Notícias* distribuiu gratuitamente em todo o país trinta mil exemplares da segunda edição de 1572 d'*Os Lusíadas*.

patrocinou institutos de assistência pública[504], ligas de instrução, cooperativas e associações de classe, congressos, iniciativas de monumentos e outras homenagens a vultos da história política ou literária, grandes comemorações nacionais e certames de arte[505].

O primeiro aumento do formato do *Diário de Notícias* deu-se ainda em 1865 e, em março de 1866, saiu a primeira folha de formato igual ao dobro do formato primitivo, que um ano depois, em março de 1867, era de novo ampliado.

Em setembro de 1868 iniciou-se a publicação da secção *Assuntos do Dia*, que rapidamente se popularizou. A redação desta secção foi assumida primeiramente por Eduardo Coelho e, posteriormente, após a sua morte, por Francisco Marques de Sousa Viterbo (1845-1910). Com o falecimento de Eduardo Coelho, ocorrido a 14 de maio de 1889, a direção do jornal passou para Tomás Quintino Antunes, já então Visconde de S. Marçal[506]. Em junho seguinte assumiu o cargo de redator principal Pedro Venceslau de Brito Aranha (1833-1914). Em 1890 o *Diário de Notícias* começou a ser impresso em máquina rotativa *Marioni*, de grande tiragem e, em 1893, entrou para o jornal, para o ocupar o cargo de secretário da empresa, Alfredo da Cunha.

Aquando da comemoração do quarto centenário da descoberta do caminho marítimo para a Índia, o *Diário de Notícias* associou-se à iniciativa, abrindo concurso para a publicação dum romance histórico que tivesse como tema aquele ou outros episódios correlativos. A 28 de dezembro desse mesmo ano reuniu, nas suas salas, a primeira assembleia-geral da Associação dos Jornalistas de Lisboa, associação que, logo no ano seguinte, resolveu realizar, na mesma

---

[504] O *Albergue dos Inválidos do Trabalho*, o *Mealheiro para as viúvas e órfãos dos operários que morrerem de desastre no trabalho*, o *Albergue das Crianças Abandonadas* e a *Assistência Nacional aos Tuberculosos*, foram algumas das instituições patrocinadas pelo *Diário de Notícias*.

[505] Cf. FREIRE, João Paulo (coord.) – *Ob. cit.*, p. 34.

[506] Visconde de S. Marçal por diploma de 20 de agosto de 1885 e Conde pelo de 7 de novembro de 1891.

cidade, o Congresso Internacional da Imprensa, que, de facto, se efetuou em setembro de 1898, ano em que desapareceu, a 16 de fevereiro, Tomás Quintino Antunes.

Na edição do dia 1 de janeiro de 1900 o jornal ostentou, pela primeira vez, no cabeçalho o nome do diretor, Alfredo da Cunha, que já o era desde 1894. Brito Aranha continuava a ser o redator--principal. A 27 de janeiro de 1902 realizou-se no *Hotel Europe* um grande banquete de homenagem ao redator principal e ao diretor do conhecido matutino lisboeta. A esse banquete compareceram, entre outras personalidades, Sebastião de Magalhães Lima e António Fran-ça Borges (1871-1915), que apoiaram a afirmação de que lhes "pres-tavam homenagem de estima e admiração pela dedicação e desvelo com que têm elevado o prestígio da imprensa jornalística"[507].

A primeira interrupção na publicação do *Diário de Notícias* ocor-reu em abril de 1904 e foi motivada pela greve geral dos tipógrafos de todas os jornais de Lisboa. Apesar dos tipógrafos do *Diário de Notícias* terem declarado publicamente que só por solidariedade para com a sua classe aderiram a ele, "visto que não tinham razão para exigir qualquer aumento de salário"[508], o movimento grevista acabou por se prolongar de 19 a 25 de Abril.

A partir do dia 24 de novembro de 1907, o nome de Alfredo da Cunha deixou de figurar no cabeçalho do jornal. Em carta publicada na primeira página, este explicou o motivo para o seu afastamento: o facto de o governo ter estabelecido para a imprensa um regime "sem precedentes", em que simples notícias passavam a poder sujei-tar um jornal à suspensão. Assim, prosseguia:

> A minha qualidade de diretor de jornal ficava sendo puramen-te nominal e decorativa, pois a verdadeira direção dos jornais

---

[507] FREIRE, João Paulo Freire (coord.) – *Ob. cit.*, p. 50.
[508] Idem – *Ob. cit.*, p. 53.

portugueses passava a ser, na parte que principal e essencialmente compete a quem dirige um periódico, exercida pelo sr. ministro do Reino ou pelos seus delegados de confiança [e, por isso,] resolvi não me sujeitar a essa tutela oficial, por muito boa que ela seja[509].

Alfredo da Cunha reagia, desta forma, ao Decreto de 21 de novembro que, a par do de 20 de junho, agravou severamente o caráter repressivo da Lei de Imprensa, que o governo de João Franco fizera aprovar pelo Parlamento, a 11 de abril de 1907, "a chamada lei das rolhas"[510]. Apoiando-se na maioria progressista-franquista, o presidente do Conselho de ministros pretendia conter o crescendo dos ataques, que por essa via, lhe eram dirigidos por republicanos e progressistas dissidentes.

No dia 6 de outubro de 1910, logo a seguir à proclamação da República, o *Diário de Notícias* publicou um artigo intitulado "Saudações", em que recordava o programa apresentado no primeiro número, do qual constava que o jornal não discutia política, nem sustentava polémica, para concluir:

> O *Diário de Notícias*, repetimos, acata, como lhe cumpre e como sempre, as instituições que regem o país e de novo saúda o regime republicano, desejando que a sua obra seja tão presente, tão elevada, tão patriótica, tão redentora, que todos abençoem o seu advento[511].

Nesse mesmo ano, precisamente quando perfaziam 46 anos que saíra o primeiro número-programa, registou-se o falecimento de um dos seus mais prestimosos colaboradores, Sousa Viterbo, redator efetivo da secção *Assuntos do Dia*. O jornal viria ainda a ser assom-

---

[509] Cf. LEMOS, Mário Matos e – *Jornais diários portugueses...*, p. 262.

[510] CORDEIRO, Carlos – "Um percurso político: José Bruno Tavares Carreiro (1880-1957). De abnegado regenerador a autonomista pragmático". In RIBEIRO, Maria Manuela Tavares (coord.) – *Outros combates pela História*. Coimbra: Imprensa da Universidade de Coimbra, 2010, p. 110.

[511] Cf. LEMOS, Mário Matos e – *Jornais diários portugueses...*, pp. 262-263.

brado por outra morte, em setembro de 1914 (dia 8), justamente a do seu redator principal, Pedro Venceslau de Brito Aranha.

O ano de 1914 viria a ficar, de resto, indelevelmente marcado, tanto a nível interno, como a nível externo, por graves acontecimentos. Em Portugal, a greve ferroviária (janeiro e 24 a 28 de fevereiro), a morte de José Luciano de Castro (10 de março), o assalto e a destruição do jornal católico *A Liberdade* (junho), o incêndio no Teatro República (13 de setembro), o envio dos primeiros contingentes para Angola e Moçambique (11/19 de setembro), a explosão da Companhia de Gás da Boavista, em Lisboa (10 de outubro), o assalto e a destruição de vários jornais lisboetas como *A Restauração, Ridículos, Jornal da Noite, O Talassa, O Dia* e *A Nação*, suscitaram reações diversas e encheram as páginas do jornal.

Que também não esqueceu a situação internacional: o assassinato do jornalista Gaston Clamette (1858-1914), diretor do *Le Figaro*, a guerra entre o México e os Estados Unidos (abril), o afundamento do *Empress of Yreland*, a organização em França do governo Viviani (14 de junho), a morte dos arquiduques da Áustria (29 de junho), a declaração de guerra da Alemanha à Rússia (1 de agosto), a morte de Pio X (20 de agosto), a eleição de Bento XV (6 de setembro) e o avanço da artilharia alemã sobre Paris.

O findar do ano de 1914 foi, não obstante o panorama interno e externo não serem dos mais tranquilizadores, de grandes comemorações, uma vez que se assinalaram os 50 anos de existência do matutino lisboeta. Assim, no dia 29 de dezembro, foi publicado um número de 36 páginas, em que colaboraram Afonso Lopes Vieira, Hipólito Raposo, José Eduardo Coelho, Alfredo da Cunha, Morais Sarmento, Santos Deniz, Luiz de Castro, Júlio Neuparth, Alves de Noronha, Cândido de Figueiredo, José Guilherme Enes, Luiz Trigueiros, Lourenço Caiola, João José Grave, Manuel Emídio da Silva, Fernando Emídio da Silva e J. de Oliveira Simões[512].

---

[512] Cf. FREIRE, João Paulo (coord.) – *Ob. cit*, pp. 65 a 81.

Foram ainda organizadas diversas iniciativas de homenagem aos anteriores e atual diretores e procedeu-se à inauguração do medalhão do Conde de S. Marçal no monumento de Eduardo Coelho.

De 1915 a 1918, o *Diário de Notícias* procurou informar os seus leitores não só do que se passava no país, nos campos de batalha da Grande Guerra, mas também no resto do Mundo. Assim, quem folhear os números deste período deparar-se-á com primeiras páginas marcantes como o "movimento das espadas" e a subida ao poder de Pimenta de Castro (janeiro de 1915); o atentado contra a vida de João Chagas (16 de maio de 1915); a eleição de Bernardino Machado (6 de agosto de 1915) e, mais tarde, de António José de Almeida (março de 1916) para a Presidência da República; a organização do Ministério da União Sagrada (15 de março de 1916); o relatório sobre a participação de Portugal na Primeira Guerra Mundial (janeiro de 1917); a morte de Manuel de Arriaga (5 de março de 1917); o golpe de Estado de Sidónio Pais (dezembro de 1917); a morte de Pimenta de Castro (14 de maio de 1918); o avanço da pneumónica (1918); a assinatura do Armistício (11 de novembro de 1918); o assassinato de Sidónio Pais (15 de dezembro de 1918); e a subida ao poder de Canto e Castro (dezembro de 1918).

A crise vivida durante esta época obrigou a direção do jornal a reduzir o número de páginas, a ponto de, em muitos dias, se ter publicado apenas com meia folha. Essa redução conduziu a uma diminuição drástica dos anunciantes publicitários. Apesar das dificuldades económicas que marcaram esta fase, foram criadas novas sucursais nos extremos da cidade de Lisboa e abertas subscrições para a Cruz Vermelha Portuguesa, para a Assistência Portuguesa às vítimas da guerra e da pneumónica.

Após o escândalo familiar que envolveu Alfredo da Cunha e a sua mulher, Maria Adelaide Coelho da Cunha, filha de Eduardo Coelho, que teve repercussões nos meios intelectuais da média e alta burguesia da época, tomando proporções de escândalo público, o *Diário de Notícias* foi vendido em 1919, passando a ser "propriedade da impor-

tantíssima Companhia Industrial de Portugal e Colónias"[513], genericamente, conhecida pelo nome de "Moagem"[514].

Este "vasto complexo industrial, controlado pela família Reis, com
interesses que iam desde a panificação às massas alimentícias, minas,
metalurgia, fiação, passando pelo cacau de São Tomé, pecuária em
Angola e vários jornais de Lisboa"[515] – como a *Opinião*, entre 1916 e
1923, o *Diário de Notícias*, a partir de 1919 e *O Século*, entre 1922 e
1924 – estava também ligado ao Banco Português do Continente e Ilhas
(BPCI). Constituía, por isso, "um verdadeiro potentado económico que
também não descurava o *lobbying* político, ora através da sua influência na imprensa, ora recorrendo à compra direta de favores políticos"[516].

Assumiu, então, a direção do matutino lisboeta, Augusto de Castro, que representara no negócio da venda, a família proprietária do
Diário de Notícias, por ser amigo pessoal de Alfredo da Cunha.

3.3. A Primeira Incursão no *Diário de Notícias*

O nome de Augusto de Castro, na sua qualidade de diretor, cons-
tou pela primeira vez no cabeçalho do *Diário de Notícias* na edição
do dia 1 de junho de 1919[517]. Eram, à época, redator-principal José

---

[513] MATOS, Helena – *Salazar. A Construção do Mito. 1928-1933*. Lisboa: Temas e
Debates/Círculo de Leitores, 2010, p. 11.

[514] Cf. TORGAL, Luís Reis – *Estados Novos. Estado Novo. Ensaios de História Política
e Cultura*. V. I. 2.ª Edição. Coimbra: Imprensa da Universidade de Coimbra, 2009, p. 575.

[515] OLIVEIRA, Pedro Aires – *Armindo Monteiro: uma biografia política (1896-1955)*.
Venda Nova: Bertrand Editora, 2000, p. 44.

[516] OLIVEIRA, Pedro Aires – *Ob. cit.*, p. 44. Veja-se ainda a propósito deste tema
TELO, António José – *Decadência e Queda da 1.ª República*. Vol I. Lisboa: A Regra do
Jogo, 1978-1980, p. 192; e FRANÇA, José Augusto – *Os Anos Vinte em Portugal*. Lisboa:
Editorial Presença, 1992, p. 223.

[517] Cf. LEMOS, Mário Matos e – *Jornais diários portugueses...*, p. 263. Augusto de
Castro assumiu o cargo de diretor do matutino lisboeta por três vezes: a primeira entre
1919 e 1924; a segunda entre 1939 e 1945; e a terceira e, última, entre 1947 e 1971, ano
da sua morte. Cf. LEMOS, Mário Matos e – *Ob. cit.*, p. 260.

Rangel de Lima[518] e editor Acúrcio Pereira[519], que, mais tarde, viria também a desempenhar as funções de chefe de redação[520] e de secretário de redação[521]. Encontravam-se, nessa altura, entre os colaboradores do respetivo matutino Azevedo Neves, Fernando Emídio da Silva, João Saraiva, Aníbal Soares, Manuel Ramos, Eduardo de Noronha, Ribeiro Cristiano, Emílio de Carvalho, Júlio Dantas, Armindo Monteiro, Ribeiro de Almeida, Bettencourt Ferreira, Madeira Pinto e Henrique Lopes de Mendonça[522]. A composição e a impressão do periódico passaram, a partir da mesma data, a ser feitas na tipografia da Empresa do Diário de Notícias, sita no número 78, da rua com o mesmo nome[523].

No discurso de despedida, pronunciado nas salas da redação do matutino lisboeta, Alfredo da Cunha referiu-se ao novo diretor, a "quem o ligavam velhas relações de amizade"[524], como "possuidor de todos os dotes necessários para ocupar esse lugar"[525]. Depois de agradecer a receção e as palavras que lhe foram dirigidas, Augusto de Castro assegurou o seu "firme propósito de continuar as honradas tradições do *Diário de Notícias*"[526].

No entanto, o início da sua era ficou praticamente marcado pela suspensão da publicação do jornal, devido ao conflito que sobreveio entre as empresas jornalísticas e a classe gráfica. Assim, entre 18 de

---

[518] José Rangel de Lima exerceu as funções de redator-principal entre 11 de setembro de 1914 e 16 de novembro de 1924. Cf. Idem – *Ob. cit.*, p. 261.

[519] Acúrcio Pereira exerceu as funções de editor entre 13 de abril de 1919 e 30 de abril de 1924. Cf. Idem – *Ibidem*.

[520] Acúrcio Pereira exerceu as funções de chefe de redação entre 3o de dezembro de 1920 e 30 de abril de 1924. Cf. Idem – *Ibidem*.

[521] Acúrcio Pereira exerceu as funções de secretário de redação entre 4 de julho de 1919 e 29 de dezembro de 1920. Cf. Idem – *Ibidem*.

[522] Cf. FREIRE, João Paulo (coord.) – *Ob. cit.*, p. 168.

[523] Cf. LEMOS, Mário Matos e – *Jornais diários portugueses...*, p. 261.

[524] *Diário de Notícias*. Lisboa: Ano 55.º, N.º 19233, domingo, 1 de junho de 1919, p. 1.

[525] *Ibidem*.

[526] *Ibidem*.

junho e 3 de julho de 1919, à semelhança do que aconteceu com todos os outros periódicos da capital, o *Diário de Notícias* não saiu para as bancas. Augusto de Castro integrou, conjuntamente com representantes de 13 jornais de Lisboa[527], uma comissão que criou *A Imprensa*, que foi, por comum acordo entre todas as partes, o único jornal lisboeta que se publicou durante quase duas semanas. O primeiro número, dado à estampa no dia 21 de junho de 1919, continha um artigo de fundo, assinado pela comissão diretora, que expunha as razões do conflito. Estas foram, assim, explicadas pelo escritor e jornalista, João Paulo Freire (*Mário*) um dos mais conhecidos olisipógrafos:

> Numa reunião de representantes dos jornais de Lisboa para estudar as reclamações da classe gráfica, apresentadas pela Federação do Livro e do Jornal, o representante de *A Batalha*[528] declarou que a Federação votara uma moção pela qual a classe gráfica se comprometia a não compor nem imprimir qualquer jornal sempre que *A Batalha* fosse por qualquer forma impedida de circular[529].

Em face da declaração proferida pelo delegado de *A Batalha*, "as empresas de todos os outros jornais resolveram suspender a sua publicação e romper as relações com a Federação do Livro e do Jornal"[530], até que a afirmação do representante daquele órgão noticioso fosse devidamente esclarecida pela classe gráfica. O que viria

---

[527] Para além de Augusto de Castro, na sua qualidade de diretor do *Diário de Notícias*, integravam a Comissão representantes dos jornais *A Capital*, *Época*, *Jornal do Comércio*, *Jornal da Tarde*, *Luta*, *Manhã*, *Mundo*, *Opinião*, *Portugal*, *República*, *O Século*, *A Vanguarda* e *A Vitória*. Cf. LEMOS, Mário Matos e – *Jornais diários portugueses...*, p. 360.

[528] Jornal de tendência sindicalista, órgão da Confederação Geral do Trabalho (CGT), cujo primeiro número foi publicado a 23 de fevereiro de 1919. Este periódico enfrentou sempre as mais diversas dificuldades para a sua regular publicação. Cf. Idem – *Ob. cit.*, pp. 153-155.

[529] Idem – *Ob. cit.*, p. 360.

[530] Idem – *Ibidem*.

a acontecer nos inícios de julho, com este grupo profissional a comprometer-se a não impor às empresas a suspensão das suas publicações sempre que qualquer jornal fosse impedido de circular. *A Imprensa* terminaria a sua curta vida com a publicação do seu número 13, datado de 3 de julho de 1919[531].

Ainda em 1919, o matutino decidiu patrocinar uma série de conferências sobre *O Problema Português*, realizadas na Academia das Ciências de Lisboa. Nestas tomaram parte Silva Teles, Agostinho de Campos, Azevedo Neves, Fernando Emídio da Silva[532], Phileas Lebesgue, Armindo Monteiro, Luís de Castro, Francisco António Correia, Alboim Inglês, Ernesto de Vasconcelos e Manuel Maria Coelho. No mesmo ano, o periódico lançou o "Inquérito aos Escritores" e a campanha pró Biblioteca Nacional, organizou diversos congressos regionais, inaugurou o Concurso dos Provérbios Ilustrados e estabeleceu o Prémio para o primeiro aviador português a efetuar a ligação entre a metrópole e as colónias (Lisboa – Guiné)[533].

Em 1919, Augusto de Castro não deixou de refletir nos seus editoriais, sobre questões nacionais prementes, como a representação portuguesa na Conferência de Paz e a questão das colónias; a tentativa de renúncia do presidente da República João do Canto e Castro; as elevadas despesas de guerra de Portugal; a assinatura do Tratado de Paz de Versalhes, a 28 de junho, em que Portugal se fez representar por Afonso Costa; as sucessivas dissoluções parlamentares e a desordem interna (greves dos tipógrafos e dos ferroviários, manifestações); e a eleição para a presidência da República de António José de Almeida. Para além de abordar outros aspetos da agenda política,

---

[531] Cf. Idem – *Ibidem*.

[532] Na quarta conferência, que ficou a cargo do docente de Finanças Públicas da Faculdade de Direito da Universidade de Lisboa, Fernando Emídio da Silva (1886-1972), este abordou "O problema financeiro português".

[533] *Diário de Notícias*. Lisboa: Ano 55.º, N.º 19290, segunda-feira, 28 de julho de 1919, p. 1

como a visita a Portugal do presidente do Brasil, Epitácio Pessoa (7 a 9 de junho de 1919).

Do ponto de vista internacional, mereceram especial destaque as pesadas indemnizações de guerra impostas à Alemanha e as contra-propostas feitas por este país; as condições de paz estabelecidas com a Áustria e as perdas territoriais sofridas pela Bulgária; a constituição da Jugoslávia e a nova geografia da Europa após o primeiro conflito à escala mundial; Woodrow Wilson e a fundação da Sociedade das Nações; o destino do ex-imperador alemão, Guilherme II; o avanço do comunismo na Rússia e a efémera República Soviética da Hungria, de Béla Kun; Gabriele D'Annunzio e a ocupação de Fiúme.

Durante o ano de 1920, o jornal passou a registar a colaboração inédita de inúmeras personalidades nacionais e estrangeiras. Importa destacar, entre outros, António José de Almeida, Maria Amália Vaz de Carvalho, Antero de Figueiredo, Afonso Lopes Vieira, Anselmo Braamcamp Freire, Gomes da Costa, Guerra Junqueiro, Jaime Cortesão, Ricardo Jorge, João Chagas, Ricardo Jorge, Lancelot Carnegie[534], Attilio Serra[535] e William Martin[536]. Iniciou-se, de igual modo, nesse mesmo ano, uma série de entrevistas com destacadas individualidades: Alexandre Millerand, Jorge da Grécia, Jules Henri Poincaré, Pietro Gasparri, Giovanni Giolitti, Joseph Caillaux, René Viviani, Eleftherios Venizelos, Carlo Sforza, Gabriele D'Annunzio, Anselmo Braamcamp Freire, António Granjo, Brito Camacho, Guerra Junqueiro, Afonso Lopes Vieira, Antero de Figueiredo, Henrique Lopes de Mendonça, Fausto Guedes Teixeira, Jaime Cortesão, José de Figueiredo, etc.[537].

---

[534] Enviado extraordinário e ministro plenipotenciário da Grã-Bretanha em Portugal. Cf. FREIRE, João Paulo (coord.) – *Ob. cit.*, p. 171.

[535] Enviado extraordinário e ministro plenipotenciário da Itália em Portugal. Cf. Idem – *Ibidem*.

[536] Enviado extraordinário e ministro plenipotenciário da França em Portugal. Cf. Idem – *Ibidem*.

[537] Cf. Idem – *Ob. cit.*, pp. 172 a 173.

Entre janeiro e junho de 1920, os editoriais de Augusto de Castro acompanharam a evolução da conjuntura externa, como os trabalhos da primeira Assembleia da Sociedade das Nações, o estabelecimento dos acordos de paz e de reconhecimento entre a Rússia soviética e a Estónia, a Letónia e a Lituânia e a assinatura do Tratado de Trianon entre os Aliados e a Hungria. Mas refletiram, sobremaneira, a agitação social (greves dos ferroviários, dos funcionários públicos, dos correios e telégrafos, da construção civil, dos trabalhadores dos arsenais, atentados bombistas na capital, etc.) e a complexa situação política interna, feita da conflituosidade existente entre os partidos e das desinteligências entre certos setores sociais. Concluindo, num dos seus artigos:

> Mais do que as revoluções constantes, mais do que os atentados dinamistas, mais do que os conflitos materiais, são as permanentes quedas do governo, a ausência de critério político, a ausência de diretrizes morais, a instabilidade de opinião, a insistência geral nas mais nefastas propagandas que nos desacreditam, que nos vexam e nos arruínam, dentro e fora das fronteiras. É isso que dá lá fora e nos dá cá dentro a todos a impressão de que não somos governados – e, o que é pior, de que não somos governáveis[538].

De julho a dezembro de 1920 abordou, essencialmente, questões ligadas à economia agrária e ao eterno problema do abastecimento alimentar português[539], ao complexo fenómeno da emigração, e à aprovação, no Parlamento, da Lei n.º 1005, de 7 de agosto, que ampliou significativamente os níveis de autonomia administrativa e financeira

---

[538] *Diário de Notícias.* Lisboa: Ano 56.º, N.º 19537, quinta-feira, 22 de abril de 1920, p. 1.

[539] Ao abordar o problema da crise das subsistências retomava um tema que já havia sido aflorado, entre outros, por José Luciano de Castro, em 1856, na obra *A Questão das Subsistências* e por Salazar, em 1916, no texto "Alguns Aspetos da Crise das Subsistências". Cf. VAN ROSSUM, Arnold Arie - *A questão das subsistências no Porto, no período da Grande Guerra.* Porto: Edição do Autor, 2011, p. 28.

das colónias portuguesas e estabeleceu o regime dos altos-comissários em Angola e Moçambique. A nomeação "dos srs. General Norton de Matos e dr. Brito Camacho para altos-comissários nas províncias de Angola e Moçambique"[540] não passou, nem podia passar "sem o devido registo especial"[541] na sua coluna, porquanto "o *Diário de Notícias* tem procurado dar à questão colonial a importância nacional que ela tem, chama[n]do para ela a atenção da opinião pública"[542]. Com efeito, para Augusto de Castro "a ida para o governo das nossas duas mais importantes províncias ultramarinas, destes dois autênticos valores na sociedade portuguesa"[543], vinha demonstrar "aos olhos ambiciosos do estrangeiro que nos espreita que nós estamos dispostos a pôr ao serviço do nosso património colonial o melhor da nossa vontade e do nosso trabalho"[544].

À época, o jornalista portuense estaria longe de imaginar que os resultados práticos da atuação dos dois altos-comissários seriam escassos. No que concerne a Norton de Matos, apesar dos seus grandiosos planos, a sua política de colonização dirigida não teve grande êxito e a sua legislação laboral foi muito criticada, pelos setores das classes dominantes, tanto na colónia como na metrópole, que exigiam mão de obra abundante e barata. Confrontada com uma conjuntura económica difícil, a governação de Norton de Matos conduziu Angola a um descalabro financeiro que lhe valeu fortes ataques no Parlamento e determinou o seu afastamento.

Por seu turno, a tentativa de Brito Camacho de fomentar a economia através de um contrato com a *Sena Sugar Estates*, foi criticada na província por outros interesses coloniais e na metrópole pelo

---

[540] *Diário de Notícias*. Lisboa: Ano 56.º, N.º 19695, quarta-feira, 29 de setembro de 1920, p. 1.

[541] *Ibidem.*

[542] *Ibidem.*

[543] *Ibidem.*

[544] *Ibidem.*

nacionalismo imperial e contribuiu para a demissão do alto-comissário, em 1923[545].

Retomou, de igual modo, a reflexão sobre a grave crise em que o país se encontrava mergulhado: a instabilidade governativa (a demissão de António Maria da Silva, a formação e a queda do gabinete de António Granjo, o governo de Liberato Pinto, homem forte da Guarda Nacional Republicana (GNR), que fora, aliás, um dos cérebros da reorganização deste corpo especial de tropas[546]); o (des)respeito por todos e entre todos os órgãos democráticos; a difícil situação económica e financeira nacional; a agitação social, os tumultos e o elevado número de greves registado. A este propósito, escreveu o diretor do periódico lisboeta, naquilo que parece tratar-se de uma demonstração de falsa ingenuidade e/ou de clara defesa dos interesses do patronato:

> Hoje em dia, vai-se para a greve como quem vai para uma romaria. Na maior parte das vezes, o motivo do conflito, real ou aparente, é um mal-entendido, uma intransigência do lado de qualquer das partes, que um pouco de boa vontade e de serenidade facilmente esclareceria[547].

A eleição de Alexandre Millerand[548] para a Presidência da República Francesa, a 23 de setembro de 1920; a situação em Espanha

---

[545] Cf. ALEXANDRE, Valentim – "O império colonial no século XX". In *Velho Brasil Novas Áfricas: Portugal e o Império 1808-1975*. Porto: Edições Afrontamento, 2000, pp. 186-187.

[546] A Guarda Nacional Republicana (GNR), depois de armada na sequência das sublevações monárquicas de 1919, tornou-se uma das mais importantes forças policiais, constituindo a verdadeira "guarda pretoriana" da República, que não só influenciou o poder, como ascendeu ao executivo, através do seu homem forte, Liberato Pinto, Chefe de Estado-maior da GNR.

[547] *Diário de Notícias*. Lisboa: Ano 56, N.º 19706, segunda-feira, 11 de outubro de 1920, p. 1.

[548] Alexandre Millerand (1859-1943) foi um político francês, que ocupou o cargo de primeiro-ministro da França, entre 20 de janeiro de 1920 e 23 de setembro de 1920 e o de presidente da República Francesa, entre 23 de setembro de 1920 e 11 de junho de 1924.

(domínio de Xauen, no contexto da Guerra do Rif, em outubro de 1920[549]); a visita a Lisboa dos reis da Bélgica (Alberto I e Isabel), no seu regresso dos Estados Unidos; e a passagem pela capital do Príncipe Pierre do Mónaco, quando se dirigia para os Açores (novembro de 1920), mereceram também a atenção e o comentário de Augusto de Castro na sua coluna.

Entre 18 de janeiro e 2 de março de 1921, o *Diário de Notícias* – que a 29 de dezembro de 1920 começara a publicar uma edição da noite – voltou a não sair, tal como todos os outros diários da capital, devido a uma nova greve do pessoal tipográfico, surgindo então *O Jornal*, em substituição dos periódicos lisboetas[550].

Este órgão, cuja edição e propriedade pertenciam à *Capital*, ao *Diário de Notícias*, à *Época*, à *Luta*, da *Manhã*, ao *Mundo*, à *Noite*, à *Opinião*, à *Pátria*, ao *Século*, à *Situação*, à *Vitória*, ao *Radical* e à *Vanguarda*[551], foi publicado, pela primeira vez, a 20 de janeiro de 1921, e surgiu como resposta à *Imprensa de Lisboa*, periódico dado às bancas pelos grevistas, a 18 de janeiro de 1921, com o intuito de "evitar que o público fi[casse] prejudicado com a falta de informações que a paralisação dos jornais determina[va]"[552]. Se *O Jornal*, que praticamente todos os dias publicou um artigo contra a greve do pessoal tipógrafo, registou a sua última aparição no dia 2 de março (número 41)[553], *A Imprensa de Lisboa* prolongou a sua edição até 13 de maio, altura em que, num artigo de fundo intitulado "Últimas Palavras", explicava as razões que levavam "um

---

[549] No contexto da Guerra do Rif, a 14 de outubro de 1920, Alberto Castro Girona logrou o domínio quase pacífico de Xauen, cidade sagrada, muito próxima da fronteira com o protetorado francês.

[550] Cf. LEMOS, Mário Matos e – *Jornais diários portugueses...*, p. 263.

[551] Cf. Idem – *Ob. cit.*, p. 377.

[552] Cf. Idem – *Ob. cit.*, p. 363.

[553] Cf. Idem – *Ob. cit.*, p. 377.

jornal honesto, que t[inha] vivido apenas da simpatia do público e da dedicação dos seus cooperadores"[554], a decidir pôr fim à sua publicação.

No *Diário de Notícias* do dia 3 de março, um artigo intitulado "Conflitos" e uma nota, inserida também na primeira página, referiam--se à greve. E, se o primeiro observava que esta "era a quarta ou quinta greve de gráficos no período de um ano e meio"[555] e que ainda perdurava em alguns jornais, a segunda explicava, nos seguintes termos, o reaparecimento do *Diário de Notícias*:

> A assembleia das empresas dos jornais reunidas ontem deliberou que reaparecessem *O Século*, o *Diário de Notícias*, a *Pátria*, a *Época* e a *Opinião*, cessando assim a publicação de *O Jornal*, que representava na imprensa os referidos diários e ainda o *Mundo*, a *Capital*, a *Manhã*, a *Vanguarda* e o *Radical*, jornais estes que reaparecerão oportunamente e a cujo espírito de sacrifício prestam homenagem os seus camaradas que primeiro voltam a ter contacto direto com o público. Ocioso se torna acentuar que se mantém, entre todos os jornais mencionados, a mesma união da primeira hora, na defesa do que reputam os seus direitos e justos interesses[556].

Foi também nesse ano, a 8 de maio, que o matutino lisboeta lançou na capital francesa o *Paris-Notícias*, edição semanal em língua francesa do *Diário de Notícias*, dirigida por Paulo Osório, diretor dos serviços do jornal português naquela cidade. Este semanário, que incluiu artigos políticos e literários de inúmeras per-

---

[554] Cf. Idem – *Ob. cit.*, p. 363.
[555] Cf. Idem – *Ob. cit.*, p. 263.
[556] Cf. Idem – *Ibidem*.

sonalidades portuguesas e francesas da época[557], acabaria por conhecer a sua última publicação a 24 de agosto de 1922, após 67 números ilustrados[558].

Nesse mesmo ano de 1921, o *Diário de Notícias* não deixou de dar amplo destaque à visita das mães dos soldados mortos na Grande Guerra ao túmulo do Soldado Desconhecido, no Mosteiro da Batalha, e às deslocações a Portugal do Marechal Joseph Joffre e do generalíssimo Diaz, que a par do general Smith Dorrien, receberam o grau de doutores da Universidade de Coimbra, no dia 15 de abril. A 27 de outubro, Augusto de Castro entrevistou, para o periódico da capital, o Papa Bento XV.

Nos seus editoriais, o jornalista portuense, para além de continuar a abordar a grave situação política, económica e social do país, em títulos como "Ordem eis tudo", "Ainda em greve", "Os orçamentos de estado", "O bloco nacional", "A ordem e a desordem" e "Governe!", centrou ainda a sua atenção na inauguração, no Mosteiro da Batalha, do túmulo do soldado desconhecido, no "vergonhoso estado" das estradas portuguesas e nas mortes da escritora e poetisa portuguesa Maria Amália Vaz de Carvalho e do jornalista e escritor brasileiro Paulo Barreto.

Procurando acompanhar a evolução da conjuntura (política e económica) externa fez ainda publicar na primeira página o editorial redigido para o primeiro número do *Paris-Notícias*, órgão que seria, em seu entender, a "sentinela vigilante dos interesses portugueses na metrópole do Mundo"[559].

---

[557] Como Henri Lavedan, Edouard Herriot, Charles Chaumet, Jules Godin, João Chagas, Augusto de Castro, Magalhães Lima, Jaime Batalha Reis, entre outros. Publicou ainda a mais completa reportagem feita no estrangeiro sobre a travessia do Atlântico, empreendida por Gago Coutinho e Sacadura Cabral e abriu uma subscrição para o Monumento aos soldados portugueses mortos em França durante a Primeira Guerra Mundial, que rendeu perto de 45 mil francos. Cf. FREIRE, João Paulo (coord.) – *Ob. cit.*, Vol. II, pp. 159-160.

[558] Cf. LEMOS, Mário Matos e – *Jornais diários portugueses...*, p. 263 e FREIRE, João Paulo (coord.) – *Ob. cit.* Vol. I, p. 174 e Vol. II, p. 159. O Paris-Notícias publicou-se entre 8 de maio de 1921 e 24 de agosto de 1922.

[559] FREIRE, João Paulo (coord.) – *Ob. cit.*, Vol. I, p. 174.

Não se encontrando em Portugal, aquando dos acontecimentos de 19 de outubro de 1921 (*Noite Sangrenta*) – Augusto de Castro estava em Itália para entrevistar Bento XV – concedeu, na altura, uma longa entrevista ao *Giornale d'Italia*[560]. Depois de ter afirmado que só tinha tido conhecimento dos "deploráveis morticínios de Lisboa"[561], por intermédio dos periódicos, confessava "a profunda impressão"[562] que aqueles lhe haviam causado. Após a condenação do ato, considerava que este só podia ser explicado pela "situação de um país"[563], que estava "revolto e atormentado pelo desequilíbrio económico e social ocasionado pela guerra"[564] e, ainda pelo facto, "do tremendo conflito europeu ter colhido Portugal no primeiro período de um novo regime, criando uma situação política, que não tinha ainda, por isso, bases sólidas"[565]. Expressava, contudo, a sua "plena fé" num rápido domínio da "nova crise que a minha pátria está atravessando"[566].

Augusto de Castro retomaria o assunto, já em solo português, no editorial "Entre as Sombras". Com efeito, para além de condenar, uma vez mais, os acontecimentos de 19 de outubro, procurava estabelecer uma correlação entre a intolerância manifestada no campo político e a violência patenteada nas ruas:

> Queixamo-nos da multidão à solta, que dá livre curso aos seus instintos, mas quem fez essa multidão assim? A verdade é que, na nossa vida pública, o espírito faccioso e demolidor fez-nos perder,

---

[560] A entrevista foi publicada em Itália no dia 28 de outubro, tendo sido reproduzida na íntegra na edição do *Diário de Notícias* de 2 de novembro de 1921.

[561] *Diário de Notícias*. Lisboa: Ano 57, N.º 20043, quarta-feira, 2 de novembro de 1921, p. 1.

[562] *Ibidem*.

[563] *Ibidem*.

[564] *Ibidem*.

[565] *Ibidem*.

[566] *Ibidem*.

por completo, o sentimento das proporções – esse sentimento que, se na arte se chama elegância, no mundo moral beleza, se chama na política bom senso e, na sociedade, justiça[567].

Em 1922, o *Diário de Notícias* centrou a sua atenção em três acontecimentos essenciais: as homenagens promovidas pelo órgão de comunicação lisboeta a António Cândido e à atriz Virgínia e a entrevista de Augusto de Castro a Afonso XIII, rei de Espanha. Se a consagração de António Cândido (30 e 31 de março) foi "a glorificação da oratória nacional a um dos mais eminentes dos nossos oradores do último século"[568], a homenagem a Virgínia, realizada a 17 de abril "constituiu uma inesquecível apoteose a uma das maiores atrizes do seu tempo"[569].

O matutino deu ainda conta da chegada ao Brasil de Gago Coutinho e Sacadura Cabral, naquela que foi a primeira travessia aérea do Atlântico Sul, empreendida no contexto das comemorações do primeiro centenário da independência do Brasil e acompanhou a visita aquele país do então presidente da República, António José de Almeida. O centenário da independência, a 7 de setembro de 1922, e a expedição dos dois aviadores portugueses "foram decisivos para que se verificasse o convite do presidente Epitácio Pessoa a António José de Almeida"[570]. Que mereceu o elogio de Augusto de Castro no editorial intitulado "Era tempo"[571], no qual afirmava que o político nascido no concelho de Penacova, "iria levar ao outro lado do Atlântico «a alma de Portugal» e dali traria «a alma do Brasil»"[572].

---

[567] *Diário de Notícias*. Lisboa: Ano 57, N.º 20082, segunda-feira, 12 de dezembro de 1921, p. 1.

[568] FREIRE, João Paulo (coord.) – *Ob. cit.*, Vol. I, p. 174.

[569] Idem – *Ibidem*.

[570] Idem – *Ob. cit.*, p. 178.

[571] *Diário de Notícias*. Lisboa: Ano 58, N.º 20338, terça-feira, 29 de agosto de 1922, p. 1.

[572] TORGAL, Luís Reis – *António José de Almeida e a República...*, p. 179.

No mesmo artigo, a par do elogio, fazia uma forte crítica à desordem administrativa do país, a propósito da crise do governo democrático presidido por António Maria da Silva, provocada pela demissão do ministro das Finanças, apresentada a 26 de agosto[573].

No mesmo ano, o matutino noticiou, de igual modo, a viagem de Augusto de Castro a Paris, onde foi recebido pelo Marechal Joseph Foch e por Édouard Herriot, o falecimento de António Cândido (25 de outubro) e a realização, em março do ano seguinte, do I Congresso da Imprensa Latina, a decorrer na cidade de Lyon[574]. Encontrando--se em Paris com Édouard Herriot, Augusto de Castro havia exposto ao político francês a ideia de reunir numa grande assembleia representantes da imprensa latina. A ideia, acolhida com entusiasmo pelo, à época, *maire* de Lyon foi, desde logo, posta em prática. A edição de 27 de dezembro de 1922, que anunciava o congresso, publicava ainda o programa provisório do mesmo, e transcrevia uma carta do jornalista Maurice de Waleff e um excerto do jornal romeno *Vutorul* (*O Futuro*), saudando a iniciativa do diretor do *Diário de Notícias*[575].

Em 1923, o matutino lisboeta lançou o Concurso das Quadras Populares Ilustradas e o Concurso Hípico. Publicou ainda a entrevista com o alto-comissário de Moçambique, Brito Camacho (6 de janeiro) e noticiou a partida para França e Inglaterra de Augusto de Castro, a fim de tomar parte nos preparativos do I Congresso da Imprensa Latina (18 de janeiro) e o seu encontro, em Paris, com Aristide Briand (26 de janeiro), a quem endereçou o convite para se deslocar a Portugal em abril do mesmo ano, deslocação essa que não chegaria a concretizar-se. O jornal pretendia, então, dar início a uma série de visitas de destacadas personalidades francesas. Assim, a 28 de janeiro

---

[573] Idem – *Ibidem*.

[574] *Diário de Notícias*. Lisboa: Ano 58, N.º 20457, quarta-feira, 27 de dezembro de 1922, p. 1.

[575] FREIRE, João Paulo (coord.) – *Ob. cit.*, Vol, I, p. 233.

publicava-se que, para além de Briand (1862-1932), deveriam visitar Portugal, por iniciativa do *Diário de Notícias*, o dramaturgo e jornalista Robert de Flers (1872-1927), o político Édouard Herriot (1872-1957) e o jornalista Maurice de Waleffe (1874-1946). De todos, só o último se deslocou, de facto, ao país.

Durante toda a primeira quinzena de março foram o I Congresso da Imprensa Latina (inaugurado em Lyon, a 4 de março) e os discursos, propostas e moções apresentadas pelo seu diretor, que mereceram amplo destaque nas primeiras páginas do periódico. Com Augusto de Castro, sucessivamente ausente do país, a 30 de junho o órgão de comunicação da capital transcreveu a conferência "Portugal, Pátria Latina", proferida pelo jornalista portuense na Sociedade de Geografia de Lisboa, a convite da Associação Industrial Portuguesa. A este evento, presidido pelo presidente da República, António José de Almeida, assistiram o chefe do Governo, António Maria da Silva (1872-1950), e as mais altas individualidades da nação. A 7 de julho o jornal publicava um suplemento noticiando a morte do poeta, escritor e jornalista, Abílio Manuel Guerra Junqueiro e, a 17 do mesmo mês, referenciava o banquete oferecido em honra de Augusto de Castro pela Associação Industrial Portuguesa[576].

Nos seus editoriais, o diretor do *Diário de Notícias* não deixou de focar alguns dos principais assuntos do ano, como a homenagem prestada a Gago Coutinho (1869-1959) e a Sacadura Cabral (1881-1924) pela primeira travessia aérea do Atlântico Sul[577], a morte de Guerra Junqueiro[578] e a eleição de Manuel Teixeira Gomes (1860-1941) para a presidência da República.

Fez ainda publicar, na primeira página do jornal, a entrevista realizada em Londres, no *Foreign Office*, com George Nathaniel Curzon,

---

[576] *Diário de Notícias*. Lisboa: Ano 59, N.º 20659, terça-feira, 17 de julho de 1923, p. 1.

[577] *Diário de Notícias*. Lisboa: Ano 59, N.º 20605, sexta-feira, 25 de maio de 1923, p. 1.

[578] *Diário de Notícias*. Lisboa: Ano 59, N.º 20650, segunda-feira, 9 de julho de 1923, p. 1

1.º Marquês Curzon de Kedleston (1859-1925), estadista britânico conservador, que que foi vice-rei da Índia (1899-1905), ministro dos Negócios Estrangeiros (1919-1924), e candidato a primeiro-ministro em 1923, e o editorial "Portugal, país do Velho do Restelo"[579]. Partindo da personagem criada por Luís de Camões no canto IV de *Os Lusíadas*, Augusto de Castro criticava os pessimistas que não acreditavam no ressurgimento político e económico do país.

No ano seguinte, o periódico lançou a ideia de um monumento a Camilo Castelo Branco, pôs em marcha o "Dia das Misericórdias", iniciou um novo Inquérito Industrial e deu amplo destaque ao II Congresso da Imprensa Latina, inaugurado em Lisboa a 14 de fevereiro de 1924. Nos seus editoriais, Augusto de Castro continuou "a pugnar pela reconstrução das estradas, que se encontravam na sua maioria lastimosamente intransitáveis"[580], e por uma mudança estrutural na política e na sociedade portuguesas.

A 29 de março, num artigo de fundo, o jornalista portuense anunciava a sua saída do *Diário de Notícias* e despedia-se dos leitores, recordando o seu labor de cinco anos à frente do matutino da capital. Havia cerca de um mês que tinha sido nomeado para a chefia da legação portuguesa em Londres, devido à vaga resultante da passagem à disponibilidade do chefe de missão de primeira classe, Manuel Teixeira Gomes, então eleito presidente da República. Depois de recordar "as esperanças e as desilusões, as lutas e os esforços de todas as horas"[581], reconhecia que "uma coisa brilha, porém, a meus olhos: a inspiração do amor e da fé – amor ao meu país e à minha profissão – que alimentou inalteravelmente o meu espírito, aqui dentro"[582]. No momento em que se encontrava prestes a separar-se de "velhos afetos

---

[579] *Diário de Notícias*. Lisboa: Ano 59, N.º 20561, quarta-feira, 12 de abril de 1923, p. 1.

[580] FREIRE, João Paulo (coord.) – *Ob. cit.*, Vol. I, p. 177.

[581] *Diário de Notícias*. Lisboa: Ano 60, N.º 20902, sábado, 29 de março de 1924, p. 1.

[582] *Ibidem*.

e a contrair responsabilidades novas"[583], uma "consoladora certeza"[584] lhe restava contudo:

> Nas novas funções com que a confiança da República me honrou e a que procurarei dedicadamente corresponder, no novo rumo que o serviço do País impõe à minha vida, os mesmos sentimentos de amor e fé nacionais, que nunca deixaram de me inspirar, que nenhuma desilusão ou amargura esmoreceram ainda, me guiarão[585].

No dia seguinte, a 30 de março, sob o título "A homenagem de algumas das figuras mais representativas da mentalidade portuguesa à obra nacional que realizou no *Diário de Notícias*", o jornal publicava na primeira e segunda páginas depoimentos de personalidades como António José de Almeida, Gago Coutinho, Domingos Pereira, Magalhães Lima, Columbano, Júlio Dantas, Teixeira Lopes, Ricardo Jorge, Henrique Lopes de Mendonça, Carlos Malheiro Dias, Eduardo Schwalbach Lucci, Antero de Figueiredo, Reinaldo dos Santos e Egas Moniz, entre outros, sobre a atividade jornalística do diretor do *Diário de Notícias*, durante os cinco anos em que esteve à frente deste periódico. A 31 de março era a vez de registar a opinião de vários diários sobre a obra de Augusto de Castro, enquanto diretor do matutino lisboeta.

Depois da realização de um almoço de homenagem, promovido pela direção da Casa dos Jornalistas, a que assistiram os ministros dos Negócios Estrangeiros, da Justiça e da Guerra e os ministros em Portugal do Brasil e da Inglaterra (13 de abril), o jornal noticiava, a 15 de abril, a partida para Londres, do seu ex-diretor, a fim de tomar posse do lugar para o qual havia sido nomeado em fevereiro desse ano.

---

[583] *Diário de Notícias*. Lisboa: Ano 60, N.º 20902, sábado, 29 de março de 1924, p. 1.

[584] *Ibidem*.

[585] *Ibidem*.

Com a partida para capital inglesa, "a mão constantemente amiga de Augusto de Castro investiu, *sponte sua*, na direção do *Diário de Notícias*"[586], Eduardo Schwalbach Lucci. Este manter-se-ia no lugar durante 15 anos, até ao regresso do jornalista portuense, em 1939. Durante esse período, o *Diário de Notícias* inaugurou uma sucursal em Paris (1 de janeiro de 1925), "facto a que foi dado grande relevo, porque foi a primeira vez que um jornal português assim se instalou em França"[587]; a Empresa do Diário de Notícias foi convertida na Empresa Nacional de Publicidade (ENP), controlada pela Companhia Industrial de Portugal e Colónias e pela Caixa Geral de Depósitos e Instituições de Previdência (1928); e foi lançado o semanário *Notícias Ilustrado* (18 de março de 1928), "que tinha à sua frente Leitão de Barros como diretor e Carolina Homem Cristo como diretora-gerente"[588].

O lapso temporal compreendido entre 1926 e 1938 ficou ainda marcado pelo ciclo de entrevistas de António Ferro a inúmeras personalidades da política nacional e internacional, como Lloyd George, Afonso XIII de Espanha, Leopoldo III da Bélgica, papa Pio XIII, Mussolini, Primo de Rivera, Oliveira Salazar, entre outros[589]. As sete entrevistas com o presidente do Conselho, publicadas pelo *Diário de Notícias* entre 19 e 24 de dezembro de 1932, viriam depois a ser coligidas e editadas pela Empresa Nacional de Publicidade em *Salazar, o Homem e a sua Obra* (1933), com um longo prefácio da autoria do chefe do governo. Este livro seria, de acordo com Fernando Rosas, "o primeiro manual de propaganda"[590] do regime saído do Golpe Militar de 1926.

---

[586] Eduardo Schwalbach – *Ob. cit.*, 1944, p. 333. Este manteve-se no exercício do cargo até ao regresso de Augusto de Castro ao *Diário de Notícias*, em 1939.

[587] LEMOS, Mário Matos e – *Jornais diários portugueses...*, p. 264.

[588] Idem – *Ibidem*. O semanário *Notícias Ilustrado* foi publicado entre 18 de março de 1928 e 6 de outubro de 1935.

[589] Cf. LEAL, Ernesto Castro – *António Ferro...*, p. 35.

[590] FERRO, António – *Entrevistas a Salazar*. Prefácio de Fernando Rosas. Lisboa: Parceria A. M. Pereira, 2003, p. XIII.

Na grande tribuna que foi o *Diário de Notícias*, pode considerar-se que o jornalista Augusto de Castro expôs o seu pensamento em relação a inúmeros acontecimentos e aspetos, sendo de destacar a questão colonial e a participação de Portugal na Primeira Guerra Mundial; a instabilidade política, a desordem interna e as suas repercussões no exterior; os regimes ditatoriais em ascensão na Europa (Itália e Espanha). E fez publicar as entrevistas realizadas a Bento XV, Afonso XIII de Espanha e Lord Curzon.

Relativamente à questão ultramarina e à participação de Portugal na Grande Guerra, a sua opinião vinha ao encontro da opinião corrente. O escritor portuense entendia que o país havia entrado no conflito "para cumprir os seus tratados, para ser fiel à sua secular aliança com a Inglaterra"[591], pois "era esse o seu dever e o seu interesse, porque a sua participação na guerra garantia-lhe a integridade dos seus domínios coloniais"[592]. Assumindo que "as nossas colónias estavam principalmente ameaçadas"[593] pelo expansionismo alemão, na sequência da revolução industrial europeia, considerava que "a nossa guerra com a Alemanha [fora] uma guerra verdadeiramente nacional"[594], o que justificava a intervenção portuguesa "nas duas Áficas e na Europa"[595]. Expressava, neste última asserção, uma opinião já não tão consensual, uma vez que muitos haviam contestado e tinham considerado desnecessário o envio de tropas para as trincheiras da Flandres.

Revelando um pensamento colonial muito próximo do "subscrito por ilustres colonialistas, como Paiva Couceiro, Freire de Andrade,

---

[591] *Diário de Notícias*. Lisboa: Ano 55.º, N.º 19253, segunda-feira, 7 de julho de 1919, p. 1.

[592] *Ibidem.*

[593] *Ibidem.*

[594] *Ibidem.*

[595] *Ibidem.*

João Belo e, em especial, Norton de Matos"[596], Augusto de Castro considerava que, "para evitar desenfreadas cobiças"[597], era necessário proceder "a uma grande e urgente reforma administrativa"[598] em todas as províncias ultramarinas detidas pelos portugueses.

O seu programa de fomento, exposto no artigo de fundo "Não desnacionalizemos as colónias"[599], previa o desenvolvimento de atividades dos setores primário, como a agricultura, a pecuária e a extração mineira, e secundário, como a indústria; a construção de estradas, caminhos de ferro e portos; o estabelecimento de "carreiras de navegação privativas de cada colónia ou grupos de colónias que as lig[assem] entre si, com Portugal e com as principais nações"[600]; a abertura de mercados e o estabelecimento de agências económicas na metrópole e em diversas capitais europeias; o policiamento das colónias; a promoção do povoamento por colonos portugueses; a fundação de institutos de investigação científica, destinados a inventariar as riquezas coloniais; a educação, a instrução e o melhoramento das condições de vida dos indígenas[601]. Este era, para Augusto de Castro, o "vasto plano que t[inha]mos de executar dentro de um número limitado de anos"[602], sob pena de "esta[r]mos irremediavelmente perdidos"[603].

Considerando indispensável a mútua coadjuvação entre as principais potências coloniais europeias – Inglaterra, França, Bélgica e Portugal – para o rápido desenvolvimento dos territórios africanos, defendia o investimento estrangeiro nas possessões ultramarinas

---

[596] SILVA, Armando Malheiro da – "General Norton de Matos (1867-1955). Aspetos maiores de um perfil histórico-biográfico – o militar, o colonialista e o democrata". In *Africana Studia*. Porto: Faculdade de Letras da Universidade do Porto. 2003. N.º 6, p. 181.

[597] *Diário de Notícias*, 7 de julho de 1919, p. 1.

[598] *Ibidem.*

[599] *Ibidem.*

[600] *Ibidem.*

[601] Cf. *Ibidem.*

[602] *Ibidem.*

[603] *Ibidem.*

portuguesas, mas apenas depois de se aferir "muito bem" o interesse e as intenções dos projetos apresentados. Entendia que esta avaliação era fundamental, para que o país não sofresse "desgostos e revezes", como havia acontecido no passado, numa clara alusão às questões que tinham marcado os derradeiros anos da Monarquia Constitucional (Tratado de Lourenço Marques, Ultimato Inglês, etc.).

No que concerne à instabilidade política, o jornalista radicado em Lisboa analisou, por diversas vezes nos seus editoriais, as remodelações ministeriais, os golpes militares, os levantamentos populares, as greves, os atentados, etc.. Augusto de Castro acreditava que "o nome de Portugal"[604] tinha uma "má atmosfera no estrangeiro"[605], por causa dos "nossos erros internos, [d]as nossas inconveniências, [d]as nossas imperdoáveis leviandades"[606]. Considerava, contudo, que não eram "as greves, as manifestações, a agitação social que provoca[va]m o descrédito interno e externo de Portugal"[607]. Mas sim a "convicção em que os outros países est[avam] a nosso respeito e em que nós próprios est[ávamos] da nossa ingovernabilidade"[608]:

> Mais do que as revoluções constantes, mais do que os atentados dinamistas, mais do que os conflitos materiais, são as permanentes quedas do governo, a ausência de critério político, a ausência de diretrizes morais, a instabilidade de opinião, a insistência geral nas mais nefastas propagandas que nos desacreditam, que nos vexam e nos arruínam, dentro e fora das fronteiras. É isso que dá lá fora e nos dá cá dentro a todos a impressão de que não somos governados – e, o que é pior, de que não somos

---

[604] *Diário de Notícias*. Lisboa: Ano 56.º, N.º 19452, terça-feira, 27 de janeiro de 1920, p. 1.

[605] *Ibidem*.

[606] *Ibidem*.

[607] *Diário de Notícias*. Lisboa: Ano 56.º, N.º 19537, quinta-feira, 22 de abril de 1920, p. 1.

[608] *Ibidem*.

governáveis. Portugal oferece o espetáculo de um país em permanente barafunda[609].

Augusto de Castro acreditava que, enquanto o país não arrumasse a sua vida política não podia haver ordem económica, social ou moral. E, por arrumação política, entendia "a distribuição partidária subordinada não a pessoas, mas a ideias de governo"[610]; a "disposição de cada órgão político na sua função própria"[611]; a "criação de diretrizes de opinião pública e não de simples espectadores da popularidade"[612]; e, finalmente, a "organização de programas de administração e o desenvolvimento do espírito de sequência necessário para os executar"[613]. A que juntava ainda "a união das classes"[614] e "o desaparecimento des[s]e estado de coação latente em que est[avam] todas as iniciativas úteis e todos os estímulos do trabalho"[615].

Com efeito, o jornalista portuense considerava que, desde o início do século XX, que se realizava na sociedade portuguesa "uma obra de demolição e de dissolução"[616]. Percecionava uma "desorientação da vida pública"[617], uma crispação na vida política e, até mesmo, "rancores sociais"[618], cujos responsáveis eram, em seu entender, os políticos:

> São os detentores do poder político, do poder económico, do poder social que dão o espetáculo da desordem, do insulto, da ameaça. Como poderão assim dar o exemplo? Todos pedem ordem

---

[609] *Ibidem.*
[610] *Ibidem.*
[611] *Ibidem.*
[612] *Ibidem.*
[613] *Ibidem.*
[614] *Ibidem.*
[615] *Ibidem.*
[616] *Diário de Notícias.* Lisboa: Ano 56.º, N.º 19538, sexta-feira, 23 de abril de 1920, p. 1.
[617] *Ibidem.*
[618] *Ibidem.*

para trabalhar, mas todos fomentam a desordem, a indisciplina e, às vezes, mesmo sem querer, a anarquia[619].

Por isso, condenou, em diversos artigos de fundo, os excessos de linguagem usados no Parlamento e na Imprensa, entendendo que esses excessos tinham conduzido, na prática, a um distanciamento entre patrões e trabalhadores, nada benéfico para o país que, desta forma, não podia evoluir do ponto de vista económico, político e social[620]. Castro revelou ainda o seu conservadorismo ao condenar as leis, os decretos, as medidas que tinham como intuito "vexar certas classes, mais conservadoras e lisonjear os instintos iconoclastas de outras, mais turbulentas"[621]. Pediu, ainda, o fim da burocracia, da desorganização económica, do abuso dos expedientes, da instabilidade dos processos administrativos e da anarquia burocrática[622].

Em síntese, Augusto de Castro acreditava que a República estava minada por inúmeros conflitos de personalidades; estes manifestavam-se em disputas e cisões dentro dos partidos políticos; as cisões dos partidos geravam uma instabilidade política crescente e generalizada; esta instabilidade impedia o desenvolvimento do país, que só podia regressar à vida normal mediante o "retorno da ordem". À semelhança de muitos autores da segunda década do século XX, como Carlos Malheiro Dias, António Ferro, Homem Cristo Filho, Armindo Monteiro, etc., Castro fez diversas críticas políticas à Primeira República e desejou o regresso de uma harmonia, a seu ver, perdida.

No que toca aos regimes ditatoriais em ascensão na Europa, longe ainda do seu entusiasmo enquanto embaixador de Roma, nos anos 30, altura em que o fascismo se encontrava consolidado, Augusto de

---

[619] *Ibidem.*

[620] Cf. *Diário de Notícias*, 22 de abril de 1920, p. 1.

[621] *Diário de Notícias*, 23 de abril de 1920, p. 1.

[622] Cf. *Ibidem.*

Castro apesar de reconhecer potencialidades e afinidades com o fascismo, mostrava-se, como era de seu tom, cauteloso e até ambíguo, na apreciação que fazia, uma vez que o regime ainda não se encontrava completamente consolidado e o contexto político podia sofrer uma reviravolta. Assim, escrevia que "o advento do poder do fascismo não representa[va] o epílogo da crise italiana, representa[va] talvez o auge dessa crise"[623] e ainda que "sempre que num país, o prestígio do princípio da ordem e o símbolo da autoridade sa[íam] das mãos do poder, abstratamente representado pelo Estado, para as mãos de grupos ou de bandos políticos – os fundamentos da estabilidade desse Estado e da própria hierarquia social corr[i]m risco"[624], pelo que "se a reação vermelha [era] um perigo, a reação imperialista, generalizada amanhã à Europa, [era] outro perigo, pelas tempestades que pod[ia] provocar"[625].

Augusto de Castro não pretendia comprometer-se: se amanhã o que tivesse afirmado não viesse a concretizar-se, ele não estaria incorreto. Para além disso, e como defensor das posições portuguesas em África, é de presumir que visse na possível consolidação do fascismo em Itália uma ameaça à integridade das colónias lusas. Como, de resto, viria a verificar e a dar conta, mais tarde, enquanto ministro de Portugal em Roma.

Contudo, apesar da cautela e, até, da ambiguidade colocadas na análise da situação italiana, o futuro diplomata não deixava de demonstrar a sua admiração pelo fascismo, pela ordem imposta, pela organização e pela figura de Mussolini, "homem de uma coragem pessoal e de uma intrepidez política conhecidas"[626], que "não quis

---

[623] *Diário de Notícias.* Lisboa: Ano 58.º, N.º 20405, domingo, 5 de novembro de 1922, p. 1.

[624] *Ibidem.*

[625] *Ibidem.*

[626] *Ibidem.*

ser um aventureiro e não pretende ser um ditador"[627], "tenaz e inteligente propagandista"[628]:

> O fascismo não se fez em alfurjas, não se criou, nem alimentou
> em conspirações de ruas ou de quartéis. O seu triunfo é o triun-
> fo da organização. Fez propaganda – quer propaganda popular,
> que propaganda de imprensa. Criou órgãos de opinião pública.
> Disciplinou-se e armou-se – às claras. Disse o que queria e ao que
> vinha. Só quando reuniu nas suas fileiras oitocentos mil adeptos,
> só quando dispunha duma força de uma opinião pública esmaga-
> dora; só quando se encontrou com uma organização de governo
> que lhe permitiu formar um ministério de individualidades de
> prestígio reconhecido, só quando se reconheceu na posse indis-
> cutível dum organismo, capaz de aspirar ao poder e de o exercer,
> é que transpôs as portas do Quirinal[629].

É preciso não perder de vista que o fascismo foi encarado, por muitos setores da direita, como uma reação à desordem e que, por essa mesma altura, começava António Ferro o seu ciclo de entrevistas-reportagens com inúmeras personalidades europeias, muitas delas, afetas aos regimes ditatoriais em ascensão na Europa. Em 1920 havia entrevistado para *O Século* Gabriele D'Annunzio, que manteve uma peculiar relação com o fascismo; em 1923, no ano II da "era de Mussolini"[630], seria a vez do chefe do governo italiano; e, em 1924, o "alegre e confiado"[631], "sóbrio mas firme"[632], Miguel Primo de Rivera.

---

[627] *Ibidem.*

[628] *Ibidem.*

[629] *Ibidem.*

[630] FERRO, António – *Viagem à Volta das Ditaduras.* Lisboa: Tipografia da Empresa do Anuário Comercial, 1927, p. 74.

[631] FERRO, António – *Homens e Multidões.* Lisboa: Bertrand, 1941, p. 83.

[632] LEAL, Ernesto Castro – *António Ferro...*, p. 57.

À frente do *Diário de Notícias* Castro teve, de igual modo, oportunidade de entrevistar importantes personalidades da época, como
Bento XV, Afonso XIII de Espanha e Lord Curzon. Os seus trabalhos
jornalísticos seriam depois reunidos em *Dentro e fora de Portugal:
páginas de ontem e de hoje*, obra dada à estampa em 1924. Relativamente a Bento XV, depois de longas considerações sobre Roma e o
Vaticano, o jornalista procedia a uma descrição física do papa:

> O seu rosto é bem o do esplêndido retrato do pintor bo-
> lonhês Luduvico Lambertini. Nessa fisionomia comunicativa,
> iluminada, clara, apenas a boca, vagamente contraída, traduz
> o hábito das meditações e do recolhimento. Sua Santidade tem
> um ar de saúde, quase jovial – somente sobre a pele se espalha
> essa palidez de pergaminho peculiar às pessoas privadas do
> largo contacto do ar livre. As mãos são finas, admiravelmente
> cuidadas, brancas, viris[633].

Uma das suas principais preocupações foi mostrar que Bento XV
se encontrava bem informado sobre a situação política portuguesa.
Assim, durante a conversa, abordaram os rumores da libertação em
Lisboa de José Júlio da Costa, noticiado no dia da entrevista (27 de
outubro de 1921) pelo *Le Matin*, a composição do último Parlamento
e a *Lei de Separação do Estado das Igrejas*. Durante a entrevista, o
papa ter-se-á mostrado indiferente ao regime político que vigorava
em Portugal, mas considerou inaceitável aquilo que era, em seu entender, "a perseguição" feita pelos republicanos à igreja. O sumo
pontífice desejou, ainda, o restabelecimento da ordem em Portugal,
indo, desse modo, ao encontro do que Augusto de Castro já havia
preconizado em muitos dos seus editoriais. Sendo que, em diversos
jornais portugueses da época, encontrava cada vez mais adeptos, a

---

[633] Idem – *Ob. cit.*, p. 21.

corrente que advogava a via autoritária como única forma de reformar o país e de restabelecer a ordem interna.

A entrevista a Afonso XIII de Espanha, realizada a 19 de setembro de 1922, na Real Casa de Campo de Miramar, em San Sebastian, mostrou aos leitores do periódico lisboeta "um rei moderno, bravo, espanhol até à medula"[634]. A conversa versou a aproximação e a hegemonia peninsulares, o assassinato de Eduardo Dato (8 de março de 1921), as cidades que atraiam o monarca (Madrid, San Sebastian e Lisboa), o afastamento de Portugal e Espanha e a necessidade de combater esse apartamento, inclusive para atrair turistas espanhóis a Portugal, o novo ramal ferroviário de acesso a Portugal, a questão das pescas e da rede hidrográfica e a crise financeira vivida pelos dois países na sequência da Grande Guerra. Para combater a crise, o monarca chegou a propor a criação de um "Benelux iberista", ou seja, de uma "Sociedade Económica Luso-Espanhola"[635], constituída por "elementos preponderantes da vida financeira e de negócios das duas nações, destinada a estudar a forma de estreitar, sob es[s]e ponto de vista, as relações peninsulares"[636]. Afonso XIII acreditava que "a intimidade de relações entre os dois países, garantido o res-peito pelas expressões políticas e nacionais que os separa[va]m, seria uma grande obra de engrandecimento peninsular"[637], que daria "for-ça internacionalmente aos dois povos"[638].

Na sequência do encontro que teve lugar no *Foreign Office*, em Londres, a 17 de março de 1923, Augusto de Castro deu a conhecer aos leitores do *Diário de Notícias* "o antigo vice-rei das Índias, antigo residente do Conselho do Império, *leader* da Câmara Alta, ministro

---

[634] Idem – *Ob. cit.*, p. 31.

[635] Idem – *Ob. cit.*, p. 49.

[636] Idem – *Ob. cit.*, p. 48.

[637] Idem – *Ibidem*.

[638] Idem – *Ob. cit.*, pp. 49-50.

dos Negócios Estrangeiros de Inglaterra"[639] Lord Curzon, marquês de Curzon of Kedleston. Esse "homem alto, de ombros largos, vestindo sobrecasaca preta"[640], cujos "olhos singularmente expressivos, claros e ingleses, traduz[ia]m a decisão, a astúcia e o hábito do mando"[641], depois de relembrar "os laços da velha e estreita cooperação, que liga[va]m indissoluvelmente os dois povos na história, através de uma aliança nunca interrompida e secular"[642], mostrou-se atento e conhecedor da situação política portuguesa, fazendo votos para que a estabilidade e a normalidade regressassem à lusa pátria. Depois de lamentar o facto de não conhecer a cidade de Lisboa, referiu-se às discordâncias recentemente surgidas entre os dois países, por causa das medidas tomadas pelo governo português, no intuito de restabelecer a estabilidade financeira e industrial do país – como, por exemplo, a constituição, a 3 de julho de 1922, da Companhia Colonial de Navegação (CCN) – que atingiram os interesses comerciais ingleses, em especial, os da navegação. Lord Curzon entendia, contudo, que o governo português seria capaz de "remover quaisquer possíveis divergências que p[udesse]m dificultar as relações comerciais entre os dois países"[643], naquilo que poderia ser entendido como um (novo) convite à cedência portuguesa, perante os interesses britânicos.

Neste primeiro período de liderança do jornalista portuense (1919-1924), o *Diário de Notícias* aproximou-se, de facto, dos interesses económicos da Companhia Industrial de Portugal e Colónias. Sempre que a governação assumiu contornos de maior radicalismo, o tom de Augusto de Castro endureceu e os seus editoriais sancionaram as queixas e as reivindicações das "forças vivas". Indo, desse modo, ao

---

[639] Idem – *Ob. cit.*, p. 60.
[640] Idem – *Ibidem.*
[641] Idem – *Ob. cit.*, p. 61.
[642] Idem – *Ob. cit.*, p. 64.
[643] Idem – *Ob. cit.*, p. 67.

encontro dos interesses da Moagem, mas, também, das suas posições conservadoras e, inclusive, das conveniências do grupo social de que provinha: proprietários/burgueses. Atente-se em algumas das suas intervenções mais marcantes:

> Ordem em baixo só é possível com ordem – em cima. Não se governa apenas no Terreiro do Paço. Governa-se, dirigindo, em qualquer campo de atividade. E governar é prever, é conciliar, não é irritar e perturbar. Isolar o Estado de todas as forças vivas do país é uma obra nefasta. Dividir é uma obra perigosa. Perigosa sobretudo num momento em que a nacionalidade precisa de um largo esforço construtivo para caminhar e ressurgir – e em que a palavra confiança nunca foi mais necessária para um ressurgimento financeiro que nunca – em parte alguma do mundo![644]
>
> A insistência nesta deletéria propaganda moral é um crime – e é contra a continuação desse crime que é mister que se ergam, em Portugal, todos os espíritos sinceros e honestos, todos aqueles que sabem que não pode haver ordem pública enquanto se persistir nesta sementeira de ventos – que gera as tempestades. E se a vida social é impossível dentro destes processos, que constituem uma irrespirável atmosfera moral, a vida económica torna-se pior ainda. Amarrar a um permanente pelourinho a indústria, o comércio e a propriedade, por forma a expor à malquerença das multidões o industrial, o comerciante, o proprietário, é criar um estado de antagonismos de classes cujas consequências, na existência material da nação, não são difíceis de prever[645].
>
> É tempo de parar. De parar na violência das apóstrofes, na cega sementeira de suspeições, no pavoroso regime do tumultuoso

---

[644] *Diário de Notícias*. Lisboa: Ano 56.º, N.º 19537, quinta-feira, 22 de abril de 1920, p. 1.

[645] *Ibidem.*

«dia a dia» em que vivemos, em que todas as indústrias ou ramos de comércio, bem como a propriedade, vivem com o credo na boca, sempre à espera da campanha que as difama, das medidas que as vexa, do decreto que as expropria, da lei que lhes torna impossível viver[646].

Ainda assim e, apesar dessa aproximação, Acúrcio Pereira, na altura chefe de redação do jornal, num depoimento recolhido no âmbito da comissão de inquérito realizada ao *Diário de Notícias*, em março de 1927, testemunhava que "os delegados da Portugal e Colónias junto do jornal, não se atreviam a tentar manejar [Augusto de Castro] em proveito de interesses que não fossem legítimos"[647]. E, Mário de Matos e Lemos, na sua obra *Jornais diários portugueses do século XX. Um dicionário,* escreveu que "Augusto de Castro, pelo seu contrato, só publicava o que entendesse, podendo mesmo recusar à empresa a publicação de qualquer artigo, salvo se sob a forma de carta ao diretor"[648].

Compreenda-se que, apesar da proximidade dos interesses dos detentores do órgão de comunicação social, o controlo exercido pela Moagem sobre o jornal, durante a direção de Augusto de Castro, não foi, de modo algum, tão apertado, como o que viria a ser tentado logo depois da sua partida para Londres, com o jornalista Acúrcio Pereira que, na qualidade de chefe de redação desde dezembro de 1920, ficou a garantir o regular andamento do periódico. A este, o presidente do Conselho de Administração da Moagem, Eduardo Ramires dos Reis, começou por exigir "que fosse todos os dias aos escritórios da Moagem a fim de lhe dar conhecimento de tudo quanto o jornal tivesse para

---

[646] *Ibidem.*

[647] Depoimento de Acúrcio Pereira à Comissão de Inquérito ao *Diário de Notícias*. Lisboa: 16 de março de 1927, p. 2 [a cópia deste documento foi, gentilmente, cedida por Mário Matos e Lemos].

[648] LEMOS, Mário Matos e – *Jornais diários portugueses...*, p. 80.

publicar"[649], impondo também artigos doutrinários e políticos que interessavam aos moageiros[650]. Acúrcio Pereira – que, por carta datada de 15 de abril de 1924, enviada para a legação de Portugal em Londres, tinha posto ao corrente de toda a situação, o seu antigo diretor, Augusto de Castro[651] – acabou por pedir a demissão. A redação, não transigindo com a manutenção deste estado de coisas, acabaria também por abandonar o matutino, a 28 de abril de 1924.

A 30 de junho do mesmo ano assumiu a direção do periódico Eduardo Schwalbach Lucci que, como o próprio reconhece nas suas memórias, foi investido no cargo pela "mão constantemente amiga de Augusto de Castro"[652]. A partir desse período e, mais do que nunca, o jornal abriu-se aos setores políticos, económicos e militares que, dois anos depois, em 1926, instauraram a ditadura, ajudando a alavancar a ascensão de Salazar ao poder, através de artigos laudatórios da sua obra financeira. Recorde-se que Armindo Monteiro, um dos pouquíssimos colaboradores de Oliveira Salazar na sua intensa atividade diplomática, teve assento no Conselho de Administração da Companhia Industrial de Portugal e Colónias, ao mesmo tempo que manteve com alguma regularidade, entre 1919 e 1928, uma "página financeira" no Diário de Notícias.

Com efeito, Afonso Costa, num seu artigo publicado no jornal A Verdade, do dia 5 de Outubro de 1933, referia-se ao Diário de Notícias como "o órgão da Moagem"[653]. E o diretor do Diário de Notícias, Eduardo Schwalbach, viria inclusive a receber mensagens anónimas pela atitude bajuladora do seu periódico para com o presidente do Conselho:

---

[649] Idem – Ibidem.

[650] Cf. Idem – Ibidem.

[651] Cf. Depoimento de Acúrcio Pereira à Comissão de Inquérito ao Diário de Notícias..., p. 4.

[652] Eduardo Schwalbach – Ob. cit., p. 333. Este manteve-se no exercício do cargo até ao regresso de Augusto de Castro ao Diário de Notícias, em 1939.

[653] Cf. TORGAL, Luís Reis – Estados Novos..., pp. 575-576.

O seu pasquim até mete nojo. Não pode ser mais baixo nem mais miseravelmente adulador. Se os artigos não são assinados por você, são, contudo, da sua responsabilidade. Nunca vi incensar tão servilmente. Pasmo do cinismo de que dá provas. Afinal quem é Salazar? Um astucioso como qualquer outro. Que tem ele que outro não fizesse? Nada! Absolutamente nada. Vocês os aduladores mesquinhos são uns canalhões, mas talvez não venha tarde o tempo em que se hão de retratar como qualquer trânsfuga. As baboseiras que você tem publicado só servem para aumentar o ódio e indignação daqueles que não sabem rastejar aos pés de qualquer ambicioso astuto. Tome cuidado com o futuro, que talvez se arrependa[654].

3.4. Os Congressos da Imprensa Latina

Um dos editoriais de Augusto de Castro sobre os periódicos dos países de expressão latina – publicado no *Diário de Notícias* de 5 de junho de 1922 – foi o ponto de partida para a organização do primeiro congresso da imprensa destes países. Encontrando-se em Paris com Édouard Herriot, expôs-lhe a sua ideia, que logo foi acolhida com entusiasmo. Augusto de Castro preconizava que "tendo o espírito latino vencido a guerra, só o espírito latino poderia fundar a paz"[655] e que "o Pan-Latinismo não era uma arma contra quem quer que fosse, mas uma força posta ao serviço da Civilização"[656]. Assim, foi um dos responsáveis pela realização do I Congresso da Imprensa

---

[654] RODRÍGUEZ, Alberto Pena – "La creación de la imagen del franquismo en el Portugal Salazarista". In TORGAL, Luís Reis e PAULO, Heloísa (coord.) – *Estados autoritários e totalitários e suas representações*. Coimbra: Imprensa da Universidade de Coimbra, 2008, p. 193.

[655] *Grande Enciclopédia Portuguesa e Brasileira*. Vol. VI. Lisboa: Página Editora, 1998, p. 232.

[656] *Ibidem*.

Latina, que teve lugar em Lyon, de 4 a 10 de março de 1923, que reuniu cerca de 80 representantes de jornais de diferentes proveniências e o corpo consular dos países latinos.

A expressão "latinidade", entendida enquanto o conjunto dos povos latinos e o seu respetivo modo cultural e social de ser, e a doutrina do panlatinismo surgiram em França, como forma de rivalizar, com a Alemanha e a Inglaterra, a hegemonia na Europa (e no resto do mundo). O político francês Michel Chevalier (1806-1879) foi um dos principais ideólogos do panlatinismo e um dos primeiros a utilizar o conceito de "América Latina" (1836), num relatório que elaborou após uma viagem ao México e aos Estados Unidos da América, para designar uma zona de influência económica francesa no centro das Américas (México), de forma a conter a crescente influência dos Estados Unidos nessa região. Michel Chevalier idealizou uma união política, económica e cultural dos países latinos, liderada pela França, para rivalizar economicamente com os países de origem anglo--saxónica. Projetou uma associação que propunha a restauração da preeminência da "raça" latina, sob a liderança e a inspiração da França. Convém não perder de vista que a França era, ainda neste período, pelo seu poder colonial, pela sua influência intelectual, linguística e cultural, a grande referência da cultura europeia.

Após a vitória da Entente na Primeira Guerra Mundial, os conceitos de latinidade e de panlatinismo voltaram a ganhar adeptos. Um dos mais fervorosos prosélitos deste projeto foi Benito Mussolini, que Augusto de Castro considerou o exemplo da "latinidade renovada".

Por seu turno, Augusto de Castro preconizava, não uma união política ou económica, mas uma união cultural dos 140 milhões de latinos da Europa e dos 100 milhões de latinos das Américas Central e do Sul. Pode-se salientar aqui um paralelismo com a própria construção europeia, que antes de ser um projeto económico e/ou político, foi um projeto de intelectuais, de pensadores. Ademais, se na primeira metade da década de 20, Augusto de Castro entendeu que esse projeto deveria ser liderado pela França, com o advento e o apogeu do fascismo, reclamou para a Itália esse papel, sendo que nos últimos anos da década de 30, reconsiderou a sua posição, voltando a colocar essa união sob a égide da França.

O seu projeto da latinidade viria a dar um passo em frente com a sua proposta de realização do I Congresso da Imprensa Latina, que reuniu os agentes fundamentais na formação da opinião pública, os jornalistas.

A edição do *Diário de Notícias*, do dia 10 de janeiro de 1923, noticiava já a realização do congresso, que coincidiria com a Feira de Lyon, a decorrer na primeira quinzena de março. O cargo de secretário-geral do comité de organização do Congresso havia sido atribuído ao jornalista e escritor francês, Maurice de Waleffe (1874-1946), fundador do *Paris Midi*, do Movimento da Imprensa Latina, do primeiro concurso nacional de "la plus belle femme de France" (1920) e redator do *Le Journal*. Integrava o mesmo comité, em representação do matutino lisboeta, o jornalista e escritor Paulo Osório, que residia em França desde 1911 e era adido de imprensa na legação de Portugal em Paris.

O periódico da capital salientava ainda o facto de "a iniciativa do Congresso Latino ser uma iniciativa portuguesa"[657]. Por isso, a *mairie* de Lyon havia distribuído pela imprensa de Lisboa o mesmo número de convites que tinha dirigido à imprensa parisiense. O critério que presidiu à formulação dos convites foi o da tiragem. Assim, no caso português, estes foram endereçados aos diretores do *Diário de Lisboa*, *O Século*, *O Mundo*, para além do *Diário de Notícias*, promotor do evento.

A sessão inaugural do Congresso na Câmara Municipal de Lyon foi presidida por Herriot, que apresentou as boas-vindas aos congressistas. Falou depois o secretário-geral da Comissão Organizadora, Maurice de Waleffe, sobre os trabalhos de organização do congresso,

---

[657] *Diário de Notícias*. Lisboa: Ano 60, N.º 20468, quarta-feira, 10 de janeiro de 1923, p. 1.

tendo proposto, desde logo, que a reunião do ano seguinte fosse efetuada em Lisboa, uma vez que "fora o diretor do *Diário de Notícias*, «um grande jornal português», quem concebera, primeiro do que ninguém, a ideia desses Congressos Universais da Imprensa Latina"[658].

De seguida cada uma das delegações – italiana, espanhola, portuguesa, suíça, belga, romena, francesa e sul-americanas – agradeceu os cumprimentos que lhe foram apresentados. Augusto de Castro, que havia sido eleito, por proposta dos delegados brasileiros, representante de Portugal e do Brasil, falou em nome das duas delegações. O mesmo voltaria a usar da palavra, da parte da tarde, depois de um baquete oferecido pela municipalidade de Lyon. Na qualidade de promotor do I Congresso da Imprensa Latina, o diretor do *Diário de Notícias* pronunciou um discurso em francês, em que defendeu, uma vez mais, que "foi a força espiritual do génio latino que venceu a guerra, contra o poder materialista, a violência medieval, a organização da ciência posta ao serviço do imperialismo, a cultura árida e truculenta do progresso que o espírito germânico consubstancia"[659]. As suas declarações devem ser integradas na importância dada à civilização latina, por oposição aos "bárbaros".

Henry de Jouvenel (1876-1935), político e diplomata francês, diretor do *Le Matin*, foi eleito presidente do Congresso. O primeiro dia de trabalhos (5 de março de 1923) foi dedicado a Portugal e ao Brasil[660], tendo Augusto de Castro inaugurado os trabalhos da primeira sessão do Congresso. As propostas apresentadas pelo diretor do *Diário de Notícias* para o estreitamento das relações luso-brasileiras e para a criação dum *Bureau* da Imprensa dos Países Latinos acabaram por ser aprovadas por unanimidade pela assembleia. O organismo recém-criado, composto por um delegado da imprensa de cada um dos

---

[658] *Diário de Notícias*. Lisboa: Ano 60, N.º 20521, terça-feira, 6 de março de 1923, p. 1.

[659] *Ibidem*.

[660] *Diário de Notícias*. Lisboa: Ano 60, N.º 20583, domingo, 4 de maio de 1923, p. 1.

países representados em Lyon, teria como funções organizar os congressos ou reuniões que a assembleia-geral dos representantes dos diretores dos jornais votasse; assegurar a execução dos pareceres de caráter prático, emitidos pelo Congresso; e arbitrar quaisquer conflitos de opinião pública, de caráter nacional ou internacional e sem aspeto político ou diplomático, que pudessem surgir, por meio da imprensa, entre dois ou mais países latinos[661]. A comissão executiva desse órgão seria constituída pelos franceses Henry de Jouvenel (*Le Matin*) e Maurice de Waleffe (*Le Journal*), pelo italiano Pietro Croci (*Corriere della Sera*) e pelo português Augusto de Castro (*Diário de Notícias*).

Nas sessões seguintes, e até ao final do Congresso, foram aprovadas diversas resoluções. Assim, decidiu-se a organização de uma secção especial permanente em cada um dos jornais representados, que se deveria intitular "Notícias dos países latinos" e a preparação de uma campanha da imprensa para obter a equivalência dos diplomas de exames, permitindo aos estudantes passar um ou mais anos em outras universidades latinas, com a condição do primeiro e o último anos dos seus cursos e os exames finais serem feitos no país de origem[662]. Determinou-se ainda a admissão de advogados latinos na defesa dos seus compatriotas nos tribunais de todos os países latinos; a venda de livros de literatura ou de ciência pelo preço de custo, sem benefício comercial em todos os países latinos de câmbio desfavorável, tais como Portugal e Roménia; a fundação, nas grandes capitais latinas, de um teatro reservado à representação de obras estrangeiras das cinco línguas latinas, com o sugestivo nome de "Teatro Latino"; a preferência "por filmes de espírito latino aos de propaganda e espírito estranho à latinidade"[663] e por romances e folhetins traduzidos em língua latina aos traduzidos em

---

[661] Cf. *Diário de Notícias*, 6 de março de 1923, p. 1.

[662] Cf. *Diário de Notícias*. Lisboa: Ano 60, N.º 20525, sábado, 10 de março de 1923, p. 1.

[663] *Ibidem*.

outras línguas[664]. Previu-se ainda o direito de resposta dos países eventualmente atacados na imprensa[665] e a organização dos serviços das agências de informação, para que cada uma tivesse em cada capital latina um correspondente especial, para evitar as notícias indiretas ou tendenciosas[666].

O Congresso, amplamente divulgado pela imprensa dos países presentes, assim como as suas resoluções, foram saudados pelos jornais dos países representados, sobretudo pelo parisiense *Le Journal*, cujos artigos foram reproduzidos pelo *Diário de Notícias* em várias das suas edições[667].

Augusto de Castro, que entretanto se deslocara a Paris e, seguidamente a Londres, para entrevistar Lord Curzon, chegou à estação do Rossio apenas no dia 29 de março, onde teve "uma afetuosa receção"[668].

O Congresso seguinte realizou-se em Lisboa[669], de 14 a 20 de fevereiro de 1924. Para a sua realização muito contribuiu o entusiasmo de Augusto de Castro, mas também de Paulo Osório e Homem Cristo Filho[670]. A França fez-se representar pelos delegados dos jornais *Le Matin* (1883-1944), *Le Journal* (1892-1944), *Le Petit Parisien* (1876-1944), *Le Petit Journal* (1863-1944) e *L'Echo de Paris* (1884-1944) e pelos diretores das agências *Radio*, *Havas* e *Americana*. De Espanha seguiram representantes dos periódicos *El Diario Universal*, *La Correspondencia de España: diario universal de noticias* (1859-1925),

---

[664] Cf. *Ibidem*.

[665] Cf. *Ibidem*.

[666] Cf. *Diário de Notícias*, 10 de março de 1923, p. 1.

[667] Cf. *Diário de Notícias*. Lisboa: Ano 60, N.º 20530, quinta-feira, 15 de março de 1923, p. 1 e Cf. *Diário de Notícias*. Lisboa: Ano 60, N.º 20533, domingo, 18 de março de 1923, p. 1.

[668] FREIRE, João Paulo (coord. de) – *Ob. cit.*, p. 235.

[669] Augusto de Castro presidiu ao II Congresso da Congresso da Imprensa Latina realizado em Lisboa e esteve também no III Congresso em Florença (era então enviado extraordinário e ministro plenipotenciário no Vaticano). Outros congressos sucederam-se em Liège, Bucareste, Madrid, Havana e Tours.

[670] LEAL, Ernesto Castro – *António Ferro...*, p. 49.

El Sol (1917-1939) e *La Libertad* (1919-1939), de Madrid; de *El Nervión* (1856), de Bilbao; e de *La Unión Mercantil* (1886-1936) e *La Unión Ilustrada* (1909-1931), de Málaga[671].

A Itália enviou jornalistas do *Corriere della Sera* (1876) e de *Il Popolo d'Italia* (1914-1943), jornais milaneses, o último dos quais fundado, a 15 de novembro de 1914, por Benito Mussolini; *La Gazzetta del Popolo* (1848-1983), de Turim; *L'Epoca* (1917-1925; 1945-1946) e *La Tribuna* (1883-1946), de Roma; *Il Giornale della Sera*, de Nápoles; e *La Sera*[672].

A Bélgica enviou delegados dos periódicos *Le Soir* (1887), *La Libre Belgique* (1915) e *La Meuse* (1856), publicações ainda hoje ativas. Da Roménia viajaram jornalistas do *Adevărul* (1871), do *Vutorul* e da *Presa*. Do Brasil, deslocaram-se representantes de *O Paiz* (1884-1934), de *A Pátria* e de *A Notícia*, do Rio de Janeiro, e de *O Estado de S. Paulo* (1875) e do *Correio Paulistano* (1854-1963; 1980). Da Argentina vieram jornalistas da *La Nación* (1870), de *El Diario* e de *La Prensa* (1869), de Buenos Aires. Do Uruguai de *La Razón* (1878); do Peru, de *El Comercio* (1839); do México do *Excélsior* (1917) e de *El Universal* (1916); de Cuba, de *El Mundo* (1901-1969); da Colômbia, de *El Nuevo Tempo*; do Chile, de *El Mercurio* (1827); e da Venezuela, de *La Cultura Venezolana*[673].

Os objetivos do II Congresso da Imprensa Latina eram muito semelhantes aos do primeiro: "unificar, sob um entendimento espiritual, cada vez mais estreito, as forças até agora dispersas dos 140 milhões de latinos da Europa e dos 100 milhões de latinos da América do Sul"[674], reunindo-as "num bloco de ação que assim

---

[671] Cf. *Diário de Notícias*. Lisboa: Ano 60, N.º 20847, sábado, 2 de fevereiro de 1924, p. 1.

[672] Cf. *Ibidem*.

[673] Cf. *Ibidem*.

[674] *Ibidem*.

constituirá uma força única formidável"[675]. Acreditava-se que se era certo que as nações latinas tinham interesses económicos demasiado diferentes para poderem unir-se sob o ponto de vista político, não era menos certo que elas obedeciam a um conjunto de ideias hereditárias comuns, que faziam com que um italiano ou um espanhol, um português ou um francês, um belga ou um brasileiro, se sentisse muito menos despatriado quando passava de um para outro desses povos irmãos, do que quando passava as fronteiras das nações anglo-saxónicas, eslavas ou germânicas: "há um ancestral instinto de família a ligar-nos, apesar da diferença de línguas que nos separa e que, por sinal, constitui o único obstáculo sério da nossa recíproca aproximação"[676]. Assim sendo, competia à imprensa a tarefa de superar esse obstáculo, chamando a si o papel de intérprete dos pensamentos e aspirações dos povos latinos, estabelecendo o contínuo contacto entre eles, trocando e traduzindo ideias, desfazendo atritos, preparando, em suma, com o seu poder, "muito superior ao de todas as alianças diplomáticas, a verdadeira propaganda do pensamento e do ideal latino"[677].

Para os portugueses em particular, esse Congresso tinha, à margem do interesse geral, "uma vantagem especial"[678]:

> Reunidos em Lisboa, os jornalistas dos principais jornais do mundo latino, acabará de vez o equívoco, que a guerra ainda não de todo desmentiu, acerca da nossa situação geográfica e política. Saber-se-á definitivamente que nem somos uma província de Espanha, nem um país refratário à civilização europeia[679].

---

[675] *Ibidem.*

[676] *Ibidem.*

[677] *Ibidem.*

[678] *Ibidem.*

[679] *Ibidem.*

Com efeito, era também intuito dos organizadores deste evento a afirmação de Portugal no contexto internacional, não só pela (degradação da) situação política, mas também por causa da situação das suas colónias, sempre ameaçadas e cobiçadas, sobretudo as localizadas em solo africano.

Inaugurado às 21:30 do dia 14 de fevereiro de 1924, na Câmara Municipal de Lisboa, o programa oficial do Congresso previa a realização de cinco sessões, a primeira dedicada à França e à Bélgica; a segunda ao Brasil e a Portugal; a terceira à Itália e à Roménia; a quarta à Espanha e à América Espanhola; e a quinta, e última, a decorrer no Buçaco, à votação das resoluções[680]. Do programa social faziam parte as visitas ao Museu de Arte Antiga (14 de fevereiro) e à Exposição Grandela (15 de fevereiro); o banquete na Câmara Municipal (15 de fevereiro) e as receções nas legações da Espanha (17 de fevereiro) e da França (20 de fevereiro); a récita de gala no Teatro S. Carlos (16 de fevereiro), e os passeios pelo rio Tejo, por Sintra, Cascais, Estoril (18 de fevereiro) e Buçaco (19 e 20 de fevereiro)[681].

A cerimónia ocorrida nos Paços do Concelho, presidida pelo chefe de Estado Português, Manuel Teixeira Gomes, proclamou Augusto de Castro como presidente do II Congresso. No discurso proferido na sessão inaugural, depois de traçar a história da iniciativa, que havia começado em Lyon e que continuava a ter em Lisboa a sua execução, o jornalista portuense considerava que "nessa hora dolorosa em que uma humanidade envelhecida cria[va] uma humanidade nova, em que um mundo novo nasc[ia] dos despojos dum mundo velho, em desequilíbrio"[682] seria por uma "Renascença latina que a

---

[680] *Ibidem.*

[681] *Diário de Notícias.* Lisboa: Ano 60, N.º 20859, quinta-feira, 14 de fevereiro de 1924, p. 1.

[682] *Diário de Notícias.* Lisboa: Ano 60, N.º 20860, sexta-feira, 15 de fevereiro de 1924, p. 1.

civilização humana, a ordem e a liberdade ser[iam] salvas"[683]. Castro, à semelhança de Homem Cristo Filho, demonstrava assim, ser, um obstinado defensor "do projeto da latinidade"[684].

Contudo, ao contrário do que afirmaria mais tarde, enquanto diplomata em Roma, reclamava para a França, "pela sua tradição espiritual, pelo direito sagrado do pensamento e da glória"[685] a condição de "facho imortal, [de] Pátria de todas as pátrias latinas"[686]. Se mais tarde, no período de apogeu do fascismo, reconhecerá que Roma pela "gestação universal do seu génio"[687], manteve sempre "a sua função imperial"[688], nesse período é preciso não perder de vista que a França era, pelo seu poder colonial, pela sua influência intelectual, linguística e cultural a grande referência da cultura europeia. É ainda imperioso não escamotear o facto de a França e a Itália terem sido e serem, nessa altura, aliadas e a que Itália deveria servir de contrapeso à Alemanha, na eventualidade de um *Anchluss*.

Ao discurso de Augusto de Castro seguiu-se o do jornalista francês Maurice de Waleffe, que depois de enaltecer "o papel desmedido"[689] que Portugal representou "na história da raça branca"[690] e de exaltar o "génio" português, "feito de imaginação e audácia"[691], elogiou a ação do diretor do *Diário de Notícias*, referindo que este pretendeu com a sua iniciativa "unir a imprensa latina para impedir a morte duma civilização que definhava, encerrada em cinco línguas, o es-

---

[683] *Ibidem.*

[684] LEAL, Ernesto Castro – *António Ferro...*, p. 49.

[685] *Diário de Notícias*, 15 de fevereiro de 1924, p. 1.

[686] *Ibidem.*

[687] CASTRO, Augusto de – *Imagens da Europa vistas da minha janela*. Lisboa: Empresa Nacional de Publicidade, 1936, p. 43.

[688] Idem – *Ibidem.*

[689] *Diário de Notícias*, 15 de fevereiro de 1924, p. 1.

[690] *Ibidem.*

[691] *Ibidem.*

panhol, o português, o francês, o romeno e o italiano"[692], enquanto que "os outros tipos de civilização, a civilização anglo-saxónica, a civilização germânica, a civilização russa"[693] formavam "blocos monolingues de centenas de milhões de homens, falando todos os mesmos dialetos"[694].

Nos últimos dois dias do Congresso, os delegados deslocaram-se ao Buçaco, a convite de Alexandre de Almeida (1885-1972), empresário do ramo hoteleiro, que tinha arrendado ao Estado Português, desde 1917, o *Palace Hotel* daquela localidade. Aí foram aprovadas as diversas resoluções do Congresso. Assim, o *Bureau* da Imprensa Latina resolveu aceitar, de futuro, na sua associação, todos os jornais que pertencessem a povos de cultura e expressão latinas, sem levar em linha de conta o regime político sob o qual estes viviam, uma vez que, a imprensa latina já havia afirmado suficientemente desde o seu primeiro Congresso de Lyon, que tinha apenas um objetivo, o da "solidariedade sentimental e de civilização espiritual, perfeitamente compatível com o lealismo das suas diversas populações para com a sua bandeira particular"[695]. Os delegados sancionavam, desta forma, a admissão de jornais de todos os países latinos, independentemente do regime político que os regia, numa demonstração clara do conservadorismo e das posições claramente pró direita de muitos dos seus membros.

Foi também ratificada a proposta de integração dos periódicos das colónias dos países membros no *Bureau* da Imprensa Latina e foi sancionada a moção que sugeria "que em cada cidade latina fo[sse] protegido um livreiro que se compromete[sse] a vender os livros nas cinco línguas latinas ao preço exato do câmbio do dia"[696]. Homem

---

[692] *Ibidem.*

[693] *Ibidem.*

[694] *Ibidem.*

[695] *Diário de Notícias.* Lisboa: Ano 60, N.º 20866, quinta-feira, 21 de fevereiro de 1924, p. 1.

[696] *Ibidem.*

Cristo Filho, fervoroso admirador do fascismo e dos diversos nacio-
nalismos europeus, amigo pessoal de Mussolini, viu também aprovada pelos congressistas a sua sugestão de criação de uma agência
telegráfica latina, que permitisse assegurar aos diários uma "exata
informação telegráfica do que se passava nos outros países da mesma
raça, defendendo-os assim de informações suspeitas e da penetração
que, por esse meio, exerc[ia]m as agências não latinas"[697]. O escritor,
vitimado mortalmente na sequência de um acidente rodoviário a 150
quilómetros da capital italiana, a 12 de junho de 1928, quando se
dirigia para mais uma conferência com o *Duce*, sem ter visto realizado o seu grande projeto do Congresso das Nações do Ocidente,
programado para Roma, para abril de 1929, procurava assim contribuir para a formação de uma opinião pública, onde a ideia de latinidade se apresentava como estruturante[698].

Os delegados ao Congresso validaram ainda as moções para a
integração na comissão executiva de um delegado da América latina
e para a criação de um jornal de propaganda latina, destinado às
repúblicas da América Central. Maurice de Waleffe, numa espécie
de continuação da mobilidade universitária existente na Idade Média
e numa antecipação do que ainda hoje subsiste e da reforma proposta pelos líderes europeus em Bolonha, solicitou a equivalência
dos programas universitários, de modo a "que os estudantes que
fizessem um ou dois anos dos seus estudos numa universidade latina, pudessem continuá-los em qualquer outra academia"[699].

Ficou ainda decidido que os periódicos deviam fazer propaganda
da troca, entre os países latinos, de crianças nas férias e de volun-tá-
rios para "casas comerciais, industriais e financeiras, troca que antes

---

[697] *Ibidem.*

[698] Cf. LEAL, Ernesto Castro – *António Ferro...*, p. 48..

[699] Cf. *Diário de Notícias*. Lisboa: Ano 60, N.º 20866, quinta-feira, 21 de fevereiro
de 1924, p. 1.

da guerra, em França e na Bélgica, se fazia apenas com a Inglaterra, a Alemanha e a Holanda"[700].

O II Congresso da Imprensa Latina, para além de procurar contribuir decisivamente para a concretização do ambicioso projeto da latinidade, colocou a tónica numa questão cara aos nacionalistas, a da propaganda. Conhecida a importância da imprensa como instrumento propagandístico desde o século XIX, tornou-se evidente o papel, a importância e o potencial da comunicação gráfica para chegar às massas. A imprensa, encarada como uma ferramenta de publicidade essencial, deveria ser o elo de ligação entre todos os países de expressão latina, deveria funcionar como instrumento de galvanização de todas as populações com esta origem. A propaganda surgia, assim, como uma representação, quase sempre com expressão pictórica, da identidade latina, enaltecendo as virtudes destes povos e (des)valorizando as outras culturas ou civilizações: anglo-saxónica, germânica, eslava...

Aos olhos da propaganda combatia-se sempre por um ideal, lutava-se sempre por um interesse. E um dos interesses confessos do *Diário de Notícias* e, consequentemente de Augusto de Castro, era o da promoção de Portugal no estrangeiro. Objetivo que foi conseguido, uma vez que a imprensa latina deu amplo destaque ao Congresso realizado em Lisboa. Para além de uma visão do passado e do presente, os jornalistas que marcaram presença no evento projetaram também o futuro de um país "que febrilmente caminha[va] para brilhantes destinos"[701].

Augusto de Castro terá procurado também, por certo, uma certa projeção individual, tanto a nível interno, como a nível externo. Projeção essa que seria conseguida e que lhe seria de grande utilidade no exercício das novas funções que lhe foram confiadas, em feverei-

---

[700] *Ibidem.*

[701] *Diário de Notícias*. Lisboa: Ano 60, N.º 20876, domingo, 2 de março de 1924, p. 1.

ro de 1924, com a designação para a legação de Portugal em Londres, a última antes da elevação da legação a embaixada. E o começo de uma longa carreira diplomática, por um dos postos mais cobiçados: Londres, o coração do império britânico; Londres, um dos principais centros políticos da Europa e do mundo.

3.5. "Cinco Anos"

E, quando perfaziam praticamente cinco anos que o seu nome constava do cabeçalho do *Diário de Notícias*, Augusto de Castro trocou o jornalismo pela diplomacia. Nomeado enviado extraordinário e ministro plenipotenciário, por Decreto de 28 de fevereiro de 1924, Castro assumiu a chefia da legação portuguesa em Londres, devido à vaga resultante da passagem à disponibilidade do chefe de missão de primeira classe, Manuel Teixeira Gomes, que iniciara o seu mandato enquanto presidente da República a 6 de outubro de 1923.

Durante 58 meses "ligou a [sua] existência"[702], como o próprio confessou no editorial "Cinco Anos", "à deste jornal"[703], tendo vivido sempre para "a obra efémera, mas absorvente"[704], que lhe fora confiada. Com a "alma aos farrapos"[705], o que levava a sua "pena a tremer ligeiramente"[706], o escritor nascido no Porto despediu-se dos seus leitores, admitindo que o jornalismo era "uma vertiginosa carreira da vida, sem cessar renovada, incessantemente insatisfeita, fulgurante e mortal"[707]. Desse trilho só aceitava afastar-se por ter "a

---

[702] *Diário de Notícias*. Lisboa: Ano 60, N.º 20902, sábado, 29 de março de 1924, p. 1.

[703] *Ibidem*.

[704] *Ibidem*.

[705] *Ibidem*.

[706] *Ibidem*.

[707] *Ibidem*.

consoladora certeza"[708] que, "nas novas funções com que a confiança da República"[709] o havia honrado, "os mesmos sentimentos de amor e fé nacionais que nunca deixaram de [o] inspirar guiariam"[710].

A edição do dia 30 de março do matutino lisboeta lamentava, num artigo de fundo, a saída do seu diretor, não apenas por ser "o mais alto cargo d[aquel]a casa que ficava vago durante algum tempo"[711]; não apenas pela despedida do "amigo querido de todos"[712]; mas também porque para o público suspendiam-se "aqueles conselhos salutares, nascidos dum nobre anseio de servir a Pátria, duma grande, acrisolada e inabalável fé nos seus destinos"[713]. Incluía ainda depoimentos das "personalidades de maior relevo em vários campos da vida portuguesa"[714].

O primeiro, destacado a negrito, era da lavra de António José de Almeida. O ex-presidente da República, num tom crítico, dirigido muito provavelmente à instituição universitária frequentada por Augusto de Castro, entendia que "afora os anos que frequentou a Universidade de Coimbra e em que não deve ter aprendido muito"[715], o seu nome "aparec[ia] na lista das sociedades sábias, dos grémios literários e dos conclaves artísticos, como o de um crítico que observa[va] e passa[va] adiante e não como de um discípulo que estuda[va], sonolento, a lição que lhe marcaram"[716].

Para o presidente do Senado, António Xavier Correia Barreto (1853-1939), Augusto de Castro era um "ilustre jornalista"[717], de "ação

---

[708] *Ibidem.*

[709] *Ibidem.*

[710] *Ibidem.*

[711] *Diário de Notícias.* Lisboa: Ano 60, N.º 20903, domingo, 30 de março de 1924, p. 1.

[712] *Ibidem.*

[713] *Ibidem.*

[714] *Ibidem.*

[715] *Ibidem.*

[716] *Ibidem.*

[717] *Ibidem.*

inteligente, enérgica e persistente"[718], que "no estrangeiro t[inha] procurado engrandecer a Pátria e a República"[719]. Entendia ainda que "o governo, confiando ao sr. dr. Augusto de Castro uma das importantes legações, praticou apenas um ato de justiça e prestou ao país um assinalado serviço"[720]. Por seu turno, Domingos Pereira Leite, ministro dos Negócios Estrangeiros, considerava que havia sido sob a direção de Augusto de Castro que o *Diário de Notícias* se tinha tornado "um grande jornal moderno"[721]. Com a sua saída, o jornalismo perdia o "jornalista perfeito"[722], mas a diplomacia ganhava um "diplomata, cujas altas qualidades pessoais ao serviço da Pátria e da República"[723] garantiam, à partida, um "êxito igual ao êxito do jornalista"[724].

Os dois aviadores e oficiais da marinha portuguesa, Carlos Viegas Gago Coutinho (1869-1959) e Artur de Sacadura Freire Cabral (1881-1924), que se haviam conhecido quando o primeiro realizava a delimitação definitiva da parte norte da fronteira entre Angola e Zaire, também foram chamados a dar o seu testemunho sobre o jornalista portuense. Assim, se para o piloto nascido em Lisboa, Augusto de Castro era, para além de um "grande diretor de jornal"[725], "um perspicaz diplomata"[726], que sabia aproveitar todos os pretextos para rememorar o nome de Portugal e continuar a "obra de aproximação latina, para a qual tanto concorrera a nossa viagem ao Brasil"[727], para o oficial nascido em Celorico da Beira, que haveria de sucumbir,

---

[718] *Ibidem.*
[719] *Ibidem.*
[720] *Ibidem.*
[721] *Ibidem.*
[722] *Ibidem.*
[723] *Ibidem.*
[724] *Ibidem.*
[725] *Ibidem.*
[726] *Ibidem.*
[727] *Ibidem.*

poucos meses depois nas águas do Mar do Norte, o escritor radicado em Lisboa era um "talento brilhante"[728], "um português"[729] que tudo tinha feito "para engrandecer Portugal"[730].

O advogado, jornalista, político e escritor, Sebastião de Magalhães Lima (1850-1928), fundador do jornal *O Século*, e durante largos anos, grão-mestre do Grande Oriente Lusitano, atentava que "durante os cincos anos da sua diretoria no *Diário de Notícias*, afirmou o dr. Augusto de Castro a sua personalidade de jornalista eminente, numa obra de ressurgimento, quer sob o ponto de vista nacional, quer sob o ponto de vista internacional"[731].

Por seu turno, Henrique Lopes de Mendonça (1856-1931), em jeito de fábula da imprensa e em tom moralista, distinguia dois tipos de jornalista: o "jornalista abelha", "que transcende os seus limites, em busca de alimento para os seus favos"[732], que "tudo torna em mel"[733], e o "jornalista aranha", que não é capaz de "extrair senão veneno de quantas novas e atoardas lhes caem na outiva"[734] e que "tudo peçonha"[735]. A alegoria servia para elogiar, seguidamente, "o mel dessa provida abelha"[736], que era Augusto de Castro, "mestre do jornalismo contemporâneo"[737], que não se deixava "infetar pela mentira, repulsiva ao seu caráter"[738], nem pelo "insulto, vedado à sua índole"[739]. O autor de *A Portuguesa* revelava-se bastante crítico do

---

[728] *Ibidem.*
[729] *Ibidem.*
[730] *Ibidem.*
[731] *Ibidem.*
[732] *Ibidem.*
[733] *Ibidem.*
[734] *Ibidem.*
[735] *Ibidem.*
[736] *Ibidem.*
[737] *Ibidem.*
[738] *Ibidem.*
[739] *Ibidem.*

trabalho desenvolvido por alguns jornalistas, sem contudo, particularizar as suas apreciações.

O periódico fundado por Tomás Quintino e Eduardo Coelho solicitou também a opinião de pintores e escultores que haviam convivido com o seu ex-diretor. Assim, se para Columbano (1857-1929), Augusto de Castro, pela obra realizada à frente do *Diário de Notícias* merecia a "gratidão de todos os portugueses"[740], para Teixeira Lopes (1866-1942) ele era "um homem do mais fino trato"[741], "um homem de ação, um trabalhador infatigável"[742], enquanto José Malhoa (1855- -1933) confessava "muito admirar no dr. Augusto de Castro a ação inteligente e fecunda que, posta ao serviço da Pátria, tanto t[inha] contribuído para, no estrangeiro, a tornar mais conhecida e mais justamente apreciada"[743].

Os médicos Ricardo Jorge (1858-1939), Egas Moniz (1874-1955) e Reinaldo dos Santos (1880-1970) foram, igualmente, convidados a juntar as suas vozes "ao coro das saudações endereçadas ao diretor"[744] do periódico lisboeta. O médico, investigador e higienista, professor de Medicina e introdutor em Portugal das modernas técnicas e conceitos de saúde pública, nascido também na cidade do Porto, destacava "o talento de cronista primoroso e o sal tártaro do ironista mordente"[745] do seu conterrâneo. Por sua vez, o futuro Nobel da Medicina de 1949 salientava que "quem possui as qualidades que Augusto de Castro evidenciou na organização do Congresso da Imprensa Latina, estava indicado para o desempenho de uma mais alta missão"[746], reconhecendo, contudo, que "a vida diplomática sorri[a]

---

[740] *Ibidem.*

[741] *Ibidem.*

[742] *Ibidem.*

[743] *Ibidem.*

[744] *Ibidem*, p. 2.

[745] *Ibidem.*

[746] *Ibidem.*

aos que a v[iam] de fora, mas [era] das mais ingratas quando se representa[va] uma nação pequena e desvaliosa"[747], sendo "nessa situação que os chefes de missão se imp[unha]m pelo que val[ia]m, pondo os seus méritos ao serviço dos interesses do seu país"[748]. Acreditava, no entanto, que "nos árduos trabalhos a que o novo ministro [ia] entregar-se, saber[ia] pôr em ação as energias que t[inha] patenteado através de uma vida de elevadas lutas"[749]. O médico, escritor e historiador nascido em Vila Franca de Xira, Reinaldo dos Santos considerava que Augusto de Castro havia modernizado o *Diário de Notícias*, dando lugares de honra e de relevo à vida mental das Academias e Sociedades científicas, às questões de arte, de literatura e de história e à cruzada, sempre viva, em favor da conservação dos monumentos nacionais"[750].

Os escritores Júlio Dantas, Carlos Malheiro Dias e Antero de Figueiredo deram, de igual modo, o seu testemunho sobre o amigo. Assim, para o primeiro a sua obra no *Diário de Notícias* havia sido "duplamente notável, quer pela sua ação nacional, quer pela sua extensão internacional"[751]. Destacando a larga propaganda feita no estrangeiro "do país e dos seus homens"[752], acreditava que algumas iniciativas de Augusto de Castro – referindo-se à criação do *Paris-Notícias* e ao Congresso da Imprensa Latina – haviam contribuído "para tornar, nos últimos tempos, mais intenso e mais extenso o nosso convívio internacional"[753], pelo que concluía que o escritor portuense não ia "começar a sua vida diplomática: [ia], apenas, continuá-la"[754].

---

[747] *Ibidem.*
[748] *Ibidem.*
[749] *Ibidem.*
[750] *Ibidem.*
[751] *Ibidem*, p. 1.
[752] *Ibidem.*
[753] *Ibidem.*
[754] *Ibidem.*

Carlos Malheiro Dias, em registo de total discordância com o regime que há alguns anos a esta parte vinha combatendo, e que apelidava de "destrutivo", "assustadoramente anarquizado", "deficiente", "ilegítimo", e que se caracterizava pelas "permanentes revoluções", "quedas de ministérios", "manipulação de bombas" e "descrédito do país", acreditava que Augusto de Castro, "como todos os homens de ação que não se resignavam à apatia, t[ivera] de ajustar a sua atividade ingénita às condicionalidades do seu tempo"[755]. Para o literato, a "energia criadora e otimista"[756] do conterrâneo sobressaia, "tanto mais quanto lhe era adverso o meio pelo pessimismo taciturno, pelo sectarismo irredutível, pela suspeição aviltante, pelo desalento mórbido"[757]. Malheiro Dias afiançava que "a sua vida política fo[ra] a da Ordem"[758], e que "num país que submetera a vida a um critério melodramático, ele [havia] conserv[ado] o senso prático e o senso comum"[759]. O seu único defeito, no entender do autor de *Exortação à Mocidade*, era o "de não ter sido, como a maioria dos seus contemporâneos, um extremista das direitas ou das esquerdas..."[760].

Por último, Antero de Figueiredo salientava, no amigo e confidente, "as notabilíssimas qualidades de jornalista moderno"[761], que concorreram para a transformação de "um circunspecto, maciço, velho e sisudo Fausto capelado"[762], num "jornal moderno, vivaz e mexediço"[763], que criou nos seus leitores "a avidez da leitura quotidiana"[764]. A comparação, pouco elegante com o período anterior terá sido, decerto, do

---

[755] *Ibidem*, p. 2.
[756] *Ibidem*.
[757] *Ibidem*.
[758] *Ibidem*.
[759] *Ibidem*.
[760] *Ibidem*.
[761] *Ibidem*.
[762] *Ibidem*.
[763] *Ibidem*.
[764] *Ibidem*.

agrado de Augusto de Castro. Mas que dizer de Alfredo da Cunha, o único ex-diretor vivo à altura, que se terá sentido, por certo, visado pelas palavras de Antero de Figueiredo?

Por seu turno, aquele que seria o seu sucessor à frente do *Diário de Notícias*, Eduardo Schwalbach, começava por evocar a comédia de costumes a *Caixeirinha*, levada à cena no Teatro República e protagonizada por Augusto Rosa, Robles Monteiro e Leonor Faria, para definir a ação de Augusto de Castro à frente do matutino lisboeta. No entrecho, a atriz Leonor Faria que desempenhava o papel que dava título à obra, "desferia um assinalado voo"[765], que seria, por muitos, recordado pelo seu arrojo. Para o também escritor e jornalista, Augusto de Castro havia sido a "caixeirinha" do *Diário de Notícias*, uma vez que, "com a sua arte de disposição e de renovação"[766], havia conseguido aumentar "consideravelmente a tiragem, alegra[r] a vista do leitor e insinua[r]-se-lhe no espírito"[767]. Recordando a ação do periodista que tinha levado "o conhecimento de Portugal para além das suas fronteiras"[768], Eduardo Schwalbach entendia que Augusto de Castro havia sido, "por assim dizer, o grande ministro dos estrangeiros da imprensa portuguesa"[769], concluindo: "do autor dramático, veio a "caixeirinha"; no diplomata do jornalismo gerava-se o ministro de Portugal em Londres. Curso natural de faculdades cultivadas"[770].

A única mulher convidada a dar o seu testemunho sobre "a obra" de Augusto de Castro foi Elisabeth d'Aubignac Bandeira de Melo, condessa das Rilvas. Aquela que viria a ser a futura presidente da primeira comissão executiva da Obra das Mães pela Educação Nacional (OMEN) e que seria "convidada por Salazar para intervir no

---

765 *Ibidem.*
766 *Ibidem.*
767 *Ibidem.*
768 *Ibidem.*
769 *Ibidem.*
770 *Ibidem.*

I Congresso da União Nacional (1934), onde apresentou uma tese sobre assistência técnica, em que apelou à criação de escolas de serviço social"[771], enalteceu "a força do jornal ao serviço dos pobres e desvalidos"[772], durante a direção de Augusto de Castro, permitindo-se expressar, em nome de todas as "florinhas da rua"[773], a sua "perpétua gratidão"[774].

A edição de 30 de março, dedicada quase na íntegra, nas suas duas primeiras páginas, ao ex-diretor, terminava com um artigo, em que eram enumeradas as "campanhas" e as "consagrações nacionais" empreendidas pelo *Diário de Notícias*, durante os cinco anos de atividade jornalística de Augusto de Castro, bem como os "serviços por este prestados a Portugal e ao estrangeiro"[775], destacando as entrevistas ao Papa Bento XV, ao rei Afonso XIII e ao ministro dos Negócios Estrangeiros inglês, Lord Curzon, assim como a realização dos Congressos da Imprensa Latina e a criação do *Paris-Notícias*[776].

Somente a 30 de junho de 1924, o nome do novo diretor figurou na primeira página do jornal: Eduardo Schwalbach, que então ainda usava o apelido Lucci. Numa altura em que o desânimo atingia o autor[777], eis que o novo desafio, que durou 15 anos (1924-1939) "de trabalho e perseverança"[778], vinha dar alento à vida do também dramaturgo. Na mesma época, Lourenço Cayolla (1863-1935), "redator do jornal, tomou posse como Secretário-Geral, mas sem nome no cabeçalho"[779].

---

[771] PIMENTEL, Irene Flunser – *História das Organizações Femininas no Estado Novo*. Rio de Mouro: Círculo de Leitores e autora, 2000, p. 423.

[772] *Ibidem*.

[773] *Ibidem*.

[774] *Ibidem*.

[775] *Ibidem*.

[776] Cf. *Ibidem*.

[777] Cf. SCHWALBACH, Eduardo – À Lareira do Passado..., pp. 335-336.

[778] Idem – *Ob. cit.*, p. 336.

[779] LEMOS, Mário Matos e – *Jornais diários portugueses...*, p. 263.

Durante o período em que assumiu a direção do matutino lisboeta, o escritor nascido em Lisboa promoveu campanhas de sensibilização e solidariedade e deu início a novas secções, como, por exemplo, "Notícias Comercial, Industrial e Financeiro", "Notícias Insular e Colonial", "Notícias Pedagógico", "Notícias Teatral" e "Notícias Miudinho". Em 1928, como atrás referido, a Empresa do Diário de Notícias foi convertida na Empresa Nacional de Publicidade e foi lançado o semanário *Notícias Ilustrado*, o primeiro periódico a ser impresso em rotogravura em Portugal, que se publicaria até outubro de 1935.

Por seu turno, Augusto de Castro tomou posse da legação de Portugal em Londres a 24 de abril de 1924, tendo apresentado credenciais a 5 de maio. O agora diplomata tinha a possibilidade de contribuir, progressivamente, para a mudança daquilo que havia classificado como a "má atmosfera internacional que o nome de Portugal tinha no estrangeiro"[780].

No editorial "Portugal lá fora", datado de 27 de janeiro de 1920, Castro escrevera que "para, a injusta impressão que lá fora há de nós, muito contribuiu também a deficiência da nossa representação diplomática e consular"[781]. Não querendo afirmar que Portugal não tinha no estrangeiro alguns representantes, ministros ou agentes comerciais que honrassem o país, uma vez que "seria injusto não admitir lisonjeiras exceções"[782], o facto é que elas não passavam de exceções. Assim, assumindo um tom crítico, entendia que os "delegados diplomáticos e algum pessoal dos nossos consulados"[783] careciam de "falta de preparação, conhecimento do meio, qualidades pessoais, zelo e prestígio"[784].

---

[780] *Diário de Notícias*. Lisboa: Ano 56.º, N.º 19452, terça-feira, 27 de janeiro de 1920, p. 1.

[781] *Ibidem*.

[782] *Ibidem*.

[783] *Ibidem*.

[784] *Ibidem*.

O principal culpado pela situação era, em seu entender, o Estado que, "por snobismo ou por modéstia de recursos, não dotava convenientemente os seus serviços de representação externa"[785]. O que levava a que os representantes de "Portugal lá fora", "por hábitos de vida, por feitio, por inadaptação ao meio, por falta de preparação profissional, por errada compreensão de deveres"[786], não passassem, "de banais elementos decorativos ou burocráticos, que só muito imperfeitamente conseguiam estabelecer, com o meio em que representavam, por dever do cargo, o seu país, essa intimidade de relações, esse contacto útil, esse prestígio indispensável a quem exerc[ia] funções de tal delicadeza"[787].

Como exemplo de um bom diplomata citava o espanhol José María Quiñones de León, amigo pessoal de Afonso XIII e embaixador espanhol em Paris durante mais de 30 anos, que havia sabido "receber, conquistar, seduzir, aparecer em toda a parte, lisonjear, cultivar amizades, mostrar-se infatigável, conviver com jornalistas, ministros, frequentar salões, insinuar-se, valorizar-se pessoalmente"[788], porque tinha compreendido que essa era a melhor forma de valorizar o seu país. Para Augusto de Castro, "as nossas legações e os nossos consulados [eram] geralmente Torres de Marfim"[789]:

> Os nossos diplomatas vivem quase sempre dentro delas, *snob* ou burocraticamente. Entre eles e o meio que os cerca estabelecem uma parede que só franqueiam com papel de ofícios ou para os salamaleques do estilo, empertigados e escassos. Raramente se integram na sociedade em que vivem e, para o exercício da sua

---

[785] *Ibidem.*
[786] *Ibidem.*
[787] *Ibidem.*
[788] *Ibidem.*
[789] *Ibidem.*

missão, contentam-se com elementos de influência social que as suas funções lhes dão, sem procurarem outros, de natureza direta e pessoal, que são, muitas vezes, bem mais decisivos[790].

Pode dizer-se que a crítica final era dirigida ao ministério dos Negócios Estrangeiros, uma vez que, "pelos detestáveis processos de seleção que t[inha] desde há muito seguido"[791], não dispôs "dos elementos externos, internacionais, necessários para valorizar convenientemente a sua função"[792].

Pelos duros comentários feitas à diplomacia portuguesa, Augusto de Castro teria necessariamente de provar, no exercício das suas funções, que ora começavam na Corte de St. James, que a sua ação seria forçosamente diferente.

---

[790] *Ibidem.*
[791] *Ibidem.*
[792] *Ibidem.*

Capítulo IV – Tempos de Bonança... Anos de Crise

4.1. De Lisboa a Londres – "Chapéu Alto e Coco"

A história diplomática de Portugal remonta aos primórdios da nacionalidade, quando, ao lutar pela independência do Condado Portucalense, D. Afonso Henriques procurou obter o reconhecimento da integridade do reino e de todos os territórios conquistados[793] pelos outros Estados europeus e, em especial, pela Santa Sé, que, na altura, regulava todas as questões que envolviam os diferentes reinos da cristandade[794].

Desde essa época até à implantação da República, as relações diplomáticas portuguesas com os mais variados povos ficaram marcadas por acordos tão importantes como o Tratado de Westminster (1373)[795], o Tratado de Windsor (1386), o Tratado de Tordesilhas (1494), o Tratado de Methuen (1703) ou o Tratado da "Quádrupla Aliança" (1834).

O primeiro marcou o início da mais antiga aliança diplomática do mundo, a aliança luso-britânica, ainda hoje em vigor, tendo sido, sucessivamente, reforçado e invocado, pelos dois países ao longo da sua história. Suspenso durante o período da União Ibérica, foi restabelecido

---

[793] Cf. MARTÍNEZ, Pedro Mário Soares – *História Diplomática de Portugal*. 3.ª Edição. Coimbra: Almedina, 2010, p. 32.

[794] MAGALHÃES, José Calvet de – *Breve História Diplomática de Portugal*. 3.ª Edição. Mem Martins: Europa-América, 2000, pp. 16-17.

[795] Cf. Idem – *Ob. cit.*, pp. 38-39.

após a Restauração de 1640, num período em que a situação interna inglesa "não permitia aos portugueses obter muito mais dos seus tradicionais aliados do que o simples reconhecimento de D. João IV"[796]. Nos inícios do século XIX, a mesma aliança consentiu o auxílio inglês aquando da ocupação napoleónica, auxílio que conduziria à permanência em Portugal, durante vários anos, das tropas de Sua Majestade. Mas também foi "ignorada" com o *Ultimatum* Inglês, considerado, por muitos, "a mais grave ofensa" dos britânicos contra o seu mais antigo aliado. Para o restabelecimento das relações diplomáticas entre os dois países, muito contribuiu a ação de Luís Augusto Pinto de Soveral, Marquês de Soveral (1851-1922), ministro de Portugal em Londres. O grande conhecimento da corte de St. James concorreu para um desanuviamento das relações e para o entabular de novas negociações – que conduziram ao acordo de 1891 e à declaração secreta de 1899.

Já no século XX, a Grã-Bretanha invocou-o por ocasião da Primeira Guerra Mundial, quando, em 1916, solicitou a Portugal a "requisição" das muitas dezenas de navios germânicos que, desde a abertura das hostilidades, se haviam refugiados nos portos lusos do continente, das ilhas e das colónias. A anuência ao pedido britânico conduziu à declaração de guerra alemã, que chegou a 9 de março de 1916. Voltou a ser alegado na Segunda Guerra Mundial e, apesar da proximidade ideológica do regime de então relativamente às potências do Eixo, foi permitido o uso da base das Lajes pelos Aliados. Em 1961, durante a invasão de Goa por parte da União Indiana, Portugal procurou o auxílio da Inglaterra para minorar os efeitos do ataque. Durante a *Falklands War* (1982), a base aérea das Lajes foi novamente colocada ao dispor da *Royal Navy*.

A importância da aliança luso-britânica, considerada, desde cedo, um dos pilares da manutenção da integridade territorial e da soberania portuguesa, levou a que o governo de Lisboa acreditasse, por

---

[796] MAGALHÃES, José Calvet de – *Ob. cit.*, p. 76.

norma, em Londres os seus diplomatas mais conceituados. Desde sempre Londres havia sido uma cidade incontornável, adquirindo uma importância cada vez maior à medida que os ingleses iam expandindo os seus domínios. Nos inícios do século XX, a capital inglesa ostentava ainda "o estatuto de principal centro da política e da diplomacia europeias; era também a capital do maior império colonial europeu e a mais importante praça financeira do velho continente"[797]. Por isso, em regra, os Estados europeus nomeavam para Londres os diplomatas mais qualificados. Na viragem do século, o marquês de Soveral, que até aí ocupara postos em diversas capitais europeias (Berlim e Madrid), fixou-se na capital britânica no ano do *Ultimatum*, tendo trabalhado com êxito para a reaproximação dos dois aliados e conquistado uma posição de destaque na corte de Eduardo VII. Com a implantação da República, a representação portuguesa foi entregue a outro importante vulto da cultura literária da época, o escritor e, mais tarde, presidente da República, Manuel Teixeira Gomes (1860-1941).

Nos alvores do século XX, o corpo diplomático português era uma estrutura relativamente pequena[798], que, desde sempre, tinha constituído uma casta à parte, com a nobreza titulada a monopolizar os postos mais importantes. A título de exemplo, cite-se Nuno Severiano Teixeira que, no estudo "A República e a política externa", refere que, no último governo da Monarquia, "Portugal tinha no estrangeiro 20 legações e 17 chefes de legação, porque alguns deles acumulavam. Desses 17 diplomatas, 12 eram titulados e cinco não. Ou seja, 70,5por cento da elite diplomática era de origem aristocrática"[799].

---

[797] OLIVEIRA, Pedro Aires – *Armindo Monteiro...*, p. 167.

[798] De acordo com Nuno Severiano Teixeira, no último governo da Monarquia, Portugal tinha 20 legações no estrangeiro. Cf. TEIXEIRA, Nuno Severiano – "A República e a política externa". In MENESES, Filipe Ribeiro de e OLIVEIRA, Pedro Aires (coord.) – *A 1.ª República Portuguesa. Diplomacia, Guerra e Império*. Lisboa: Tinta da China, 2011, p. 25.

[799] Idem – *Ibidem*.

Após o 5 de Outubro de 1910, registaram-se mudanças significativas. Para além da vaga de demissões que se seguiu à proclamação do novo regime – casos dos condes de Paraty (Viena) e Sousa Rosa (Paris), dos viscondes de Pindela (Berlim) e Santo Tirso (Bruxelas) e do marquês de Soveral (Londres) – a renovação do corpo diplomático "continuou com uma espécie de purgas mitigadas e seletivas, acompanhadas da nomeação de novos diplomatas de confiança política"[800]. Deste modo, em 1911, no final do primeiro ano da República, o panorama mudou significativamente. Portugal contava, então, com 18 legações no estrangeiro e 17 chefes de legação, sendo que um deles acumulava. Desses 17 chefes de legação, apenas dois eram titulados. Ou seja, a percentagem de aristocratas no aparelho diplomático baixou drasticamente de 70,5% para 11,7%[801]. As transformações não se ficaram, no entanto, por aqui. Para além da mudança na composição social do recrutamento diplomático, alterou-se também a confiança política. Assim, dos 17 chefes de legação ao serviço, em finais de 1911, apenas sete eram diplomatas de carreira e dez eram de nomeação política. Isto é, 58,8% eram "embaixadores políticos"[802]. E os postos diplomáticos mais importantes para a política externa portuguesa, Madrid, Paris, Londres, Roma, Berlim, Rio de Janeiro, haviam sido confiados a figuras gradas da propaganda republicana. José Relvas foi nomeado enviado extraordinário e ministro plenipotenciário de Portugal em Madrid; João Chagas seguiu para Paris; Manuel Teixeira Gomes rumou a Londres; Eusébio Leão dirigiu-se a Roma; Sidónio Pais partiu para Berlim; e Bernardino Machado encaminhou-se para o Rio de Janeiro.

Até 1926, o recurso a "embaixadores políticos" foi uma constante, com figuras republicanas bem conhecidas a serem chamadas para os

---

[800] TEIXEIRA, Nuno Severiano – *Ob. cit.*, p. 25.
[801] Cf. Idem – *Ibidem*.
[802] Cf. Idem – *Ibidem*.

principais postos da diplomacia portuguesa. Foram os casos de Duarte Leite, embaixador no Rio de Janeiro (1914); Augusto de Vasconcelos, ministro plenipotenciário em Madrid (1914) e Londres (1918); Egas Moniz, ministro plenipotenciário em Madrid (1917); Norton de Matos, embaixador em Londres (1924); entre outros. Muitos destes "embaixadores políticos" provinham do meio jornalístico. Segundo Pedro Aires Oliveira, basta folhear os anuários diplomáticos deste período para verificar que um número significativo de "antigos jornalistas e publicistas republicanos, a maior parte dos quais oriundos de jornais mais «militantes», como *O Mundo* e *O Século*, foi admitido no Ministério dos Negócios Estrangeiros, sendo muitos deles colocados nos novos postos consulares criados após a Lei Orgânica de 1911"[803]. Refiram-se, a título de exemplo, João Chagas, colaborador, entre outros, de *O Mundo*[804]; Eusébio Leão, colaborador de *A Vanguarda* e de *A Luta*[805]; Duarte Leite, colaborador e, mais tarde, diretor de dois periódicos homónimos *A Pátria*, o primeiro fundado em Lisboa, em 1899, o segundo aparecido no Porto, em 1909; e Augusto de Vasconcelos, colaborador de *A Pátria*[806], *O Mundo* e *A Luta*.

Não resta, pois, qualquer dúvida, acerca da considerável mudança na composição da elite diplomática portuguesa, que teve, aliás, "efeitos significativos na formulação e na condução da política externa republicana"[807]. Política externa essa que recuperou as ideias e reforçou as opções estratégicas tradicionais. Opções de longa duração, que vinham da Monarquia e que se prolongarão pelo Estado Novo. Com efeito, após a tentativa de consecução do objetivo primordial,

---

[803] OLIVEIRA, Pedro Aires – "O corpo diplomático e o regime autoritário (1926-1974)". *Análise Social*. Lisboa: Instituto de Ciências Sociais da Universidade de Lisboa. 2006. Vol. XLI (178), pp. 147-148.

[804] João Chagas foi colaborador de *A Liberdade*, *O Mundo*, *O Norte*, *A Pátria*, *O Tempo* e grande impulsionador de *A República*.

[805] Cf. LEMOS, Mário Matos e – *Jornais diários portugueses...*, pp. 423 e 605.

[806] Idem – *Ob. cit.*, p. 483.

[807] TEIXEIRA, Nuno Severiano – *Ob. cit.*, p. 25.

o reconhecimento externo do novo regime, a República procurou o reforço da Aliança Inglesa e a consolidação do projeto colonial africano[808], que teve na criação dos altos comissariados para Angola e Moçambique um esteio maior.

A nomeação, por decreto de 28 de fevereiro de 1924, de Augusto de Castro para a legação de Portugal em Londres enquadrava-se, assim, na estratégia delineada pelo Ministério dos Negócios Estrangeiros. Apesar de a sua ligação ao republicanismo datar do período pós 5 de Outubro, a transição sem grandes sobressaltos, apoiada por Guerra Junqueiro, o crescente prestígio que a colaboração em *O Século* e a direção do *Diário de Notícias* lhe granjearam e, mais tarde, o êxito dos Congressos da Imprensa Latina permitiram-lhe a afirmação nos meios republicanos e no Palácio das Necessidades.

Recorde-se que já, em 1919, tinha sido requisitado para integrar a Comissão dos Prejuízos de Guerra, sendo ministro dos Negócios Estrangeiros António Caetano de Abreu Freire Egas Moniz. E, em 1920, era então inquilino das Necessidades Xavier da Silva, foi chamado para a Comissão Executiva da Conferência de Paz. Ainda em julho do mesmo ano, partiu para Paris, em missão de serviço público.

"O reconhecimento das qualidades de diplomata do eminente jornalista"[809] tinha, também, levado Júlio Dantas, quando, pela primeira vez, sobraçou a pasta dos Negócios Estrangeiros, a convidá-lo para representar Portugal nas comemorações do tricentenário do nascimento de Molière, que se realizaram em Paris, em janeiro de 1922. Assim, a 14 de janeiro, Augusto de Castro assistia na Sorbonne aos discursos do matemático Paul Appell (1855-1930), dos escritores Émile Fabre (1869-1955), Robert de Flers (1872-1927), Edmond Haraucourt (1856-1941), Maurice Donnay (1859-1945) e do político Léon Berárd (1876-1960). E, no dia 16, comparecia ao jantar oferecido aos delegados es-

---

[808] Cf. Idem – *Ob. cit.*, p. 32.

[809] *Diário de Notícias*. Lisboa: Ano 60, N.º 20903, domingo, 30 de março de 1924, p. 1.

trangeiros pela *Société des Auteurs e Compositeurs Dramatiques*, de que era presidente Robert de Flers, que durante a sua alocução, se referiu ao jornalista português nos seguintes termos: "M. de Castro, délégué du Portugal, directeur du *Diário* qui a su si bien assembler deux choses qui ne sont pas toujours réunies: un grand journal et un beau talent"[810].

De resto, pela mesma altura, também a Universidade do Porto assinalava o tricentenário do nascimento do dramaturgo francês, tendo convidado o professor, ensaísta, historiador e crítico literário Hernâni Cidade (1887-1975) para uma conferência, em que este procurou delinear os traços mais característicos e definidores de "uma das individualidades que mais completamente exprimiu a alma da França"[811].

A "brilhantíssima representação"[812] tinha sido, de acordo com Júlio Dantas, determinante para a sua escolha, pelo governo Álvaro de Castro, "para o alto cargo de ministro de Portugal em Londres"[813]. Constituído por democráticos (Domingos Leite Pereira, José Domingues dos Santos e Mariano Martins), independentes (António Ribeiro de Carvalho e Fernando Pereira da Silva) e seareiros (António Sérgio e Mário de Azevedo Gomes)[814], o ministério de Álvaro de Castro, empossado a 18 de dezembro de 1923, não duraria mais de 6 meses, caindo "na sequência da «revolta da aviação», ocorrida em junho, com a ocupação pelos militares aviadores"[815] do Grupo de Esquadrilhas da Aviação Republicana (GEAR) da Amadora.

---

[810] *Tricentenaire de Molière. Recueil des discours prononcés à l'occasion des fêtes du troisième centenaire de Molière. Janvier 1922.* Paris: Éditions G. Crès, 1923, p. 44.

[811] CIDADE, Hernâni – "Conferência realizada na Universidade do Porto, para celebrar o tricentenário do nascimento de Molière". In *Revista da Faculdade de Letras do Porto*. N.ºs 5-6. Porto: Faculdade de Letras da Universidade do Porto, 1922, p. 385.

[812] *Diário de Notícias*. Lisboa: Ano 60, N.º 20903, domingo, 30 de março de 1924, p. 1.

[813] *Ibidem.*

[814] Cf. LEAL, Ernesto Castro – *Partidos e programas. O campo partidário republicano português. 1910-1926.* Coimbra: Imprensa da Universidade de Coimbra, 2008, p. 105.

[815] FARINHA, Luís – "A transformação política da República: o PRP dos "bonzos", tempo dos deuses menores". In ROSAS, Fernando e ROLLO, Maria Fernanda (coord. de) – *História da Primeira República Portuguesa*. Lisboa: Edições Tinta da China, 2009, p. 474.

Todavia, o governo de Álvaro de Castro "constituiu a primeira experiência séria de correção do défice crónico do orçamento e um ciclo de governação coerente"[816]. Atento ao desenrolar da política governamental daquele militar nascido na Guarda esteve António de Oliveira Salazar, que, num artigo publicado cerca de 15 dias antes da exoneração do governo[817], louvou a rara coragem do político de procurar "fazer ditadura com ar constitucional"[818].

A opção feita pelo governo de Álvaro de Castro pelo diretor do *Diário de Notícias* para a legação de Portugal em Londres, vaga desde a eleição de Manuel Teixeira Gomes para a Presidência da República, é compreensível, em face das idênticas opções ideológicas do jornalista.

Foi, certamente, num ambiente de festa que Augusto de Castro chegou à capital inglesa, no dia 24 de abril. A 23 de abril era inaugurada, no dia de São Jorge, pelo monarca Jorge V, no grande palco construído para o evento, o *Empire Stadium*, a *British Empire Exhibition*. A ideia de uma grande exposição colonial ganhara forma, desde o início do século. A eclosão da Guerra Russo-Japonesa, em 1904, e posteriormente, da I Guerra Mundial, em 1914, tinha, porém, levado os ingleses a adiar, por duas vezes, a concretização do plano. Em 1919, a proposta foi renovada, num encontro que contou com a presença dos primeiros-ministros e altos-comissários de todo o Império. Apesar de a data inicialmente proposta, 1921, não ter sido cumprida, em 1924 todos os preparativos para a sua abertura estavam concluídos.

Com esta grande mostra, os organizadores pretendiam apresentar ao público matérias-primas vindas de todo o Império, fomentar o comércio intercontinental e a abertura de novos mercados mundiais para

---

[816] Idem – *Ob. cit.*, p. 475.

[817] Cf. "O Governo Álvaro de Castro. Experiências políticas" (artigo no *Novidades*, 18 de junho de 1924). In SALAZAR, Oliveira Salazar – *Inéditos e dispersos*. Organização e prefácio de Manuel Braga da Cruz. Vol. I. *Escritos político-sociais e doutrinári*os, 1908-1928. Venda Nova, Bertrand, 1997, pp. 339-345.

[818] LEAL, Ernesto Castro – *Partidos e programas...*, p. 107.

os produtos britânicos, bem como promover a interação entre os diferentes povos e culturas. *Wembley Park* foi o local escolhido, por ser dotado das melhores acessibilidades. A exposição, que cobria uma área de muitos hectares, nos quase dois anos (abril de 1924-Outubro de 1925) que se manteve aberta, atraiu mais de 20 milhões de visitantes.

Por esta altura, como já foi referido, Londres era ainda o principal centro da política e da diplomacia europeias. À importância política e à notoriedade do cargo, juntavam-se o luxo e o *glamour* da vida social inglesa. A conjugação destes dois fatores contribuía para tornar a legação de Londres no posto mais apetecido da diplomacia portuguesa[819].

Tendo chegado à urbe londrina na penúltima semana de abril, só duas semanas depois, a 5 de maio, Augusto de Castro apresentou as suas credenciais no Palácio de Buckingham, ao rei Jorge V. O monarca foi, durante as saudações protocolares e nas suas palavras, "excecionalmente amável"[820], tendo-se referido, nos "mais penhorantes termos"[821], ao chefe de Estado Português, Manuel Teixeira Gomes.

Nesse mesmo dia, Augusto de Castro fez os seus primeiros contactos no *Foreign Office*, onde foi recebido pelo secretário de Estado, Ramsay MacDonald (1866-1937), que o acolheu "afetuosamente". Este, depois de expressar "a estima" que sentia por Portugal, afirmou a certeza da continuidade de relações amigas, em prol da manutenção da tradição, tendo asseverado a sua "amizade carinhosa"[822] para com o país e o seu "ilustre chefe, seu grande amigo"[823], Teixeira Gomes.

O pessoal da embaixada era, então, constituído por João António de Bianchi, encarregado de negócios interino – que viria a ser nomeado secretário-geral do Ministério dos Negócios Estrangeiros a 30

---

[819] Cf. OLIVEIRA, Pedro Aires – *Armindo Monteiro...*, p. 167.

[820] Telegrama n.º 55, 5 de maio. Arquivo Histórico e Diplomático do Ministério dos Negócios Estrangeiros. Telegramas recebidos. Londres, 1924.

[821] *Ibidem*.

[822] *Ibidem*.

[823] *Ibidem*.

de junho de 1947 –, Henrique Gabriel da Silva, segundo secretário, António Rato Potier, adido extraordinário, e Óscar George Potier, conselheiro comercial.

A correspondência diplomática que Augusto de Castro manteve, durante o curto período que esteve à frente da legação de Portugal em Londres, com o secretário-geral do ministério dos Negócios Estrangeiros, Gonçalves Teixeira, revela um diplomata atento, que seguia o que se passava na vida interna inglesa e que lia minuciosamente os jornais, sobretudo o que se referia a Portugal. Com efeito, para além de dar conhecimento da proposta orçamental do primeiro trabalhista a tutelar a pasta das Finanças, Philip Snowden, (1864-1937), salientou o destaque dado pela imprensa britânica, sobretudo pelo *Times*, à situação financeira portuguesa, incluindo a uma possível falência. Atento a essas notícias, Augusto de Castro concedeu uma entrevista, de que deu conta ao secretário-geral, que foi publicada pelo *Financier and Bullionist* e outros periódicos ingleses, em que abordou o esforço de recuperação económica do país, a tentativa de desenvolver as colónias e a polémica questão dos tabacos.

Todavia, a partir de 9 de maio, todas as suas diligências se centraram na elevação simultânea das legações dos dois países à categoria de embaixadas e na concessão dos respetivos *agrément* aos novos embaixadores. A Inglaterra manteve em Lisboa Sir Lancelot Douglas Carnegie (1861-1933). Portugal nomeou para Londres o general Norton de Matos.

Na altura em que Augusto de Castro presidira ao II Congresso da Imprensa Latina, Norton de Matos enfrentara no Parlamento Cunha Leal. Em Angola desde 1921, Norton definira um amplo programa, que compreendia sete grandes transformações do território colonial, as quais já havia começado a empreender na sua primeira passagem pela província, entre 1912 e 1915, na qualidade de governador-geral. De facto, em 1921, dotado dos mais amplos poderes de alto-comissário, procurou retomar alguma legislação produzida no consulado anterior e, entretanto, alterada e/ou ignorada. Neste sentido, previa a passagem da organização administrativa militar para a organização administrativa civil; legislar o novo código de trabalho dos indígenas, a fim de acabar com situações de escravatura encapotada; dotar Angola de uma ampla rede viária, capaz de ligar o litoral ao interior planáltico, assim como concluir as três linhas férreas existentes; reclamar para o Estado o "monopólio da violência", aprendendo as muitas armas nas mãos dos indígenas e, por isso, propiciadoras de revoltas; dotar as populações africanas com condições de vida, sobretudo sanitárias, condignas; fomentar o ensino técnico, quando a taxa de analfabetismo rondava os 99%; proporcionar condições de habitação, transportes, comunicações, segurança e ordem públicas, de forma a atrair colonos[824].

Tratava-se de um projeto que tinha tanto de visionário, como de ambicioso e que procurava colonizar Angola integralmente, mas que suscitou acusações de despesismo, planos faraónicos, megalomania. Assim, "louvado por muitos pela sua ousada política de fomento assente no incremento do trabalho livre com vista a uma relação inédita entre colonos e africanos"[825], Norton foi, também, criticado por outros, nomeadamente por Cunha Leal que, nos dias 20 e 21 de fevereiro de 1924, o acusou, em plena Câmara dos Deputados e, em "tom implacável, de prepotência e de descontrolo financeiro"[826]. O discurso desses dias daria o mote para o livro *Calígula em Angola*, da lavra de Cunha Leal, com a famosa ilustração de Almada Negreiros. Na opinião pública ficou célebre a expressão com que Cunha

---

[824] Cf. MATOS, José Norton de – *Memórias e trabalhos da minha vida*. Vol. II. Coimbra: Imprensa da Universidade de Coimbra, 2005, pp. 115-267 e DÁSKALOS, Maria Alexandre – *A Política de Norton de Matos para Angola. 1912-1915*. Coimbra: Minerva, 2008, pp. 49-87.

[825] SILVA, Armando Malheiro da – "General Norton de Matos (1867-1955). Aspetos maiores de um perfil histórico-biográfico – o militar, o colonialista e o democrata". In *Africana Studia*. Porto: Faculdade de Letras da Universidade do Porto. 2003. N.º 6, p. 183.

[826] Idem – *Ibidem*.

Leal descreveu o general Norton de Matos na sua ação administrativa como alto-comissário de Angola, corolário de uma violenta campanha jornalística iniciada em agosto de 1923.

À renúncia ao cargo, seguiu-se a nomeação para a embaixada de Londres, posto que Norton ocupou até julho de 1926, altura em que o governo saído da revolução de 28 de maio entendeu proceder à sua substituição.

A elevação das duas legações à categoria de embaixadas levou o governo inglês a enviar a Augusto de Castro uma nota oficiosa que deveria ser publicada pela imprensa dos dois países. Essa proposta foi, contudo, recusada pelo secretário-geral, que argumentou que a publicação da nota oficiosa britânica poderia dar a "impressão (e em todo o caso ocasionaria especulações) de que governo português se considera[va] subordinado da Inglaterra"[827]. Gonçalves Teixeira propôs, em alternativa, a transcrição da nota pelos jornais portugueses, quando os periódicos ingleses chegassem ao país[828].

O trabalho desenvolvido durante o primeiro mês e meio de atividade diplomática, sobretudo a forma como geriu o processo de elevação das legações foi reconhecido e mereceu cumprimentos, tanto por parte do *Foreign Office*, através de Sir Eyre Crowe (1864-1925), como da secretaria-geral do ministério dos Negócios Estrangeiros:

> Sir Eyre Crowe teve deferência de me assinalar que *Foreign Office* o fazia como testemunho da consideração pela minha intervenção no assunto no momento[829].

---

[827] Telegrama n.º 66, 31 de maio. Arquivo Histórico e Diplomático do Ministério dos Negócios Estrangeiros. Telegramas expedidos. Londres, 1924.

[828] Cf. *Ibidem*.

[829] Telegrama n.º 68, 30 de maio. Arquivo Histórico e Diplomático do Ministério dos Negócios Estrangeiros. Telegramas recebidos. Londres, 1924.

Não posso deixar de o felicitar maneira como conduziu conversações com governo inglês para solução assunto criação embaixada[830].

Gonçalves Teixeira acrescentava, ainda, no telegrama que dirigiu a Augusto de Castro: "Vou colocá-lo a si legação Vaticano à qual se apresentam muitos candidatos e onde poderá servir transitoriamente se se verificar hipótese que faculte sua colocação outro posto mais seu agrado"[831]. A 6 de junho era feita a nomeação. A 10 de Junho partia para Paris. Daí deslocar-se-ia para os jardins da Basílica de S. Pedro.

4.2. No Jardim da Basílica de S. Pedro

A implantação da República, a 5 de Outubro de 1910, conduziu a uma rutura nas relações diplomáticas entre Portugal e o Vaticano. Até então, "todas as dinastias, todos os regimes políticos se tinham afirmado, interna e externamente, como católicos e procurado manter boas relações com o Papado"[832]. Os papas e os seus representantes pesaram muito na vida política do reino mais ocidental da cristandade latina. Em primeiro lugar, pelo exemplo. Como sugere José Mattoso, o Papado terá servido de modelo para a monarquia centralizada que os reis foram tentando impor em Portugal nos séculos XII e XIII. Não obstante, as tensões surgiram logo nos primeiros reinados, com Afonso II, Sancho II e Afonso III, a serem sucessivamente excomungados

---

[830] Telegrama sem n.º de registo, 24 de maio. Arquivo Histórico e Diplomático do Ministério dos Negócios Estrangeiros. Telegramas expedidos. Londres, 1924.

[831] *Ibidem.*

[832] REIS, Bruno Cardoso – "A Primeira República e o Vaticano (1910-1926): a sombra inglesa e o peso do império". In MENESES, Filipe Ribeiro de e OLIVEIRA, Pedro Aires (coord. de) – *A Primeira República Portuguesa. Diplomacia, Guerra e Império.* Lisboa: Edições Tinta da China, 2011, p. 141.

pela Santa Sé. Em 1245, Sancho II foi mesmo deposto pelo papa como "rei inútil", por supostamente ser incapaz de proteger o clero da anarquia em que deixara cair o reino.

Posteriormente, a quebra nas relações diplomáticas entre os dois Estados foram fruto das mudanças de regime, como a Restauração de 1640 ou o Liberalismo em 1834, que não foram imediatamente reconhecidas pelo Papado.

As ruturas de iniciativa portuguesa ocorreram entre 1728 e 1732 e 1760 e 1770[833]. A primeira aconteceu no reinado de D. João V, por causa da Cúria ter elevado ao cardinalato Monsenhor Firrão e não o ex-núncio Bichi, como prometera. Só em setembro de 1731 o papa Clemente XII cedeu e concedeu o cardinalato ao ex-núncio. Sanado o conflito, o reatamento das relações foi confirmado com a chegada a Lisboa do novo núncio, em setembro de 1732.

A segunda sucedeu em 1760 e foi pensada pelo Marquês de Pombal, que procurou, assumidamente, pressionar a política da Santa Sé, no sentido de uma inflexão antijesuítica, desejada pelo ministro de D. José. O restabelecimento das relações diplomáticas só foi possível em 1770, após a eleição de um novo Papa, Clemente XIV, e com a chegada a Lisboa do novo núncio apostólico, Inocêncio Conti (maio de 1770).

Após o triunfo da revolução de 5 de Outubro de 1910, a facção anticlerical mais radical do Partido Republicano Português, galvanizada, certamente, pela aprovação em França, em dezembro de 1905, da *Loi de Séparation des Églises et de l'État* – projetada por Aristide Briand (1862-1932) – e, em Espanha, em dezembro de 1910, da *Ley del Candado*, procurou levar a cabo uma rutura, que pretendia definitiva, com o Papado.

Na sequência da publicação da *Lei de Separação do Estado das igrejas*, decretada em 20 de abril de 1911, a Santa Sé cortou relações

---

Cf. RODRIGUES, António Simões (coord.) – *História de Portugal em Datas*. 3.ª Edição. Lisboa: Temas e Debates, 2000, pp. 151, 153, 169 e 175.

diplomáticas com Portugal, o mesmo acontecendo com os prelados portugueses em relação ao regime[834]. A 24 de maio de 1911, o papa Pio X, "um pontífice caracterizado como sendo de uma linha católica integral particularmente intransigente e que se empenhara pessoalmente na denúncia do laicismo militante da República Portuguesa"[835], assinou a encíclica *Iamdudum in Lusitania,* em que denunciava a "perseguição religiosa em Portugal"[836], condenava o desterro dos bispos do Porto e de Beja e rejeitava a *Lei de Separação do Estado das igrejas,* que considerava ofender os interesses espirituais e materiais da instituição religiosa e "oprimir a própria liberdade da Igreja"[837]. A 10 de julho de 1913, por decreto do ministro da Justiça do primeiro governo presidido por Afonso Costa, foram cortadas as relações diplomáticas com a Santa Sé e extinta a legação de Portugal no Vaticano.

Foi no contexto da Primeira Guerra Mundial que se verificou o primeiro esforço diplomático relevante no sentido da reaproximação dos dois Estados. Essa tentativa, que refletiu a tendência geral verificada na Europa "para a valorização do papel das religiões na manutenção da moral das tropas e das populações, no contexto de uma guerra total"[838], saiu, no entanto, gorada.

A partir de 1917, reforçou-se o movimento religioso de massas, centrado nas "aparições" de Fátima. Estas, apesar de não terem sido, de imediato, reconhecidas pela hierarquia católica, responderam, na prática, às necessidades da Igreja, que procurava recuperar a posição perdida com a República. Neste contexto, o golpe militar de 5 de dezembro de 1917 e os diplomas publicados durante a "República

---

[834] Cf. RODRIGUES, António Simões (dir) – *História Comparada. Portugal, Europa e o Mundo. Uma visão cronológica.* Lisboa: Temas e Debates, 1997, p. 247.

[835] REIS, Bruno Cardoso – "A Primeira República e o Vaticano...", p. 145.

[836] SANTOS, Miguel Dias – *A Contrarrevolução na I República. 1910-1919.* Coimbra: Imprensa da Universidade de Coimbra, 2010, p. 66.

[837] Idem – *Ibidem.*

[838] REIS, Bruno Cardoso – "A Primeira República e o Vaticano...", p. 144.

Nova" destinados à pacificação religiosa, permitiram a reaproximação do Estado à Santa Sé, a qual também estava interessada no retomar das relações políticas e diplomáticas com Portugal. Com efeito, Sidónio Pais foi o primeiro presidente da República a assistir e a participar em cerimónias religiosas – exéquias de 2 de março de 1918, por alma dos soldados portugueses mortos na Grande Guerra; *Te-Deum* de 14 de novembro, pela vitória dos exércitos aliados; e exéquias de 14 de dezembro, por alma dos tripulantes do caça-minas *Augusto de Castilho*, afundado nos mares dos Açores por um submarino alemão. Estas últimas celebradas na manhã do dia do seu assassinato, na estação do Rossio.

O restabelecimento das relações diplomáticas com o Vaticano aconteceu a 25 de julho de 1918, com Aloísio Mazella a assumir as funções de Encarregado de Negócios da Santa Sé em Lisboa. Quatro dias depois, a 29 de julho, foi anunciado o novo Núncio Apostólico em Portugal, Achille Locatelli (1856-1935). Em agosto, foi nomeado enviado extraordinário e ministro plenipotenciário de Portugal junto da Santa Sé o capitão José Feliciano da Costa Júnior (1884-1929).

A morte de Sidónio acarretou o fim do sidonismo, mas não uma nova quebra no clima de confiança que se tinha estabelecido entre os dois Estados. Aliás, a política sidonista de acalmação com o catolicismo foi seguida pelos políticos da "Nova República Velha" que, nos anos seguintes, continuaram a manifestar a intenção de normalizar a vida social e religiosa. Um dos exemplos, no contexto pós--sidonista, dessa estratégia diplomática portuguesa foi o despacho do ministro dos Negócios Estrangeiros, Melo Barreto (1873-1935), de julho de 1919, que pretendeu orientar a ação de Joaquim Pedro Martins, o primeiro diplomata português a exercer, efetiva e longamente, funções de representação do regime republicano junto do Vaticano[839]. Outro exemplo, a imposição do barrete cardinalício ao Núncio Loca-

---

[839] Cf. REIS, Bruno Cardoso – "A Primeira República e o Vaticano...", p. 157.

telli, em janeiro de 1923, numa cerimónia repleta de simbolismo, realizada no Palácio da Ajuda e presidida pelo presidente da República, António José de Almeida[840].

Para o sucesso dessa estratégia delineada pelo governo português, muito contribuíram os dois diplomatas que representaram Portugal junto da Santa Sé, no período compreendido entre 1919 e 1929: Joaquim Pedro Martins (1919-1924) e Augusto de Castro (1924-1929). Ao contrário da estabilidade conseguida na legação de Portugal no Papado, ocupada durante estes dez anos por dois embaixadores, o Ministério dos Negócios Estrangeiros registou, durante o mesmo intervalo de tempo, grande volubilidade, tendo ocupado a respetiva pasta 26 ministros.

Joaquim Pedro Martins (1875-1939) formou-se em Direito pela Universidade de Coimbra (1894-1899), havendo concluído o doutoramento em 1901. Entretanto, dedicou-se à vida académica, tendo lecionando na Faculdade de Direito da mesma Universidade (1902-1915). Filiado, em 1905, no Partido Progressista – cuja ala dissidente integrou ainda nesse ano –, com a República, transitou para o Partido Evolucionista, prosseguindo depois a sua atividade política como independente. Entre 15 de março de 1916 e 25 de Abril de 1917, integrou o governo da União Sagrada, como ministro da Instrução Pública. Preso no ano seguinte, na sequência do golpe militar liderado por Sidónio Pais, em 1919 foi nomeado por Melo Barreto para a legação de Portugal no Vaticano (setembro de 1919-Junho de 1924).

Ao longo do exercício das suas funções, revelou grande persistência e eficácia, negociando, com sucesso, a encíclica papal de 18 de dezembro de 1919, dirigida por Bento XV aos bispos portugueses, que reforçou a política do *ralliement*; a resignação de Sebastião Leite de Vasconcelos (1852-1923), bispo de Beja, em aberto desde o seu exílio forçado em 1910; "a carta de 1922 do episcopado português

---

[840] Cf. TORGAL, Luís Reis – *Estados Novos. Estado Novo...*, Vol. I, p. 430.

ao papa, a confirmar a sua adesão aos princípios do *ralliement* e a atacar os monárquicos católicos"[841]; a missiva "de resposta do papa a apoiar as posições dos bispos e a ordenar a unidade católica na aceitação do regime republicano"[842]; a desautorização do matutino católico, de tendência monárquica, *A Época* e, a consequente, fundação do diário *Novidades*, título oitocentista que reapareceu a 15 de dezembro de 1923, como órgão do Episcopado Português, que deu seguimento à linha do Vaticano de aceitação do regime republicano; a obtenção do privilégio de imposição do barrete cardinalício ao Núncio em Lisboa para o chefe de Estado republicano (1922-1923)[843].

A ação de Joaquim Pedro Martins junto da Santa Sé foi de extrema importância na melhoria das relações entre os dois Estados. Em 1924, o diplomata, que havia sido um dos nomes aventados e efetivamente votados, aquando da eleição de Manuel Teixeira Gomes para a Presidência da República[844], regressou a Portugal, sendo substituído por Augusto de Castro. Em 1925 integrou o executivo de Vitorino Guimarães (1876-1957), assumindo a pasta dos Negócios Estrangeiros, entre 15 de fevereiro e 1 de julho.

A nomeação do ex-diretor do *Diário de Notícias* para a legação de Portugal no Vaticano não foi, no entanto, pacífica, tendo criado alguns constrangimentos no Palácio das Necessidades. Pedido o *agrément*, o secretário de Estado da Cúria Romana, Pietro Gasparri (1852-1934), solicitou a garantia, por parte do Ministério dos Negócios Estrangeiros português, de que Augusto de Castro estava "completamente desligado da direção [de] quaisquer diários"[845]. A exigência suscitou o vivo protesto do secretário-geral, Gonçalves

---

[841] REIS, Bruno Cardoso – "A Primeira República e o Vaticano...", p. 167.

[842] Idem – *Ibidem*.

[843] Cf. REIS, Bruno Cardoso – "A Primeira República e o Vaticano...", p. 167.

[844] Cf. Idem – *Ob. cit.*, p. 158.

[845] Telegrama n.º 36, 5 de junho. Arquivo Histórico e Diplomático do Ministério dos Negócios Estrangeiros. Telegramas recebidos. Roma (Vaticano), 1924.

Teixeira, que se dirigiu ao Encarregado de Negócios no Vaticano, nos seguintes termos:

Recebi telegrama V. Ex.ª sobre concessão *agrément* Augusto de Castro. Stop. Considero *agrément* concedido sem restrições, pois não aceito condição impertinente e inoportuna que cardeal secretário expôs a V. Ex.ª para me transmitir. Stop. Augusto de Castro é presentemente ministro Portugal em Londres e quando foi pedir *agrément* governo inglês este não cometeu descortesia indicar condição que agora Vaticano aponta, quando nesse tempo Augusto Castro estava à frente jornal, cuja direção depois abandonou. Stop. Observação cardeal secretário é tanto mais desprimorosa e inaceitável, quanto é certo que Augusto de Castro à frente *Diário Notícias*, único jornal que dirigiu, sempre manteve conduta favorável boas relações República e Santa Sé e publicou até entrevista realizada, escrita e assinada por ele próprio com Papa Bento XV, em que não podia ser mais respeitoso Papa e Vaticano. Stop. Rogo V. Ex.ª comunicar imediatamente estas considerações que se dignará desenvolver cardeal secretário [de] estado e minha mágoa por suas palavras. Ministro[846].

Filtrando os argumentos favoráveis e esquecendo (ou ignorando) que Augusto de Castro já tinha sido diretor de outros jornais, como *A Província* e a *Folha da Noite*, Gonçalves Teixeira procurou, desta forma, demonstrar o descontentamento do ministério face às reservas colocadas pelo Vaticano em relação ao nomeado.

Pela mesma altura, na Assembleia da República, o titular da pasta dos Negócios Estrangeiros foi, também, interpelado pelo deputa-

---

[846] Telegrama n.º 16, 7 de junho. Arquivo Histórico e Diplomático do Ministério dos Negócios Estrangeiros. Telegramas expedidos. Roma (Vaticano), 1924.

do Carlos Pereira que, num tom irónico e mordaz, relembrando a passagem de Augusto de Castro pelo *Diário de Notícias* e a sua ligação à Moagem, requereu esclarecimentos sobre a situação do ex--ministro de Portugal em Londres:

> — Mas, quem me poderá elucidar é o Sr. ministro dos Negócios Estrangeiros e eu espero que S. Exa. prestando atenção ao que vou dizer — e digo-o sem outro intuito que não seja o de esclarecer o meu espírito — possa desfazer em mim uma dúvida que justificadamente nasceu. Parece-me, Sr. presidente, que é nosso ministro junto do Vaticano, o Sr. Augusto de Castro. Determinadas atitudes assumidas ultimamente por S. Exª. sugerem-me a dúvida sobre se, no momento presente, o Sr. Augusto de Castro é licenciado do Governo de Portugal ou licenciado da Moagem em Lisboa.
>
> O Sr. ministro dos Negócios Estrangeiros (Domingos Pereira):
> — Sr. presidente: acabo de ouvir as considerações do Sr. Carlos Pereira e, em resposta, eu tenho a declarar que o Sr. Augusto de Castro é ministro de Portugal junto do Vaticano, para onde partirá brevemente a fim de apresentar as suas credenciais[847].

De qualquer modo, a 18 de julho de 1924, Augusto de Castro regressou ao Vaticano, onde já tinha estado aquando da entrevista a Bento XV, realizada a 27 de outubro de 1921. Nessa altura, tinha descrito a Santa Sé como o "centro da mais vasta, da mais poderosa, da mais alta influência moral que o mundo jamais conheceu, museu que guarda as mais belas riquezas artísticas de todos os tempos, ninho da rútila águia da Fé, prisão doirada do Eleito de Deus e Exi-

---

[847] Intervenção de Carlos Pereira. "Diário da Câmara dos Deputados. 1911-1926". In *Debates Parlamentares*. Direção de Serviços de Documentação e Informação. Assembleia da República. Sessão de 24-06-1924, p. 6. Disponível em http://debates.parlamento. pt/page.aspx?cid=r1.cd&diary=a1924m06d24-0006&type=texto&q=augusto%20de%20 castro&sm=p [consulta efetuada em 19 de abril de 2013].

lado dos homens"[848]. Vista dali, "a humanidade", tinha-lhe parecido "pequena, infinitamente pequena e infinitamente longe"[849]. Havia ainda notado que na "corte do Vaticano" reinava o "silêncio" e imperava o "protocolo", "o mais rigoroso de todas as cortes do mundo"[850].

No próprio dia da chegada, Augusto de Castro tomou posse da legação[851], tendo apresentado credenciais a 22 de julho[852]. Nesse dia, foi recebido pelo papa Pio XI, numa "longa conferência", em que foi abordada, para além de outros temas, a questão do Padroado Português do Oriente. Durante esse período faziam parte do pessoal da legação, o primeiro secretário, Luís de Arenas de Lima, que, até 1913, tinha exercido funções enquanto encarregado de negócios interino na legação de Portugal no México, o segundo secretário Augusto Mendes Leal e o adido extraordinário Filipe Leitão.

Durante o período em que esteve à frente da representação portuguesa na Cúria Romana, Castro esforçou-se por acompanhar, não só o dia a dia do Papado, mas também a situação política italiana, tentando transmitir a evolução dos acontecimentos o mais objetivamente possível, quer através de telegramas, quer através de extensos e pormenorizados ofícios. O ministro de Portugal no Vaticano mostrou-se, ainda, um leitor atento dos jornais italianos, fazendo chegar ao seu Ministério recortes das notícias que considerava mais importantes. Dos vários interlocutores da Santa Sé com quem privava, o Secretário de Estado dos Negócios Estrangeiros, Pietro Gasparri, era, indubitavelmente, aquele que lhe era mais próximo, chegando mesmo

---

[848] CASTRO, Augusto de – *Dentro e fora de Portugal: páginas de ontem e de hoje.* Lisboa: Empresa Literária Fluminense, 1924, p. 13.

[849] Idem – *Ob. cit.*, p. 13.

[850] Idem – *Ob. cit.*, p. 11.

[851] Cf. Telegrama de trânsito n.º 355, 18 de julho. Arquivo Histórico e Diplomático do Ministério dos Negócios Estrangeiros. Telegramas recebidos. Roma (Vaticano), 1924.

[852] Cf. Telegrama sem n.º de registo, 22 de julho. Arquivo Histórico e Diplomático do Ministério dos Negócios Estrangeiros. Telegramas recebidos. Roma (Vaticano), 1924.

a mostrar-lhe, em diversas ocasiões, documentos que haviam sido classificados como confidenciais[853].

Entre 1924 e 1929, a troca de correspondência com o secretário--geral, Gonçalves Teixeira, foi intensa e versou diversos assuntos, desde os consistórios realizados, à assinatura de concordatas, à atividade católica no mundo, passando pelas relações entre a Santa Sé e o regime fascista e, consequentemente, a "Questão Romana", a conjuntura política dos dois países latinos, Portugal e Itália, e a questão do Padroado Português do Oriente.

Ocasionalmente, deu conta de acontecimentos excecionais, como a transladação dos restos mortais de Leão XIII, o papa da *Rerum Novarum*, para a basílica de *San Giovanni in Laterano*, a 22 de setembro de 1924, que decorreu, segundo Augusto de Castro, "no meio de grande secretismo"[854].

Um dos assuntos que mais chamou a atenção de Castro, em 1925, foi o conflito diplomático que opôs a Santa Sé à França, por causa do anúncio da supressão da embaixada francesa junto do Vaticano (2 de fevereiro), votada favoravelmente pela Câmara dos Deputados – mas não pelo Senado –, e a aplicação das leis laicas à Alsácia--Lorena (17 de junho). O executivo de centro-esquerda, presidido por Edouard Herriot, um velho conhecido de Augusto de Castro e um acérrimo defensor do laicismo, tinha, a 29 de outubro de 1924, reconhecido a União Soviética, decisão que, à época, tinha suscitado o clamor da Santa Sé.

O anúncio do encerramento da embaixada francesa junto do Vaticano gerou, não só, uma onda de indignação no Vaticano – que

---

[853] Cf. Ofício de Augusto de Castro para Ministro dos Negócios Estrangeiros. Arquivo Histórico e Diplomático do Ministério dos Negócios Estrangeiros. Roma (Vaticano), 1 de outubro de 1924. 3.º Piso, A. 11, M. 329.

[854] Ofício de Augusto de Castro para Ministro dos Negócios Estrangeiros. Arquivo Histórico e Diplomático do Ministério dos Negócios Estrangeiros. Roma (Vaticano), 23 de setembro de 1924. 3.º Piso, A. 4, M. 2.

reagiu através do seu jornal oficial, *L'Osservatore Romano* –, mas também em França. Para além da oposição do Conselho de Estado e dos prelados franceses, que enviaram a Herriot uma carta-protesto, a população reagiu através de grandes manifestações de rua.

Novamente votada, em dezembro de 1925, pela Câmara dos Deputados – a mesma que, em fevereiro, se tinha pronunciado pela rutura com o Vaticano – a proposta de extinção foi chumbada, com 280 votos contra e 108 a favor. Durante todo o ano de 1925, o ministro de Portugal no Papado deu conta da crescente tensão instalada nas relações entre os dois Estados – que chegou mesmo a designar de "luta aberta"[855] –, que só seria superada em finais de 1925, após a decisão dos parlamentares gauleses.

O diferendo que opôs a *Action Française* e Charles Maurras (1868-1952) ao Vaticano, após sete obras do ensaísta terem sido inscritas na lista de livros proibidos da Santa Sé, o Índex, assim como a *Revue d'Action Française*, dirigida por Léon Daudet (1867-1942), também captou a atenção do diplomata português que, a 12 de março de 1927, informou o secretário-geral que o episcopado francês, numa declaração publicada pelo *L'Osservatore Romano*, tinha vindo a público "defender calorosamente o papa da acusação de ter exorbitado ou mostrado com o seu ato malquerença à França"[856], criticando, ao mesmo tempo, "o nacionalismo integral francês por ter uma conceção pagã da sociedade e do Estado"[857], por preconizar "o recurso a todos os meios para a realização dos seus fins, por deixar cair no esquecimento os sentimentos que constitu[ia]m a moral católica"[858].

---

[855] Ofício de Augusto de Castro para Ministro dos Negócios Estrangeiros. Arquivo Histórico e Diplomático do Ministério dos Negócios Estrangeiros. Roma (Vaticano), 25 de março de 1925. 3.º Piso, A. 4, M. 3-B.

[856] Ofício de Augusto de Castro para Ministro dos Negócios Estrangeiros. Arquivo Histórico e Diplomático do Ministério dos Negócios Estrangeiros. Roma (Vaticano), 12 de março de 1927. 3. Piso, A. 4, M. 5.

[857] *Ibidem*.

[858] *Ibidem*.

A condenação das obras de Maurras e da revista do movimento francês, anunciada por papa Pio XI a 29 de dezembro de 1926, cinco dias após o "Non possumus" da *Action Française*, inseriu-se num contexto de escalada de violência verbal que, desde setembro de 1926, a publicação vinha dirigindo a toda a hierarquia católica. Contudo, só em julho de 1939, as sanções, relativas ao jornal seriam retiradas pelo sucessor de Pio XI, Pio XII, continuando, todavia, em vigor a condenação dos escritos de Maurras.

Augusto de Castro também foi mantendo o Secretário-geral informado de todas as negociações ítalo-vaticanas sobre a chamada "Questão Romana", mormente durante os anos de 1928 e 1929. Designou-se por "Questão Romana" a disputa territorial que opôs o governo italiano ao Papado, entre os anos de 1861 a 1929, e que culminou na criação do Estado do Vaticano, pelo *Patti Lateranensi*, durante o governo de Benito Mussolini.

Os chamados Estados Pontifícios, que compunham a parte central da Península Itálica, pertenciam à Igreja desde a Alta Idade Média, tendo sido doados e confirmados por Pepino, o Breve, ao papa Estevão II, no ano de 754. Em 1861, após a proclamação do reino de Itália, no dia 17 de março, de que foram grandes mentores e promotores Giuseppe Mazzini (1805-1872) e a sua *Giovine Italia*, Giuseppe Garibaldi (1807-1882), e Camilo Benso, Conde de Cavour (1810-1861), iniciaram-se as negociações para uma completa unificação italiana, com a inclusão de Veneza e dos Estados Pontifícios, que não tinham sido anexados, devido à forte presença militar francesa em Roma, em apoio do papa. As conversações com o sumo pontífice não foram, no entanto, bem-sucedidas, tendo o primeiro-ministro que sucedeu a Cavour, a 16 de junho de 1861, Bettino Ricasoli (1809-1880), recebido uma dupla recusa por parte de Pio IX.

Depois da eclosão da guerra franco-prussiana, a 19 de julho de 1870, da retirada das tropas de Napoleão III de Roma (agosto de 1870) e da proclamação da Terceira República Francesa (4 de setembro de

1870), o governo italiano decidiu, por unanimidade, ocupar Roma. A 20 de setembro, depois do famoso episódio da *Breccia di Porta Pia*, o exército transalpino, liderado pelo general Raffaele Cadorna (1815-1897), entrou em Roma e anexou o milenar Estado da Igreja ao reino de Itália. No ano seguinte, a 3 de fevereiro, Roma foi proclamada capital do novo Estado.

O papa Pio IX nunca aceitou a perda dos domínios territoriais da Igreja. Tendo-se declarado prisioneiro do poder laico, recusou qualquer negociação e isolou-se no Vaticano. Nascia, assim, a "Questão Romana", que só viria a ser resolvida, a 11 de fevereiro de 1929, com a assinatura do *Patti Lateranensi*, que pôs fim à incómoda contenda entre o Estado e a Igreja.

O acordo assinado pelo líder fascista, Benito Mussolini, e pelo cardeal Pietro Gasparri, secretário de Estado da Santa Sé, formalizou a existência do Estado do Vaticano enquanto Estado soberano, neutro e inviolável, sob a autoridade do papa, e os privilégios de extraterritorialidade de *Castel Gandolfo* e das basílicas de *San Giovanni in Laterano*, *Santa Maria Maggiore* e *San Paolo Entro le Mura*. Por seu turno, a Santa Sé renunciou aos territórios que tinha possuído desde a Idade Média e reconheceu Roma como capital do reino de Itália.

O documento também garantiu ao Vaticano o pagamento de compensações financeiras, pelas perdas territoriais durante o movimento de unificação da Itália. Reconheceu, ainda, que os representantes da Santa Sé gozavam das mesmas imunidades e regalias que os restantes representantes diplomáticos acreditados em Itália e reafirmou a garantia da liberdade de comunicações da Santa Sé com todo o mundo. Reconheceu o catolicismo como religião oficial do Estado italiano, conferiu efeitos civis ao casamento religioso, aboliu o divórcio, proibiu a admissão em cargos públicos dos sacerdotes que tivessem abandonado o ministério e concedeu numerosas vantagens ao clero.

Em finais de 1925, Augusto de Castro informava o secretário-geral de que já havia rumores de negociações ítalo-vaticanas sobre a chamada "Questão Romana"[859]. Nos anos que se seguiram até à assinatura do *Patti Lateranensi*, o diplomata português continuou a dar conta da polémica travada entre a imprensa fascista e o *L'Osservatore Romano*, a propósito das relações entre a Santa Sé e o Estado Italiano[860], bem como da evolução do pensamento do chefe do governo italiano, Benito Mussolini, e do papa, Pio XI, acerca desta difícil e delicada contenda. Em ofício dirigido ao secretário de Estado dos Negócios Estrangeiros, datado de 21 de outubro de 1927, Castro concluía a sua reflexão acerca do litígio, com uma citação do *Foglio d'Ordini*, do *Partito Nazionale Fascista*, que resumia o seu entender relativamente à questão: "la conclusione può essere questa: arduo ma non impossibile"[861].

O termo das negociações foi comunicado através de um extenso telegrama, enviado a 7 de fevereiro de 1929[862]. Nele o diplomata português informava que o secretário de Estado do Vaticano havia convocado, para essa manhã, todos os representantes do corpo diplomático, para fazer a "prometida comunicação oficial"[863], relativamente ao encerramento das conversações para resolução da "Questão Romana". Na reunião, a que assistiram todos os diplomatas acreditados no Vaticano, o cardeal Gasparri declarou que as "negociações confidencialmente começadas há um ano [por] iniciativa [de] Mussolini, [e] laboriosamente prosseguidas"[864], tinham ficado concluídas na

---

[859] Cf. Ofício de Augusto de Castro para Ministro dos Negócios Estrangeiros. Arquivo Histórico e Diplomático do Ministério dos Negócios Estrangeiros. Roma (Vaticano), 19 de dezembro de 1925. 3. Piso, A. 4, M. 3-B.

[860] Cf. Ofício de Augusto de Castro para Ministro dos Negócios Estrangeiros. Arquivo Histórico e Diplomático do Ministério dos Negócios Estrangeiros. Roma (Vaticano), 20 de novembro de 1927. 3. Piso, A. 11, M. 329.

[861] Cf. Ofício de Augusto de Castro para Ministro dos Negócios Estrangeiros. Arquivo Histórico e Diplomático do Ministério dos Negócios Estrangeiros. Roma (Vaticano), 21 de outubro de 1927. 3. Piso, A. 4, M. 5.

[862] Cf. Ofício de Augusto de Castro para Ministro dos Negócios Estrangeiros. Arquivo Histórico e Diplomático do Ministério dos Negócios Estrangeiros. Roma (Vaticano), 7 de fevereiro de 1929. 3. Piso, A. 4, M. 7 A.

[863] *Ibidem*.

[864] *Ibidem*.

véspera, faltando apenas acertar alguns detalhes. Com o fim das conversações, o papa havia decidido informar o corpo diplomático, para que fossem notificados os respetivos governos. Castro participava ainda que, segundo informação recebida, os Acordos seriam assinados pelo secretário de Estado, Pietro Gasparri, em representação do papa Pio XI, e por Benito Mussolini, no domingo, dia 10 de fevereiro.

Firmados, de facto, um dia depois (11 de fevereiro), o ministro de Portugal no Vaticano preocupou-se, por esses dias, com a apresentação de cumprimentos por parte do governo português pelo acordo alcançado. Dando conta de que "muitos ministros t[inha]m já apresentado [em] nome [do] governo congratulações Santa Sé [por] motivo [do] acordo [com a] Itália"[865], tendo mesmo "alguns chefes de Estado telegrafado Santo Padre"[866], Augusto de Castro solicitou, insistentemente, a Gonçalves Teixeira, instruções sobre os procedimentos a adotar a esse respeito. Castro mostrava, assim, o seu zelo relativamente à manutenção das boas relações diplomáticas e políticas entre os dois Estados. A resposta chegaria a 13 de fevereiro, com o Secretário-geral do Ministério dos Negócios Estrangeiros, a anuir a apresentação de felicitações, informando ainda que as mesmas instruções tinham sido dadas ao ministro de Portugal no Quirinal, Henrique Trindade Coelho (1885-1934)[867].

Augusto de Castro manteve-se, de igual modo, atento ao desenrolar da situação política italiana, sendo que Mussolini foi, sem dúvida, a figura sobre quem mais escreveu nos seus ofícios e telegramas.

No dia 10 de Junho de 1924, às 16h30m, o socialista unitário Giacomo Matteotti (1885-1924) foi raptado por cinco homens. Matteotti tinha-se destacado como um dos líderes da oposição ao fascismo,

---

[865] Telegrama n.º 21, 12 de fevereiro. Arquivo Histórico e Diplomático do Ministério dos Negócios Estrangeiros. Telegramas recebidos. Roma (Vaticano), 1929.

[866] *Ibidem.*

[867] Telegrama n.º 9, 13 de fevereiro. Arquivo Histórico e Diplomático do Ministério dos Negócios Estrangeiros. Telegramas expedidos. Roma (Vaticano), 1929.

com a publicação do livro *Un anno di dominazione fascista* e com os seus longos e acesos discursos no Parlamento, em que denunciou "as ações fascistas levadas a cabo pelos camisas negras durante a campanha das legislativas, as inúmeras violações da liberdade eleitoral, a cumplicidade das autoridades do Estado e as prevaricações dos dirigentes fascistas"[868]. Mussolini achou-se "confrontado com um problema que nem ele nem os seus lugar-tenentes haviam seriamente considerado: a resistência de um parlamentar decidido em ir até ao fim na sua ofensiva verbal contra o regime"[869].

Desde o dia 1 de junho que Mussolini tinha dado o tom num artigo não assinado no *Popolo d'Italia*, no qual considerava o deputado unitário como um "agente provocador profissional"[870]. Contudo, em privado, tinha-se entregue a declarações bem mais graves, como a confidência que fez a um dos mais próximos conselheiros nos primeiros tempos do fascismo, Cesare Rossi (1887-1967) – "este homem não deveria mais circular por aí"[871] – ou o pedido que dirigiu ao Secretário administrativo do *Partito Nazionale Fascista*, Giovanni Marinelli (1879-1944) – "levante-se pelos pés esta personagem embaraçante"[872].

Assassinado no mesmo dia do sequestro, só a 16 de agosto o seu cadáver viria a ser encontrado, nas matas da *Quartarella*, a 150 metros da *Via Flaminia*[873]. Ainda antes da descoberta do corpo, o homicídio de Matteotti fez tremer, um pouco por toda a Itália, o consulado de Mussolini:

A 27 de junho, os deputados hostis ao fascismo, incluindo os comunistas, reuniram-se numa sala de *Montecitorio* e decidiram

---

[868] MILZA, Pierre – *Mussolini*. Lisboa: Verbo, 1999, p. 293.
[869] Idem – *Ob. cit.*, p. 294.
[870] Idem – *Ibidem*.
[871] Idem – *Ibidem*.
[872] Idem – *Ibidem*.
[873] Cf. Idem – *Ob. cit.*, p. 298.

boicotar as sessões da Câmara, enquanto não fossem dissolvidas a Milícia e as organizações secretas encarregadas da repressão. A imprensa, no seu conjunto, conduziu uma campanha contra o regime em nome da moral política. O próprio *Giornale d'Italia*, órgão do muito conservador Salandra, abandonou as suas posições pró-fascistas para exigir a clareza e o regresso à legalidade. Finalmente e, sobretudo, a opinião das classes médias, até então bastante favorável a um homem que era suposto trazer-lhes a paz social, afastou-se dele. Em muitas regiões, a indignação era tal, que os milicianos fascistas não ousavam sair à rua em uniforme, e destruíam as insígnias e os cartões do partido, enquanto em Roma a turba aplaudia à passagem os mais conhecidos dos deputados do Aventino[874].

Nas semanas que se seguiram e, perante o constrangimento de todo um país, Mussolini procurou evitar "um golpe de força contra o Palácio Chigi"[875] e, consequentemente, a queda do seu governo. Assim, à medida que o inquérito da polícia e a instrução judicial foram progredindo, permitiu a prisão de todos os que, direta ou indiretamente, estiveram implicados no homicídio do deputado socialista. Lentamente, Mussolini começou a recuperar o equilíbrio. Tendo conservado trunfos preciosos, como o apoio do Senado e do rei, em novembro de 1924, conseguiu também o voto de confiança da Câmara dos Deputados, com 337 votos a favor, 17 contra e 18 abstenções[876].

A descoberta do cadáver de Matteotti e as bases políticas do assassinato obrigaram Mussolini a manter um duplo discurso. Primeiro de apaziguamento, dando garantias aos partidários da nor-

---

[874] Idem – *Ob. cit.*, pp. 304-305.
[875] Idem – *Ob. cit.*, p. 304.
[876] Cf. Idem – *Ob. cit.*, pp. 306-307.

malização da vida política. Depois de força, sendo a elocução pronunciada a 3 de janeiro de 1925 o exemplo mais conseguido.

Nada ilustra melhor esta ambiguidade da atitude mussoliniana do que a forma como Italo Balbo (1896-1940) foi destituído, em novembro de 1924, do seu posto de comandante temporário da Milícia fascista. Augusto de Castro, num ofício remetido a Gonçalves Teixeira, a 29 de novembro de 1924, dava conta dessa mesma ambivalência: "anexo recorte do jornal em que foram publicadas duas cartas, uma do ex-tenente Italo Balbo, general da Milícia fascista, pedindo demissão do seu cargo de comandante interino da mesma e outra do sr. Mussolini aceitando a sua demissão e elogiando-lhe os serviços prestados"[877].

Castro explicava que a demissão de Balbo havia sido motivada pela divulgação de uma sua carta, "redigida há uma ano e alguns meses"[878], aconselhando o uso de violência corporal contra os adversários do fascismo e recomendando que se insinuasse "ao magistrado competente que não deveria tomar conhecimento dessas violências, se elas chegassem a ser praticadas, isto é, se os ditos antifascistas se recusassem a emigrar de Ferrara"[879].

De facto, Mussolini perante o coro de protestos que a divulgação da missiva do *ras* de Ferrara provocara, pediu a sua demissão, mas não deixou de publicar na imprensa uma mensagem que mostrava claramente a sua solidariedade para com o antigo *quadriumvir*.

O ministro de Portugal no Vaticano também acompanhou de perto o discurso que o líder fascista pronunciou a 3 de janeiro de 1925, que marcou "uma viragem maior na fase de transição entre o Estado liberal, que tinha sido instaurado em meados do século XIX pela monarquia

---

[877] Ofício de Augusto de Castro para Ministro dos Negócios Estrangeiros. Arquivo Histórico e Diplomático do Ministério dos Negócios Estrangeiros. Roma (Vaticano), 29 de novembro de 1924. 3. Piso, A. 4, M. 2.

[878] *Ibidem*.

[879] *Ibidem*.

piemontesa, e o Estado fascista"[880]. Com efeito, a 18 de janeiro, Augusto de Castro deu conta do elóquio em que Mussolini, "abandonando definitivamente a sua fase de política constitucional, anunciou o regresso ao que ele chamou «a maneira forte», isto é, a violência"[881].

No plano estritamente institucional, o discurso pronunciado a 3 de janeiro de 1925, não representou uma verdadeira rutura. Essa fratura só aconteceria um ano mais tarde, em novembro de 1926, com a aprovação pelo Conselho de ministros de uma série de medidas repressivas e a adoção da "lei de defesa do Estado". Esses textos, preparados pelo ministro da Justiça, o ex-nacionalista Alfredo Rocco (1875-1935), ficariam conhecidos, para a posteridade, pelo nome genérico de "leis fascistíssimas".

Para a aprovação desses documentos muito contribuíram os quatro atentados perpetrados contra a vida de Mussolini. O primeiro, projetado para o dia 4 de novembro de 1925, por Tito Zaniboni (1883-1960), ex-deputado socialista que, após o desaparecimento de Matteotti, conduziu um minucioso inquérito sobre o rapto do colega[882], acabou por não se efetivar. Denunciado por um dos conjurados, Zaniboni foi preso duas horas antes do atentado, conforme reportou Augusto de Castro, "sob acusação de premeditar o assassinato de Mussolini"[883]. Na sequência da tentativa de agressão "foram ocupadas todas as lojas maçónicas, dissolvidas todas as secções do partido socialista e suspensos todos os jornais deste"[884].

O atentado mal sucedido de Zaniboni permitiu a Alfredo Rocco "fazer adotar os primeiros textos legislativos destinados a modificar

---

[880] MILZA, Pierre – *Ob. cit.*, p. 312.

[881] Ofício de Augusto de Castro para Ministro dos Negócios Estrangeiros. Arquivo Histórico e Diplomático do Ministério dos Negócios Estrangeiros. Roma (Vaticano), 18 de janeiro de 1925. 3. Piso, A. 4, M. 3-B.

[882] Cf. MILZA, Pierre – *Ob. cit.*, p. 315.

[883] Telegrama n.º 13, 5 de novembro. Arquivo Histórico e Diplomático do Ministério dos Negócios Estrangeiros. Telegramas recebidos. Roma (Vaticano), 1925.

[884] *Ibidem.*

a natureza e a estrutura dos poderes políticos, substituindo a todos os níveis o princípio democrático pelo princípio autoritário"[885].

Das tentativas seguintes, 7 de abril, 11 de setembro e 31 de outubro de 1926, só uma, a de 11 de setembro, levada a cabo por um jovem anarquista natural de Carrara, Gino Lucetti (1900-1943), foi comunicada pelo ministro de Portugal no Vaticano ao Secretário-geral do Ministério dos Negócios Estrangeiros: "deu-se atentado bomba contra Mussolini. [Este] ficou ileso"[886]. Contudo, foi o último atentado, atribuído a Anteo Zamboni, que desempenhou "na história do *ventennio* fascista um papel bastante similar ao que desempenhará na Alemanha hitleriana o incêndio do Reichstag"[887]. Na sequência do tiro de pistola falhado de Anteo Zamboni, foram aprovadas as chamadas "leis fascistíssimas", que provocaram "a dissolução de todos os partidos adversos ao regime fascista; a suspensão dos poucos e moderados jornais de oposição que ainda exist[ia]m e a pena de morte para os réus de atentados contra o Chefe de Estado, o Chefe de Governo, etc., e de crimes contra a integridade da nação e a segurança do regime"[888].

Durante todo o mês de novembro de 1926, Augusto de Castro continuou a informar Gonçalves Teixeira sobre as reformas levadas a cabo pelo governo de Mussolini: "reorganização do partido fascista"[889], "reforma das leis de segurança pública, da autoria do novo ministro das Colónias, Luigi Federzoni"[890] e "leis sindicais

---

[885] MILZA, Pierre – *Ob. cit.*, p. 317.

[886] Telegrama n.º 3, 11 de setembro. Arquivo Histórico e Diplomático do Ministério dos Negócios Estrangeiros. Telegramas recebidos. Roma (Vaticano), 1926.

[887] MILZA, Pierre – *Ob. cit.*, p. 321.

[888] Ofício de Augusto de Castro para Ministro dos Negócios Estrangeiros. Arquivo Histórico e Diplomático do Ministério dos Negócios Estrangeiros. Roma (Vaticano), 6 de novembro de 1926. 3. Piso, A. 4, M. 4-B.

[889] *Ibidem.*

[890] Ofício de Augusto de Castro para Ministro dos Negócios Estrangeiros. Arquivo Histórico e Diplomático do Ministério dos Negócios Estrangeiros. Roma (Vaticano), 8 de novembro de 1926. 3. Piso, A. 4, M. 4-B.

que visa[va]m organizar o que o Fascismo entend[ia] po[r] Estado Corporativista"[891].

Nos anos seguintes foram as negociações para a resolução da "Questão Romana" que prenderam a sua atenção e constituíram o pretexto para escrever sobre o líder fascista. No ofício datado de 17 de maio de 1929, sobre a ratificação do *Patti Lateranensi*, Castro escreveu sobre a figura do *Duce*, socorrendo-se de duas particularidades que, mais tarde, aquando da sua estada no Quirinal, seriam recorrentes para caracterizar o chefe do governo italiano – a latinidade e a teatralidade:

> Mussolini, como bom italiano gosta dos golpes de teatro (...). As suas violências de tribuno, destinadas a efeitos de momento sobre a multidão, nem sempre correspondem, sobretudo na sua ação internacional, aos seus atos de estadista. A sua política com a França bem o demonstra[892].

Longe ainda do entusiasmo e da admiração que a figura de Mussolini lhe iria suscitar mais tarde, Castro tinha, no entanto, encontrado o mote para definir o político que nasceu no "coração da Romanha vermelha"[893].

Todavia, durante o período em que ocupou a legação de Portugal no Vaticano, a grande problemática com que se viu confrontado foi a da crise do Padroado Português do Oriente, que estalou, a 27 de fevereiro de 1926, "com uma nota da Nunciatura Apostólica, na qual o padroado foi declarado nulo e não existente a

---

[891] Ofício de Augusto de Castro para Ministro dos Negócios Estrangeiros. Arquivo Histórico e Diplomático do Ministério dos Negócios Estrangeiros. Roma (Vaticano), 26 de novembro de 1926. 3. Piso, A. 4, M. 4-B.

[892] Ofício de Augusto de Castro para Ministro dos Negócios Estrangeiros. Arquivo Histórico e Diplomático do Ministério dos Negócios Estrangeiros. Roma (Vaticano), 17 de maio de 1929. 3. Piso, A. 4, M. 7 A.

[893] MILZA, Pierre – *Ob. cit.*, p. 13.

partir 1910, em virtude do fim da monarquia e da separação da Igreja do Estado"[894].

O Padroado do Oriente havia assegurado ao país, entre os séculos XVI e XVII, o monopólio religioso católico do além-mar, tendo a coroa portuguesa detido o privilégio de nomeação dos bispos e de outros clérigos e do qual resultaram importantes regalias no campo da evangelização e no domínio efetivo desses territórios. Algumas dessas prerrogativas mantiveram-se, mesmo após alguns espaços terem passado a gravitar na órbita de outras potências colonizadoras. Se os séculos seguintes assinalaram uma mudança de paradigma, com a perda de influência e poder, a verdade é que a Primeira República julgou por bem, na *Lei de Separação*, não alterar as disposições que ditavam a nomeação dos clérigos pelo Estado. Por isso, no artigo 190.º estava inscrito: "se façam respeitar os direitos de soberania da República Portuguesa em relação ao padroado do Oriente"[895].

As apresentações feitas pelo governo português, em 1919, de monsenhor Alban Goodier (1869-1939) para o arquiepiscopado de Bombaim, e em 1920, de monsenhor José da Costa Nunes (1880-1976) para a diocese de Macau, foram aceites pela Santa Sé, que acedeu à sua nomeação para os respetivos lugares.

Contudo, em finais de 1925, a nomeação, pelo ministro das Colónias, do cónego Manuel do Nascimento Anaquim (1871-1939), para bispo de Damão, resultou numa crise diplomática, que se estendeu até à assinatura dos Acordos de 15 de abril de 1928. A nomeação de um cónego politicamente influente para Damão, em relação ao qual os republicanos sabiam existir objeções de ordem eclesiástica por parte da Santa Sé, e a consequente publicação da escolha em *Diário*

---

[894] REIS, Bruno Cardoso – "Portugal e a Santa Sé...", p. 1030.

[895] "Decreto com força de lei de 20 de abril, separando o Estado das igrejas", art.º 190. In *Diário do Governo*. N.º 92, sexta-feira, 21 de abril de 1911, p. 8. Disponível em http://dre.pt/pdfgratis/1911/04/09200.pdf [consulta efetuada em 13 de abril de 1913].

do Governo[896], de 20 de novembro de 1925, sem qualquer consulta prévia ou comunicação ao Vaticano, conduziu a um incidente diplomático que se traduziu na recusa, por parte do Papado, da elevação do cónego Anaquim a bispo. O Vaticano considerou a medida do governo português uma forma de coação do papa, no sentido de este reconhecer o Padroado.

Com efeito, tendo recebido instruções para entregar a carta de apresentação do novo bispo de Damão, a 13 de dezembro de 1925, logo a 31 do mesmo mês, Augusto de Castro informou, por meio de telegrama, o Secretário-geral do Ministério dos Negócios Estrangeiros, Gonçalves Teixeira, do descontentamento gerado pela nomeação junto do Vaticano:

> Sei já porém informações particulares Vaticano que Santa Sé se mostrar magoada primeiro que sempre Governo Português antes de mandar nomeação prelado para *Diário Governo* se entender oficiosamente com Núncio por forma evitar colocar aqui Santa Sé dilema aceitar ou criar conflito como agora acontecer[897].

Todavia, a crise "quase fatal do Padroado"[898] só começou formalmente a 27 de fevereiro de 1926, com a nota enviada pela *Nunziatura Apostolica di Portogallo* ao ministro dos Negócios Estrangeiros, Vasco Borges (1882-1942). Nesse apontamento, o núncio em Lisboa esclareceu o governo português que as concordatas de 21 de fevereiro de 1857 e de 23 de junho de 1886, que tinham servido de base para a nomeação de monsenhor Anaquim para

---

[896] Telegrama n.º 21, 31 de dezembro. Arquivo Histórico e Diplomático do Ministério dos Negócios Estrangeiros. Telegramas recebidos. Roma (Vaticano), 1925.

[897] Telegrama n.º 21, 31 de dezembro. Arquivo Histórico e Diplomático do Ministério dos Negócios Estrangeiros. Telegramas recebidos. Roma (Vaticano), 1925.

[898] REIS, Bruno Cardoso – "A Primeira República e o Vaticano...", p. 162.

Damão, haviam "caducado juridicamente"[899]. E isso tinha acontecido porque "os privilégios e as concessões"[900] que haviam sido
feitas aos reis de Portugal, que tinham gozado do "direito de apresentar ao Santo Padre os candidatos ao Episcopado"[901], haviam
cessado. Com a revolução de 5 de Outubro de 1910 e a consequente alteração de regime verificara-se "uma mudança substancial
numa das duas partes", pelo que "o contrato entre a Coroa e a
Santa Sé vinha juridicamente a perder todo o valor"[902].

Acrescentava ainda que, com a *Lei de Separação do Estado das
igrejas*, o Estado Português havia "renunciado a qualquer privilégio em matéria eclesiástica"[903], tendo-se declarado "tão abertamente laico e fora da Igreja que não [podia] querer, nem pod[ia]
logicamente pretender suceder *de jure* no gozo dos privilégios
graciosamente concedidos pelos sumos pontífices à pessoa do
rei"[904]. E, apesar de no artigo 190.º da mesma lei, a República
pretender manter os direitos do padroado, a Santa Sé entendia
que, com a separação, esses direitos tinham sido perdidos e só
podiam ser readquiridos mediante nova concessão do Vaticano[905].
O Papado esclarecia, ainda, que as nomeações do arcebispo de
Bombaim, em 1919, e do bispo de Macau, em 1920, não podiam
ser entendidas, como um reconhecimento, por parte da Santa Sé,
do padroado. O Vaticano só tinha designado os candidatos apresentados pelo governo português, porque os considerava capazes
para o exercício das funções.

---

[899] Nota n.º 1490, 27 de fevereiro de 1926. *Nunziatura Apostolica di Portogallo*. Arquivo Histórico e Diplomático do Ministério dos Negócios Estrangeiros. Padroado Português
do Oriente. 2. Piso, A. 48, M. 187, p. 2.

[900] *Ibidem.*

[901] *Ibidem.*

[902] *Ibidem.*

[903] *Ibidem.*

[904] *Ibidem.*

[905] Cf. *Ibidem.*

A esta nota de 27 de fevereiro estava bem subjacente o desagrado que a nomeação portuguesa de monsenhor Anaquim para novo bispo de Damão tinha provocado na Cúria Romana. Aliás, como reconheceria Augusto de Castro a Gonçalves Teixeira, o próprio Pietro Gasparri teria confessado:

> O regime [do padroado] esteve em vigor e, de facto, continuaria em vigor sem suscitar qualquer divergência ainda por muito tempo se não fosse a questão lamentável da escolha e nomeação do bispo de Damão, que veio colocar o Santo Padre numa situação melindrosa e demonstrar a necessidade de esclarecer o assunto[906].

As declarações do secretário-geral do Vaticano atestavam que o documento ia mais longe e declarava o fim do padroado português do Oriente, por causa do descontentamento gerado pela atitude do governo português junto da Santa Sé.

A invulgar radicalidade da posição assumida pela Cúria Romana – a nota foi considerada por Bruno Cardoso Reis como um verdadeiro "ultimato vaticano", distanciando-se apenas do britânico por ter sido privado e não público[907] – "refletia a fragilidade da posição portuguesa relativamente a boa parte dos territórios sob o seu padroado, sobre os quais era o império britânico a exercer o poder soberano"[908].

De facto, o secretário-geral do Vaticano reconheceria a Augusto de Castro a pressão exercida pelos ingleses junto da Cúria Romana:

> Na minha conversa com o cardeal Gasparri, o Secretário de Estado, referindo-se aos protestos suscitados pelo Padroado

---

[906] Ofício de Augusto de Castro para Ministro dos Negócios Estrangeiros. Arquivo Histórico e Diplomático do Ministério dos Negócios Estrangeiros. Roma (Vaticano), 6 de março de 1926. 2. Piso, A. 48, M. 187.

[907] Cf. REIS, Bruno Cardoso – "A Primeira República e o Vaticano...", p. 162.

[908] Idem – "Portugal e a Santa Sé...", p. 1030.

Português no Oriente, elucidou: – A Inglaterra também sempre tem protestado junto da Santa Sé contra os privilégios portugueses[909].

Com efeito, as crescentes pressões inglesas para serem nomeados prelados britânicos para o vasto espaço do império vinha ao encontro do seu poder territorial. Que contrastava com a reduzida expressão das possessões portuguesas no Oriente. De facto, havia algum tempo que Londres, através do seu ministro plenipotenciário junto do Vaticano, Odo Russell (1870-1951), tentava pressionar o papa no sentido de este nomear para os episcopados do seu império católicos britânicos. A Inglaterra pretendia, assim, reforçar a sua estratégia de controlo colonial, face ao avolumar de crises, sobretudo na Ásia – recorde-se o recrudescimento do nacionalismo indiano, na sequência do massacre de Amritsar (13 de abril de 1919), recriado numa das cenas mais emblemáticas do filme *Gandhi* (1982), de Richard Attenborough.

É certo que, no seguimento do apontamento de 27 de fevereiro, logo a diplomacia papal moderou a sua postura e manifestou a sua disponibilidade para "retirar a nota"[910] e negociar: "diga ao seu governo que a Santa Sé neste assunto, está disposta a conceder a Portugal tudo, tudo, tudo!"[911]. No entanto, o Vaticano excluía das concessões a efetuar duas questões que tinham que ser necessariamente revistas: "a nomeação dos bispos e a extensão das dioceses"[912].

As negociações acabaram por se arrastar muito mais do que o desejado pelos sucessivos governos portugueses. Contudo, não obstante,

---

[909] Ofício de Augusto de Castro para Ministro dos Negócios Estrangeiros. Arquivo Histórico e Diplomático do Ministério dos Negócios Estrangeiros. Roma (Vaticano), 6 de março de 1926. 2. Piso, A. 48, M. 187.

[910] Ofício de Augusto de Castro para Ministro dos Negócios Estrangeiros. Arquivo Histórico e Diplomático do Ministério dos Negócios Estrangeiros. Roma (Vaticano), 5 de junho de 1926. 2. Piso, A. 48, M. 187.

[911] Ofício de Augusto de Castro..., 6 de março de 1926.

[912] *Ibidem.*

o golpe de 28 de maio de 1926, Augusto de Castro continuou como representante diplomático de Portugal no Vaticano, superintendendo *dossiers* tão complexos como o da crise do Padroado.

De resto, com a ditadura militar e, apesar, de entre 1926 e 1930, o Palácio das Necessidades ter conhecido "oito ministros com orientações ideológicas bastante distintas (desde monárquicos integralistas, como Trindade Coelho, a republicanos conservadores, como Óscar Carmona e Bettencourt Rodrigues)"[913], as mudanças de vulto operadas nas representações diplomáticas no estrangeiro foram poucas. Norton de Matos, destacada figura do Partido Democrático e da Maçonaria, teve de abandonar Londres, sendo substituído pelo general Garcia Rosado (1864-1937), "homem de confiança de Gomes da Costa"[914]. Afonso Costa e António Fonseca (1887-1937), responsáveis, respetivamente, pela Delegação de Portugal junto da Sociedade das Nações e pela legação de Portugal em Paris também foram, imediatamente, substituídos por dois oficiais afetos à ditadura militar. Para o lugar de Afonso Costa seguiu o general Alfredo Freire de Andrade (1859-1929). Para o posto de António Fonseca foi enviado o comandante da marinha Armando Gama Ochôa (1877-1941)[915].

De resto, Alberto da Veiga Simões (Viena, Praga, Budapeste), Augusto de Vasconcelos, Alberto Oliveira (Bruxelas), Martinho Teixeira Homem de Brederode (Bucareste, Belgrado e Atenas), João António de Bianchi (Pequim) e Duarte Leite Pereira da Silva (Rio de

---

[913] OLIVEIRA, Pedro Aires – "O corpo diplomático e o regime autoritário...", p. 149.

[914] MARTINS, Susana – "Do Reconhecimento Internacional da Ditadura Militar ao Estado Novo – pontos de reflexão para o estudo da Política externa de 1926 a 1933". In MARTINS, Fernando (ed.) – *Diplomacia e Guerra. Política externa e política de defesa em Portugal do final da monarquia ao marcelismo. Atas do I Ciclo de Conferências*. Lisboa: Edições Colibri e Centro Interdisciplinar de História, Culturas e Sociedades da Universidade de Évora, 2001, p. 108.

[915] Cf. Idem – *Ibidem*. Em 1926, Afonso Costa chegou mesmo a ser presidente da Assembleia da Sociedade das Nações. Cf. MARQUES, A. H. de Oliveira – "Afonso Augusto da Costa". In ROSAS, Fernando e BRITO, J. M. Brandão de (dir. de) – *Dicionário de História do Estado Novo*. Vol. I. *A-L*. Lisboa: Círculo de Leitores, 1996, pp. 231-232.

Janeiro), continuaram a merecer a confiança dos sucessivos ministros deste período.

Após o pronunciamento militar chefiado por Gomes da Costa, o secretário-geral do ministério dos Negócios Estrangeiros, Gonçalves Teixeira, ainda deu conta a Augusto de Castro de um decreto prevendo a sua exoneração[916]. Aliás, na imprensa da época correram boatos acerca da sua saída do Vaticano, bem como relativamente à substituição do representante de Portugal em Espanha, João Carlos de Melo Barreto (1873-1935)[917].

Os dois acabaram, contudo, por permanecer nos seus postos[918]. A 11 de julho de 1926, o secretário-geral do Ministério dos Negócios Estrangeiros confidenciava a Augusto de Castro que, com a tomada de posse do novo ministro, Bettencourt Rodrigues (1854-1933), o decreto que visava a sua exoneração ficaria, por certo, sem efeito, o que realmente veio a acontecer, conforme comunicação de Gonçalves Teixeira, datada de 17 de julho de 1926: "decreto exoneração sem efeito, felicitações"[919].

No entanto, o representante de Portugal no Vaticano não deixou de assinalar, logo a 5 de junho de 1926, ao então ministro dos Negócios Estrangeiros, Óscar Carmona, as vantagens que a mudança e a composição do novo governo acarretariam para o sucesso das conversações com o Papado, numa demonstração subtil da sua anuência com a nova linha política do governo:

> Vejo nos jornais a informação de que o atual governo estaria disposto a conceder garantias e medidas que a Igreja de há

---

[916] Cf. Telegrama n.º 1, 11 de julho. Arquivo Histórico e Diplomático do Ministério dos Negócios Estrangeiros. Telegramas expedidos. Roma (Vaticano), 1926.

[917] Cf. MARTINS, Susana – *Ob. cit.*, p. 109.

[918] Cf. Idem – *Ibidem*. Melo Barreto acabou mesmo por se manter no cargo até à data da sua morte, ocorrida a 26 de janeiro de 1935.

[919] Telegrama n.º 2, 17 de julho. Arquivo Histórico e Diplomático do Ministério dos Negócios Estrangeiros. Telegramas expedidos. Roma (Vaticano), 1926.

muito reclama em Portugal. Peço a V. Ex.ª que me faça a justiça de acreditar que não pretendo, de forma alguma imiscuir-me na orientação política do governo. Ouso porém sugerir que, tendo nós aqui com a questão pendente um assunto grave a regular no Vaticano, essas disposições do Governo (se existem) favoráveis a certas reclamações da Igreja poderiam ser legitimamente aproveitadas e utilizadas até certo ponto como arma e argumento diplomáticos nas negociações entabuladas. Não deixei já hoje de acentuar no Vaticano o facto de, na composição do atual gabinete, entrarem algumas personalidades que a ação católica em Portugal não pode deixar de ver com simpatia[920].

O seu conservadorismo, a sua independência política – nunca se comprometeu com qualquer partido durante a Primeira República –, as boas relações que mantinha com o secretário-geral do Ministério dos Negócios Estrangeiros e o facto de ocupar um posto que necessitava de estabilidade, pela fragilidade das relações diplomáticas com a Santa Sé e o processo negocial em curso, ajudam, por certo, a compreender a sua aceitação e a sua transição para o novo regime.

As negociações a respeito do Padroado Português do Oriente acabaram por se prolongar até abril de 1928, altura em que foi alcançado o acordo principal. Por envolverem os interesses de três Estados – Portugal, Inglaterra e Santa Sé – foram, inevitavelmente, complexas e até, no dizer de Augusto de Castro, "embaraçosas"[921]. Para o representante de Portugal no Vaticano era do interesse de todos a rápida conclusão das mesmas, não só pela lentidão que se

---

[920] Ofício de Augusto de Castro para Ministro dos Negócios Estrangeiros. Arquivo Histórico e Diplomático do Ministério dos Negócios Estrangeiros. Roma (Vaticano), 5 de junho de 1926. 2. Piso, A. 48, M. 187.

[921] Ofício de Augusto de Castro para Ministro dos Negócios Estrangeiros. Arquivo Histórico e Diplomático do Ministério dos Negócios Estrangeiros. Roma (Vaticano), 23 de dezembro de 1927. 2. Piso, A. 48, M. 187.

tinha imprimido ao processo – "a Santa Sé tem pressa de concluir esta questão, afirmando que as negociações já duram há quase dois anos"[922] –, mas também porque "as condições políticas e religiosas no Oriente mudam agora tão rapidamente que parece que o que importa na atual conjuntura para nós é perder o menos possível das nossas históricas posições do Padroado"[923].

Castro chamou, por diversas vezes, a atenção do ministro dos Negócios Estrangeiros para a "manifesta impaciência"[924] da Santa Sé, "corporizada de forma credível num Pio XI bem menos diplomático"[925] do que os seus antecessores: "embebido de um espírito rigidamente religioso, o atual papa está longe de ter as qualidades políticas, quer de Bento XV, quer de Leão XIII"[926].

Dotado de um "temperamento autoritário, medieval"[927], "exclusivamente religioso"[928], do então pontífice tudo seria expectável, como adiantava Augusto de Castro num seu ofício: "com o papa atual, padre exclusivamente e acima de tudo, devemos esperar tudo e a nota de 27 de fevereiro de 1926 bem o prova"[929].

As negociações foram concluídas a 15 de abril de 1928, dia em que, pelas 12:00, Augusto de Castro assinou, em representação do Estado Português, o acordo final entre as duas partes. Não sem antes, o Vaticano ter enviado um ultimato, informal e particular, a Portugal: "Santa Sé informa-me que telegrafou Nunciatura comunicar V. Ex.ª

---

[922] *Ibidem.*

[923] *Ibidem.*

[924] REIS, Bruno Cardoso – "Portugal e a Santa Sé...", p. 1030.

[925] Idem – *Ibidem.*

[926] Ofício de Augusto de Castro para Ministro dos Negócios Estrangeiros. Arquivo Histórico e Diplomático do Ministério dos Negócios Estrangeiros. Roma (Vaticano), 14 de janeiro de 1927. 2. Piso, A. 48, M. 187.

[927] *Ibidem.*

[928] *Ibidem.*

[929] Ofício de Augusto de Castro para Ministro dos Negócios Estrangeiros. Arquivo Histórico e Diplomático do Ministério dos Negócios Estrangeiros. Roma (Vaticano), 23 de dezembro de 1927. 2. Piso, A. 48, M. 187.

caso acordo não seja assinado até domingo 15 Pontífice se considerará definitivamente desligado negociações"[930].

O texto final de 15 de abril de 1928 reduziu o Padroado e limitou – em muito – os privilégios do Estado Português. Assim, a arquidiocese de Goa incluiu as dioceses de Damão e Diu, passando a denominar-se o seu arcebispo de Goa e Damão (artigo I)[931]. Parte da diocese de Damão, que não foi incorporada na arquidiocese de Goa, foi anexada à diocese de Bombaim, que manteve a sua organização eclesiástica (artigo II)[932]. Para a arquidiocese de Bombaim, os arcebispos seriam, alternadamente, de nacionalidade portuguesa e inglesa – por esta ordem (artigo III)[933]. A Santa Sé e Portugal comprometeram-se ainda a redefinir os limites da diocese de São Tomé de Meliapor, "de modo a assegurar da melhor forma a continuidade da jurisdição episcopal"[934] (artigo IV).

No provimento das sés de Goa, Cochim, São Tomé de Meliapor e Macau, o Padroado perdeu protagonismo, passando a escolha a ser da competência papal. Ou seja, a Santa Sé, depois de consultar os bispos portugueses por intermédio dos delegados apostólicos da Índia e da China, escolhia os candidatos portugueses mais idóneos para a direção das dioceses. As escolhas eram então comunicadas, através do núncio apostólico em Lisboa, ao Presidente da República, que tinha dois meses para, se os candidatos não oferecessem dificuldades de ordem política, apresentar oficialmente os seus nomes à Santa Sé (artigo VI)[935].

---

[930] Telegrama n.º 35, 12 de abril. Arquivo Histórico e Diplomático do Ministério dos Negócios Estrangeiros. Telegramas recebidos. Roma (Vaticano), 1928.

[931] Cf. *L'accordo fra la Santa Sede e la Repubblica del Portogallo*. 15 de abril de 1928, pp. 1-2. Arquivo Histórico e Diplomático do Ministério dos Negócios Estrangeiros. Padroado Português do Oriente. 2. Piso, A. 48, M. 190.

[932] Cf. *Ibidem*.

[933] Cf. *Ibidem*.

[934] *Ibidem*.

[935] *Ibidem*.

O acordo estabelecido entre Portugal e a Cúria Romana Sé foi ratificado pelo então presidente da República, Óscar Carmona, a 1 de maio de 1928[936], tendo sido depois publicado pelo *L'Osservatore Romano*. Para arcebispo de Bombaim foi nomeado, a 4 de maio, o padre Joaquim Rodrigues de Lima (1875-1936)[937].

As negociações relativamente às fronteiras da diocese de São Tomé de Meliapor, na costa oriental da Índia prosseguiram, tendo o texto final que procedia aos ajustamentos, sido assinado a 11 de abril de 1929.

A 2 de outubro do mesmo ano Augusto de Castro deixou o Vaticano. Para trás ficavam cinco anos de intensa atividade diplomática, num meio e numa cidade que muito apreciava. A passagem por Londres fora breve. Por isso, foi durante a sua estada no Vaticano que teve oportunidade de compreender todas as funções inerentes a uma missão diplomática, de estabelecer uma importante rede de contactos e influências, de preparar e conduzir processos negociais de grande relevo. E de se relacionar, diretamente, com a situação política italiana, que, mais tarde, muito o atrairá.

Em novembro de 1929, Augusto de Castro assumiu o lugar de representante de Portugal em Bruxelas. Pelo caminho, ficavam a polémica que o opôs a Trindade Coelho e a nomeação para a legação de Berlim, de que nunca chegou a tomar posse.

4.3. Impressões de Bruxelas

João de Andrade Corvo (1824-1890), representante da corrente defensora da colonização efetiva dos territórios africanos e da manuten-

---

[936] Cf. Telegrama n.º 31, 1 de maio. Arquivo Histórico e Diplomático do Ministério dos Negócios Estrangeiros. Telegramas expedidos. Roma (Vaticano), 1928.

[937] Cf. BRITO, José Faria de – "O vianês D. Joaquim Rodrigues de Lima (S. J.), Arcebispo de Bombaim". In *Cadernos Vianenses*. Tomo XV. Viana do Castelo: Câmara Municipal de Viana do Castelo, 1991, pp. 265-276.

ção das colónias orientais, "foi certamente o estadista português com uma visão mais clara e precisa dos grandes problemas ultramarinos portugueses"[938]. Ao invés de Oliveira Martins, que radicalmente preconizara o abandono das possessões orientais, Andrade Corvo negou-se a excluir qualquer espaço do domínio colonial português, inclusive Timor, que, em sua opinião, apesar dos custos, havia na "cultura do café [uma] grande riqueza, [que] tinha prodigiosamente crescido"[939]. Apostado numa ocupação paciente de África, que atraísse os capitais estrangeiros que escasseavam, foi Andrade Corvo quem deu o seu apoio à fundação da Sociedade de Geografia de Lisboa, em 1875.

Sob a égide de Luciano Cordeiro (1844-1900), historiador e geógrafo, este organismo reuniu uma elite intelectual, civil e militar, que proporcionou, no terreno e na sala de conferências, uma visão mais alargada das problemáticas da "imensidade do território, que possuí[a] mos ou a que tínhamos direitos reconhecidos"[940]. Propondo-se despertar o interesse da opinião pública para as questões do Império, esta instituição de iniciativa privada preparou as primeiras grandes viagens de exploração científica, protagonizadas por Serpa Pinto (1846-1900), Hermenegildo Capelo (1841-1917) e Roberto Ivens (1850-1898). Procurava-se, deste modo, recuperar de um longo atraso em relação a instituições homólogas de outros países.

No último quartel do século XIX, com a França a cobiçar a Guiné, a Inglaterra a disputar os territórios do *hinterland* da África Austral e o rei belga a pretender aprofundar os seus interesses no Congo, os direitos históricos portugueses enfrentavam um ataque sem precedentes. A Conferência Geográfica de Bruxelas, realizada em setembro de 1876, concorreu para que os colonialistas nacionais se apercebessem

---

[938] MAGALHÃES, José Calvet de – *Ob. cit.*, p. 183.

[939] CORVO, João de Andrade – *Estudos sobre as Províncias Ultramarinas.* Vol. IV. Lisboa: Academia Real das Ciências, 1883, p. 178.

[940] CORVO, João de Andrade – *Ob. cit.*, p. 36.

da fragilidade da tese de precedência histórica, perante o avolumar das pretensões europeias relativamente ao continente africano.

Desde 1865 que eram conhecidos os projetos coloniais de Leopoldo II (1835-1909) da Bélgica. Depois de tentar, sem êxito, a compra de colónias à Holanda, à Espanha e a Portugal[941], o monarca promoveu, em setembro de 1876, a célebre Conferência Geográfica de Bruxelas, de cuja participação Portugal foi excluído. Da ordem de trabalhos do encontro, que reuniu exploradores, geógrafos e filantropos, constavam a extinção da escravatura, os interesses políticos e comerciais das potências europeias, as viagens de exploração científicas e a aplicação das melhorias técnicas e tecnológicas europeias ao continente africano. Da reunião resultaram a criação da *Association International Africaine* (AIA) e a decisão de enviar o jornalista e explorador galês, Henry Morton Stanley (1841-1904), ao Congo, para proceder à exploração deste território em nome do referido organismo.

Em 1877, com o argumento filantrópico de "cravar o estandarte da civilização no solo da África Central"[942], foi criado o "Estado Livre do Congo" – constituído por vastas regiões nas embocaduras do rio Congo, que se estendiam para o interior –, entregue à tutela do rei da Bélgica. Na época, tal como agora, o segundo maior rio africano constituía uma privilegiada via de penetração no interior da África Central, para além de uma via de comunicação comercial e estratégica excecional[943].

Perante as pretensões do rei belga e a "escalada" de África por parte de outras potências, como as recém-reunificadas Itália e Alemanha, que reivindicavam "um lugar ao sol", o governo português, alarmado com este cenário, assinou com a Inglaterra, a 26 de feve-

---

[941] Cf. LUCAS, Maria Manuela – "Organização do Império". In MATTOSO, José – *História de Portugal*. Vol. V. Cf. *O Liberalismo*. Lisboa: Círculo de Leitores, 1993, p. 305.

[942] MIÈGE, Jean-Louis – *Expansión europea y descolonisación, de 1870 a nuestros dias*. Barcelona: Nueva Clio, 1975, p. 35.

[943] Cf. LUCAS, Maria Manuela – *Ob. cit.*, p. 306.

reiro de 1884, um tratado sobre a bacia do Congo. No entanto, assim que o texto do acordo foi conhecido, surgiram os mais variados protestos, sobretudo por parte da França e da Alemanha, que consideravam que por aquele tratado "a Grã-Bretanha havia assegurado uma posição privilegiada e dominante na bacia do Zaire"[944].

Face às movimentações dos meios diplomáticos europeus, o chanceler alemão Otto von Bismarck (1815-1898) conseguiu convencer "a França a patrocinar, juntamente com a Alemanha, a realização de uma conferência, que, por convite formal dessas duas potências, foi convocada a 12 de outubro de 1884"[945]. Na famosa Conferência de Berlim (1884-1885), acabaram por se reunir os representantes de todas as partes interessadas, à exceção da própria África. A reunião, que clarificou as indefinições, acabou por acelerar o processo de conquista militar do continente africano por parte das potências europeias[946].

Iniciados a 19 de novembro de 1884, os trabalhos da Conferência arrastaram-se até 26 de fevereiro do ano seguinte. Catorze países foram chamados a estar presentes, tendo-se lavrado uma ata final com 38 artigos, que procuravam responder às questões consideradas essenciais. Eram elas: a liberdade de comércio na bacia do Congo (e do rio Níger) e regiões adjacentes; o reforço da proibição do tráfico de escravos nessas embocaduras e uma declaração de neutralidade desses territórios; a confirmação do "Estado Livre do Congo", enquanto propriedade da associação dirigida por Leopoldo II; e a "declaração referente às condições essenciais a serem preenchidas, para que ocupações novas nas costas do continente africano fossem consideradas como efetivas"[947].

---

[944] MAGALHÃES, José Calvet de – *Ob. cit.*, p. 189.

[945] Idem – *Ibidem*.

[946] Cf. LUCAS, Maria Manuela – *Ob. cit.*, p. 306.

[947] Artigo 34.º, Capítulo VI. *Ata geral redigida em Berlim em 26 de fevereiro de 1885*, p. 9. Disponível em http://macua.blogs.com/files/conf_berlim_1885.pdf [consulta efetuada em 24 de maio de 2013].

A posição portuguesa saiu ainda mais fragilizada de Berlim. A tese gizada em torno dos direitos históricos que, no caso do Congo, remontavam ao navegador Diogo Cão, teve pouco sucesso. Boa parte das potências signatárias não possuía qualquer tradição em terras de África, pelo que apoiava uma política de "mãos livres", através da qual a força dos dinamismos nacionais marcasse a diferença. Portugal recebeu a costa até ao estuário do Congo e o enclave de Cabinda, mas perdeu toda a zona norte desse rio[948]. O acordo implicou ainda o reconhecimento por parte de Portugal da *Association International du Congo*, "feito pela convenção assinada em Berlim, a 14 de fevereiro de 1885"[949].

A legitimação, por parte dos países signatários da Conferência, do "Estado Livre do Congo" conferiu uma vitória ao rei belga, que, assim, colheu os frutos da campanha por si lançada junto da opinião pública internacional, promovendo a ideia de um Portugal esclavagista e incapaz de explorar convenientemente as suas colónias.

As relações diplomáticas entre Portugal e a Bélgica, que se tinham degradado na sequência das acusações levadas a cabo pela propaganda colonial belga, continuavam, deste modo, crispadas. E agravaram-se, em 1890, com a chamada "Questão da Lunda"[950].

A 9 de agosto de 1890, o *Bulletin officiel* do Congo Livre publicou um "decreto, assinado por Leopoldo II a 10 de Junho do mesmo ano de 1890"[951], que estabelecia que, na sequência do Tratado assinado em Berlim, a 14 de fevereiro de 1885, o curso do Cuango era a fronteira respetiva entre Portugal e o "Estado Livre do Congo", sendo que a Lunda, também conhecida por estados da Muatiânvua, formava o décimo segundo distrito administrativo desse Estado, compreendendo os distritos administrativos do Cassai e Lualaba.

---

[948] Cf. LUCAS, Maria Manuela – *Ob. cit.*, p. 310.

[949] MAGALHÃES, José Calvet de – *Ob. cit.*, p. 191.

[950] A este respeito veja-se a obra SANTOS, Eduardo dos – *A questão da Lunda. 1885-1894*. Lisboa: Agência Geral do Ultramar, 1966.

[951] Idem – *Ob. cit.*, p. 155.

A notícia motivou o protesto de Lisboa, que considerava a Lunda zona da sua influência e expansão. De acordo com o etnólogo Eduardo dos Santos, o rei dos belgas, perante a contestação portuguesa, exaltou-se, indo ao ponto de mandar adquirir um velho barco de guerra nas docas de Londres para trazer a Lisboa um *ultimatum*, "ao jeito de como fizera a Inglaterra"[952].

Serenados os ânimos, movimentaram-se as diplomacias de ambos os lados. A 25 de maio de 1891, foi assinado, em Lisboa, o tratado entre Portugal e o "Estado Livre do Congo", que delimitou as possessões do rei português e do soberano belga na região da Lunda. Foi, ainda, acordada a designação de uma comissão composta por representantes das partes contratantes, encarregue de executar no terreno o traçado da fronteira, em conformidade com o estabelecido na convenção[953].

A comissão só concluiu os seus trabalhos dois anos mais tarde, tendo a ratificação da ata das fronteiras na Lunda ocorrido a 26 de junho de 1893, em Luanda. Portugal fez-se representar por Jaime Lobo de Brito Godins, governador-geral interino da província de Angola, enquanto o "Estado Livre do Congo" foi representado por George Grenfell (1849-1906), missionário e explorador inglês.

Apesar da tensão que marcou as relações entre os dois países nos finais do século XIX, nos inícios do século XX, a estada dos soldados portugueses na fronteira entre a França e a Bélgica, durante a Primeira Guerra Mundial, e o desfecho do conflito a favor dos Aliados conduziu a uma normalização das relações diplomáticas.

O primeiro representante português na Bélgica foi o escritor e dramaturgo romântico Almeida Garrett que, em julho de 1834, foi

---

[952] SANTOS, Eduardo dos – *Ob. cit.*, p. 156.

[953] Cf. Convenção de Lisboa, de 25 de maio de 1891. "Diário da Câmara dos Senhores Deputados da Nação Portuguesa. 1822-1910". In Debates Parlamentares. Direção de Serviços de Documentação e Informação. Assembleia da República. Sessão de 27-06-1891, p. 12. Disponível em http://debates.parlamento.pt/page.aspx?cid=mc.cd&diary=a1891m06d27--0012&type=texto&q=lunda&sm=p [consulta efetuada em 30 de abril de 2013].

designado Encarregado de Negócios e Cônsul geral junto da corte de Leopoldo I (1790-1865). Até finais do século XIX, o ministro plenipotenciário de Portugal na capital belga acumulou quase sempre o desempenho das mesmas funções em Haia. Em maio de 1925 foi designado ministro plenipotenciário de Portugal em Bruxelas, José Batalha de Freitas, que foi sucedido no lugar por Alberto de Oliveira (1873-1940), em 1926. Após a elevação da legação à categoria de primeira classe, por decreto de 11 de novembro de 1929, assumiu o cargo de representante de Portugal em Bruxelas, Augusto de Castro. A ascensão da legação não foi, contudo, inócua. A promoção aconteceu para que Augusto de Castro pudesse assumir o lugar e prosseguir, assim, a sua carreira diplomática.

Em finais de julho de 1929, Henrique Trindade Coelho (1885-1934) regressou da embaixada junto do Quirinal para assumir a pasta dos Negócios Estrangeiros. No entanto, foi ministro apenas por 20 dias, tendo apresentado o seu pedido de demissão a 16 de agosto, na sequência da crise provocada pela romagem ao túmulo do seu pai, o escritor republicano, Francisco Trindade Coelho, a 11 de agosto. Ivens Ferraz (1870-1933) acabaria por substituir, interinamente, Trindade Coelho até à tomada de posse de Jaime da Fonseca Monteiro (1870-1938), a 11 de setembro.

A saída de Trindade Coelho do executivo colocou o governo e o novo secretário-geral do Ministério dos Negócios Estrangeiros, Teixeira de Sampaio (1875-1945) – que havia sido nomeado para o cargo por Trindade Coelho – perante um problema: "dar colocação imediata Dr. Trindade Coelho"[954]. A informação dada a Augusto de Castro por Teixeira de Sampaio, no dia 19 de agosto, esclarecia ainda que Trindade Coelho entendia que não devia "reassumir agora

---

[954] Telegrama. Lisboa, 19 de agosto de 1929. Arquivo Histórico e Diplomático do Ministério dos Negócios Estrangeiros. Pessoal: nomeações de Trindade Coelho e Augusto de Castro. 1929. GSG, M. 11 – 2.º P., A. 35/G, M. 1 – Env. 5, Doc. 03 e 3-A.

posto Quirinal"[955], pelo que o ministério tinha "resolv[ido] transferi-lo Santa Sé"[956].

Nos dois telegramas enviados a Castro nesse dia, o secretário--geral do Ministério dos Negócios Estrangeiros dava ainda conta da intenção do ministério o deslocar, "por algum tempo, [para a] legação [de] Berlim"[957], assegurando, "como amigo pessoal [de] V. Ex.ª"[958], que a transferência não significava "menos apreço ou menos confiança"[959] nas suas qualidades: ela ocorria, apenas, por "conveniência urgente do serviço"[960].

Castro reagiu a 20 de agosto de 1929. Num telegrama dirigido a Teixeira de Sampaio, em que começava por agradecer o cuidado, informava que "infelizmente minha saúde e minha filha são incompatíveis com clima Berlim"[961]. Não duvidando da "inteira justiça intenção Sua Ex.ª o Presidente do Ministério"[962], considerava que a sua "deslocação para não deslocar Trindade Coelho, meu inimigo pessoal, ter[ia] como provável consequência fazer-me renunciar servir meu país estrangeiro e a uma carreira que procurei sempre honrar"[963]. Pedindo desculpa pelo "desabafo inteiramente pessoal"[964], terminava com os habituais cumprimentos ao secretário-geral do ministério dos Negócios Estrangeiros.

---

[955] *Ibidem.*

[956] *Ibidem.*

[957] *Ibidem.*

[958] *Ibidem.*

[959] *Ibidem.*

[960] *Ibidem.*

[961] Telegrama. Roma (Vaticano), 20 de agosto de 1929. Arquivo Histórico e Diplomático do Ministério dos Negócios Estrangeiros. Pessoal: nomeações de Trindade Coelho e Augusto de Castro. 1929. GSG, M. 11 – 2.º P., A. 35/G, M. 1 – Env. 5, Doc. 03 e 3-A.

[962] *Ibidem.*

[963] *Ibidem.*

[964] *Ibidem.*

As palavras proferidas em relação a Trindade Coelho por certo se compreenderão pela rivalidade decorrente dos dois serem jornalistas, terem dirigido os dois principais diários lisboetas, *O Século* e o *Diário de Notícias*, e por disputarem a atenção do ministério em relação à mesma realidade – situação em Itália e no Vaticano, no período compreendido entre 1927-1929, anos em que Augusto de Castro e Trindade Coelho exerceram as funções de representantes de Portugal no Vaticano e no Quirinal, respetivamente. Por certo, prender-se-ão também com a influência, que cada um julgava ter e julgava poder jogar nos bastidores do Palácio das Necessidades. Contudo, revelam uma aspereza pouco comum em Augusto de Castro, sempre tão cordial e elogioso nas apreciações que fazia dos seus contemporâneos.

A ameaça de abandono da carreira diplomática por parte de Castro não chegou, no entanto, a concretizar-se. Com a deslocação de Trindade Coelho para o Vaticano, Castro aceitou a nomeação para Berlim, com a condição de não tomar posse da legação, enquanto aguardava a sua designação para outra. Bruxelas e Roma (Quirinal) estavam no topo das suas preferências, sendo que a eleita, se possível de momento, seria a capital da Bélgica, posto então ocupado por Alberto de Oliveira.

Moveram-se então as peças do xadrez diplomático e, apesar de o secretário-geral do ministério dos Negócios Estrangeiros, ter declarado "Bruxelas impossível"[965], esta veio mesmo a tornar-se uma realidade para Augusto de Castro. De facto, este mesmo comunicaria a Teixeira de Sampaio que lhe havia "consta[do] [que] Alberto Oliveira estaria disposto aceitar posto Quirinal"[966], pelo que "rog[ava] a V.

---

[965] Telegrama. Lisboa, 9 de setembro de 1929. Arquivo Histórico e Diplomático do Ministério dos Negócios Estrangeiros. Pessoal: nomeações de Trindade Coelho e Augusto de Castro. 1929. GSG, M. 11 – 2.º P., A. 35/G, M. 1 – Env. 5, Doc. 03 e 3-A.

[966] Telegrama. Roma (Vaticano), 19 de setembro de 1929. Arquivo Histórico e Diplomático do Ministério dos Negócios Estrangeiros. Pessoal: nomeações de Trindade Coelho e Augusto de Castro. 1929. GSG, M. 11 – 2.º P., A. 35/G, M. 1 – Env. 5, Doc. 03 e 3-A.

Ex.ª envidar todos esforços sentido minha transferência Bruxelas, conforme o meu pedido anterior"[967].

A nomeação de Alberto Oliveira para a legação de Portugal no Quirinal acabaria por causar estranheza a outro ator deste jogo de tabuleiro diplomático, Trindade Coelho: "informam Alberto de Oliveira convidado Quirinal o que surpreendendo-me depois conferência Belém com Presidente da República e ministro"[968]. Contudo, e apesar do espanto, não deixava de propor uma solução de recurso, que vinha ao encontro do pretendido pelo diplomata portuense: "para evitar pedido demissão Castro rogo influir junto de (?) sentido elevação primeira classe legação em Bruxelas aliás ótima medida política que não necessita consulta governo belga mandando para a Bélgica Castro que muito o deseja"[969].

Augusto de Castro conseguia assim alcançar os seus intentos, numa demonstração clara da estima que por ele tinha "o todo-poderoso"[970] Secretário-geral do ministério dos Negócios Estrangeiros, Teixeira de Sampaio.

Nomeado ministro plenipotenciário da legação de Portugal em Bruxelas a 18 de novembro de 1929, Castro tomou posse a 12 de dezembro, tendo apresentado credenciais a Alberto I (1875-1934) a 23 de dezembro. Exercia então as funções de segundo secretário, o bacharel formado em direito, Armando de Oliveira Bernardes, que, mais tarde, viria a contrair matrimónio com a filha mais velha de Augusto de Castro, Maria Cândida.

À frente da legação de Portugal em Bruxelas, Augusto de Castro deu conta das visitas oficiais dos reis belgas ao Egito (5 de março) e

---

[967] *Ibidem.*

[968] Telegrama. Roma (Vaticano), 11 de outubro de 1929. Arquivo Histórico e Diplomático do Ministério dos Negócios Estrangeiros. Pessoal: nomeações de Trindade Coelho e Augusto de Castro. 1929. GSG, M. 11 – 2.º P., A. 35/G, M. 1 – Env. 5, Doc. 03 e 3-A.

[969] *Ibidem.*

[970] OLIVEIRA, Pedro Aires – "O corpo diplomático e o regime autoritário...", p. 150.

ao Luxemburgo (29 de abril), e da entrevista dada pelo Presidente da República, Óscar Carmona, aos jornais belgas *La Métropole* (1894-1974) e *Neptune* (9 de março).

A partir de maio de 1930 foi a 29.ª Convenção da Organização Internacional do Trabalho, sobre o trabalho forçado ou obrigatório, a decorrer em Genebra, que prendeu a sua atenção. A convenção assinada a 28 de junho de 1930 acabou por determinar que todos os membros da Organização Internacional do Trabalho que ratificassem o texto se comprometiam a suprimir o trabalho forçado ou obrigatório, sob todas as suas formas, no mais curto espaço de tempo.

Em abril de 1930 foi inaugurada, em Antuérpia, a *Exposition Internationale Coloniale, Maritime et d'Art Flamand*, para comemorar o primeiro centenário da independência belga. Portugal fora convidado a participar, tendo sido designado Comissário-geral, o Agente geral das Colónias, Armando Zuzarte Cortesão (1891-1977). A 18 de maio foi inaugurado o pavilhão de Portugal. A 24 de setembro Augusto de Castro deu conhecimento da conferência realizada – a convite de Armando Cortesão, que havia sido secundado pelo então ministro das Colónias, Artur Ivens Ferraz – em Antuérpia, no dia anterior, pelo general Norton de Matos. A palestra tinha sido, em seu entender, um "notável trabalho sobre evocação espírito colonial português"[971]. Informava ainda sobre as "altas manifestações de simpatia"[972] e os "numerosos banquetes e receções"[973], "oferecidos em honra"[974] de Norton de Matos, esclarecendo ainda que, no dia seguinte, o primeiro-ministro belga, Henri Jaspar (1870-1939) se deslocaria a Antuérpia para cumprimentar o militar português[975].

---

[971] Telegrama n.º 22, 24 de setembro. Arquivo Histórico e Diplomático do Ministério dos Negócios Estrangeiros. Telegramas recebidos. Bruxelas, 1930.

[972] *Ibidem.*

[973] *Ibidem.*

[974] *Ibidem.*

[975] *Ibidem.*

A 4 de outubro comunicou a visita efetuada por Alberto I ao pavilhão de Portugal, que foi acompanhada pelo ministro plenipotenciário português e por todo o pessoal da legação[976].

Anteriormente, a 30 de junho de 1930, tinha informado o secretário-geral do ministério dos Negócios Estrangeiros do recrudescimento das pretensões coloniais italianas em África. Assim, comunicava que tinha recebido a informação, por parte do secretário-geral do ministério das Colónias, de que o governo belga tinha recebido uma notícia oficial de que "várias personalidades italianas, afetas a Mussolini, estavam, naquele momento, a percorrer o Congo, embora a título particular"[977]. Desde 1923 que o *Duce* procurava, "com efeito, na ação colonial, uma maneira de assumir a herança dos seus predecessores nacionalistas e imperialistas, ao mesmo tempo que realizava, pelo menos neste domínio, a aplicação imediata do seu programa"[978]. Recorde-se que, neste período, também em Portugal a imprensa se agitava devido aos rumores de interesses alemães e italianos relativamente às possessões portuguesas em África.

A 1 de agosto começou a gozar uma licença que se estendeu até ao dia 20 de setembro: "conformidade autorização combinada V. Ex.ª interrompi hoje minha licença assumindo legação"[979]. Castro retomou a chefia da legação para poder assistir à conferência proferida por Norton de Matos e para poder acompanhar a visita de Alberto I ao pavilhão de Portugal na exposição de Antuérpia, conforme já referido. A 8 de outubro regressou ao gozo da licença

---

[976] Telegrama n.º 27, 4 de outubro. Arquivo Histórico e Diplomático do Ministério dos Negócios Estrangeiros. Telegramas recebidos. Bruxelas, 1930.

[977] Ofício de Augusto de Castro para Ministro dos Negócios Estrangeiros. Arquivo Histórico e Diplomático do Ministério dos Negócios Estrangeiros. Bruxelas, 30 de junho de 1930. 3.º Piso, A. 12, M. 160.

[978] MILZA, Pierre – *Ob. Cit.*, p. 576.

[979] Telegrama n.º 20, 20 de setembro. Arquivo Histórico e Diplomático do Ministério dos Negócios Estrangeiros. Telegramas recebidos. Bruxelas, 1930.

interrompida a 20 de setembro[980]. Reassumiu a legação a 17 de novembro de 1930[981].

A 6 de dezembro de 1930, relatou a conversa havida com o ministro dos Negócios Estrangeiros belga, Paul Hymans (1865-1941). Hymans era um profundo conhecedor da realidade política europeia. Para além de ter sido ministro de várias pastas em sucessivos governos, foi o representante da Bélgica na Conferência de Paz de Paris, após a Primeira Guerra Mundial, e havia auxiliado na redação do Pacto da Sociedade das Nações, bem como do *Dawes Plan* (1924).

O ministro belga deu conta da sua preocupação com a evolução da política alemã, a questão dos rearmamentos e a estratégia delineada pela Sociedade das Nações. De acordo com Castro, para Hymans "os países pequenos deviam prosseguir, uma política de estreita cooperação"[982] em torno deste organismo, porque eram, "sobretudo, os pequenos países que se encontravam sob ameaça"[983]: "as nações coloniais, como a Bélgica e Portugal, devem acompanhar, numa colaboração leal e atenta, o desenrolar dos factos que podem constituir amanhã uma ameaça"[984].

A 14 de janeiro de 1931, Augusto de Castro era nomeado para a legação de Portugal em Roma (Quirinal). A 20 de dezembro de 1930, já Teixeira de Sampaio havia prevenido Castro: "o governo decidiu transferir já V. Ex.ª para a legação em Roma em substituição Doutor Alberto de Oliveira que volta a Bruxelas hipótese que aliás vossas

---

[980] Cf. Telegrama n.º 29, 8 de outubro. Arquivo Histórico e Diplomático do Ministério dos Negócios Estrangeiros. Telegramas recebidos. Bruxelas, 1930.

[981] Cf. Telegrama n.º 35, 17 de novembro. Arquivo Histórico e Diplomático do Ministério dos Negócios Estrangeiros. Telegramas recebidos. Bruxelas, 1930.

[982] Ofício de Augusto de Castro para Ministro dos Negócios Estrangeiros. Arquivo Histórico e Diplomático do Ministério dos Negócios Estrangeiros. Bruxelas, 6 de dezembro de 1930. 3.º Piso, A. 4, M. 9.

[983] *Ibidem.*

[984] *Ibidem.*

excelências haviam previsto"[985]. A tomada de posse da legação de Portugal no Quirinal ocorreu a 10 de fevereiro de 1931.

4.4. "Roma e o seu Destino Imperial"

O ano de 1931 ficou marcado pela inauguração do *Empire State Building* (1 de maio) e pela condenação de Al Capone (1899-1947); pela estreia de *City Lights*, de Charlie Chaplin (1889-1977) e de *Frankenstein*, de James Whale (1889-1957); mas, sobretudo, pela proclamação da Segunda República Espanhola (14 de abril) e pela invasão da Manchúria pelos japoneses (18 de setembro). Estes dois últimos acontecimentos acabaram por se revelar determinantes para o curso da história da Europa e do Mundo, uma vez que desembocaram em dois conflitos armados de importância extrema: a Guerra Civil Espanhola (1936-1939) – campo de ensaio militar da Segunda Guerra Mundial – e a Segunda Guerra Sino-Japonesa (1937-1945).

Na sequência da vitória alcançada pelos republicanos nas eleições municipais de 12 de abril e da renúncia de Afonso XIII foi proclamada, pela segunda vez em Espanha, a República que, a 2 de dezembro, fez eleger para a presidência Niceto Alcalá Zamora (1877-1949) e, a 9 de dezembro, logrou aprovar uma nova Constituição, que vigorou até ao fim da Guerra Civil.

Por seu turno, o ataque japonês a Mukden, que destruiu "o quartel, o arsenal e o aeródromo das tropas chinesas"[986], permitiu a instauração de uma administração na Manchúria controlada pelos nipónicos. Apesar dos protestos da China e da intervenção da Sociedade das

---

[985] Telegrama n.º 16, 20 de dezembro. Arquivo Histórico e Diplomático do Ministério dos Negócios Estrangeiros. Telegramas expedidos. Bruxelas, 1930.

[986] GILBERT, Martin – *História do Século XX*. 2.ª Edição. Lisboa: Leya/D. Quixote, 2011, p. 199.

Nações, o Japão não tardou em prosseguir o seu avanço para o interior do "território com um quarto do tamanho da China"[987].

As eleições em Espanha e o ataque japonês a Mukden ocorreram numa época em que a direita começava a tomar e a consolidar o poder em alguns países europeus, como foram os casos da Alemanha, da Áustria, de Portugal e da Itália.

"A subida ao poder do nacional-socialismo, tornada manifesta após as eleições de setembro de 1930"[988] – o partido nazi conseguiu conquistar mais de 18% dos votos, conseguindo 107 lugares no *Reichstag*[989] – constituiu "um sinal de mudança radical, uma vez que se perfilava a chegada ao governo de uma força política que fazia da revisão dos tratados"[990] de paz assinados no final da Grande Guerra "um ponto essencial do seu programa e entendia conferir-se os meios necessários para pôr termo à hegemonia franco-inglesa"[991].

Nos inícios da década de 30, o *Duce* não encarava ainda a possibilidade de uma aliança ítalo-alemã. Congratulava-se, no entanto, "por ver uma das principais potências europeias a enveredar pelo caminho"[992] que ele havia traçado em 1922 e sentia-se "tanto mais lisonjeado com isso, pelo facto de Hitler não perder uma oportunidade para afirmar"[993] que considerava "o ditador romano como o seu «mestre»"[994].

Mussolini não esquecia, contudo, que, entre os territórios reivindicados pelo dirigente nacional-socialista em *Mein Kampf*, estava o Alto Ádige, que o Tratado de Saint Germain de 1919 dera

---

[987] Idem – *Ibidem*.
[988] MILZA, Pierre – *Ob. cit.*, p. 528.
[989] Cf. GILBERT, Martin – *Ob. cit.*, p. 189.
[990] MILZA, Pierre – *Ob. cit.*, pp. 528-529.
[991] Idem – *Ob. cit.*, p. 529.
[992] Idem – *Ibidem*.
[993] Idem – *Ibidem*.
[994] Idem – *Ibidem*.

aos italianos[995]. E que a consumação do *Anschluss*, tão desejada por Hitler, constituía uma ameaça para a Itália[996]. Aproximava-os, porém, o impulso expansionista e o desejo de rever os tratados assinados no final da guerra.

Na Alemanha, desde as eleições de setembro de 1930, que o chanceler Heinrich Brüning (1885-1970), continuava a governar por decreto presidencial[997]. Desde o inverno de 1929/1930 que o chefe de Estado alemão, Von Hindenburg (1847-1934), numa tentativa de impedir o acesso ao poder por parte dos nazis, mas também dos comunistas, não conseguindo, por isso, formar um governo com apoio parlamentar, vinha impondo homens da sua confiança, em soluções governativas instáveis e efémeras, que tentava sustentar através de decretos.

Face à crescente pressão exercida pela crise, pela ascensão do Partido Nazi, e pela opinião pública, o executivo de iniciativa presidencial de Brüning havia decretado a "suspensão total das reparações por um ano e a suspensão de todas as dívidas da Alemanha ao exterior por seis meses"[998]. O chanceler alemão e o ministro dos Negócios Estrangeiros, Julius Curtius (1877-1948), decidiram também empreender uma viagem a Itália, em agosto de 1931, para entrevistas com Mussolini e Vittorio Emanuele III (1869-1947).

Em outubro de 1931, foi a vez de Dino Grandi (1895-1988), chefe da diplomacia italiana, se deslocar a Berlim, para retribuir a visita feita pelos dois estadistas alemães. Esta visita tinha, segundo Castro, como objetivos, "o estreitamento das relações ítalo-alemãs"[999] e "a

---

[995] Idem – *Ibidem.*

[996] Idem – *Ibidem.*

[997] Cf. GILBERT, Martin – *Ob. cit.*, p. 195.

[998] Idem – *Ibidem.*

[999] Ofício de Augusto de Castro para Ministro dos Negócios Estrangeiros. Arquivo Histórico e Diplomático do Ministério dos Negócios Estrangeiros. Roma (Quirinal), 25 de outubro de 1931. 3.º Piso, A. 4, M. 14.

troca de impressões sobre o problema do desarmamento (...) e a necessidade de revisão dos tratados"[1000].

A deslocação de Grandi à capital alemã, que coincidiu com a do primeiro-ministro francês, Pierre Laval (1883-1945), a Washington, enquadrou-se, no entender do representante português no Quirinal, numa estratégica "aproximação ítalo-alemã"[1001], cujo grande artífice foi, entre 1930 e 1932, o embaixador alemão em Roma, Carl von Schubert (1882-1947), "homem de grande valor (considero-o a primeira figura do corpo diplomático acreditado em Roma), que já para aqui veio com essa missão"[1002]:

> Em Roma Von Schubert tem o campo livre, pois não faço favor nenhum em considerar Ronald Graham, embaixador inglês, como uma personalidade menos que medíocre e Beaumarchais, embaixador da França, não me parece que veja grande coisa, além do admirável Palácio Farnese, em que habita. Afigura-se-me que o Palácio é grande demais para ele[1003].

A visita a Berlim do homem que substituiu Mussolini à frente da diplomacia italiana revestiu-se, para Castro, de uma importância tanto maior, uma vez que ocorreu ao mesmo tempo que a celebração do nono aniversário da Marcha sobre Roma, particularmente solene nesse ano, porque "todos os marechais fascistas"[1004] se reuniram com o *Duce* em Nápoles. E foi justamente a partir desta cidade localizada na base do Vesúvio que o líder fascista colocou importantes

---

[1000] *Ibidem.*
[1001] *Ibidem.*
[1002] *Ibidem.*
[1003] *Ibidem.*
[1004] *Ibidem.*

questões, "destinadas a produzir efeitos, simultaneamente, em Berlim e em Washington"[1005]:

> Pode dizer-se que existe uma igualdade jurídica entre nações quando, de um lado, estão os estados armadíssimos até aos dentes e do outro os estados condenados a ser inermes? E como se pode falar de reconstrução europeia se não forem modificadas algumas cláusulas de alguns tratados de paz que lançaram povos inteiros à borda do abismo material e do desespero moral?[1006]

As "palavras graves"[1007] de Mussolini levaram Augusto de Castro a "insistir nos perigos, para nós, desta política de aproximação ítalo--alemã"[1008]: "estou certo de que em Berlim e em Roma se prepara para 1932 uma ofensiva comum em Genebra contra os tratados e contra o regime dos mandatos coloniais"[1009].

Um possível entendimento entre a Alemanha e a Itália sobre a revisão do mapa colonial era já receado por Augusto de Castro desde a sua estada em Bruxelas, pelo que, em outubro de 1931, o ministro plenipotenciário de Portugal no Quirinal apenas recordou ao secretário-geral do Ministério dos Negócios Estrangeiros – recorrendo a uma frase de Hymans, que lhe havia dado conta de que esse ponto de vista e esse receio eram unanimemente partilhados pelo governo belga – que esse era "o único perigo verdadeiro"[1010].

[1005] Ofício de Augusto de Castro para Ministro dos Negócios Estrangeiros. Arquivo Histórico e Diplomático do Ministério dos Negócios Estrangeiros. Roma (Quirinal), 26 de outubro de 1931. 3.º Piso, A. 4, M. 14.

[1006] *Ibidem.*

[1007] *Ibidem.*

[1008] *Ibidem.*

[1009] *Ibidem.*

[1010] *Ibidem.*

Esta apreensão fê-lo acompanhar de perto, durante toda a sua permanência em Roma, a evolução dos interesses coloniais italianos, sobretudo, em Angola. As informações recolhidas permitiram-lhe o envio de cerca de cinco dezenas de ofícios sobre as pretensões italianas relativamente àquele território, o destaque dado pela imprensa transalpina à colónia portuguesa, a progressão dos italianos e das companhias italianas na região e a exploração, por parte de sociedades italianas, de terrenos em Angola. Recordando que, na Conferência de Paz de 1919, os delegados italianos tinham reivindicado, sem sucesso, "uma vasta concessão de territórios"[1011] naquela província ultramarina portuguesa, Castro entendia que o fascismo tinha ressuscitado essa velha pretensão, tanto mais que Mussolini havia aberto "ilimitados horizontes à imaginação imperialista deste povo numeroso"[1012].

Absolutamente convencido de que "Angola [era] cada vez mais um ponto de mira da Itália"[1013], Augusto de Castro insistiu em chamar a atenção do ministério dos Negócios Estrangeiros para "os sintomas e factos"[1014] que lhe pareceriam mais significativos, como a expedição organizada pelo deputado Baragiolo àquele território, a exibição do filme "Angola" – que resultou da expedição – num cinema de Roma, os discursos feitos por Grandi sobre a defesa dos direitos italianos em África, as monografias elaboradas sobre o território português e os significativos silêncios em relação a Portugal, enquanto país colonizador de Angola.

Julgando ser seu dever persistir, "assinalando um perigo"[1015], Augusto de Castro considerava que, "no momento internacional

---

[1011] Ofício de Augusto de Castro para Ministro dos Negócios Estrangeiros. Arquivo Histórico e Diplomático do Ministério dos Negócios Estrangeiros. Roma (Quirinal), 2 de julho de 1932. 3.º Piso, A. 12, M. 160.

[1012] *Ibidem.*

[1013] *Ibidem.*

[1014] *Ibidem.*

[1015] *Ibidem.*

que atravessamos, nenhum olhar atento se deve cansar de perscrutar o horizonte"[1016].

Como é sabido, as ambições imperialistas de Mussolini acabariam, contudo, por se voltar para a Etiópia, cuja campanha, iniciada a 3 de outubro de 1935, seria "tudo menos um simples passeio militar"[1017].

A aventura etíope inscreveu-se "num projeto imperial que, desde a chegada de Mussolini ao poder, constituiu o objetivo de todas as preocupações do governo"[1018]. O *Duce* nunca escondeu o desejo "de estender a sua influência sobre uma parte do mundo mediterrânico e de alargar o seu modesto domínio africano"[1019], constituído, até então, pelas regiões recentemente conquistadas da Tripolitânia e da Cirenaica[1020]. Aliás, por diversas vezes, o *Il Popolo d'Italia* deu conta das intenções do chefe do governo italiano.

O jornal fundado por Mussolini, em novembro de 1914, dirigido até 1931, por Arnaldo Mussolini (1885-1931), irmão do *Duce*, revelou sempre uma completa identificação com a linha política seguida pelo líder italiano. De facto, "todas as noites, por volta das 22 horas"[1021], Benito ligava a Arnaldo, "para lhe dar parte dos seus «elogios» ou das suas «repreensões», ou para lhe pedir que publicasse um artigo sobre este ou aquele assunto"[1022]. A morte de Arnado, ocorrida a 21 de dezembro de 1931, na sequência de uma crise cardíaca, que Augusto de Castro comunicou por telegrama a Teixeira de Sampaio no dia seguinte[1023], afetou grandemente Mussolini, que viu reduzido à sua irmã Edvige (1888-1957), o pequeno círculo familiar de Dovia.

[1016] *Ibidem.*

[1017] MILZA, Pierre – *Ob. cit.*, p. 584.

[1018] Idem – *Ob. cit.*, p. 576.

[1019] Idem – *Ibidem.*

[1020] Idem – *Ibidem.*

[1021] Idem – *Ob. cit.*, p. 415.

[1022] Idem – *Ibidem.*

[1023] Cf. Telegrama n.º 52, 22 de dezembro. Arquivo Histórico e Diplomático do Ministério dos Negócios Estrangeiros. Telegramas recebidos. Roma (Quirinal), 1931.

Após o desaparecimento de Arnaldo, assumiu a direção do órgão do partido fascista o seu filho, Vito Mussolini (1912-1963).

Após esta mudança, o periódico continuou a publicar artigos afetos ao regime, alguns deles, da autoria do próprio líder fascista, como o representante de Portugal em Roma fez saber no Palácio das Necessidades, em maio de 1932: "tenho a honra de enviar a V. Ex.ª, em duplicado, por se me afigurar interessante, o recorte do jornal *Il Popolo d'Italia* de hoje, que publica um artigo, sobre a crise europeia, atribuído ao Sr. Mussolini"[1024].

De facto, as relações, por vezes tensas, entre os diversos países europeus foram objeto de análise, não só em Itália, mas também no resto da Europa. A partir de fevereiro de 1932 esperava-se que a Conferência de Desarmamento de Genebra, que reunia mais de 60 países, entre os quais os Estados Unidos e a U.R.S.S. – que não tinham assento na Sociedade das Nações – conseguisse desanuviar a tensão. Tal não veio, no entanto, a acontecer.

Preparado "em ritmo lento, desde a fundação da Sociedade das Nações"[1025], o encontro de Genebra foi precedido "por intermináveis debates, dadas as variáveis que envolviam a questão – estratégia, técnica militar, economia e finanças, segurança nacional, conceções geográficas, etc."[1026]. Representada, inicialmente, por Grandi, a Itália acabou por assistir, durante o decorrer da conferência, a uma mudança, ao mais alto nível, na composição da sua delegação. Com efeito, após a interrupção dos trabalhos, ocorrida a 21 de julho de 1932, Dino Grandi foi enviado para Londres como

---

[1024] Ofício de Augusto de Castro para Ministro dos Negócios Estrangeiros. Arquivo Histórico e Diplomático do Ministério dos Negócios Estrangeiros. Roma (Quirinal), 12 de maio de 1932. 3.º Piso, A. 4, M. 15.

[1025] SARAIVA, José Flávio Sombra (org.) – *Relações Internacionais. Dois séculos de história. Entre a preponderância europeia e a emergência americano-soviética (1815-1947)*. Vol. I. Rio de Janeiro: Instituto Brasileiro de Relações Internacionais, 2001, p. 192.

[1026] Idem – *Ibidem*.

embaixador[1027] e Mussolini retomou a condução da política externa do país.

A "mutação de cena em que o sr. Mussolini é mestre"[1028] deveu-se, não só à pressão exercida pelos hierarcas, no seio do Grande Conselho Fascista, mas também ao facto de o *Duce* pressentir "que, por meio da crise, algo estava a querer mudar na Europa, no sentido de uma rutura no equilíbrio das potências, e que a Itália podia tirar partido dessa eventual redistribuição das cartas"[1029].

Durante os quase três anos que habitou o Palácio Chigi (setembro de 1929-Julho de 1932), Grandi empenhou-se numa "política de moderação"[1030], que assentou numa estratégia de "boa vizinhança com a França, amizade com a Inglaterra, prudência ao lado da Alemanha e da U.R.S.S., e aceitação"[1031] – pelo menos formal – dos princípios estabelecidos pela Sociedade das Nações. Com uma "linguagem evidentemente muito moderada"[1032] – no entender de Augusto de Castro – quando comparada com a do *Duce*, Grandi inscreveu a sua política externa numa perspetiva de longa duração[1033], enquanto que Mussolini concebeu-a apenas em termos táticos[1034] e viu nela uma forma de alcançar os seus intentos revisionistas e expansionistas, não excluindo o desejo de

---

[1027] Cf. Ofício de Augusto de Castro para Ministro dos Negócios Estrangeiros. Arquivo Histórico e Diplomático do Ministério dos Negócios Estrangeiros. Roma (Quirinal), 22 de julho de 1932. 3.º Piso, A. 4, M. 15.

[1028] Ofício de Augusto de Castro para Ministro dos Negócios Estrangeiros. Arquivo Histórico e Diplomático do Ministério dos Negócios Estrangeiros. Roma (Quirinal), 17 de outubro de 1932. 3.º Piso, A. 4, M. 15.

[1029] MILZA, Pierre – *Ob. cit.*, p. 552.

[1030] Idem – *Ob. cit.*, p. 548.

[1031] Idem – *Ibidem*.

[1032] Ofício de Augusto de Castro para Ministro dos Negócios Estrangeiros. Arquivo Histórico e Diplomático do Ministério dos Negócios Estrangeiros. Roma (Quirinal), 7 de maio de 1932. 3.º Piso, A. 4, M. 15.

[1033] Cf. Idem – *Ob. cit.*, p. 548.

[1034] Cf. Idem – *Ibidem*.

arbitrar a conjuntura europeia – veja-se, em 1938, a Conferência de Munique[1035].

Esse propósito levou-o, segundo Castro, a uma "política de acrobacia"[1036], "a uma política que se pode definir pela expressão de «baralhar as cartas e baralhar o jogo»"[1037] – expressões que o historiador francês Pierre Milza também utiliza para definir a política externa de Mussolini, preferindo a metáfora política do jogo de cartas à do jogo de xadrez. Ou seja, um jogo menos frio, menos calculista, mais imediatista, menos paciente, que não exige tanta concentração, nem um planeamento a tão longo prazo. Mas também de maior "azar" ou "sorte". Pense-se, ainda, no perfil do jogador de cartas e no do jogador de xadrez.

Exemplo dessa estratégia de ambiguidade equidistante, adotada pelo líder fascista, foi a sua atitude benevolente, ora para com a França, ora para com a Alemanha, em função da conveniência do momento. Disso mesmo deu conta o representante da diplomacia portuguesa no Quirinal ao secretário-geral do ministério dos Negócios Estrangeiros:

> Tenho a honra de comunicar a V. Ex.ª (...) que se está desenhando atualmente, quer na imprensa quer nos meios oficiais italianos, uma nova fase de aproximação francesa. (...) As referências que o sr. Tardieu, no seu discurso parlamentar, fez à amizade entre os dois povos e a necessidade de a consolidar foram recebidas excelentemente.
>
> (...) Neste momento, o sr. Mussolini deve sentir a Alemanha mais fraca – e não recusará os sorrisos da França. Não me

---

[1035] Cf. Idem – *Ob. cit.*, p. 615.

[1036] Ofício de Augusto de Castro para Ministro dos Negócios Estrangeiros. Arquivo Histórico e Diplomático do Ministério dos Negócios Estrangeiros. Roma (Quirinal), 14 de setembro de 1932. 3.º Piso, A. 4, M. 15.

[1037] *Ibidem.*

surpreenderá ver desabar amanhã sobre nós um discurso em qualquer cidade de Itália em que a França seja exaltada com verbo ardente, à mistura com Napoleão, o Marne, Victor Hugo, a aliança sagrada dos campos de batalha, o sr. Tardieu e a fé inquebrantável na força dos tratados existentes!

Esse discurso será acolhido e transmitido ao Mundo com o mesmo entusiasmo com que foi o de Nápoles, há cinco meses, em sentido contrário.

O que não nos impedirá, alguns meses depois, de ouvirmos uma outra proclamação à Alemanha – com algumas granadas contra Paris. Há cem grandes cidades em Itália. Primeiro que o sr. Mussolini as esgote todas como tribunas dos seus discursos à Europa, ainda temos muito que ouvir![1038].

Para Castro, "a política externa sempre oscilante do fascismo não oferec[ia] uma estabilidade com que se p[udesse] contar"[1039]. Contudo, essa era, em sua opinião, "uma volubilidade intencional"[1040]:

O seu papel, nas condições incertas da Europa atual, é dar a impressão de que é capaz de tudo – sem nunca se comprometer em nada. Vai até à ameaça – e para. Chega até ao idílio, mas não avança mais. Desta forma, iludindo uns, iludindo outros, o sr. Mussolini, espera guardar a sua liberdade de ação – até a um momento decisivo qualquer, que ele prevê, diplomático ou militar, na paz ou na guerra, em que ele possa negociar o mais caro possível os seus favores[1041].

[1038] Ofício de Augusto de Castro para Ministro dos Negócios Estrangeiros. Arquivo Histórico e Diplomático do Ministério dos Negócios Estrangeiros. Roma (Quirinal), 11 de março de 1932. 3.º Piso, A. 4, M. 15.

[1039] *Ibidem.*

[1040] *Ibidem.*

[1041] *Ibidem.*

De facto, como escreve Milza, entre 1930 e 1935, Mussolini habilitou-se "a jogar em duas frentes"[1042], "soprando alternadamente quente e frio"[1043], no "novo equilíbrio de forças"[1044], "para se apresentar como mediador e fazer valer as próprias reivindicações"[1045], pelo que a análise de Augusto de Castro parece acertada.

Sem deixar de assinalar as "variações incessantes (...) dos interesses exteriores da Itália"[1046]; as "mutações de cena"[1047], de que "foram vítimas os srs. Grandi, Botai, Rocco, Turati e Mosconi"[1048] e, posteriormente, "o sr. Balbo"; e "as violências cometidas pelo partido fascista"[1049]; Castro mostrou, não só neste período, como também mais tarde, uma profunda admiração pelo fascismo e pelo seu líder. O exemplo mais acabado dessa admiração foi o artigo "O Destino Imperial de Roma", que, mais tarde, em 1936, viria a incluir na obra *Imagens da Europa vistas da minha Janela*.

Redigido inicialmente em italiano e publicado num periódico de Roma, este foi, segundo nota do próprio autor, posteriormente, "reproduzido em quase toda a imprensa italiana e, mais tarde, numa edição dum milhão de exemplares, distribuído pelas escolas e estabelecimentos oficiais e afixado nas ruas das principais cidades de Itália"[1050]. Nesse texto, Castro defendeu a ideia – como, aliás, con-

---

[1042] MILZA, Pierre – *Ob. cit.*, p. 529.

[1043] Idem – *Ob. cit.*, p. 553.

[1044] Idem – *Ob. cit.*, p. 552.

[1045] Idem – *Ob. cit.*, p. 529.

[1046] Ofício de Augusto de Castro para Ministro dos Negócios Estrangeiros. Arquivo Histórico e Diplomático do Ministério dos Negócios Estrangeiros. Roma (Quirinal), 6 de outubro de 1932. 3.º Piso, A. 4, M. 15.

[1047] Ofício de Augusto de Castro para Ministro dos Negócios Estrangeiros. Arquivo Histórico e Diplomático do Ministério dos Negócios Estrangeiros. Roma (Quirinal), 17 de outubro de 1932. 3.º Piso, A. 4, M. 15.

[1048] *Ibidem.*

[1049] Ofício de Augusto de Castro para Ministro dos Negócios Estrangeiros. Arquivo Histórico e Diplomático do Ministério dos Negócios Estrangeiros. Roma (Quirinal), 9 de julho de 1931. 3.º Piso, A. 4, M. 14.

[1050] Idem – *Ob. cit.*, p. 37.

tinuou a sustentar alguns anos volvidos, após a morte de Mussolini e o desfecho da Segunda Guerra Mundial[1051] – de que o fascismo, "internamente, represent[ou] a romanização da Itália: quer dizer, a restituição de Roma ao seu destino construtor e universal"[1052]. Este foi "a consagração duma forma de civilização imperial, nitidamente romana, em que o Oriente e o Ocidente uma vez mais se fund[ira]m num movimento doutrinário de acentuado caráter místico e coletivo"[1053]. Para a sua apreciação, o diplomata português baseou--se, certamente, na observação do *Duce*, na sua varanda do Palácio de Veneza, na sua completa identificação com a multidão e na experiência quase religiosa dos seus comícios.

A sua opinião parece vir ao encontro, neste contexto, da sustentada pelo historiador italiano Emilio Gentile, para quem o fascismo é uma forma de religião política, sendo que os aniversários do regime, os desfiles, o culto do *Duce* e a consagração dos símbolos fazem parte da criação dessa religião secular fascista[1054].

Reconhecendo no fascismo o seu aspeto "teatral" e "a preparação cénica das grandes reuniões de massas populares"[1055], Augusto de Castro considerava que este regime havia imprimido "uma disciplina nova à administração italiana"[1056], proclamado "a substituição da luta das classes pela colaboração das classes"[1057], criado "uma conceção de governo centralista"[1058], enquadrado "as forças sociais

---

[1051] Cf. Idem – *Homens e Sombras*. Lisboa: Empresa Nacional de Publicidade, s.d., p. 180.

[1052] Idem – *Imagens da Europa...*, p. 37.

[1053] Idem – *Ob. cit.*, p. 39.

[1054] Cf. GENTILE, Emilio – *The sacralization of politics in fascist Italy*. London/Cambridge: Harvard University Press, 1996.

[1055] Ofício de Augusto de Castro para Ministro dos Negócios Estrangeiros. Arquivo Histórico e Diplomático do Ministério dos Negócios Estrangeiros. Roma (Quirinal), 24 de outubro de 1932. 3.º Piso, A. 4, M. 15.

[1056] CASTRO, Augusto de – *Homens e Sombras...*, p. 179.

[1057] Idem – *Ibidem*.

[1058] Idem – *Ibidem*.

da nação"[1059], inspirado e executado "uma ação de propaganda, de fortalecimento interior e de prestígio externo [de] importância mundial"[1060].

O seu entendimento, tanto nos anos trinta, como nas décadas seguintes, estava de acordo com as posições tomadas nos anos vinte, quando reclamava que não devia haver uma oposição entre trabalho e capital. De facto, o fascismo, perante essa co(a)lisão, teria lançado as bases do corporativismo, sistema que, segundo Castro, teria permitido "a paz sindical entre trabalhadores, capitalistas e técnicos"[1061].

Esta "organização política [que] representa[va] uma força – contra a qual não se descortina[va] possibilidade de, por enquanto, se formar qualquer outra força organizada"[1062] – tinha em Mussolini o seu "mestre"[1063]. Esse homem, "discípulo de Maquiavel, muito mais do que Cavour"[1064], cujas fotografias apareciam "diariamente nos jornais"[1065], ora "a cavalo, no parque do palácio que habita[va]"[1066], ora "em motocicleta"[1067], ora "banhando-se nas águas do Adriático"[1068], ora como "pai de família"[1069], era, para Castro, "na história dos últimos

---

[1059] Idem – *Ibidem*.

[1060] Idem – *Ibidem*.

[1061] Ofício de Augusto de Castro para Ministro dos Negócios Estrangeiros. Arquivo Histórico e Diplomático do Ministério dos Negócios Estrangeiros. Roma (Quirinal), 12 de maio de 1934. 3.º Piso, A. 1, M. 489.

[1062] Ofício de Augusto de Castro para Ministro dos Negócios Estrangeiros. Arquivo Histórico e Diplomático do Ministério dos Negócios Estrangeiros. Roma (Quirinal), 7 de novembro de 1932. 3.º Piso, A. 4, M. 15.

[1063] Ofício de Augusto de Castro para Ministro dos Negócios Estrangeiros. Arquivo Histórico e Diplomático do Ministério dos Negócios Estrangeiros. Roma (Quirinal), 24 de outubro de 1932. 3.º Piso, A. 4, M. 15.

[1064] CASTRO, Augusto de – *Homens e Sombras...*, p. 179.

[1065] Ofício de Augusto de Castro..., 7 de novembro de 1933.

[1066] *Ibidem*.

[1067] Ofício de Augusto de Castro para Ministro dos Negócios Estrangeiros. Arquivo Histórico e Diplomático do Ministério dos Negócios Estrangeiros. Roma (Quirinal), 7 de novembro de 1933. 3.º Piso, A. 1, M. 473.

[1068] *Ibidem*.

[1069] *Ibidem*.

séculos da Itália, o mais romano dos seus chefes"[1070]: "tudo, no equi-líbrio, na força do seu génio, na universalidade da sua obra, na própria simetria construtiva da sua ação é romano"[1071].

O cunho pessoal que Mussolini imprimiu ao regime levou Castro a considerar que "o fascismo [era] um homem"[1072] e, de tal forma assim era que, "com mais propriedade o regime atual deveria chamar--se «mussolinismo» em vez de fascismo"[1073].

O diplomata prezava ainda o *Duce* pela sua excêntrica teatralida-de: "homem singular, italiano até à medula, com o gosto, inato nesta raça, pela sumptuosidade e pelo melodrama"[1074]. De facto, o líder fascista revelou sempre "um gosto muito vivo pela arte dramática"[1075], gosto que conservou até bem perto da sua morte. Um dos seus bió-grafos, Pierre Milza, assinalou que, mesmo na hora de se despedir dos seus colaboradores mais próximos, de alguns amigos e da irmã Edvige, antes de partir para Milão, em abril de 1945, Mussolini con-servou a sua postura e os seus gestos teatrais[1076].

Para além da "impressionante grandeza cenográfica"[1077] de que gostava de revestir todos os seus atos públicos e privados, Mussolini dedicou-se mesmo, numa fase inicial da sua vida, à dramaturgia, e, durante a preparação da Marcha sobre Roma, foi um assíduo espec-tador de teatro[1078]. Para além do gosto pelas artes cénicas, o *Duce*

[1070] CASTRO, Augusto de – *Imagens da Europa...*, p. 45.

[1071] Idem – *Ibidem*.

[1072] Ofício de Augusto de Castro..., 7 de novembro de 1932.

[1073] Ofício de Augusto de Castro para Ministro dos Negócios Estrangeiros. Arquivo Histórico e Diplomático do Ministério dos Negócios Estrangeiros. Roma (Quirinal), 13 de outubro de 1932. 3.º Piso, A. 4, M. 15.

[1074] Ofício de Augusto de Castro para Ministro dos Negócios Estrangeiros. Arquivo Histórico e Diplomático do Ministério dos Negócios Estrangeiros. Roma (Quirinal), 14 de junho de 1934. 3.º Piso, A. 1, M. 489.

[1075] MILZA, Pierre – *Ob. cit.*, p. 545.

[1076] Idem – *Ob. cit.*, p. 757.

[1077] Ofício de Augusto de Castro..., 14 de junho de 1934.

[1078] Cf. MILZA, Pierre – *Ob. cit.*, p. 545.

"teve toda a vida a preocupação e o culto de Napoleão"[1079]. A conjugação desses dois interesses levaram-no a delinear, em 1929[1080], uma peça de teatro que tinha como protagonista o "grande corso"[1081]. Não se sentindo capaz de dar corpo ao projeto – "simultaneamente por falta de tempo e de competência"[1082] – Mussolini recorreu a Gioacchino Forzano (1884-1970), famoso dramaturgo e cineasta italiano, que "tinha conhecido por intermédio de Gabriele D'Annunzio"[1083]. Forzano era, aliás, diretor e produtor dos filmes de propaganda do Partido Fascista.

O drama histórico, desenvolvido por Forzano, a partir do argumento imaginado pelo *Duce*, intitulou-se, na sua versão italiana, *Campo di Maggio* e, na versão francesa, *Os Cem Dias*. Este centrava-se "na figura de Bonaparte ao regressar de Waterloo, repudiado pelos seus generais, renegado pela família, pelo bando doirado que o seguira no triunfo e que lhe voltava as costas na desgraça"[1084]. A última cena "representava o Imperador em Fontainebleau esmagado pelo Destino, pronto a entregar-se ao estrangeiro que o derrotara, na imensa derrocada da sua glória"[1085].

Apesar de reconhecer que as duas figuras "não t[inha]m paralelo ou o mínimo confronto na História", Castro considerou, após a morte de Mussolini, que "o autor do drama de *Os Cem Dias* de Napoleão viveu também o drama dos seus próprios «cem dias» – que um outro escreverá mais tarde"[1086].

Estabelecendo apenas uma analogia entre os acontecimentos vividos pelas duas figuras históricas nos últimos atos das suas vidas

---

[1079] CASTRO, Augusto de – *Homens e Sombras...*, p. 179.

[1080] Cf. MILZA, Pierre – *Ob. cit.*, p. 545.

[1081] CASTRO, Augusto de – *Homens e Sombras...*, p. 182.

[1082] MILZA, Pierre – *Ob. cit.*, p. 545.

[1083] Idem – *Ibidem*.

[1084] CASTRO, Augusto de – *Homens e Sombras...*, p. 182.

[1085] Idem – *Ibidem*.

[1086] CASTRO, Augusto de – *Homens e Sombras...*, p. 182.

– de resto, como Pierre Milza também enfatiza[1087] – Castro acabou por silenciar, contudo, que a adaptação francesa de *Campo di Maggio*, apesar de alguns cortes – feitos com o consentimento de Mussolini – em relação ao texto inicial, não deixava de fustigar o parlamentarismo[1088], de "conter um certo número de tiradas exaltando o chefe carismático, os Estados Unidos da Europa, moldados se necessário pela guerra e comandados por uma personalidade fora do comum, a adesão do povo ao regime instaurado pela força, etc."[1089].

Campo di Maggio não seria a única peça escrita por Mussolini em conjunto com Forzano. Os dois foram ainda responsáveis por *Villafranca* (1931), adaptada ao cinema em 1933, e *Cesare*, levada à cena pela primeira vez em 1939.

A admiração que Augusto de Castro sustentou pelo ditador italiano foi partilhada por outros escritores e jornalistas portugueses, como Homem Cristo Filho, António Ferro e João de Castro Osório (1899-1970), entre outros.

Homem Cristo Filho, que centrou o seu discurso na crítica à República parlamentarista[1090], foi um fervoroso entusiasta de Mussolini. Este, a par de Sidónio Pais, constituiu para o jornalista o exemplo da "renovação do político"[1091]. Para o historiador João Medina, Homem Cristo Filho "foi o único *fascista* autêntico da nossa história política, o único que bebeu as doutrinas do Fascio mussolinesco *sur place* com entusiasmo e deslumbramento, como o atestam tanto a sua ação como o seu livro apologético sobre o *Duce*"[1092], *Mussolini*

[1087] Cf. MILZA, Pierre – *Ob. cit.*, pp. 757 e 761.

[1088] Cf. Idem – *Ob. cit.*, p. 545.

[1089] Idem – *Ibidem*.

[1090] Cf. LEAL, Ernesto Castro – *António Ferro...*, p. 165.

[1091] Idem – *Ob. cit.*, p. 48.

[1092] MEDINA, João – *Os Primeiros Fascistas Portugueses: subsídios para a história ideológica dos primeiros movimentos fascistas em Portugal anteriores au nacional-sindicalismo: estudo antológico*. Coimbra: Atlântida Editora, 1978, p. 20.

Bâtisseur de l'Avenir[1093]. O publicista, que pereceu, a 12 de junho de 1928, na sequência de um acidente de viação, quando se dirigia de Paris para Roma, para mais uma entrevista com Mussolini, sucumbiu sem concretizar o grande empreendimento por si arquitetado, o Congresso das Nações do Ocidente, agendado para a capital italiana para o mês de abril do ano seguinte[1094].

Três anos mais novo que Homem Cristo Filho, António Ferro partilhou com o amigo o "encantamento e a sedução pelo ditador italiano"[1095]. Apesar da admiração que votou a Sidónio Pais e, também, a Filomeno da Câmara (1873-1934)[1096] – "o Comandante que tantos consideraram como o mais perfeito aspirante a «Ditador»"[1097] – o modelo de Ferro foi sempre Mussolini e o regime italiano[1098].

Depois das entrevistas realizadas em Fiúme, em 1920, ao serviço de *O Século*, com Gabriele D'Annunzio, por cuja aventura nacionalista manifestou grande simpatia, e que foram, mais tarde, reunidas no livro a que chamou "narcisicamente, à maneira modernista"[1099], *Gabriele D'Annunzio e eu* (1922)[1100], Ferro iniciou, em 1923, uma série de encontros com Mussolini. O primeiro ocorreu logo no ano II da "era fascista", no Palácio Chigi, e durou uns escassos dez minutos, que foram assim comentados pelo escritor nascido em Lisboa:

[1093] Cf. CRISTO FILHO, Homem – *Mussolini Bâtisseur de l'Avenir. Harangue aux Foules Latines*. Paris: Sociéte des Éditions, 1923.

[1094] Cf. LEAL, Ernesto Castro – *António Ferro...*, p. 49.

[1095] Idem – *Ibidem*.

[1096] Cf. TORGAL, Luís Reis – *Estados Novos...*,Vol., p. 89.

[1097] Idem – *Ob. cit.*, p. 99.

[1098] Cf. Idem – *Ob. cit.*, p. 98.

[1099] TORGAL, Luís Reis – "O Modernismo Português na formação do Estado Novo de Salazar. António Ferro e a Semana de Arte Moderna de São Paulo". In SILVA, E. Ribeiro da, CRUZ, M. Antonieta, RIBEIRO, J. Martins e OSSWALD, H. (org.) – *Estudos de Homenagem a Luís António de Oliveira Ramos*. Porto: Faculdade de Letras da Universidade do Porto, 2004, p. 1098.

[1100] Cf. FERRO, António – *Gabriele D'Annunzio e eu*. Lisboa: Portugália, 1922.

"eis a esmola de atenção que Mussolini me atira, eis a esmola que Mussolini atira a todos os contemplados"[1101].

O seu objetivo principal foi registar as características fundamentais do novo sistema político. E Mussolini teve o ensejo de as apresentar: "expressão original italiana, restituição das tradições perdidas, governo de ditadura, hierarquia, esvaziamento do parlamento, corporativismo, latinidade"[1102]. Tanto nesta entrevista, como nas de 1926 e de 1934, a aposta do futuro dirigente do Secretariado de Propaganda Nacional (SPN) foi essencialmente a mesma: "transmitir para Portugal o exemplo de um chefe severo, lacónico e autoritário com «perfil dominador e firme», enfim, a «imagem do salvador da sua pátria»"[1103].

Na sua escrita jornalística, Ferro deixou transparecer não só toda a sua admiração pelo homem – "não se pode escapar à fascinação, ao prestígio deste homem raro, desta força da Itália, desta força da natureza, esculpida por si própria"[1104], – mas também por uma romanidade renovada e pela oposição da situação italiana à situação portuguesa[1105]: "Lembro-me de Portugal e fico triste. Na nossa pátria não é possível uma constituição desta ordem... E não é possível porque todos têm os olhos fechados, porque todos dormem..."[1106].

O desejo de dar a conhecer a "vertigem autoritária europeia em Portugal"[1107] e de contribuir para uma mudança a nível político, levou-o a empreender ainda uma série de entrevistas com personalidades fundamentais dos regimes italiano, espanhol, e turco. Estas foram, já depois da "Revolução, considerada «nacional» ou «naciona-

---

[1101] FERRO, António – *Viagem à Volta das Ditaduras*. Lisboa: Tipografia da Empresa do Anuário Comercial, 1927, p. 68.

[1102] LEAL, Ernesto Castro – *António Ferro...*, p. 55.

[1103] LEAL, Ernesto Castro – *António Ferro...*, p. 55.

[1104] FERRO, António – *Viagem à Volta das Ditaduras...*, p. 171.

[1105] Cf. LEAL, Ernesto Castro – *António Ferro...*, p. 55.

[1106] FERRO, António – *Viagem à Volta das Ditaduras...*, p. 75.

[1107] LEAL, Ernesto Castro – *António Ferro...*, p. 116.

lista», de 28 de maio de 1926"[1108], reunidas em *Viagem à Volta das Ditaduras*[1109], obra publicada em 1927, prefaciada por Filomeno da Câmara – que, aquando da sua entrevista a Salazar, viria a considerar como "um dos grandes precursores do momento histórico que estamos a atravessar"[1110] – e dedicada "À Saudade e à Esperança do Encoberto"[1111], que Ferro viria a reconhecer, de forma clara, no futuro chefe do governo do Estado Novo, reatualizando o mito sebastianista.

A admiração do jornalista por Mussolini foi partilhada com aquele que, em 1933, o convidou para chefiar o recém-criado Secretariado Nacional de Propaganda, ou, na expressão de Ferro, o "dispositivo cultural da 'política do espírito'"[1112]. O presidente do Conselho comungou do encantamento dos nacionalistas portugueses pelo *Duce* "até, pelo menos, ao início da Segunda Grande Guerra"[1113]. Colocou o retrato que Mussolini lhe enviou, por intermédio de Ferro, na mesa de trabalho e mandou preparar uma fotografia sua, "com dedicatória que terá endereçado ao Duce"[1114]. Em 1938, na sequência dos Acordos de Munique, em que Mussolini se apresentou como "árbitro da Europa"[1115], Salazar chamou a atenção para o seu "génio político"[1116]. No entanto, no domínio do direito e da moral, Salazar procurou estabelecer uma nítida separação com Mussolini e com o fascismo, ressalvando as diferenças do regime português.

[1108] TORGAL, Luís Reis – *Estados Novos...*, Vol. I, p. 99.

[1109] Cf. FERRO, António – *Viagem à Volta das Ditaduras...*

[1110] FERRO, António – *Salazar. O homem e a sua obra*. 3.ª Edição. Lisboa: Empresa Nacional de Publicidade, s.d., p. 238.

[1111] LEAL, Ernesto Castro – *António Ferro...*, p. 35.

[1112] TORGAL, Luís Reis – "Jorge Ramos do Ó, Os Anos de Ferro. O Dispositivo Cultural durante a «Política do Espírito». 1933-1949, Lisboa, Editorial Estampa, 1999". In *Análise Social*. Lisboa: Instituto de Ciências Sociais da Universidade de Lisboa. 2020, Vol. XXXVII (primavera), p. 300.

[1113] TORGAL, Luís Reis – *Estados Novos...*, Vol. I, p. 57.

[1114] Idem – *Ibidem*.

[1115] Cf. MILZA, Pierre – *Ob. cit.*, pp. 112-115.

[1116] Cf. TORGAL, Luís Reis – *Estados Novos...*, Vol. I, p. 57.

A divulgação dos autoritarismos, sobretudo do italiano, levada a cabo por António Ferro e, em particular, por Homem Cristo Filho[1117], serviram para catalisar os nacionalistas, como o escritor e advogado, João de Castro Osório. Filho da escritora, Ana de Castro Osório (1872-1935), e do poeta, Paulino de Oliveira (1864-1914), destacados vultos do republicanismo português, era irmão do, também escritor, José Osório de Oliveira (1900-1964), chefe de Divisão de Propaganda da Agência-Geral das Colónias/Ultramar, entre 1935 e 1956[1118]. O escritor que, entre 1923 e 1927, foi colaborador do vespertino *A Tarde*[1119], foi, conjuntamente com Raul de Carvalho, "antigo adjunto da política preventiva de Sidónio"[1120], um dos mentores do semanário *A Ditadura* (1923-1928), "o mais importante órgão do fascismo português"[1121]. Inspirado pelo totalitarismo de Mussolini, João de Castro Osório desenvolveu, entre 1923 e 1925, uma intensa propaganda com vista a criar um movimento fascista em Portugal[1122]. O Integralismo Lusitano e a lembrança de Sidónio eram outros tantos pólos inspiradores do nacionalismo de então, que alguns, como António Cértima (1895-1983), pretendiam corporizar no "ditador"[1123].

[1117] Cf. LEAL, Ernesto Castro – *António Ferro...*, p. 116 e BARREIRA, Cecília – *Nacionalismo e Modernismo. De Homem Cristo Filho a Almada Negreiros.* Lisboa: Assírio & Alvim, 1981, pp. 17-25.

[1118] Cf. NETO, Sérgio – *Colónia mártir, colónia modelo: Cabo Verde no pensamento ultramarino português (1925-1965).* Coimbra: Imprensa da Universidade de Coimbra, 2009, p. 124 e NETO, Sérgio – "São Tomé e Príncipe n'*O Mundo Português*". *Atas do Colóquio Internacional São Tomé e Príncipe numa perspetiva interdisciplinar, diacrónica e sincrónica.* Lisboa: Instituto Universitário de Lisboa (ISCTE-IUL), Centro de Estudos Africanos (CEA-IUL), Instituto de Investigação Científica Tropical (IICT), 2012, p. 210.

[1119] Cf. LEMOS, Mário Matos e – *Jornais diários portugueses...*, p. 582.

[1120] PINTO, António Costa – "O Fascismo e a Crise da Primeira República: os Nacionalistas Lusitanos (1923-23)". In *Penélope. Fazer e Desfazer História.* Lisboa: Instituto de Ciências Sociais da Universidade de Lisboa. N.º 3, junho de 1989, p. 50.

[1121] LEAL, Ernesto Castro – *António Ferro...*, p. 56

[1122] Cf. LEAL, Ernesto Castro – *Ob. cit.*, pp. 113-116.

[1123] Cf. CÉRTIMA, António – *O ditador: as crises, o homem, a nova ordem.* Lisboa: Livraria Rodrigues, 1926.

Aliás, Mussolini suscitou, da parte de muitos setores da direita, um grande entusiasmo, tanto em Portugal, como na Europa, durante as décadas de vinte e de trinta. O próprio *Führer* admitia a "admiração ostensiva (...) pelo seu homólogo italiano"[1124]. As sucessivas referências do líder alemão ao ditador latino, as homenagens dirigidas ao *Duce* e a exaltação das realizações do regime fascista lisonjeavam Mussolini, que julgava ver na Alemanha a confirmação do poder de atração do fascismo[1125]. De facto, numa primeira fase, a chegada do *Führer* à chancelaria foi saudada por Mussolini com um entusiasmo que foi partilhado pela imprensa fascista[1126].

Contudo, os seus intentos expansionistas, sobretudo a ameaça de concretização do *Anschluss*, e o caráter racista da sua doutrina, acabaram por levar Mussolini a mostrar reticências em relação ao chanceler alemão e à sua estratégia política[1127]. O próprio Augusto de Castro o referiu a Teixeira de Sampaio:

> Mas não é menos certo de que o sr. Mussolini não deseja comprometer-se mais com a Alemanha por dois motivos: 1.º porque (...) o sr. Mussolini não ignora que a campanha antissemita criou à Alemanha uma má situação sobretudo na Inglaterra e na América e não lhe parece que a Alemanha seja nesta altura a melhor companhia para andar fora de casa; 2.º porque os progressos do hitlerismo austríaco estão tornando extremamente aguda a questão do *Anschluss* e o sr. Mussolini é partidário da revisão dos tratados com a condição de que essa revisão não o atinja, direta nem indiretamente[1128].

[1124] MILZA, Pierre – *Ob. cit.*, p. 559.

[1125] Cf. Idem – *Ob. cit.*, pp. 552-553.

[1126] Cf. Idem – *Ob. cit.*, p. 553.

[1127] Cf. Idem – *Ob. cit.*, p. 559. No entanto, mais tarde, em 1938, Mussolini não se coibiu de adotar uma política de exclusão racial.

[1128] Ofício de Augusto de Castro para Ministro dos Negócios Estrangeiros. Arquivo Histórico e Diplomático do Ministério dos Negócios Estrangeiros. Roma (Quirinal), 13 de abril de 1933. 3.º Piso, A. 1, M. 473.

De facto, neste período, as democracias europeias agitavam-se perante a possibilidade de um idílio entre as ditaduras italiana e alemã[1141]. Por isso, nos corredores diplomáticos, os responsáveis pela política externa inglesa e, sobretudo, francesa, empenhavam--se no estabelecimento de um acordo que garantisse alguma tranquilidade à Europa.

A iniciativa para o Pacto a Quatro partiu, no entanto, de Mussolini que, colocando-se numa posição de arbitragem, julgava assim, poder obter o máximo proveito na operação de revisão dos tratados[1142]. A sua proposta inicial previa, exatamente, a igualdade de direitos para a Alemanha e um acordo europeu para as questões diplomáticas e coloniais[1143].

Apesar de o primeiro passo ter sido dado por Mussolini, acabou por ser Henry de Jouvenel, velho conhecido de Augusto de Castro, e embaixador francês na capital italiana, quem ficou conhecido pela "paternidade efetiva do Pacto"[1144]. De facto, foi o político gaulês quem elaborou uma contraproposta, que foi utilizada para a elaboração do texto definitivo, assinado na capital italiana, a 7 de junho de 1933. Pelo acordo final, "que esvazi[ou] o plano mussoliniano de toda a substância"[1145], os quatro Estados signatários, Alemanha, França, Inglaterra e Itália, comprometeram-se "a praticar uma colaboração efetiva com o objetivo de manter a paz, e isto no quadro da Sociedade das Nações"[1146].

O "instrumento diplomático concebido por Mussolini"[1147] acabaria por prescrever, rapidamente, em virtude da retirada da Alemanha

---

[1141] Cf. MILZA, Pierre – *Ob. cit.*, p. 553.

[1142] Cf. Idem – *Ob. cit.*, p. 558.

[1143] Cf. Idem – *Ob. cit.*, p. 557.

[1144] Idem – *Ob. cit.*, p. 556.

[1145] Idem – *Ob. cit.*, p. 557.

[1146] Idem – *Ibidem*.

[1147] Idem – *Ob. cit.*, p. 558.

da Sociedade das Nações, a 19 de outubro de 1933[1148], e da não ratificação do tratado, nem pelo Reino Unido, nem pela França[1149].

O bom relacionamento com estes dois países era, no entanto, na opinião de Augusto de Castro, vital para a Itália, que, sem eles, não conseguiria "afastar o espectro do *Anschluss* – que é o seu papão"[1150]. De facto, as constantes ameaças alemãs, relativamente ao território austríaco, e "os manejos e intrigas do hitlerismo"[1151], face ao governo de Engelbert Dollfuss (1892-1934), preocupavam, sobremaneira, Mussolini, que, logo no início de 1934, se convenceu que a Áustria – "que ele considerava como fazendo parte (...) da zona de influência italiana na Europa Central"[1152] – estava "ameaçada de absorção pelo *Reich*"[1153].

Por isso, deu o seu aval à radicalização autoritária do regime de Viena, aval esse que suscitou o desagrado de Hitler, que ficou "furioso por ver os seus partidários austríacos"[1154] serem perseguidos, "como vulgares criminosos de direito comum"[1155], pelo executivo de Dollfuss, "com a bênção do *Duce*"[1156]. Numa tentativa de apaziguar a situação, o *Führer* propôs, por intermédio de Von Papen (1879-1969), a realização de um encontro entre os dois líderes, para discussão, entre outros assuntos, da "questão austríaca". Mussolini acabou por aceitar a proposta, pelo que a primeira entrevista foi agendada para o dia 14 de junho, para o Palácio de Stra, também conhecido por *Villa Pisani*, localizado em Stra, na província de Veneza.

[1148] Cf. Idem – *Ibidem*.

[1149] Cf. Idem – *Ibidem*.

[1150] Ofício de Augusto de Castro para Ministro dos Negócios Estrangeiros. Arquivo Histórico e Diplomático do Ministério dos Negócios Estrangeiros. Roma (Quirinal), 20 de fevereiro de 1934. 3.º Piso, A. 1, M. 489.

[1151] *Ibidem*.

[1152] MILZA, Pierre – *Ob. cit.*, p. 559.

[1153] Idem – *Ibidem*.

[1154] Idem – *Ibidem*.

[1155] Idem – *Ibidem*.

[1156] Idem – *Ibidem*.

Do encontro, que se prolongou até ao dia 15 de junho, resultaram cinco relatórios, que Augusto de Castro enviou ao ministério dos Negócios Estrangeiros. Para além da relevância das informações prestadas, estes destacam-se pela elegância da escrita. Castro não só descreve abundantemente todos os pormenores que rodearam o encontro, como também faz diversas reflexões a título pessoal.

Mussolini chegou a Veneza no dia 13 de junho, "conduzindo ele próprio o seu automóvel"[1157]. Segundo Castro, "o *Duce* atribui grande significação simbólica ao facto de ir ele próprio ao volante, quando se dirige a entrevistas históricas"[1158]. O ditador italiano escolheu para se alojar o Palácio Real de Stra, "um dos mais belos e sumptuosos palácios de Itália (...), que D'Annunzio descreveu no seu romance *Il Fuoco*"[1159]. "Comprado por Napoleão"[1160], o Palácio foi "residência oficial de Eugenio Beauharnais e nele habitou, mais tarde, Maria Luísa de Parma"[1161].

Por seu turno, Hitler e a comitiva alemã foram acomodados no Grand Hotel de Veneza, "de cujos balcões se avista o maravilhoso panorama da Laguna"[1162]. O chanceler alemão dormiu "no quarto chamado de Veronese, no grande leito esculpido, de madeira doirada, em que outrora dormiu (assim passam as glórias do mundo!) o Imperador Guilherme"[1163].

O primeiro encontro entre os dois aconteceu no dia 14, no aeroporto de Veneza. Mussolini recebeu-o "como um Doge"[1164]. Hitler

---

[1157] Ofício de Augusto de Castro para Ministro dos Negócios Estrangeiros. Arquivo Histórico e Diplomático do Ministério dos Negócios Estrangeiros. Roma (Quirinal), 14 de junho de 1934. 3.º Piso, A. 1, M. 489.

[1158] *Ibidem.*

[1159] *Ibidem.*

[1160] *Ibidem.*

[1161] *Ibidem.*

[1162] *Ibidem.*

[1163] *Ibidem.*

[1164] *Ibidem.*

chegou "às águas do Adriático, nas asas de um avião, descendo do céu, como uma personagem de Wagner"[1165]. Os dois homens nunca se tinham avistado até então, pelo que "a surpresa, de parte a parte, foi imensa"[1166]:

> Mussolini tinha envergado um uniforme rutilante, com botas, barrete turco e todas as condecorações por cima. Hitler viera trajado de «burguês», e usava um impermeável justo cor de mástique: uma indumentária que, segundo uma testemunha do encontro, o fazia «parecer-se com um operário arvorando uma roupa de cerimónia num passeio dominical». Ele era «branco como um pano de linho», e estava visivelmente comovido no momento de apertar a mão ao *Duce*, ao passo que este tinha dificuldade em esconder a pouca simpatia que lhe inspirava o seu convidado[1167].

Da entrevista que se seguiu, na *Villa Stefani* – durante a qual Mussolini se esforçou por se expressar na língua de Goethe – resultou "um comunicado oficial de quatro linhas"[1168]. Depois sucederam-se as "aclamações, uma rápida visita de Hitler a Veneza, [as] festas, um cortejo, um banho de mar tomado no Lido pelo Chefe do Governo Italiano, que interrompeu com um mergulho náutico a sua tarefa de reconstruir a Europa; [e] um concerto maravilhoso no Pátio do Palácio Ducal"[1169].

[1165] Embora, Augusto de Castro estivesse a pensar nas personagens de *O Anel do Nibelungo*, a personagem wagneriana preferida de Hitler era *Rienzi*, tribuno italiano da Idade Média, que desafiara os poderes estabelecidos. A ópera em questão não pertence ao período da maturidade do compositor de *Bayreuth*. De resto, esta ação de propaganda de chegar de avião foi recriada no filme *O Triunfo da Vontade*, de Leni Riefenstahl, em que se pretendia passar a ideia de Hitler pairando sobre o céu da Alemanha, como uma entidade superior.

[1166] MILZA, Pierre – *Ob. cit.*, p. 560.

[1167] Idem – *Ibidem*.

[1168] Ofício de Augusto de Castro para Ministro dos Negócios Estrangeiros. Arquivo Histórico e Diplomático do Ministério dos Negócios Estrangeiros. Roma (Quirinal), 15 de junho de 1934. 3.º Piso, A. 1, M. 489.

[1169] *Ibidem*.

No dia seguinte, depois de uma nova conferência entre Mussolini e Hitler, houve "várias visitas, encontros, saudações, fanfarras e banquetes. Houve, além disso, um discurso de Mussolini, pronunciado duma janela às forças fascistas agrupadas na Praça de S. Marcos"[1170]. Neste o ditador italiano havia assegurado:

> Hitler e eu encontrámo-nos aqui não para refazer nem modificar o mapa político da Europa e do mundo ou para acrescentar novos motivos de inquietação aos que já perturbam todos os países do Extremo Oriente ao Extremo Ocidente. Reunimo-nos para tentar dispersar as nuvens que ensombram o horizonte da vida política europeia[1171].

Contudo, segundo Milza, o discurso proferido por Mussolini na Praça de S. Marcos, mais do que tranquilizar a Europa e o Mundo, teve como grande objetivo "alardear perante o seu visitante o fascínio que ele exercia sobre o seu auditório"[1172].

No dia seguinte, às 8 da manhã, o líder fascista despediu-se do *Führer*, que o convidou para, "em breve", visitar Berlim. Hitler partiu para a Baviera e Mussolini regressou "em automóvel, a Riccione, praia do Adriático, onde veraneia"[1173].

Para Milza, "foi com um imenso alívio que Mussolini (...) se despediu do *Führer*"[1174]. O *Duce* não tinha colocado grande entusiasmo no encontro proposto por Hitler[1175]. Após a realização do mesmo e, apesar de este lhe ter garantido "que não tinha intenção, «de momento», de anexar a Áustria, mas entendia realmente aí fazer ouvir a sua

---

[1170] *Ibidem.*

[1171] *Ibidem.*

[1172] MILZA, Pierre – *Ob. cit.*, p. 561.

[1173] *Ibidem.*

[1174] MILZA, Pierre – *Ob. cit.*, p. 561.

[1175] Cf. Idem – *Mussolini*. Lisboa: Verbo, 1999, p. 560.

voz"[1176], o líder fascista continuou a alimentar as suas suspeitas em relação às verdadeiras intenções do chanceler alemão. Assim, findas as entrevistas de Stra, o *Duce* "entregou-se junto das suas relações mais próximas a um verdadeiro festival de invetivas em relação ao líder do III *Reich*"[1177], e comentou com um grupo de fascistas de Forlì: "Em vez de me falar dos problemas atuais, Hitler em Veneza recitou-me de cor o seu *Mein Kampf*, esse calhamaço que eu nunca consegui ler!"[1178]. E acrescentou, referindo-se aos alemães: "São ainda os bárbaros de Tácito e da Reforma, em luta perpétua contra Roma. Não tenho confiança neles"[1179].

Por seu turno, para Augusto de Castro, o encontro de Stra "foi, de facto, mais consagrado a espetaculosas revistas da milícia, concertos, luminárias, visitas, saudações à romana, banquetes, fanfarras e banhos de mar – tudo quanto pode impressionar teatralmente multidões – do que a conferências prolongadas"[1180].

Para o diplomata português, Hitler havia atravessado a "fronteira, sacudido por um vendaval de dificuldades"[1181]: "a questão religiosa, a questão das raças, acabaram por criar um ambiente de especial sensibilidade nacional"[1182], que consumaram o isolamento internacional da Alemanha[1183]. Por isso, em sua opinião, "a Itália [era], de facto, o único ponto de contacto benévolo que Berlim t[inha] diplomaticamente com o mundo"[1184]. Por seu turno, Mussolini conservava, "mais ou menos intactas, as suas posições"[1185], pelo que "dos

---

[1176] Idem – *Ibidem*

[1177] Idem – *Ob. cit.*, p. 561.

[1178] Idem – *Ibidem*.

[1179] Idem – *Ibidem*.

[1180] Ofício de Augusto de Castro..., 18 de junho de 1934.

[1181] Ofício de Augusto de Castro..., 15 de junho de 1934.

[1182] *Ibidem*.

[1183] Cf. *Ibidem*.

[1184] *Ibidem*.

[1185] *Ibidem*.

dois chefes"[1186], que se apresentaram em Veneza, "o mais forte"[1187] era, no seu entender, Mussolini.

Em todo o caso, Augusto de Castro não acreditava numa verdadeira cooperação ítalo-alemã: "o sr. Mussolini nunca toma posições extremas. De resto, o interesse da atual política externa italiana consiste na expectativa"[1188]. Assim, "o sr. Mussolini, fiel à sua tática de jogar com a França para forçar a mão à Alemanha e jogar com Berlim para se fazer melhor ouvir em Paris, está uma vez mais baralhando as cartas"[1189].

Contudo, quanto à "pergunta inexorável: a paz ou a guerra"[1190], que o mundo colocava "vendo surgir no grande palco de Veneza os dois homens dos quais (...) se habitou a considerar, talvez erradamente, como dependendo o imediato perigo da eclosão de uma guerra na Europa"[1191], o representante português no Quirinal entendia que "das entrevistas de Veneza não saiu, nem podia evidentemente sair, a guerra"[1192]:

> Sairia a paz, como dão a entender os jornais italianos e alemães? Duvido. O que eu vi sair dessas jornadas históricas foi um homem notoriamente abatido e apreensivo, mesmo diante da objetiva dos fotógrafos – e um homem mais do que nunca exuberante e triunfante, Mussolini. O *match* de Veneza – ganhou-o ele[1193].

[1186] *Ibidem.*

[1187] *Ibidem.*

[1188] *Ibidem.*

[1189] *Ibidem.*

[1190] Ofício de Augusto de Castro para Ministro dos Negócios Estrangeiros. Arquivo Histórico e Diplomático do Ministério dos Negócios Estrangeiros. Roma (Quirinal), 18 de junho de 1934. 3.º Piso, A. 1, M. 489.

[1191] *Ibidem.*

[1192] *Ibidem.*

[1193] *Ibidem.*

De facto, nas palavras de Pierre Milza, "em Veneza Hitler tinha-se sentido em posição de inferioridade frente a frente com o seu homólogo latino, mas não guardou aparentemente nenhum rancor a seu respeito"[1194]. Ao emissário particular de Mussolini junto do *Führer*, este último teria até confidenciado: "Homens como Mussolini nascem uma vez em cada mil, e a Alemanha pode dar-se por satisfeita por ele ser italiano e não francês"[1195].

As palavras elogiosas do chanceler alemão serviram apenas para alimentar o ego de Mussolini que, de resto, nos inícios de julho de 1934, na sequência da chamada "Noite das Facas Longas" – em que foram eliminados Ernst Röhm (1887-1934), Kurt von Schleicher (1882-1934), Gregor Strasser (1892-1934), e Gustav Ritter von Kahr (1862-1934), entre outros – ficou convencido "da loucura sanguinária"[1196] do *Führer*, "com o qual a Itália não tinha nenhum interesse em assinar contratos"[1197]. Aliás, como Augusto de Castro deu conta ao ministro dos Negócios Estrangeiros, a preocupação instalou-se em Itália[1198], "após os trágicos acontecimentos de junho"[1199].

À "impressão geral de que «as coisas vão mal na Alemanha»"[1200], juntou-se "a repercussão da crescente atividade terrorista exercida na Áustria pelo nacional-socialismo alemão"[1201], que culminou no assassinato do chanceler Dolfuss (25 de julho) e na tentativa de golpe de Estado, que teve lugar entre 25 e 30 de julho de 1934.

[1194] MILZA, Pierre – *Ob. cit.*, p. 561.

[1195] Idem – *Ibidem*.

[1196] MILZA, Pierre – *Mussolini*. Lisboa: Verbo, 1999, p. 561.

[1197] Idem – *Ibidem*.

[1198] Ofício de Augusto de Castro para Ministro dos Negócios Estrangeiros. Arquivo Histórico e Diplomático do Ministério dos Negócios Estrangeiros. Roma (Quirinal), 14 de julho de 1934. 3.º Piso, A. 1, M. 489.

[1199] *Ibidem*.

[1200] Ofício de Augusto de Castro para Ministro dos Negócios Estrangeiros. Arquivo Histórico e Diplomático do Ministério dos Negócios Estrangeiros. Roma (Quirinal), 21 de julho de 1934. 3.º Piso, A. 1, M. 489.

[1201] *Ibidem*.

Engelbert Dollfuss, que para os italianos "não tinha apenas o direito, tinha o dever de resistir"[1202] aos avanços nazis, era, como recordou Castro, "íntimo" de Mussolini. Os "dois homens de estado"[1203] costumavam passar parte do verão juntos, "a banhos de mar e de sol"[1204], em Riccione, estância balnear localizada na costa do Adriático.

Foi, aliás, para junto da família de Dolfuss – que Mussolini hospedara –, que este se dirigiu, quando recebeu a notícia do seu assassinato. O chanceler austríaco era "esperado naquela praia do Adriático para assistir"[1205] ao 51.º aniversário do *Duce*[1206]. A escala de violência na Áustria levou, de imediato, a um "movimento de tropas italianas para as fronteiras do Brennero e da Carinzia"[1207], que mostrou a determinação do líder fascista em se opor, se necessário por via da força, a uma intervenção armada da Alemanha[1208].

Apesar do fracasso do pronunciamento nazi na Áustria, Augusto de Castro entendia ser lícito questionar: "que novas surpresas poderá ainda preparar, com sérias ameaças para a paz da Europa, a extraordinária inconsciência dum regime, disposto, como se vê, a todas as improvisações da violência?"[1209].

"A manhã sangrenta do Ballplatz"[1210] teve, como efeito, segundo o ministro plenipotenciário de Portugal no Quirinal, "acordar, so-

---

[1202] *Ibidem.*

[1203] *Ibidem.*

[1204] *Ibidem.*

[1205] Ofício de Augusto de Castro para Ministro dos Negócios Estrangeiros. Arquivo Histórico e Diplomático do Ministério dos Negócios Estrangeiros. Roma (Quirinal), 27 de julho de 1934. 3.º Piso, A. 1, M. 489.

[1206] Cf. *Ibidem.*

[1207] *Ibidem.*

[1208] Cf. MILZA, Pierre – *Ob. cit.*, p. 562.

[1209] Ofício de Augusto de Castro..., 27 de julho de 1934.

[1210] Ofício de Augusto de Castro para Ministro dos Negócios Estrangeiros. Arquivo Histórico e Diplomático do Ministério dos Negócios Estrangeiros. Roma (Quirinal), 7 de setembro de 1934. 3.º Piso, A. 1, M. 489.

bressaltar a consciência italiana"[1211], cuja opinião pública passou a ser "ostensivamente hostil à Alemanha[1212]". O próprio Mussolini, no discurso pronunciado no Palácio da Prefeitura de Bari, a propósito da inauguração da Feira do Levante, no dia 6 de setembro de 1934, afirmou:

> Trinta séculos de história permitem olhar com soberana piedade certa doutrina de além dos Alpes sustentada pelos descendentes daqueles que ignoravam a escrita, com a qual se transmitem os documentos da própria vida, no tempo em que Roma tinha César, Virgílio e Augusto[1213].

Apesar do afastamento ditado pelo *Putsch* de julho, o curso dos acontecimentos viria a determinar a sua reaproximação em virtude, sobremaneira, da intervenção italiana na Etiópia. E os dois acabariam por ser aliados no mais sangrento confronto à escala mundial. O que, de certa forma, viria ao encontro do que foi escrito por Augusto de Castro:

> O pior não é o sr. Mussolini. O pior são os interesses e as fatalidades que o cercam e, quando se desencadeia uma ação coletiva da força do Fascismo, tarde ou cedo, os homens deixam de dominar os acontecimentos e são os acontecimentos que dominam os homens[1214].

A atitude, de certa forma, contemporizadora de Castro para com Mussolini manteve-se, mesmo após o fim da Segunda Guerra Mundial, quando escreve:

[1211] *Ibidem.*

[1212] *Ibidem.*

[1213] *Ibidem.*

[1214] Ofício de Augusto de Castro para Ministro dos Negócios Estrangeiros. Arquivo Histórico e Diplomático do Ministério dos Negócios Estrangeiros. Roma (Quirinal), 9 de fevereiro de 1933. 3.º Piso, A. 1, M. 473.

Diz-se – e eu creio-o – que em 1939 ele quis impedir a eclosão da guerra – que sabia vir cedo de mais para os recursos esgotados, moral e materialmente, da Itália. Mas já era tarde. A máquina estava montada. Saltou-lhe das mãos. Em maio de 1940, uma visão errada das perspetivas internacionais arrastou-o para o conflito[1215].

O encantamento do diplomata português pelo fascismo italiano fê-lo aderir, à semelhança de outros intelectuais portugueses, como o poeta Eugénio de Castro (1869-1944)[1216], aos *Comitati d'Azione per l'Universalità di Roma* (CAUR), criados por Mussolini, em junho de 1933[1217]. A chefia desta organização, que tinha como principal objetivo a "propaganda do fascismo no estrangeiro"[1218], foi entregue a Eugenio Coselschi (1888-1969), "antigo combatente e secretário pessoal de Gabriele D'Annunzio quando da ocupação de Fiúme pelos *arditi*, em 1920"[1219]. Segundo Simon Kuin, "é muito provável que Coselschi, em Fiúme, tenha encontrado o jovem jornalista António Ferro"[1220], quando este se deslocou à cidade localizada na costa da Dalmácia para entrevistar Gabriele D'Annunzio.

Em meados de 1935, tendo já assumido a legação de Portugal em Bruxelas, Augusto de Castro propôs, ao governo português, a realização de uma "Exposição da Civilização Latina", projeto de grandes dimensões, que pressupunha uma cooperação cultural entre Portugal e a Itália, sob o patrocínio dos *Comitati d'Azione per l'Universalità di*

[1215] CASTRO, Augusto de – *Homens e Sombras...*, pp. 180-181.

[1216] Cf. KUIN, Simon – "O braço longo de Mussolini: os 'Comitati d'Azione per l'Universalità di Roma' em Portugal (1933-1937)". In *Penélope. Fazer e desfazer a história*. Dir. de A. M. Hespanha. Lisboa: Edições Cosmos. N.º 11, 1993, p. 10.

[1217] Cf. MILZA, Pierre – *Ob. cit.*, p. 536.

[1218] KUIN, Simon – *Ob. cit.*, p. 9.

[1219] Idem – *Ob. cit.*, p. 8.

[1220] Idem – *Ibidem*.

Roma[1221]. A mostra, que, supostamente, exibiria "«tudo [o] que a civilização latina, ao longo de dois mil anos, t[inha] criado no mundo político, colonial, científico e artístico»"[1222], deveria enaltecer o "«espírito de Roma» existente nos «povos que saíram do seu grande seio criador»"[1223]. A exposição, a decorrer em Ostia, durante o ano de 1937, seguiria o exemplo da *Mostra della Rivoluzione Fascista*[1224], inaugurada em Roma, pelo *Duce*, a 28 de outubro de 1932, momento áureo da propaganda fascista. A realização do grande projeto competiria a um comité especial dos *Comitati d'Azione per l'Universalità di Roma*[1225].

O certame, tal como foi arquitetado por Augusto de Castro, deveria revestir-se de uma importância muito superior à da *Exposition Universelle et Internationale de Bruxelles*, que decorreu no Parque Heysel, de 27 de abril a 6 de novembro de 1935 – e na qual Castro assumiu a responsabilidade pela participação portuguesa. E fazia antever a grandeza da Exposição do Mundo Português de 1940, de que Augusto de Castro viria a ser comissário-geral[1226].

A proposta, que foi divulgada junto da imprensa italiana, que acolheu com o "maior aplauso"[1227] o projeto do diplomata português, foi aceite pelo governo de Salazar, que encarregou o então ministro dos Negócios Estrangeiros, Armindo Monteiro, de enviar Castro a Roma para "estudar situação [e] probabilidades realização ideia"[1228] junto do executivo italiano.

A 19 de julho, o já então ministro plenipotenciário de Portugal em Bruxelas seguiu para a Cidade Eterna, para apresentar o seu

---

1221 Cf. KUIN, Simon – *Ob. cit.*, p. 18.

1222 Idem – *Ibidem*.

1223 Idem – *Ibidem*.

1224 Cf. Idem – *Ibidem*.

1225 Cf. Idem – *Ibidem*.

1226 Cf. Idem – *Ibidem*.

1227 Telegrama n.º 11, 10 de julho. Arquivo Histórico e Diplomático do Ministério dos Negócios Estrangeiros. Telegramas expedidos. Roma (Quirinal), 1935.

1228 *Ibidem*.

plano ao ministro da imprensa e da propaganda, Galeazzo Ciano (1903-1944). O genro de Mussolini mostrou-se favorável ao empreendimento. No entanto, durante a conversa com Augusto de Castro, Ciano "falou abertamente da possibilidade de uma guerra na Etiópia"[1229]. Após o colóquio, Augusto de Castro elaborou, tal como Armindo Monteiro havia solicitado, um relatório, que enviou para o Palácio das Necessidades. E o assunto da "Exposição da Civilização Latina" nunca mais foi retomado.

4.5. De Regresso à Bélgica

A 4 de janeiro de 1935 foi publicado o decreto que transferiu Augusto de Castro para a legação de Portugal em Bruxelas. A vaga na capital belga havia resultado da deslocação do ministro plenipotenciário de primeira classe, Alberto de Oliveira, para a legação de Portugal no Vaticano, devido à morte do representante português junto da Cúria Romana, Henrique Trindade Coelho. Apesar de Castro ter declarado Trindade Coelho seu "inimigo pessoal"[1230], por altura do seu desaparecimento, o diplomata não deixou de enviar um telegrama, com as habituais fórmulas de circunstância, ao secretário--geral do Ministério dos Negócios Estrangeiros, exprimindo o seu pesar e "inclinando-[s]e respeitosamente diante [da] sua memória"[1231].

No Quirinal, Augusto de Castro foi substituído por José Caetano Lobo d'Ávila da Silva Lima (1885-1956), até então ministro de Portugal em Berna. A 7 de fevereiro, Castro entregou a legação de Portu-

---

1229 Idem – *Ibidem*.

1230 Telegrama. Roma (Vaticano), 20 de agosto de 1929. Arquivo Histórico e Diplomático do Ministério dos Negócios Estrangeiros. Pessoal: nomeações de Trindade Coelho e Augusto de Castro. 1929. GSG, M. 11 – 2.º P., A. 35/G, M. 1 – Env. 5, Doc. 03 e 3-A.

1231 Telegrama sem n.º de registo, 9 de outubro. Arquivo Histórico e Diplomático do Ministério dos Negócios Estrangeiros. Telegramas recebidos. Roma (Quirinal), 1934.

gal em Roma ao próprio Ávila Lima, tendo partido para a capital belga nesse mesmo dia.

A tomada de posse da representação diplomática em Bruxelas teve lugar a 13 de fevereiro de 1935 e a apresentação de credenciais ao ministro dos Negócios Estrangeiros, Paul Hymans, ocorreu a 19 do mesmo mês e ano.

Enquanto no Quirinal as funções de primeiro secretário foram desempenhadas, primeiro por José Lebre Barbosa de Magalhães (1931-1933), e, posteriormente, por Armando de Oliveira Bernardes (1933-1935), e as de segundo secretário, por José Weinholtz de Bívar Brandeiro; na legação de Portugal em Bruxelas exerceram os cargos de primeiro secretário, António de Sèves (1895-1970) e, de segundo secretário, Rodrigo de Azevedo Aires de Magalhães (1888-1957).

O regresso à capital belga, em fevereiro de 1935, foi saudado pelo diplomata português, que confessou não ter encontrado, "aparentemente, sensíveis modificações nos homens ou nas coisas já minhas conhecidas"[1232]. Mas se, exteriormente, o aspeto da vida belga não tinha mudado, "intimamente, nas suas camadas profundas e na situação, quer económica e financeira quer política, encontro transformações graves, que não hesito, mesmo aos meus primeiros contactos, de qualificar de inquietante"[1233].

Assim, à instabilidade provocada por um "governo fraco"[1234], cujos "dias não pod[iam] ser longos"[1235], que se arriscava a ser substituído por um Partido Socialista que, "em virtude da crescente ação dos chefes novos e audazes como Spaak e da propaganda

---

[1232] Ofício de Augusto de Castro para Ministro dos Negócios Estrangeiros. Arquivo Histórico e Diplomático do Ministério dos Negócios Estrangeiros. Bruxelas, 19 de fevereiro de 1935, 3º. Piso, A. 1, M. 475.

[1233] *Ibidem.*

[1234] *Ibidem.*

[1235] *Ibidem.*

e da ação comunistas"[1236], se tinha tornado "um partido de «extrema-esquerda», com um programa social extremamente avançado"[1237], juntavam-se, segundo Castro, o desemprego galopante – "a Bélgica conta atualmente 400 000 desempregados, cifra formidável em relação ao total da sua população"[1238] – e "a trágica situação do povo nas províncias industriais"[1239].

Uma possível subida ao poder dos socialistas belgas ou a sua participação num futuro governo de coligação poderia significar, em sua opinião, a adoção de uma política monetária de desvalorização do franco belga, o que, em sua opinião, conduziria a um "enfraquecimento da Bélgica"[1240], e, consequentemente, a "perturbações de vária espécie"[1241] na ordem europeia.

Pouco tempo depois, o cenário previsto pelo ministro plenipotenciário de Portugal em Bruxelas concretizou-se. De facto, a grave crise económica que abalou a Bélgica em 1935 – agravada pela contestação social – acabou por conduzir à queda do executivo liderado por Georges Theunis (1873- 1966) e à constituição de um novo governo, chefiado por Paul Van Zeeland (1893-1973)' que iniciou funções a 25 de março de 1935. O gabinete Van Zeeland, formado por uma coligação apoiada pelos três maiores partidos belgas (católicos, liberais e socialistas), promoveu a desvalorização da moeda e a adoção de políticas orçamentais de fomento económico, o que possibilitou uma gradual superação da profunda crise em que o país se encontrava mergulhado.

Um dos primeiros atos protocolares de Augusto de Castro, no exercício das suas novas funções, foi a visita ao Burgomestre e às

---

[1236] *Ibidem.*

[1237] *Ibidem.*

[1238] *Ibidem.*

[1239] *Ibidem.*

[1240] *Ibidem.*

[1241] *Ibidem.*

autoridades militares de Antuérpia e a deposição de uma coroa de flores, em nome do Governo Português, no monumento aos Mortos da Grande Guerra (29 de março de 1935). A 14 de junho solicitou ao ministro dos Negócios Estrangeiros, Armindo Monteiro, uma licença de 15 dias para se deslocar a Lisboa, que foi concedida no dia seguinte. Presume-se que terá sido durante esse período que apresentou ao governo português o projeto da "Exposição da Civilização Latina", que viria a ser abandonado após a entrevista com Ciano, durante a qual este último expôs as intenções da Itália relativamente a uma ação militar dirigida contra a Etiópia. No caminho para Lisboa, Augusto de Castro deteve-se na capital francesa, onde a 17 de junho, teve lugar um almoço, em sua honra, promovido pelo *Bureau* da Imprensa Latina. O evento, que decorreu na redação de *Le Journal*, foi presidido pelo antigo embaixador francês em Roma, Henry de Jouvenel.

De regresso à capital belga, Augusto de Castro reassumiu a gerência da legação a 11 de julho de 1935, para logo, a 16 de julho, voltar a contactar o ministério dos Negócios Estrangeiros, para solicitar o gozo de uma licença de 60 dias, por motivos de saúde. Autorizada a 23 de julho, nesse mesmo dia o diplomata português partiu para Roma, onde esteve até 27 do mesmo mês, para apresentar a sua proposta ao genro de Mussolini. A 29 de julho iniciou, de facto, o gozo da licença concedida, deixando como encarregado de negócios o segundo secretário da legação, Rodrigo de Azevedo Aires de Magalhães.

O trágico desaparecimento da rainha Astrid (1905-1935), na sequência de um acidente de viação ocorrido na Suíça, a 29 de agosto de 1935, obrigou Augusto de Castro a interromper a licença que desfrutava na estância balnear de Juan-les-Pins, na *Côte d'Azur*, para assistir às cerimónias fúnebres da soberana dos belgas[1242]. Retoma-

---

[1242] Cf. "Choram-na os jardins da terra...". In CASTRO, Augusto de – *Imagens da Europa...*, pp. 137-141.

da a 8 de setembro, só a 4 de outubro Augusto de Castro reassumiu a gerência da legação portuguesa em Bruxelas. A 19 de setembro, o ministro dos Negócios Estrangeiros havia solicitado, por telegrama, a todos os chefes de missão que regressassem aos seus postos e transmitissem com a máxima urgência todas as informações que fossem colhendo sobre a evolução da situação internacional.

De facto, os rumores sobre uma possível intervenção armada da Itália na Abissínia subiam de tom, fazendo perigar as relações entre as principais potências europeias. Recorde-se a tentativa de intimidação britânica, em setembro de 1935, que concentrou no Mediterrâneo uma frota de 800 000 toneladas, na esperança de fazer recuar Mussolini[1243]. Contudo, quando Augusto de Castro retornou ao seu posto, já a campanha da Etiópia se tinha iniciado (3 de outubro de 1935).

De qualquer modo, até então e, para além de acompanhar a grave situação político-económica que a Bélgica atravessava, Augusto de Castro seguiu, atentamente, a evolução do conflito ítalo-abissínio[1244] e a movimentação das tropas italianas na fronteira do Brennero[1245], que, em sua opinião, podia indiciar um "eventual agravamento questão *Anschluss*"[1246].

O desenrolar da conjuntura externa foi, aliás, uma das prioridades de Augusto de Castro neste seu posto de observação. Em 1936, o diplomata português fez chegar ao Palácio das Necessidades importantes informações, não só sobre a posição dos Estados Unidos em face da situação na Europa e no Mundo, mas também em relação às reivindicações coloniais alemãs, à atividade diplomática de Hitler em

---

[1243] Cf. MILZA, Pierre – *Ob. cit.*, p. 583.

[1244] Cf. Ofício de Augusto de Castro para Ministro dos Negócios Estrangeiros. Arquivo Histórico e Diplomático do Ministério dos Negócios Estrangeiros. Bruxelas, 13 de fevereiro de 1935, 3º. Piso, A. 1, M. 475.

[1245] Cf. Telegrama sem n.º de registo, 18 de fevereiro. Arquivo Histórico e Diplomático do Ministério dos Negócios Estrangeiros. Telegramas recebidos. Bruxelas, 1935.

[1246] *Ibidem.*

Londres e em Roma e à possibilidade de a Alemanha preparar "o seu golpe de mão a leste"[1247].

A 2 de março de 1936, Augusto de Castro deu conta de uma conversa, que classificou como confidencial, havida com o embaixador dos Estados Unidos na Bélgica, David Hennen Morris (1872-1944), "amigo íntimo e pessoa de confiança do Presidente Roosevelt"[1248]. Durante a entrevista, o diplomata norte-americano mostrou não acreditar na iminência de uma agressão da Alemanha à França, por entender que os objetivos imediatos do Estado-maior de Hitler se voltavam para Leste, "onde a Alemanha pod[ia] encontrar compensações que o Ocidente não lhe fornec[ia]"[1249]. Contudo, o embaixador não esperava que a invasão da Rússia, por parte da Alemanha, acontecesse antes de 1937[1250] "e, até lá, [era] provável que a diplomacia alemã tent[ass]e algumas diversões da atenção europeia, dirigidas sobretudo a acalmar as desconfianças e retardar o armamento da Grã-Bretanha"[1251].

Todavia, Dave Morris não excluiu a hipótese de um conflito franco-alemão:

> A agressão à França, representa naturalmente uma segunda étape do militarismo prussiano. Vencida a Rússia, se o for, a Alemanha terá todo o tempo e toda a força para liquidar as suas ambições para Oeste. É claro que contra estes cálculos, demasiado simplistas, há várias contingências – como, por exemplo, a da

---

[1247] Ofício de Augusto de Castro para Ministro dos Negócios Estrangeiros. Arquivo Nacional da Torre do Tombo. Bruxelas, 5 de junho de 1936. AOS/CO/NE – 4 A., P. 5, 14 fls., pp. 460-473.

[1248] Ofício de Augusto de Castro para Ministro dos Negócios Estrangeiros. Arquivo Nacional da Torre do Tombo. Bruxelas, 2 de março de 1936. AOS/CO/NE – 4 A., P. 5, 8 fls., pp. 435-442.

[1249] *Ibidem.*

[1250] Cf. *Ibidem.*

[1251] *Ibidem.*

França e da Grã-Bretanha compreenderem o perigo de deixarem a Alemanha procurar a Leste forças novas para usar depois contra o Ocidente e persistirem em não se deixarem seduzir por um jogo excessivamente claro[1252].

Quando confrontado com a possibilidade de uma guerra europeia e com a posição que o seu país assumiria em caso de nova conflagração, o embaixador dos Estados Unidos respondeu acreditar, num primeiro momento, na neutralidade de Washington, "até se desenharem as perspetivas do conflito"[1253]. Entendia, contudo, que os Estados Unidos não deixariam de "intervir de novo, como fizeram na Grande Guerra, porque a América não poder[ia] nunca permitir o estabelecimento na Europa de um imperialismo alemão, que constituiria com o tempo uma ameaça para os interesses dos Estados Unidos"[1254].

Dave Morris acreditava, efetivamente, como era comum à época, numa eventual agressão da Alemanha à Rússia, conhecida que era a feroz retórica antissoviética de Adolf Hitler.

Em junho de 1936, Augusto de Castro enviou ao ministro dos Negócios Estrangeiros um ofício que vinha no mesmo sentido e que resultava do conhecimento que tivera de três relatórios confidenciais, endereçados pelo embaixador da Bélgica em Paris ao executivo de Van Zeeland. Nesse escrito, Castro dava conta da opinião de André de Kerchove de Denterghem (1885-1945), ministro plenipotenciário da Bélgica junto do governo francês, que tinha grande conhecimento "dos meios dirigentes alemães"[1255], por ter sido embaixador em

---

[1252] *Ibidem.*

[1253] *Ibidem.*

[1254] *Ibidem.*

[1255] Ofício de Augusto de Castro para Ministro dos Negócios Estrangeiros. Arquivo Nacional da Torre do Tombo. Bruxelas, 5 de junho de 1936. AOS/CO/NE – 4 A., P. 5, 14 fls., pp. 460-473.

Berlim em 1912 e 1932. Assim, para o diplomata belga, "o ódio de Hitler ao comunismo, a sua convicção de ver um dia a Alemanha constituir a vanguarda de uma nova «coligação» europeia contra a vaga asiática, a existência de novos territórios férteis, fáceis de cultivar e pouco povoados"[1256], incitavam-no, "irresistivelmente, a dirigir os seus apetites para as terras negras da Ucrânia ou, à falta de melhor, para as antigas províncias bálticas"[1257]. O Conde de Kerchove de Denterghem informava ainda que, de resto, esse era também o ponto de vista inglês, que preferia ver "a Alemanha realizar a sua política de expansão a leste a vê-la empenhada em reivindicações coloniais"[1258].

Todos esses "sintomas" anunciavam, na opinião de Augusto de Castro, "a proximidade da tempestade a leste"[1259], sendo, por isso, "verosímil que a Alemanha procur[ass]e consolidar, para essa hipótese, em seu benefício, a neutralidade inglesa e – mesmo à custa de um possível adiamento do *Anschluss*, adiamento que não seria senão provisório –, a neutralidade da Itália, separando definitivamente a Grã-Bretanha e a Itália da França"[1260].

Para o diplomata português, as flutuações da política internacional na Europa produziam-se "a um ritmo que desafiava todas as previsões"[1261], pelo que, "o mais que se pod[ia] tentar [era] segui-las dia a dia[1262]". Contudo, acreditava que, "em face das novas e, até certo ponto, imprevistas condições, a posição da Grã-Bretanha [era] particularmente delicada"[1263]:

[1256] *Ibidem.*

[1257] *Ibidem.*

[1258] *Ibidem.*

[1259] *Ibidem.*

[1260] *Ibidem.*

[1261] *Ibidem.*

[1262] *Ibidem.*

[1263] *Ibidem.*

Abandonar a França constituirá, para a Grã-Bretanha, o fim da sua política de assistência e segurança coletivas. Por outro lado, a manutenção das sanções contra a Itália pode tornar-se, dadas as possibilidades crescentes de uma aproximação, mesmo provisória, entre a Itália e a Alemanha, uma política cada vez mais perigosa. O aspeto mais grave da situação atual da Europa é sobretudo este: a Grã-Bretanha bastará por si só para fazer face às eventualidades internacionais que se preparam? A arbitragem da Grã-Bretanha, colocada dramaticamente entre a muralha da sua ideologia de Genebra e as realidades que a cercam, bastará para conter as forças que tentam desencadear-se na Europa? Da resposta a estas interrogações depende, sem dúvida, o destino da paz na Europa[1264].

Como se deduz da análise dos documentos, em 1936 a eclosão de um novo conflito armado na Europa começava, cada vez mais, a ser expectável, com os meios diplomáticos a agitarem-se e a procurarem delinear os blocos em confronto. A urgência que os ingleses deveriam pôr no rearmamento e a posição que seria adotada pela grande potência que havia emergido da Primeira Guerra Mundial, os Estados Unidos, eram discutidas nos corredores das embaixadas, sendo que, para os diplomatas da época, era certo que o objetivo primordial de Hitler consistia na expansão para leste, conforme fora delineado em *Mein Kampf.*

De facto, as apuradas sensibilidades diplomáticas não se tinham enganado. Todavia, fruto das circunstâncias, Hitler acabou por assinar o Pacto Germano-Soviético (1939), que lhe permitiu centrar as suas atenções na frente ocidental. Contudo, logo que se tornou "senhor de oito capitais europeias – Varsóvia, Copenhaga, Oslo, Haia, Bruxelas, Paris, Belgrado e Atenas"[1265] – e dominou "a Europa desde o

---

[1264] *Ibidem.*
[1265] GILBERT, Martin – *Ob. cit.*, p. 263.

frio ártico do cabo Norte até às quentes praias da ilha de Creta, com os seus exércitos vitoriosos ainda mais a sul, na fronteira do Egito"[1266], Hitler voltou as suas atenções e as suas tropas para leste, cumprindo, dessa forma, o programa descrito no seu livro.

A evolução da conjuntura internacional continuou a merecer a atenção de Augusto de Castro nos anos seguintes. No entanto, enquanto em 1937 o seu olhar se centrou, sobretudo, na Guerra de Espanha e na eclosão da Segunda Guerra Sino-Japonesa, em 1938, foram o *Anschluss*, a aproximação ítalo-alemã e os Acordos de Munique que seguiu com todo o cuidado.

Com efeito, nos primeiros meses de 1937, Castro considerou que "os acontecimentos de Espanha"[1267] concentraram grande parte das "atenções internacionais"[1268], retirando o "problema austríaco"[1269] do "primeiro plano"[1270] das preocupações europeias. De facto, o desviar de atenções da questão do *Anschluss*, por parte da comunidade internacional, foi importante para o próprio *Führer*, que viu, no conflito espanhol, "um bom meio para aumentar a solidariedade"[1271] com a Itália fascista, com o fito de desviar as ambições do *Duce* para o Mediterrâneo Ocidental "e aumentar a sua própria influência na área danubiana"[1272].

Augusto de Castro realçou ainda o apoio dado por Mussolini à causa franquista, por forma a conseguir o apoio da Espanha contra a França para a "sua política do Mediterrâneo"[1273], "objetivo que,

---

[1266] Idem – *Ob. cit.*, pp. 263-264.

[1267] Ofício de Augusto de Castro para Ministro dos Negócios Estrangeiros. Arquivo Histórico e Diplomático do Ministério dos Negócios Estrangeiros. Bruxelas, 5 de março de 1937, 3º. Piso, A. 1, M. 403.

[1268] *Ibidem.*

[1269] *Ibidem.*

[1270] *Ibidem.*

[1271] MILZA, Pierre – *Ob. cit.*, p. 599.

[1272] Idem – *Ibidem.*

[1273] Ofício de Augusto de Castro..., 5 de março de 1937.

com a sua intervenção na Península, neste momento ele [Mussolini] ostensivamente procura"[1274].

A Guerra Civil Espanhola foi, também, tema de análise nas entrevistas que decorreram à margem da Conferência de Bruxelas, que juntou na capital belga, de 3 a 24 de novembro de 1937, os países signatários do Tratado das Nove Potências (Estados Unidos, Japão, China, França, Grã-Bretanha, Itália, Bélgica, Holanda, e Portugal). Nas conversações entabuladas após o fim das sessões protocolares, Augusto de Castro recebeu a confirmação, por parte do secretário de Estado dos negócios estrangeiros inglês, Anthony Eden (1897-1977), da nomeação de "agentes comerciais"[1275] britânicos junto do governo de Burgos. "E sorridente"[1276], o dirigente anglo-saxónico teria afirmado: "esta notícia fará boa impressão seu governo e opinião pública portuguesa demonstrando que governo britânico não tem hostilidade alguma contra Generalíssimo Francisco Franco"[1277], naquilo que devia ser entendido como uma alusão ao facto de o governo português apoiar desde início o pronunciamento nacionalista. Augusto de Castro deu ainda conta das apreensões de Eden, relativamente a um eventual ascendente de Mussolini junto da Espanha franquista, dando a entender que o desejo de evitar essa influência levava, naquele momento, a Grã-Bretanha a "favorecer todas [as] aproximações"[1278] do governo do generalíssimo.

Contudo, o grande assunto da Conferência de Bruxelas, cuja presidência foi atribuída ao ministro dos Negócios Estrangeiros belga, Paul-Henri Spaak (1899-1972), foi a eclosão, em julho de 1937, da Segunda Guerra Sino-Japonesa. O objetivo essencial do encontro era

---

[1274] *Ibidem*.

[1275] Telegrama n.º 55, 4 de novembro. Arquivo Histórico e Diplomático do Ministério dos Negócios Estrangeiros. Telegramas recebidos. Bruxelas, 1937.

[1276] *Ibidem*.

[1277] *Ibidem*.

[1278] *Ibidem*.

fazer sentar à mesa das negociações os dois países em confronto. A China aceitou o repto. Mas o Império Nipónico recusou-se a enviar qualquer representação.

A 4 de novembro foi a vez de Augusto de Castro discursar perante a assembleia. Depois de recordar a "tradição histórica"[1279] e os "interesses portugueses no Extremo Oriente"[1280], o diplomata aludiu à neutralidade declarada por Portugal desde o início do conflito, declarando que, dentro da posição definida, o país dava, no entanto, todo o apoio a uma possível conciliação entre os dois Estados beligerantes[1281].

A 24 de novembro, o encontro foi suspenso, sem ter produzido quaisquer medidas para pôr fim à agressão nipónica. A falta de disponibilidade do Japão para encontrar procedimentos conciliatórios e a insistência, por parte deste Estado, na resolução dos problemas sino-japoneses, sem a intervenção da comunidade internacional, fizeram cair por terra a esperança de encontrar soluções pacíficas para pôr termo à contenda.

O ano de 1937 não terminou sem o diplomata propor ao governo português a criação de um serviço de propaganda nacional, paralelo à legação[1282]. A justificação para a sua proposta estava, segundo Castro, na "crescente publicidade e prestígio do regime político português na Bélgica e nas suas profundas repercussões nas camadas políticas daquele país"[1283]. E, de facto, tanto assim era que, "os meios esquerdistas não deixavam por vezes de dar sintomas de uma inquietação que revela[va], não hostilidade propriamente política contra o «facto» português, mas o receio de alastramento no terreno nacional

---

[1279] *Ibidem.*

[1280] *Ibidem.*

[1281] Cf. *Ibidem.*

[1282] Cf. Ofício de Augusto de Castro para Ministro dos Negócios Estrangeiros. Arquivo Nacional da Torre do Tombo. Bruxelas, 28 de dezembro de 1937. AOS/CO/NE – 4 A., P. 8, 3 fls., p. 752-754.

[1283] *Ibidem.*

belga, das consequências do exemplo de Portugal"[1284]. Augusto de Castro considerava que, "incomparavelmente, mais do que os regimes alemão e italiano, contrários na sua teatralidade e feição imperialista, à psicologia belga"[1285], o regime português constituía "o elemento doutrinário dominante nas novas gerações políticas daquele país"[1286].

Esta não foi a primeira vez que o diplomata deu conta da "simpatia" que o regime português dispunha em alguns meios belgas. Em outubro de 1937, Castro tinha já referido, aquando da conferência *Salazar sua vida e obra*, proferida por António Ferro, na sala Rubens, do Museu de Bruxelas, que esta tinha tido "enorme concorrência entre qual altas personalidades todos os meios belgas"[1287]. Nessa altura, num telegrama dirigido ao ministro dos Negócios Estrangeiros, à época, António de Oliveira Salazar, Augusto de Castro mencionava ainda: "Nome V. Ex.ª aclamado pela Assembleia. Imprensa refere-se largamente"[1288].

A proposta, que não conheceu desenvolvimentos, revela, uma vez mais, a veia propagandística de Augusto de Castro. A ideia de "dar visibilidade" ao regime, já ensaiada em Itália, com o projeto da "Exposição da Civilização Latina" – e que viria a ter o seu auge na Exposição do Mundo Português, de 1940 – mostra que o diplomata entendia que, no contexto internacional da época, o Estado Novo português reunia, à semelhança de outros regimes, condições para atrair os seus seguidores: por ser, supostamente, um "regime exemplar", "muito diferente" dos restantes.

À proposta de Castro também não seria, de todo, indiferente a influência que o Partido Rexista tinha alcançado na Bélgica, com os

---

[1284] *Ibidem.*
[1285] *Ibidem.*
[1286] *Ibidem.*
[1287] *Ibidem.*
[1288] *Ibidem.*

seus 11.4% dos votos, nas eleições de 1936. O movimento político de índole fascista, fundado por Léon Degrelle (1906-1994), que defendia a renovação moral da sociedade belga em conformidade com os ensinamentos da Igreja, a formação de uma sociedade corporativista e a eliminação da democracia, havia recebido o apoio expresso de Hitler e de Mussolini, que tinham decidido contribuir para o seu financiamento, com cem mil marcos e dois milhões de liras, respetivamente. Este viria, no entanto, a entrar em declínio em 1939, com a obtenção de apenas quatro lugares na Câmara dos Deputados.

O Rexismo não foi, aliás, o único exemplo do recrudescimento do nacionalismo na Bélgica, que conduziu, de igual modo, ao aparecimento do *Vlaamsch Nationaal Verbond* (VNV), partido que rapidamente se aproximou do fascismo, e que defendeu a independência da Flandres e o uso exclusivo do neerlandês nesse território.

O encómio de Augusto de Castro ao regime seria confirmado pelo telegrama de 1 de janeiro de 1938, no qual o diplomata assegurava ao ministro dos Negócios Estrangeiros que o "prestígio atual Portugal e sua política externa e o imenso prestígio pessoal V. Ex.ª tornam fácil todas missões estrangeiro"[1289].

A 12 de março, a invasão da Áustria, pelas tropas alemãs, levou o ministro plenipotenciário de Portugal em Bruxelas a dar conta de uma reunião de emergência do executivo belga, que, secretamente, deu ordens para "reforçar guarnições fronteira"[1290]. Poucos dias depois, por meio de ofício, Augusto de Castro relatou a "profunda repercussão"[1291] que "o vertiginoso desenrolar do drama austríaco"[1292]

[1289] Telegrama n.º 1, 1 de janeiro. Arquivo Histórico e Diplomático do Ministério dos Negócios Estrangeiros. Telegramas recebidos. Bruxelas, 1938.

[1290] Telegrama sem n.º de registo, 12 de março. Arquivo Histórico e Diplomático do Ministério dos Negócios Estrangeiros. Telegramas recebidos. Bruxelas, 1938.

[1291] Ofício de Augusto de Castro para Ministro dos Negócios Estrangeiros. Arquivo Histórico e Diplomático do Ministério dos Negócios Estrangeiros. Bruxelas, 16 de março de 1938, 3°. Piso, A. 1, M. 705.

[1292] *Ibidem.*

teve na Bélgica: "vi gente do povo, em Bruxelas, chorar. Na manhã de sábado, em todos os cantos da rua, a multidão interrogava-se. O exército alemão atravessara uma fronteira? Era agosto de 1914 que recomeçava? Quando seria a vez de Liège?"[1293]. E informou ainda que, em caso de invasão da Checoslováquia, pela Alemanha, os belgas não faziam tensão de deixar passar o exército francês pelo seu território, para o governo gaulês poder cumprir com o seu pacto com Praga: "Mas a Bélgica (não haja a esse respeito dúvidas) está disposta a resistir, fora da estrita aplicação do artigo 16.º do Pacto da Sociedade das Nações à passagem do exército francês, como em 1914, resistiu à passagem do exército alemão"[1294].

A "inquietação belga"[1295] manteve-se até à Conferência de Munique, que reuniu na capital bávara, entre 29 e 30 de setembro de 1938, os ditadores italiano e alemão e os chefes dos governos francês e britânico, Édouard Daladier (1884-1970) e Neville Chamberlain (1869-1940).

No dia 1 de outubro[1296], Augusto de Castro foi recebido por Paul-Henri Spaak, que exercia as funções de primeiro-ministro desde 15 de maio, que lhe confidenciou "o pesadelo acabou"[1297], anunciando, assim, a desmobilização do que chamou "estado de paz reforçado"[1298]. Relativamente ao acordo alcançado em Munique, para o chefe do executivo belga, este representou, "diplomaticamente"[1299], uma

---

[1293] *Ibidem.*

[1294] *Ibidem.*

[1295] Ofício de Augusto de Castro para Ministro dos Negócios Estrangeiros. Arquivo Histórico e Diplomático do Ministério dos Negócios Estrangeiros. Bruxelas, 13 de outubro de 1938, 3º. Piso, A. 1, M. 705.

[1296] Cf. Ofício de Augusto de Castro para Ministro dos Negócios Estrangeiros. Arquivo Histórico e Diplomático do Ministério dos Negócios Estrangeiros. Bruxelas, 3 de outubro de 1938, 3º. Piso, A. 1, M. 705.

[1297] *Ibidem.*

[1298] *Ibidem.*

[1299] *Ibidem.*

"incontestável vitória da Alemanha e da Itália"[1300] e "mais uma grande lição para a França e para a Grã-Bretanha"[1301].

Paul-Henri Spaak mostrou-se confiante em relação ao futuro, tendo declarado "uma coisa certamente ganhámos: não termos por hora guerra e creio mesmo que a hipótese de um conflito armado europeu se pode considerar afastada por bastante tempo"[1302]. Não obstante o tom otimista, o líder do governo belga lembrou o discurso proferido por Hitler, no *Sportpalast* de Berlim, a 26 de setembro, em que este tinha declarado, "solenemente, que a reivindicação dos Sudetas era a sua última reivindicação territorial na Europa"[1303]. A alocução do *Führer* havia demonstrado, "claramente", na opinião de Spaak, que as reivindicações coloniais alemãs estavam para um "segundo tempo"[1304]. Contudo, os países colonizadores, como a Bélgica e Portugal, não se podiam "iludir", devendo, inclusive, reforçar o seu "pacto de vigilância", porque a "questão colonial vai ser a segunda étape dos acontecimentos futuros. Devemos contar com ela para a primavera próxima ou antes"[1305].

A agitação provocada pela propaganda do *Reichskolonialbund*, que realizara em maio de 1938, a sua primeira sessão parlamentar em Bremen, para reivindicar a restituição das colónias alemãs em África explicará, em parte, a convicção manifestada pelo dirigente belga. Contudo, este viria a evidenciar uma avaliação incorreta dos acontecimentos e da evolução da conjuntura internacional. O seu convencimento de uma paz duradoura para a Europa era o mesmo de Neville Chamberlain, que no seu regresso a Londres, no dia 30 de setembro, havia anunciado, no número 10 da *Downing Street*: "My

---

1300 *Ibidem.*
1301 *Ibidem.*
1302 *Ibidem.*
1303 *Ibidem.*
1304 *Ibidem.*
1305 *Ibidem.*

good friends, for the second time in our history, a British Prime Minister has returned from Germany bringing peace with honour. I believe it is peace for our time. We thank you from the bottom of our hearts. Go home and get a nice quiet sleep"[1306].

Poucos meses depois, o fim da Checoslováquia revelou aos dois políticos e à Europa as verdadeiras intenções de Hitler e colocou, definitivamente, o mundo na rota daquele que seria o mais devastador conflito da história da humanidade.

Algumas semanas depois da entrevista com Spaak, a 8 de dezembro, Augusto de Castro entregou a gerência da legação de Portugal em Bruxelas a Rodrigo Aires de Magalhães, iniciando a sua viagem de regresso a Lisboa. Desde os primeiros dias de setembro que Castro sabia que o presidente do Conselho havia decidido passá-lo "à disponibilidade no ministério dos Negócios Estrangeiros"[1307].

O afastamento da vida diplomática – que Augusto de Castro qualificou de "punição"[1308] – decidido por Salazar e, comunicado por carta de Teixeira de Sampaio, datada de 6 de setembro[1309], ficou a dever-se a duas ordens de razões: a "presença do meu genro Dr. Armando Bernardes nesta legação, agravada pelo facto de ele ter vindo com sua esposa instalar-se novamente aqui"[1310]; e as "exigências do sr. Victor Falcão e atitude e ares de pressão deste sobre mim"[1311].

Armando de Oliveira Bernardes, casado com Maria Cândida de Castro, tinha sido alvo de um processo disciplinar, instaurado quan-

---

1306 Knowles, Elizabeth (edit.) – *The Oxford Dictionary of Quotations*. 7th Edition. Oxford: Oxford University Press, 2009, p. 249.

1307 Carta de Augusto de Castro para Secretário-geral do Ministério dos Negócios Estrangeiros. Bruxelas, 12 de setembro de 1938. Arquivo Histórico e Diplomático do Ministério dos Negócios Estrangeiros. Gabinete do Secretário-geral (Núcleo Teixeira de Sampaio). Individuais. Caso Augusto de Castro. 1938, M. 2.

1308 *Ibidem.*

1309 Cf. *Ibidem.*

1310 *Ibidem.*

1311 *Ibidem.*

do este era primeiro-secretário da legação de Portugal em Roma (Quirinal). O processo, que se reportou não apenas à passagem deste funcionário do Palácio das Necessidades por Roma, acabou por ditar a sanção disciplinar, de demissão, em dezembro de 1936[1312]. Assim que o resultado do processo foi conhecido, este foi comunicado por Teixeira de Sampaio, através de carta particular, a Augusto de Castro, prova da deferência que o secretário-geral do ministério dos Negócios Estrangeiros tinha pelo ministro de Portugal em Bruxelas. Na missiva, Teixeira de Sampaio havia dado, de igual modo, conhecimento da recomendação de Salazar: "afigura-se ao sr. Presidente que para a situação de V. Ex.ª a presença do Dr. Bernardes em Bruxelas se tornaria inconveniente e prejudicial"[1313].

Contudo, no verão de 1938, vários relatórios chegaram ao Ministério dos Negócios Estrangeiros, dando conta da assídua "presença do Dr. Bernardes em Bruxelas"[1314] e fazendo eco de que "retintamente vermelho, tanto ele como a mulher, Cândida de Castro, não escondem de ninguém a sua maneira de sentir, expandindo-se em apreciações sobre o vencedor da guerra espanhola"[1315], fazendo, assim, "propaganda subversiva dentro de uma legação portuguesa"[1316].

[1312] Cf. *Ibidem*.

[1313] *Ibidem*.

[1314] Relatório de Bruxelas. 23 de julho de 1938. Arquivo Histórico e Diplomático do Ministério dos Negócios Estrangeiros. Gabinete do Secretário-geral (Núcleo Teixeira de Sampaio). Individuais. Caso Augusto de Castro. 1938, M. 2. [Possivelmente elaborado pelo capitão Paulo [Camano?] adjunto da Polícia de Vigilância e Defesa do Estado e enviado pelo capitão Agostinho Lourenço, Diretor da Polícia de Vigilância e Defesa do Estado, para o Ministério dos Negócios Estrangeiros].

[1315] Relatório de Bruxelas. 23 de julho de 1938. Arquivo Histórico e Diplomático do Ministério dos Negócios Estrangeiros. Gabinete do Secretário-geral (Núcleo Teixeira de Sampaio). Individuais. Caso Augusto de Castro. 1938, M. 2.

[1316] Relatório da entrevista com o sr. Quental. Lisboa, 9 de setembro de 1938. Arquivo Histórico e Diplomático do Ministério dos Negócios Estrangeiros. Gabinete do Secretário-geral (Núcleo Teixeira de Sampaio). Individuais. Caso Augusto de Castro. 1938, M. 2. [Elaborado pelo capitão Paulo [Camano?] adjunto da Polícia de Vigilância e Defesa do Estado e enviado pelo capitão Agostinho Lourenço, Diretor da Polícia de Vigilância e Defesa do Estado, para o Ministério dos Negócios Estrangeiros].

Augusto de Castro defender-se-ia desta primeira denúncia, dizendo que "nas vezes em que estiveram"[1317] na legação, por "ocasião de festas do Natal, Páscoa, aniversários de família",[1318] nunca "minha filha ou o Dr. Bernardes apareceram em qualquer receção oficial ou mesmo particular"[1319], nem "o Dr. Bernardes frequentou qualquer meio ou cultivou quaisquer relações"[1320], pelo que "a sua estada foi sempre exclusivamente familiar"[1321].

No que concerne a Victor Falcão – antigo jornalista que, na inexistência de um adido de imprensa da legação, desempenhava oficiosamente essas funções – e às "pressões" que este exerceria sobre Augusto de Castro, por ter, alegadamente, em sua posse, "umas cartas escritas pelo punho do próprio ministro, cartas em que dá largas à sua maneira de sentir sobre a pessoa e obra de Sua Excelência o presidente do Conselho"[1322], o diplomata português declarava a Teixeira de Sampaio: "Pergunto a mim próprio de que pressões se tratam. Estou, pela segunda vez, na Bélgica há quatro anos e só agora é que aparecem as pressões? Quais foram? Que consequências oficiais tiveram?"[1323]. Admitindo que mantinha com Victor Falcão "relações particulares antigas que têm tido intermitências", Augusto de Castro acabava por asseverar: "nunca este sr. me impôs ou mesmo pediu qualquer coisa que pudesse afetar os interesses públicos ou a eles ligada". Concluindo: "intrigas, boatos ou maledicências, em que os portugueses, sobretudo no estrangeiro, são mestres, não são factos".

Para além das denúncias já explanadas, os relatórios enviados no verão de 1938 ao Ministério dos Negócios Estrangeiros faziam ainda

---

[1317] Carta de Augusto de Castro..., Bruxelas, 12 de setembro de 1938.

[1318] *Ibidem.*

[1319] *Ibidem.*

[1320] *Ibidem.*

[1321] *Ibidem.*

[1322] Relatório de Bruxelas. 23 de julho de 1938.

[1323] Carta de Augusto de Castro, Bruxelas, 12 de setembro de 1938.

referência ao facto de Augusto de Castro não ter dado conhecimento, ao governo de Lisboa, da preocupação "do delegado do governo do general Franco"[1324], Zulueta, relativamente a Joaquim Vinhas Cabrita, português radicado em Antuérpia, onde era "administrador de uma sociedade"[1325] que, supostamente, fornecia "armas e munições aos vermelhos espanhóis"[1326]; e à solidariedade de Castro no caso Futscher, ex-funcionário da legação de Portugal em Bruxelas, afastado (por comprovado) desvio de dinheiro[1327].

Se em relação a Joaquim Vinhas Cabrita, Augusto de Castro afirmava já ter dado instruções ao primeiro secretário da legação, António de Sèves[1328], para "procurar o sr. Zulueta solicitando-lhe uma comunicação escrita das suspeitas que envolvessem qualquer português e provas que tivesse"[1329], já em relação a Futscher recordava que este, depois de apuradas "as irregularidades e os delitos"[1330],

---

[1324] Ibidem.

[1325] Relatório da entrevista com o sr. Quental. Lisboa, 9 de setembro de 1938.

[1326] Ibidem. Cf. Relatório de Bruxelas. 28 de julho de 1938.

[1327] Cf. Relatório da entrevista com o sr. Quental. Lisboa, 9 de setembro de 1938.

[1328] No entanto, segundo o relatório elaborado pelo capitão Paulo [Camano?], adjunto da Polícia de Vigilância e Defesa do Estado, a partir da entrevista realizada no Estoril com "o sr. Quental", o primeiro secretário da legação, António de Sèves, estava "ao facto de tudo" o que "o sr. Quental" tinha narrado, e "de alguma coisa mais que momentaneamente não lhe ocorre". Cf. Relatório da entrevista com o sr. Quental. Lisboa, 9 de setembro de 1938. Na sequência do caso, António de Sèves viria a ser ouvido no Ministério dos Negócios Estrangeiros. Presume-se que terá sido o primeiro secretário da legação que terá denunciado Augusto de Castro. Em 1941, António de Sèves pediu a exoneração do cargo de conselheiro de Legação, devido ao facto de, alegadamente, ter sido coagido nesse sentido, por Luís Teixeira de Sampaio. Com efeito, impedido de partir para o seu novo posto na data determinada pelo Ministério dos Negócios Estrangeiros, o único meio de não incorrer numa sanção disciplinar, de demissão, teria sido esse. Em 1947, solicitou a reintegração no quadro diplomático. Apesar de a coação oral alegada pelo funcionário não ter sido provada – recorde-se que uma das partes envolvidas, Teixeira de Sampaio, tinha falecido em 1945 – este acabou por ser reposto na categoria de Conselheiro de Legação, se bem que sem direito a quaisquer vencimentos no período compreendido entre o dia da sua exoneração e 1947. Cf. Pedido de reintegração no quadro diplomático do Dr. António de Sèves. 1939-1947. Arquivo Nacional da Torre do Tombo. AOS/CO/NE – 1 A.

[1329] Carta de Augusto de Castro. Bruxelas, 12 de setembro de 1938.

[1330] Ibidem.

e efetuado "o reembolso até ao último centavo"[1331], foi "por mim despedido"[1332].

Augusto de Castro concluiu a argumentação que expôs a Teixeira de Sampaio, do seguinte modo:

> Aqui tem V. Ex.ª os factos. De um lado quinze anos de representação, constantemente diligente e incansável, do país no estrangeiro, em pontos e horas difíceis, sem uma censura, antes com louvores de todos os ministros dos Negócios Estrangeiros, incluindo S. Ex.ª o sr. presidente do Conselho que me deu a honra, ainda este ano me louvar em telegrama; uma situação de prestígio pessoal e oficial neste país que ninguém pode contestar e todos podem testemunhar; a passagem de cabeça levantada por condições várias da literatura, do jornalismo e da diplomacia – da política até hoje, nunca! – sem a suspeita sequer de uma ação minha que deva esconder.
>
> Do outro lado, um facto deturpado e em todo o caso de ordem exclusivamente afetiva, desprovido de qualquer intenção ou significação, ainda que mínima; uma intriga ou suposições que não se baseiam em facto algum e que se podem levantar sobre toda a gente. – E nada mais.
>
> Pedindo a V. Ex.ª que considere este confronto, não o faço por apego a situações que só interessam na medida em que servem o país – como sempre procurei servir – ou são compatíveis com a dignidade pessoal. Faço-o para ressalvar uma vida, que nunca deixou o caminho direito, de interpretações que amanhã suspeitarão de mim Deus sabe o quê. Faço-o pela justiça que devemos aos outros, mas que cada um de nós, em certas horas, deve a si próprio[1333].

[1331] *Ibidem.*

[1332] *Ibidem.*

[1333] *Ibidem.*

O ministério dos Negócios Estrangeiros entendeu passar Augusto de Castro à disponibilidade, sem qualquer procedimento disciplinar, encarregando-o, de imediato, do comissariado-geral da Exposição do Mundo Português. Em Bruxelas, a imprensa noticiou amplamente a saída de Castro, enaltecendo as suas novas funções:

> M. de Castro, ministre de Portugal à Bruxelles, nous quitte. Son gouvernement le charge, en effet, de la mise sur pied d'une des plus importantes manifestations qui se produiront, en 1940, à l'occasion des centenaires portugais: l'Exposition du monde portugais qui comprendra des sections historique, ethnographique, folklorique et coloniale[1334].

O novo cargo de que foi investido revela que o Ministério teve em consideração a argumentação de Castro e, muito provavelmente, a estima que por ele tinha Luís Teixeira de Sampaio[1335]. O facto de nunca se ter comprometido com qualquer partido ou força política, como o mesmo alegou, permitiu-lhe manter a confiança do regime. De resto, a sua lealdade ao Estado Novo nas décadas seguintes, com o *Diário de Notícias*, por si liderado, a funcionar como órgão oficioso do sistema e os constantes artigos laudatórios da ação do Presidente do Conselho, constituiriam prova de que as acusações de Bruxelas se encontravam, muito provavelmente, destituídas de fundamento.

[1334] "Un grand ami de la Belgique. M. de Castro ministre du Portugal à Bruxelles quitte notre pays. Il est chargé de l'organisation de l'Exposition du Monde Portugais". In *La Nation Belge*. Bruxelles: Vingt et un année. Dimanche, 11 de Décembre de 1938.

[1335] De facto, para a opinião pública, a sua saída de Bruxelas foi sempre justificada pela sua chamada pelo governo para o cargo de comissário-geral da Exposição do Mundo Português. Cf. *Diário de Notícias*. Lisboa. Ano: 107.º, N.º 37852, domingo, 25 de julho de 1971, p. 2.

Capítulo V – Época Áurea e Crepúsculo:
Em Jeito de Epílogo

Pouco tempo depois do regresso a Portugal, Augusto de Castro retomava o jornalismo, lançando, em março de 1939, o vespertino, de tendência nacionalista, *A Noite*[1336]. Com seis páginas – "embora a partir do número dois se publicasse geralmente com quatro páginas"[1337] – a sete colunas, este periódico, propriedade da Empresa Nacional de Publicidade, tinha a sua administração e oficinas na Rua do Diário de Notícias, número 78, enquanto a redação se estabelecia no primeiro andar, do número nove, do Largo Trindade Coelho. Era seu editor Calderon Dinis e contavam-se entre os seus colaboradores Fernando Homem Cristo, Metzner Leone e Braz Burity[1338].

O primeiro número, publicado a 20 de março, num artigo publicado na segunda página do novo periódico, intitulado "Um Novo Jornal", sem assinatura, mas certamente da autoria de Augusto de Castro, perguntava "Um novo jornal? Porquê? Para quê?" ao que o articulista respondia, lembrando "as nuvens" que pairavam "sobre a Europa"[1339] e a necessidade de lhes fazer frente:

[1336] Cf. LEMOS, Mário Matos e – *Jornais diários portugueses...*, p. 448.

[1337] Idem – *Ibidem*.

[1338] Cf. Idem – *Ibidem*.

[1339] *A Noite*. Lisboa. Ano I, N.º 1, segunda-feira, 20 de março de 1939, p. 1.

E o que é sobretudo indispensável, pelo que nos diz diretamente respeito, é dar ao espírito português a consciência da hora viril e decisiva que ele vive – para que ele a viva na fé, na vontade de viver, na exaltação daquele sentido universal, que constitui a essência da sua imortalidade e que, mais uma vez, na elaboração da renovação ocidental para que a Europa caminha, o destino da sua história vai pôr em jogo e à prova (...). É necessário incutir a Portugal o amor das ideias fortes, a certeza do seu destino (...). É necessário repetir todos os dias, com alegria, a eterna lição do filósofo; que este Mundo não é pior nem melhor, que o nosso destino é feito por nós próprios; que não é por muito nos compararmos que mais nos elevamos (...). Se a modesta voz que hoje se eleva na imprensa portuguesa contribuir para traduzir um pouco do programa acima enunciado, estas perguntas terão talvez na opinião pública uma resposta que justifique a existência deste jornal votado ao serviço do ressurgimento português[1340].

O periódico, que Augusto de Castro consagrava a essa expressão cara da propaganda nacionalista, para além de acompanhar a situação interna, como, por exemplo, a comemoração do 11.º aniversário da tomada de posse de Salazar como ministro das Finanças (27 de abril de 1928-27 de abril de 1939)[1341], seguia atentamente a evolução da conjuntura externa, nomeadamente, a ocupação alemã da Checoslováquia (14-15 de março de 1939)[1342], a entrada das tropas nacionalistas em Madrid (1 de abril de 1939)[1343], a política de Mussolini[1344] e a invasão da Albânia pela Itália (7 de abril de 1939)[1345].

[1340] *Ibidem.*

[1341] Cf. *A Noite*. Lisboa. Ano I, N.º 39, quinta-feira, 27 de abril de 1939, p. 1.

[1342] Cf. *A Noite*. Lisboa. Ano I, N.º 1, segunda-feira, 20 de março de 1939, p. 1.

[1343] Cf. *A Noite*. Lisboa. Ano I, N.º 14, quarta-feira, 2 de abril de 1939, p. 1.

[1344] Cf. *A Noite*. Lisboa. Ano I, N.º 8, segunda-feira, 27 de março de 1939, p. 1.

[1345] Cf. *A Noite*. Lisboa. Ano I, N.º 24, quarta-feira, 12 de abril de 1939, p. 1.

Contudo, a 10 de Junho de 1939, *A Noite* fazia a sua derradeira aparição. No último número do vespertino, o seu diretor explicava que, tendo sido chamado "a um outro posto de maiores responsabilidades na imprensa"[1346] – a direção do *Diário de Notícias* – havia-se tornado impossível "conciliar o inconciliável"[1347], pelo que a decisão de suspender *A Noite* se tornava irreversível.

O regresso ao matutino lisboeta, para substituir Eduardo Schwalbach, significava o retorno a um "velho amigo, a um jornal a cuja história o nosso nome, numa época feliz da vida, estivera ligado e que nos chamara de novo"[1348]. A segunda passagem pelo *Diário de Notícias* proporcionava, novamente, uma grande tribuna para a explanação da sua opinião, não só em relação à situação interna, mas também à política externa. Sendo que, desta vez, a sua visão dos acontecimentos nacionais e internacionais, muito tinha a beneficiar do conhecimento que havia adquirido, dos homens e das suas circunstâncias, durante os 14 anos de carreira diplomática.

Os artigos publicados no período que corresponde, *grosso modo*, ao da Segunda Guerra Mundial, são passíveis de serem enquadrados numa grelha temática, que privilegiou, em termos políticos, a Segunda Guerra Mundial e os seus paralelismos com a Primeira Guerra Mundial, mediados por episódios da sua experiência enquanto embaixador e jornalista, elegendo como principais questões a neutralidade portuguesa e espanhola, o drama francês, a posição da Inglaterra, a situação da Itália, "a paz e os seus fantasmas"[1349].

Outra temática frequente nos seus editoriais versou a questão da cultura e das suas relações com o Estado Novo, quer na sua vertente de (re)invenção do elemento popular – etnográfico-folclórico –, quer

---

[1346] *A Noite*. Lisboa. Ano I, N.º 82, sábado, 10 de Junho de 1939, p. 1.

[1347] *Ibidem*.

[1348] *A Noite*, 10 de Junho de 1939, p. 1.

[1349] *Diário de Notícias*. Lisboa: Ano 79, quarta-feira, 10 de fevereiro de 1943, p. 1.

na sua vertente mais abertamente propagandística, caso da Exposição do Duplo Centenário[1350].

O turismo e a ação do Secretariado de Propaganda Nacional também foram analisados em diversos artigos de fundo, o que, de resto, se inseria dentro da lógica seguida há alguns anos a essa parte pelo jornal, que lançara diversas campanhas de fomento nacional e concursos (de promoção da beleza da mulher portuguesa, das praias nacionais, etc.). Recorde-se que a questão turística se enquadrava na ação do Secretariado de Propaganda Nacional que, a partir de 1944, passou mesmo a designar-se Secretariado Nacional de Informação, Cultura Popular e Turismo e que já, anteriormente, esse organismo tinha promovido diversas iniciativas nesse âmbito, como o concurso da "aldeia mais portuguesa de Portugal" (1938), o projeto de criação de uma rede nacional de pousadas (1938) e a fundação de *Panorama – Revista Portuguesa de Arte e Turismo* (1941). Para além de alertar para o atraso do turismo nacional e para a necessidade de dinamizar a oferta turística[1351], Augusto de Castro promoveu diversos destinos e roteiros[1352], enalteceu as tradições lisboetas[1353] e elogiou a ação

---

[1350] Cf. "Exposição Mundo Português". In *Diário de Notícias*. Lisboa: Ano 75, terça--feira, 6 de junho de 1939, p. 1; "A Exposição de 1940". In *Diário de Notícias*. Lisboa: Ano 75, domingo, 17 de dezembro de 1939, p. 1; "Ainda mais durante a guerra". In *Diário de Notícias*. Lisboa: Ano 76, terça-feira, 26 de março de 1940, p. 1; "Lisboa regressa ao Tejo". In *Diário de Notícias*. Lisboa: Ano 76, terça-feira, 23 de abril de 1940, p. 1; "Lição Centenários". In *Diário de Notícias*. Lisboa: Ano 76, domingo, 30 de junho de 1940, p. 1; "O que fica da Exposição". In *Diário de Notícias*. Lisboa: Ano 76, terça-feira, 3 de dezembro de 1940, p. 1.

[1351] Cf. "Nossa Senhora do Turismo". In *Diário de Notícias*. Lisboa: Ano 75, sábado, 19 de agosto de 1939, p. 1.

[1352] Cf. "Figueira da Foz". In *Diário de Notícias*. Lisboa: Ano 76, domingo, 11 de agosto de 1940, p. 1; "Caldas da Rainha". In *Diário de Notícias*. Lisboa: Ano 76, segunda-feira, 12 de agosto de 1940, p.1; "Este setembro meu amigo". In *Diário de Notícias*. Lisboa: Ano 76, domingo, 22 de setembro de 1940, p.1; "Portugal e o Turismo". In *Diário de Notícias*. Lisboa: Ano 77, quinta-feira, 9 de outubro de 1941, p.1; "As praias portuguesas". In *Diário de Notícias*. Lisboa: Ano 79, segunda-feira, 8 de setembro de 1943, p. 1.

[1353] "Flores de Lisboa". In *Diário de Notícias*. Lisboa: Ano 75, quinta-feira, 1 de junho de 1939, p.1 e "As ruas de Lisboa". In *Diário de Notícias*. Lisboa: Ano 79, quinta-feira, 7 de janeiro de 1943, p. 1.

de António Ferro[1354], não só à frente do Secretariado de Propaganda Nacional, mas também enquanto secretário-geral da Exposição do Mundo Português.

Outra matéria, frequentemente repetida nos seus editoriais, foi o perfil de artistas e homens de Estado com quem convivera, enquanto jornalista e ministro de Portugal no estrangeiro. Assim, deteve-se nas figuras do dramaturgo belga Maeterlinck (1862-1949)[1355], do médico Ricardo Jorge[1356], do poeta António Nobre[1357], do burgomestre de Bruxelas, Adolphe Max (1869-1939)[1358], do escritor e diplomata Alberto de Oliveira[1359], do político francês Pierre Laval[1360], de Afonso XIII[1361] de Espanha, do escritor Ramalho Ortigão[1362], do papa Leão XIII[1363], de Carlos Malheiro Dias, Júlio Dantas, José Luciano de Castro[1364], e, obviamente, de Mussolini[1365].

Para além de ensaios sobre estética dramatúrgica[1366] e rubricas sobre atos oficiais do regime[1367], Augusto de Castro redigiu ainda

---

[1354] "António Ferro". In *Diário de Notícias*. Lisboa: Ano 76, quinta-feira, 8 de fevereiro de 1940, p. 1 e "Do Brasil a Portugal". In *Diário de Notícias*. Lisboa: Ano 78, quarta-feira, 7 de janeiro de 1942, p. 1.

[1355] Cf. *Diário de Notícias*. Lisboa: Ano 75, quinta-feira, 27 de julho de 1939, p. 1 e *Diário de Notícias*. Lisboa: Ano 75, sábado, 29 de julho de 1939, p. 1

[1356] Cf. *Diário de Notícias*. Lisboa: Ano 75, segunda-feira, 31 de julho de 1939, p. 1.

[1357] Cf. *Diário de Notícias*. Lisboa: Ano 75, domingo, 29 de outubro de 1939, p. 1.

[1358] Cf. *Diário de Notícias*. Lisboa: Ano 75, sexta-feira,10 de novembro de 1939, p. 1.

[1359] Cf. *Diário de Notícias*. Lisboa: Ano 76, sábado, 27 de abril de 1940, p. 1.

[1360] Cf. *Diário de Notícias*. Lisboa: Ano 76, segunda-feira, 16 de dezembro de 1940, p. 1.

[1361] Cf. *Diário de Notícias*. Lisboa: Ano 77, sábado, 1 de março de 1941, p. 1.

[1362] Cf. *Diário de Notícias*. Lisboa: Ano 77, quarta-feira, 19 de março de 1941, p. 1.

[1363] Cf. *Diário de Notícias*. Lisboa: Ano 77, domingo, 18 de maio de 1941, p. 1.

[1364] Cf. *Diário de Notícias*. Lisboa: Ano 79, sábado, 22 de maio de 1943, p. 1.

[1365] Cf. "O leão prostrado". In *Diário de Notícias*. Lisboa: Ano 79, domingo, 8 de agosto de 1943, p. 1.

[1366] Cf. "A comédia dos velhos teatros". In *Diário de Notícias*. Lisboa: Ano 76, domingo, 1 de dezembro de 1940, p. 1.

[1367] Cf. "O significado da viagem presidencial". In *Diário de Notícias*. Lisboa: Ano 75, sexta-feira, 16 de junho de 1939, p. 1; "Dois factos". In *Diário de Notícias*. Lisboa: Ano 77, segunda-feira, 7 de julho de 1941, p. 1; "O significado de uma viagem". In *Diário de Notícias*. Lisboa: Ano 79, terça-feira, 5 de janeiro de 1943, p. 1.

diversos artigos, em que enalteceu Salazar e a sua "obra"[1368]. Após o termo da guerra civil de Espanha surgiu, segundo Franco Nogueira, em alguns círculos mais cosmopolitas da sociedade portuguesa, a ideia de propor o presidente do Conselho como candidato ao Prémio Nobel da Paz[1369]. Castro, desde logo, se apresentou como "paladino" do projeto, propondo-se abrir no *Diário de Notícias* uma campanha com esse objetivo. Contudo, a iniciativa viria a ser recusada pelo próprio Salazar, depois de Augusto de Castro lhe ter dado a conhecer o plano por carta:

> Como não me foi possível dar verbalmente resposta à carta de V. Ex.ª de 12 do corrente, venho dirigir-lhe duas palavras acerca do assunto de se ocupava. Agradeço em primeiro lugar a lembrança de V. Ex.ª e estou muito reconhecido pela sua amabilidade. Pensei porém uns minutos no caso e cheguei à seguinte conclusão que lealmente transmito a V. Ex.ª. Pessoalmente nada fiz pela Paz do mundo que explicasse a candidatura ao Prémio Nobel: a pequena projeção internacional das nossas coisas nunca poderia permitir fosse considerado naquele plano qualquer ato nosso. Para o país, seria certamente a consagração de oito séculos de história, mas sob este aspeto a representação pertence incontestavelmente ao Chefe de Estado e não vejo grande possibilidade de fazer recair

---

[1368] Cf. "O homem e a obra". In *Diário de Notícias*. Lisboa: Ano 79, sábado, 6 de novembro de 1943, p. 1; "Sete anos na presidência do ministério". In *Diário de Notícias*. Lisboa: Ano 75, quarta-feira, 5 de julho de 1939, p. 1; "A atitude da nação". In *Diário de Notícias*. Lisboa: Ano 75, quarta-feira, 11 de outubro de 1939, p. 1; "A casa e o Homem". In *Diário de Notícias*. Lisboa: Ano 77, terça-feira, 29 de abril de 1941, p. 1; "A alma de um povo". In *Diário de Notícias*. Lisboa: Ano 77, quarta-feira, 30 de abril de 1941, p. 1; "Nove anos na Presidência do Conselho". In *Diário de Notícias*. Lisboa: Ano 77, sábado, 5 de julho de 1941, p. 1; "Uma obra de paz". In *Diário de Notícias*. Lisboa: Ano 77, quinta-feira, 6 de novembro de 1941, p. 1; "Produzir – Economizar – preservar – ter fé". In *Diário de Notícias*. Lisboa: Ano 77, domingo, 9 de novembro de 1941, p. 1; "Portugal exemplo do Ocidente". In *Diário de Notícias*. Lisboa: Ano 78, quarta-feira, 11 de fevereiro de 1942, p. 1.

[1369] Cf. NOGUEIRA, Franco – *Salazar*. Vol. III. *As Grandes Crises*. Porto: 1986, p. 204.

sobre o caso a atenção. Considero por isso a sugestão de V. Ex.ª sem possibilidades de seguimento[1370].

Apesar da admiração que votava a Mussolini, o jornalista portuense reconhecia em Salazar "o verdadeiro chefe"[1371], que tinha conseguido, à frente da política externa do país, uma verdadeira "obra de paz"[1372]:

> Imagino que na noite de anteontem, o Chefe solitário pensou um pouco em si próprio. Um instante, um minuto. Mas depois, através das vidraças corridas do seu gabinete de trabalho, olhou a cidade que, na pálida mas viva iluminação das ruas e do horizonte, se estendia a seus pés. Comparou, mentalmente, a paz que dessas luzes transpirava com o sanguinário tumulto dum Mundo em chamas. Essa comparação era a sua visão e o seu prémio. E o homem solitário retomou o trabalho. Nas suas mãos estava a teia do Destino de um Povo que, havia quinze anos, ele aceitara a responsabilidade e a missão. Não esperava recompensas. Prometera «cumprir friamente o seu dever». Cumpria-o[1373].

Enquanto Salazar teria sabido conservar a imparcialidade do país durante o conflito, espelhando a frase feita "uma ilha de paz, num mundo em guerra", cinematograficamente traduzida numa famosa cena do *Pátio das Cantigas*, realizado por Francisco Ribeiro (Ribeirinho), em 1942, durante a qual é evocada a guerra e o nome de Salazar

---

[1370] Idem – *Ibidem*.

[1371] LEAL, Ernesto Castro – *António Ferro...*, p. 50.

[1372] Cf. "Uma obra de paz". In *Diário de Notícias*. Lisboa: Ano 77, quinta-feira, 6 de novembro de 1941, p. 1

[1373] CASTRO, Augusto de – "Salazar". In *Salazar perante o mundo. O que pensam e escrevem do Chefe do Governo Português alguns nacionais e estrangeiros*. Lisboa: Editora Portugal – Ultramar, Lda., 1944, pp. 91-92 [27 de abril de 1943].

surge associado à segurança da Nação[1374], Mussolini haveria aplicado a frase que se comprazia em repetir – "quero viver perigosamente"[1375] – não apenas a si próprio, mas à Itália. E, para Castro, "o perigo pod[ia] ser o clima da vida de um homem, mas não pod[ia] constituir a perspetiva permanente de um país"[1376].

De resto, o jornalista portuense partilhava da opinião corrente na época, que afastava o Estado Novo do fascismo e defendia tratar-se de um sistema político "original": "o Estado Fascista, com a sua organização unitária, corporativa e política, tipicamente italiana, não tem espécie alguma de afinidades com o nosso regime"[1377]. Sem se alongar na explanação de conceitos, Augusto de Castro enveredava pela originalidade do "modelo português", preconizada por Salazar e secundada por diversos pensadores/ideólogos do regime, como João Ameal (1902-1982) e António Ferro. O que vinha, aliás, ao encontro do que o futuro presidente do Conselho afirmara na entrevista a Ferro, em finais de 1932:

> Não nos esqueçamos que Mussolini é um italiano descendente dos *condottieri* da Idade Média, e não esqueçamos, igualmente as suas origens, a sua formação socialista, quase comunista. O seu caso é, portanto, um caso admirável, único, mas um caso nacional. Ele próprio disse: «O fascismo é um produto típico italiano como o bolchevismo é um produto russo. Nem um nem outro podem transportar-se e viver fora da sua natural origem». O Estado Novo português, ao contrário, não pode fugir, a certas limitações de

---

1374 Cf. TORGAL, Luís Reis – *Estados Novos. Estado Novo. Ensaios de História Política e Cultura*. Vol. II. 2.ª Edição. Coimbra: Imprensa da Universidade de Coimbra, 2009 e TORGAL, Luís Reis (coord.) – *O cinema sob o olhar de Salazar*. Lisboa: Temas e Debates, 2011.

1375 "O leão prostrado". In *Diário de Notícias*. Lisboa: Ano 79, domingo, 8 de agosto de 1943, p. 1.

1376 *Ibidem*.

1377 *Ibidem*.

ordem moral que julga indispensável manter, como balizas, à sua ação reformadora[1378].

Em 1944, na sequência de outras campanhas de solidariedade promovidas pelo matutino lisboeta, Augusto de Castro deu o seu aval ao lançamento daquela que se viria a tornar uma das iniciativas mais emblemáticas do *Diário de Notícias*, o "Natal dos Hospitais". Criado como ação de solidariedade para com aqueles que passavam a quadra longe da família, mas também para sensibilizar as massas para questões de interesse social, o "Natal dos Hospitais" rapidamente se destacou e se tornou uma das atividades mais populares do matutino lisboeta[1379].

Recorde-se, contudo, que, entre 1939 e 1940, Augusto de Castro, sintonizado com o regime de Salazar, acumulara a direção do *Diário de Notícias* com as funções de comissário-geral da Exposição do Duplo Centenário, apoteose propagandística do Estado Novo. No mesmo ano da abertura da Exposição, foram inauguradas, no dia 25 de Abril de 1940, as novas instalações do jornal, no número 266 da Avenida da Liberdade. O edifício, enquadrado na estética modernista, concebido para alojar a administração, a redação, um *hall* para o público e, também, as instalações industriais do periódico, foi projetado pelo arquiteto Porfírio Pardal Monteiro (1897-1957) e decorado, no *hall*, com murais de Almada Negreiros. A obra arquitetónica, a primeira a ser idealizada de raiz para um jornal em Portugal, viria a ganhar o Prémio Valmor, em 1940.

Por seu turno, a Exposição do Mundo Português foi inaugurada cerca de dois meses depois, a 23 de junho de 1940. A 27 de março

---

[1378] FERRO, António – *Salazar. O homem e a sua obra*. Lisboa: Empresa Nacional de Publicidade, 1933, p. 74.

[1379] Não foi, por isso, de estranhar que, em dezembro de 1958, a RTP – cujas emissões regulares se tinham iniciado em 7 de março de 1957 – se juntasse ao *Diário de Notícias*. Outra grande instituição que se uniu a esta causa foi, em 1963, a Emissora Nacional. Pretendia-se com esta associação que, todos quantos não possuíssem televisor, pudessem acompanhar a emissão via rádio.

de 1938, Salazar anunciara, através de uma nota oficiosa, "a realização de uma grande comemoração do duplo centenário da independência (1140) e da restauração (1640), para o ano de 1940"[1380]. No
âmbito das celebrações foi projetado o restauro de inúmeros monumentos nacionais (castelos primitivos e medievais), a reabertura do
Teatro S. Carlos (que decorreu com os bailados do Verde Gaio), a
realização do Congresso do Mundo Português, a execução de "um
auspicioso programa de obras públicas"[1381] e a concretização de uma
grande mostra, que deveria constituir o ponto alto das comemorações.
Para a organização da Exposição foram designados Júlio Dantas, que
assumiu a presidência da comissão executiva, Augusto de Castro e
Sá e Melo (1892-1975), nomeados, respetivamente, comissário-geral
e comissário-adjunto, Cottinelli Telmo (1897-1948) e António Ferro,
indicados como arquiteto-chefe e secretário-geral.

Projetada para a zona de Belém, a exposição, que ocupou uma
área de 560 mil metros quadrados, recebeu entre 23 de junho, data
da sua abertura, e 2 de dezembro, data do seu encerramento, cerca
de 3 milhões de visitantes[1382]. A iniciativa que assumiu, em termos
de recursos materiais e humanos[1383], uma dimensão inédita, acabou
por se tornar um dos acontecimentos político-culturais mais importantes do Estado Novo.

[1380] BARROS, Júlia Leitão de – "Exposição do Mundo Português". In ROSAS, Fernando e BRITO, J. M. Brandão de (dir. de) – *Dicionário de História do Estado Novo*. Vol.
I. *A-L*. Lisboa: Círculo de Leitores, 1996, p. 325.

[1381] Idem – *Ob. cit.*, p. 326. Inauguraram-se a partir de 1940 o Estádio Nacional (Ja-
cobetty Rosa), e a Fonte Monumental da Alameda Afonso Henriques (irmãos Rebelo de
Andrade, com esculturas de Diogo de macedo e Maximiano Alves), amplia-se o Museu
nacional de Arte Antiga (irmãos Rebelo de Andrade), monumentaliza-se a Assembleia
Nacional (Cristiano da Silva), inicia-se a gare marítima, a gare fluvial, o aeroporto, a au-
toestrada e o viaduto que viria a receber o nome de Duarte Pacheco, o Bairro de Alvalade,
a Avenida do Aeroporto e o Bairro do Restelo. Cf. Idem – *Ibidem*.

[1382] Cf. Idem – *Ibidem*.

[1383] A exposição contou com um orçamento de 35 mil contos, sendo que, nos catorze meses que durou a sua construção, participaram nos trabalhos cerca de cinco mil
operários, 15 engenheiros, 129 auxiliares e mil estucadores. Cf. Idem – *Ibidem*.

No discurso proferido aquando da inauguração, Augusto de Castro considerou o certame um "grande álbum de imagens"[1384], "livro colorido de glórias, de figuras, de datas e de costumes"[1385], "um memorial de mortos"[1386], mas também "uma lição de vivos"[1387], "um hino à Juventude, do Presente, à Juventude do Futuro – à Juventude da nossa Imortalidade e da nossa Certeza Nacional"[1388]. Para além disso, atentou que a exposição não era "somente uma demonstração triunfal, completada num tempo recorde, das qualidades de realização do espírito português"[1389], mas também "o resultado de um facto moral que se pod[ia] resumir neste milagre: a ressurreição da fé coletiva, num país que a tinha perdido"[1390]. E realçou a ação de Salazar, na conceção e execução da mostra:

> O senhor presidente do Conselho não foi apenas o inspirador, o orientador e o criador espiritual desta obra, como do pensamento das Comemorações Centenárias, mas que foi e é mais do que isso: o espírito, o prestígio, a ação que tornaram possível interna e externamente, o momento nacional evocador que Portugal, no meio dos destroços atuais da Europa, está vivendo[1391].

O jornalista portuense viria ainda, em 1940, a reunir alguns dos textos publicados durante a preparação e a construção da Exposição e os principais discursos proferidos durante o funcionamento

---

[1384] "Inauguração da Exposição do Mundo Português. Discurso do Comissário-geral, Dr. Augusto de Castro". In *Revista dos Centenários*. Lisboa: Comissão Executiva dos Centenários, Ano II. N.ᵒˢ 19 e 20, julho/agosto de 1940, p. 12.

[1385] Idem – *Ibidem.*

[1386] Idem – *Ibidem.*

[1387] Idem – *Ibidem.*

[1388] Idem – *Ibidem.*

[1389] Idem – *Ibidem.*

[1390] Idem – *Ibidem.*

[1391] Idem – *Ibidem.*

do "Certame de Belém"[1392], na obra *A Exposição do Mundo Português e a sua finalidade nacional*. O volume, editado pela Empresa Nacional de Publicidade e dedicado "à pequena capela de uma aldeia do Vouga onde aprendi a amar Deus com modéstia, a Pátria com orgulho e a Vida com alegria"[1393], dividia-se em duas partes: a primeira passava em revista "o pensamento e o programa da Exposição"[1394], enaltecendo o facto de esta se realizar "ainda mais, durante a guerra"[1395]; a segunda, partindo da evocação do "Tejo das caravelas"[1396], passando por "Lisboa, de cabelos d'oiro"[1397], e pelo "grande livro dos Descobrimentos"[1398], consagrava no "abraço Atlântico"[1399], o "Portugal de 1940"[1400].

A mostra havia constituído, em seu entender, "uma página da nossa história"[1401], não apenas pela "memória, exaltação e ilustração do passado"[1402], mas também pela "demonstração das realidades"[1403] do Portugal de então, para além de se ter erigido como uma prova das "admiráveis energias e [d]as possibilidades inesgotáveis do trabalho português, quando orientado, animado, dirigido por um ideal superior e por um esforço tenaz e desinteressado"[1404].

Augusto de Castro sancionava, desta forma, a ideologia do regime e a sua política cultural, numa época em que Portugal pare-

---

[1392] CASTRO, Augusto de – *A Exposição do Mundo Português e a sua finalidade nacional*. Lisboa: Empresa Nacional de Publicidade, 1940, p. 7.

[1393] Idem – *Ob. cit.*, p. 5.

[1394] Cf. Idem – *Ob. cit.*, pp. 15-33.

[1395] Cf. Idem – *Ob. cit.*, pp. 33-43.

[1396] Cf. Idem – *Ob. cit.*, pp. 55-73.

[1397] Cf. Idem – *Ob. cit.*, pp. 97-103.

[1398] Cf. Idem – *Ob. cit.*, pp. 89-97.

[1399] Cf. Idem – *Ob. cit.*, pp. 167-175.

[1400] Cf. Idem – *Ob. cit.*, pp. 175-185.

[1401] Idem – *Ob. cit.*, p. 7.

[1402] Idem – *Ibidem*.

[1403] Idem – *Ibidem*.

[1404] Idem – *Ob. cit.*, p. 9.

cia alhear-se do drama vivido pelo resto do continente europeu, mergulhado no horror da guerra. Aliás, esse havia sido um dos objetivos do certame: demonstrar a eficácia governativa do Estado Novo, capaz de manter Portugal afastado dos devastadores problemas mundiais, numa aparente atmosfera de progresso e de prosperidade.

Em 1941, o nome de Augusto de Castro figurou ao lado dos de Alfredo Cunha, António Ferro, Acúrcio Pereira, Norberto Lopes, Jaime Leitão, Ricardo Ornelas, Luís Freitas Branco, Manuel Múrias, Marcelo Caetano, Júlio Dantas, entre outros, para a lecionação de várias cadeiras do "Curso de Formação Jornalística", projeto que o Sindicato Nacional de Jornalistas, através do seu presidente, Luís Teixeira, tomou a iniciativa de apresentar, pela primeira vez, ao Subsecretário de Estado da Educação Nacional. De acordo com este plano, o curso, com a duração de dois anos, funcionaria na Sede do Sindicato, em Lisboa, entre os meses de dezembro e maio. Para ministrar as disciplinas foram convidados nomes de referência do jornalismo português de então[1405]. "Apesar da iniciativa do sindicato, o projeto de Luís Teixeira não chegou a ser concretizado e ficou esquecido nas gavetas do poder"[1406].

Novamente chamado à vida diplomática[1407], Augusto de Castro partiu para Paris[1408], em janeiro de 1945, para chefiar a legação de Portugal junto do Governo francês do general de Gaulle. A sua função revestiu-se de uma importância tanto maior, porque correspondeu

---

[1405] Cf. SOBREIRA, Rosa Maria – Os Jornalistas Portugueses. 1933-1974. Uma Profissão em Construção. Lisboa: Livros Horizonte, 2003, pp. 148-149.

[1406] Idem – Ob. cit., p. 149.

[1407] Havia já sido chamado ao serviço na Secretaria de Estado do Ministério dos Negócios Estrangeiros por Decreto de 14 de fevereiro de 1942, tendo tomado posse em 23 de fevereiro de 1942.

[1408] Colocado no quadro dos Ministros Plenipotenciários de Primeira Classe em serviço no estrangeiro e na delegação de Portugal em Paris por Decreto de 16 de janeiro de 1945, tomou posse, em Lisboa, do seu novo cargo em 29 de janeiro de 1945 e assumiu a gerência da legação no dia 10 de fevereiro de 1945.

ao restabelecimento da representação diplomática portuguesa na capital francesa, depois de Caeiro da Mata ter sido ministro de Portugal em Vichy (1941-1944).

Nomeado por Decreto de 16 de janeiro de 1945, Castro tomou posse da legação a 10 de fevereiro, tendo apresentado credenciais ao general de Gaulle (1890-1970) a 10 de março. Entretanto, em Lisboa, reassumiu a direção do *Diário de Notícias*, Eduardo Schwalbach, que se manteve em funções até à data do seu falecimento, ocorrido a 8 de dezembro de 1946, altura em que a direção interina do jornal passou a ser exercida pelo secretário-geral, coronel Pereira Coelho, até ao regresso de Augusto de Castro, em agosto de 1947[1409].

Eram, então, primeiro secretário da legação de Portugal em Paris, Luís de Castro e Almeida Mendes Norton de Matos; segundo secretário, Fernando Mário de Oliveira; conselheiro comercial, José do Sacramento Xara Brasil Rodrigues (cônsul-geral em Paris); adido de imprensa, Paulo Mendes Osório; e chanceler, Jorge Baía.

Durante o período em que esteve em Paris (29 de janeiro de 1945 a 29 de julho de 1947), Augusto de Castro, para além de ter dado conta dos encontros com Georges Bidault (1899-1983), destacado líder da Resistência francesa durante a Segunda Guerra Mundial, depois ministro dos Negócios Estrangeiros do governo provisório de Charles de Gaulle[1410] e primeiro-ministro francês (24 de junho a 16 de dezembro de 1946), relembrou as "perdas, destruições e ruína que a guerra trouxe à França"[1411], informou acerca das restrições de circulação na fron-

[1409] Cf. LEMOS, Mário Matos e – *Jornais diários portugueses...*, p. 264.

[1410] Cf. Ofício de Augusto de Castro para Ministro dos Negócios Estrangeiros. Arquivo Histórico e Diplomático do Ministério dos Negócios Estrangeiros. Paris, 18 de fevereiro de 1945. 2.º Piso, A. 48, M. 185.

[1411] Ofício de Augusto de Castro para Ministro dos Negócios Estrangeiros. Arquivo Histórico e Diplomático do Ministério dos Negócios Estrangeiros. Paris, 6 de agosto de 1945. 2.º Piso, A. 47, M. 108.

teira franco-espanhola[1412] e da atribuição dos títulos de doutores *Honoris Causa*, pela Universidade de Montpellier, a Manuel Gonçalves Cerejeira (1888-1977) e a Joaquim de Carvalho (1892-1958)[1413].

Divulgou ainda os pedidos de auxílio (de vestuário e calçado para crianças) feitos por diversas escolas francesas[1414], assinalou o 155.º aniversário da *Marselhesa*[1415] e destacou o périplo feito pelo primeiro presidente da Quarta República, Vincent Auriol (1884-1966)[1416], pela África Ocidental Francesa, nos primeiros meses de 1947. Acom-

---

[1412] Cf. Ofício de Augusto de Castro para Ministro dos Negócios Estrangeiros. Arquivo Histórico e Diplomático do Ministério dos Negócios Estrangeiros. Paris, 8 de março de 1946. 2.º Piso, A. 48, M. 185; Ofício de Augusto de Castro para Ministro dos Negócios Estrangeiros. Arquivo Histórico e Diplomático do Ministério dos Negócios Estrangeiros. Paris, 13 de março de 1946. 2.º Piso, A. 48, M. 185; Ofício de Augusto de Castro para Ministro dos Negócios Estrangeiros. Arquivo Histórico e Diplomático do Ministério dos Negócios Estrangeiros. Paris, 14 de março de 1946. 2.º Piso, A. 48, M. 185; Ofício de Augusto de Castro para Ministro dos Negócios Estrangeiros. Arquivo Histórico e Diplomático do Ministério dos Negócios Estrangeiros. Paris, 15 de março de 1946. 2.º Piso, A. 48, M. 185; Ofício de Augusto de Castro para Ministro dos Negócios Estrangeiros. Arquivo Histórico e Diplomático do Ministério dos Negócios Estrangeiros. Paris, 16 de março de 1946. 2.º Piso, A. 48, M. 185.

[1413] Cf. Ofício de Augusto de Castro para Ministro dos Negócios Estrangeiros. Arquivo Histórico e Diplomático do Ministério dos Negócios Estrangeiros. Paris, 18 de março de 1946. 2.º Piso, A. 48, M. 185; Ofício de Augusto de Castro para Ministro dos Negócios Estrangeiros. Arquivo Histórico e Diplomático do Ministério dos Negócios Estrangeiros. Paris, 25 de março de 1946. 2.º Piso, A. 48, M. 185; Ofício de Augusto de Castro para Ministro dos Negócios Estrangeiros. Arquivo Histórico e Diplomático do Ministério dos Negócios Estrangeiros. Paris, 1 de abril de 1946. 2.º Piso, A. 48, M. 185; Ofício de Augusto de Castro para Ministro dos Negócios Estrangeiros. Arquivo Histórico e Diplomático do Ministério dos Negócios Estrangeiros. Paris, 2 de abril de 1946. 2.º Piso, A. 48, M. 185.

[1414] Cf. Ofício de Augusto de Castro para Ministro dos Negócios Estrangeiros. Arquivo Histórico e Diplomático do Ministério dos Negócios Estrangeiros. Paris, 19 de fevereiro de 1946. 2.º Piso, A. 48, M. 185; Ofício de Augusto de Castro para Ministro dos Negócios Estrangeiros. Arquivo Histórico e Diplomático do Ministério dos Negócios Estrangeiros. Paris, 21 de março de 1946. 2.º Piso, A. 48, M. 185.

[1415] Cf. Ofício de Augusto de Castro para Ministro dos Negócios Estrangeiros. Arquivo Histórico e Diplomático do Ministério dos Negócios Estrangeiros. Paris, 17 de março de 1947. 2.º Piso, A. 48, M. 185.

[1416] Cf. Ofício de Augusto de Castro para Ministro dos Negócios Estrangeiros. Arquivo Histórico e Diplomático do Ministério dos Negócios Estrangeiros. Paris, 31 de março de 1947. 2.º Piso, A. 48, M. 185; Ofício de Augusto de Castro para Ministro dos Negócios Estrangeiros. Arquivo Histórico e Diplomático do Ministério dos Negócios Estrangeiros. Paris, 1 de abril de 1947. 2.º Piso, A. 48, M. 185; Ofício de Augusto de Castro para Ministro dos Negócios Estrangeiros. Arquivo Histórico e Diplomático do Ministério dos Negócios Estrangeiros. Paris, 2 de abril de 1947. 2.º Piso, A. 48, M. 185.

panhou ainda a evolução da situação política francesa, as diversas reuniões que tiveram lugar em Paris, no fim da Segunda Guerra Mundial, bem como os desenvolvimentos da questão colonial, e o avolumar das pressões internacionais para a expansão e adoção na Europa Ocidental de regimes democráticos pluralistas.

De facto, com o refluxo das ditaduras e a vitória das democracias, o Estado Novo sentiu a sua posição ameaçada, não só pelo despoletar de uma nova conjuntura internacional, mas também pelo recrudescimento da oposição interna, materializada, embora já em contraciclo, numa altura em que o regime ganhava novos apoios, na candidatura do general Norton de Matos à presidência da República, em janeiro de 1949.

A ditadura de Salazar conseguiria, no entanto, assegurar a continuação do regime, com as características que este sempre tivera. A sua feição, acentuadamente anticomunista, promoveu-o, nos primórdios da Guerra Fria, a um parceiro não desprezível dos Estados Unidos da América, tendo feito, desde a primeira hora, parte da Organização do Tratado do Atlântico Norte (OTAN/NATO), assinado em Washington, a 4 de abril de 1949. Mais tarde, viria a integrar, ao lado das democracias ocidentais vencedoras da Segunda Guerra Mundial, a Organização das Nações Unidas (1955) e a Associação Europeia de Comércio Livre (1960).

Foi também, aquando da sua estada em Paris, que Augusto de Castro recebeu, com "profundo pesar"[1417], a notícia da morte de Luís Teixeira de Sampaio, "a quem me ligavam além relações com o chefe eminente laços de grande grata dedicada amizade"[1418]. Partilhou, por isso, do "luto ministério Negócios Estrangeiros e [da] mágoa do país pela dura e inesperada perda"[1419].

[1417] Telegrama n.º 115, 6 de junho. Arquivo Histórico e Diplomático do Ministério dos Negócios Estrangeiros. Telegramas recebidos. Paris, 1945.

[1418] *Ibidem.*

[1419] *Ibidem.*

Em 1947, Augusto de Castro regressou a Lisboa, sendo substituído por Marcelo Mathias (1903-1999), que assumiu a gerência da missão diplomática a 30 de julho[1420]. Este manteve-se como embaixador de Portugal em Paris até 1958, tendo reassumido o cargo entre 1961 e 1971. Todavia, Augusto de Castro regressaria a Paris, no ano seguinte, na qualidade de observador, para assistir aos trabalhos da Assembleia das Nações Unidas. Da missão confidencial junto deste organismo (outubro – novembro de 1948), resultou a elaboração de um relatório, dividido em duas partes: na primeira procedia a um resumo das informações recolhidas; na segunda dava conta das suas impressões pessoais[1421].

Assim, se primeiramente comentava o debate gerado em torno da controversa cláusula que proibia aos Estados membros das Nações Unidas a manutenção de relações com a Espanha de Franco[1422]; a organização do Ocidente no pós-guerra[1423]; e a ofensiva colonial nas Nações Unidas[1424]; a seguir alvitrava que a "Organização das Nações Unidas era mais um centro de intrigas e incompatibilidades diplomáticas do que um instrumento de paz e de reconstrução mundial"[1425]. E descrevia aquilo que era, na sua ótica, um exemplo da "falência das Nações Unidas"[1426]:

> O simples espetáculo duma sessão da ONU, quer da assembleia geral, quer de qualquer comissão, é desolador. A primeira impressão que se recebe é a de uma assembleia em que as cores

---

[1420] Cf. Telegrama n.º 282, 30 de julho. Arquivo Histórico e Diplomático do Ministério dos Negócios Estrangeiros. Telegramas recebidos. Paris, 1947.

[1421] Cf. Relatório de Augusto de Castro para Ministro dos Negócios Estrangeiros. Arquivo Nacional da Torre do Tombo. Paris, novembro de 1948. AOS/CO/NE-21, Pt. 7.

[1422] Cf. *Ibidem*.

[1423] Cf. *Ibidem*.

[1424] Cf. *Ibidem*.

[1425] Relatório de Augusto de Castro para Ministro dos Negócios Estrangeiros. Arquivo Nacional da Torre do Tombo. Paris, novembro de 1948. AOS/CO/NE-21, Pt. 7.

[1426] *Ibidem*.

carregadas predominam. Pretos – de todos os tons do preto – ama-
relos – de todas as graças do ovo – ressaltam por tal forma que
quase não se veem os brancos. (...) Esta atmosfera seria apenas
pitoresca se, não fosse inquietante para o velho predomínio da
raça branca e para os perigos da solução de muitos problemas
submetidos à discussão internacional – que exigem inteligência e
tato que só a experiência dos povos históricos pode possuir. Esta
confusão de cores é agravada pela babélica confusão de línguas.
(...) Durante uma sessão da numerosa assembleia assisti ao facto
seguinte. O sr. Vyshinsky – que é o orador de mais musculosa eloquência da sala – discursava, de olhos inflamados, punhos cerrados
e trovões apocalípticos na voz. Discursava em russo, naturalmente.
A meio do discurso, viu-se o Delegado da Grécia erguer-se, pálido,
em suor e a gritar para o Presidente: - Sr. Presidente! O orador está
a injuriar o meu País. Peço que o chame à ordem. O Presidente,
colhido de surpresa, ergueu-se na cadeira, e entre sonolento e
desolado, respondeu em francês: - Como quer o sr. que eu o chame à ordem? Eu não sei o que ele está a dizer! Nessa altura até
os pretos riram![1427]

O relato constitui uma clara demonstração de eurocentrismo paternalista que, de resto, continuaria a alimentar nos editoriais do
Diário de Notícias, perante a campanha anticolonial de que Portugal
foi alvo no seio das Nações Unidas, que ainda mais se extremou, com
o início da Guerra Colonial.

Augusto de Castro voltou, ainda, à Cidade-Luz, na qualidade
de observador, para assistir às conferências sobre a reconstrução
da Europa Ocidental, no quadro do Plano Marshall (1948-1949)[1428]

[1427] *Ibidem.*

[1428] Cf. ROLLO, Maria Fernanda – *Portugal e o Plano Marshall*. Lisboa: Editorial
Estampa, 1994.

e, em fevereiro de 1949, participou no Conselho Internacional do Movimento Europeu, que decorreu em Bruxelas entre 25 e 28 do referido mês, tendo dado conta dos discursos, das "recomendações" e das "conclusões" da reunião[1429].

Entretanto, a 14 de agosto de 1947 assumira, pela terceira vez, a direção do *Diário de Notícias*[1430], aí se mantendo até à data da sua morte. Esta sua terceira passagem pelo matutino lisboeta – durante a qual promoveu diversas iniciativas de caráter social e cultural[1431] –, "marcou decisivamente a forma de fazer jornalismo no Portugal"[1432] de então: o *Diário de Notícias* acentuou a sua ligação à ditadura, sendo mesmo considerado, entre os diários portugueses de maior tiragem, o que mais fielmente refletia as orientações governamentais[1433]. Para esse fim muito contribuiu o estreitar de relações de Augusto de Castro com António de Oliveira Salazar e a crescente cumplicidade que entre ambos se estabeleceu[1434]: "o jornalista assumia-se como defensor estrénuo do regime e desdobrava-se em elogios ao presidente do Conselho, e este permitia-se, sobre questões importantes de política interna ou externa, sugerir a Augusto de Castro artigos cujo conteúdo circunscrevia minuciosamente"[1435].

De resto, Franco Nogueira, no quarto volume da sua biografia de Salazar, retrata, profusamente, esta "forma de relacionamento entre o

---

[1429] Cf. Relatório de Augusto de Castro para Ministro dos Negócios Estrangeiros. Arquivo Nacional da Torre do Tombo. Bruxelas, 28 de fevereiro de 1949. AOS/CO/NE--1E, Pt. 29.

[1430] Augusto de Castro assumiu a direção do *Diário de Notícias*, pela terceira e última vez, entre 14 de agosto de 1947 e 24 de julho de 1971. Vide Mário Matos e Lemos, *ob. cit.*, p. 260.

[1431] Destaca-se, neste período, a criação do Prémio Diário de Notícias, em 1957. Cf. ROLLO, Maria Fernanda – "Augusto de Castro Sampaio Corte Real"..., p. 816.

[1432] Idem – *Ibidem*.

[1433] A chegada de Marcelo Caetano ao poder, em 1968, não alterou significativamente a orientação política do jornal.

[1434] Cf. ROLLO, Maria Fernanda – "Augusto de Castro Sampaio Corte Real"..., p. 816.

[1435] Idem – *Ibidem*.

jornalista e o político"[1436]: "Augusto de Castro provoca no *Diário de Notícias* alguns *fundos*, que aquele jornalista elabora e submete ao chefe do governo, e que este por vezes corrige do seu punho"[1437]. Por exemplo, a propósito da reunião dos países membros do Pacto do Atlântico, realizada em Lisboa, em fevereiro de 1952, Augusto de Castro, num editorial, no *Diário de Notícias*, "reivindica para Portugal e Salazar a prioridade na definição de atitudes do Ocidente, que foram mais tarde perfilhadas e seguidas pelas grandes potências"[1438]. Contudo, e segundo Franco Nogueira, "tem interesse referir a génese do artigo de Castro"[1439]:

> De Paris, Marcelo Mathias chamara a atenção de Salazar para a coincidência de pontos de vista dos ocidentais, na atualidade, e as opiniões expressas há anos pelo chefe do governo. E então Salazar escreve a Augusto de Castro uma carta: «O Dr. Marcelo Mathias tem a ideia de que seria possível a V. Ex.ª fazer para o dia 20, em que se realiza a sessão inaugural do Conselho do Pacto do Atlântico, um artigo a publicar no seu jornal, reivindicando, em termos discretos, para Portugal a prioridade de certo número de atitudes em política externa que o Plano Marshall e o Pacto realizaram depois. (...) O Mathias vai telefonar a V. Ex.ª sobre o assunto, pois o acha a pessoa capaz de fazer com prudência, discrição e brilho o artigo em que ele pensa e não saberia confiar a mais ninguém. Escrevo estas palavras para indicar que conheço a ideia do Embaixador, e se V. Ex.ª puder com a sua responsabilidade, e sem nos pôr nos bicos dos pés, escrever um artigo para 20, penso que será um bom serviço[1440].

[1436] Idem – *Ibidem*.

[1437] NOGUEIRA, Franco – *Salazar*. Vol. IV. *O Ataque (1945-1958)*. Porto: 1986, p. 180.

[1438] Idem – *Ob. cit.*, p. 252.

[1439] Idem – *Ibidem*.

[1440] Idem – *Ibidem*..

De resto, a relação de estreita cumplicidade política, levou o próprio Augusto de Castro a contribuir, com o seu testemunho, para o livro de Christine Garnier, *Férias com Salazar*, que o entrevistou, conjuntamente com Ricardo Espírito Santo, no Monte de Santo Isidoro, herdade de José Palha[1441], em 1951. Foi, também, Castro quem colaborou com um estudo para o capítulo relativo à política externa da mesma obra[1442].

Para além dos artigos redigidos por sugestão do presidente do Conselho, o jornalista portuense desdobrou-se em elogios a Salazar. Assim, realçou "o criador político de génio"[1443], "o homem singular"[1444], que "implacavelmente sereno, não teve vida pessoal"[1445]:

> Os factos da sua vida reduzem-se à ação do magistério. Foi professor. Eis tudo. A sua biografia cessa quando assume o Poder e vive então exclusivamente, esgotantemente (*sic*), hora a hora, para a Nação. Deixou de ter vida própria. Os problemas, as datas, as angústias, as alegrias, as apreensões são as de Portugal – que se confundem com as suas. (...) Frei Portugal, ele foi o monge, o mestre, o chefe integralmente devotado ao País. Não viveu a sua existência. Viveu, no sangue e em todo o seu ser, a existência do País[1446].

Augusto de Castro, na linha iniciada pelas entrevistas de António Ferro a Salazar, que definiriam a sua imagem para a propaganda, e

---

[1441] Cf. GARNIER, Christine – *Férias com Salazar*. Lisboa: Parceria A. M. Pereira e Grasset & Fasquelle, 1952, p. 90.

[1442] Cf. NOGUEIRA, Franco – *Salazar*. Vol. IV, p. 250.

[1443] CASTRO, Augusto de – *O Mundo não começa amanhã*. Amadora, Livraria Bertrand, 1971, p. 272.

[1444] Idem – *Ob. cit.*, p. 278.

[1445] Idem – *Ibidem*.

[1446] Idem – *Ob. cit.*, pp. 278-279.

seguida por inúmeros escritores, define o perfil do estadista, com autoridade política, desprendido das fraquezas e dos prazeres mundanos.

Durante a terceira e última direção do *Diário de Notícias*, Augusto de Castro editou ainda vários livros de crónicas, que reuniram muitos dos seus editoriais. Estas, ora, frequentemente, sob a forma de ensaios, ora sob a forma de fragmentos de memórias, constituíram, "por excelência, o módulo expressivo"[1447] do jornalista.

De 14 a 22 de dezembro de 1951, liderou a delegação portuguesa, enviada ao Congresso da União Latina, realizado no Rio de Janeiro. Em 1954 assumiu a Presidência da Comissão Nacional da União Latina, sendo designado representante de Portugal no Conselho Executivo deste organismo internacional. Em 1957 deslocou-se a Paris, em missão extraordinária de serviço público, para assistir à Conferência Internacional de Informação.

Na última fase da sua vida foi alvo de diversas homenagens, entre outras, por parte da Sociedade de Autores e Compositores Teatrais (1964)[1448], e da Associação de Imprensa Estrangeira (1965)[1449]. Em 1968 recebeu o *Grande Prémio Nacional de Literatura*. No mesmo ano foi homenageado pela Imprensa do Teatro S. Luís, pela passagem dos seus 50 anos de teatro. A 20 de dezembro de 1969, foi distinguido, pela Faculdade de Letras da Universidade do Porto, que lhe conferiu o grau de doutor *Honoris Causa*. O seu apresentante foi Franco Nogueira (1918-1993), sendo que os elogios do doutorando e do seu apresentante foram proferidos por António Augusto Ferreira da Cruz (1911-1989) e Eduardo Silvério Abranches de Soveral (1927-2003)[1450]. Na mesma altura foi-lhe concedida a Medalha de Ouro pela Câmara Municipal da mesma cidade.

[1447] FERREIRA, David Mourão – *Augusto de Castro, cronista...*, p. 332.

[1448] Em 1964 recebeu o *crachat* de oiro do Sindicato dos Jornalistas.

[1449] Em 1965 foi homenageado pela Sociedade de Autores e Compositores Teatrais que o elegeu seu presidente de honra.

[1450] Cf. "Doutoramento «Honoris Causa» de Augusto de Castro Sampaio Corte-Real"..., p. 5.

Na sequência destes tributos, também a Sociedade de Escritores e Compositores Teatrais e a Associação dos Críticos Literários Franceses promoveram sessões solenes em sua honra. Em maio de 1971, foi nomeado pelo Governo para presidir à Comissão Nacional das Comemorações do IV Centenário da Publicação de *Os Lusíadas*. Ao conjunto dos seus editoriais publicados no *Diário de Notícias* durante o ano de 1970, foi atribuído o Prémio Afonso de Bragança, da Secretaria de Estado de Informação e Turismo, como homenagem póstuma. Também a título póstumo, foi eleito associado honorário do *Chapter* Português da JAA. Foi ainda agraciado com a Grã-Cruz de Santiago e foi membro da Academia Internacional de Cultura Portuguesa. Foi sócio efetivo da Academia de Ciências de Lisboa[1451] e da Academia Brasileira de Letras. Foi agraciado com a Grã-Cruz da Ordem Militar de Cristo, Grã-Cruz das Ordens de Pio IX e de S. Gregório o Magno, da Santa Sé, da Coroa, da Bélgica, da Coroa, de Itália, do Cruzeiro do Sul, do Brasil, da Coroa de Carvalho, do Luxemburgo, e da Coroa, da Roménia. Comendador da Ordem do Império Britânico, foi condecorado com a medalha de benemerência da Santa Sé e a 12 de janeiro de 1965 foi feito Membro-Honorário da Ordem de Benemerência.

Nos derradeiros anos da sua vida, entre a opção pelo Atlântico e a tese europeísta, acreditava, firmemente, que "a história atlântica [era] inseparável, geográfica e politicamente, da nossa história"[1452], pelo que, "a base e a essência do génio nacional"[1453] se deviam centrar nesse "Oceano", que era "a verdadeira pátria da nossa Pátria"[1454].

No dia 24 de julho de 1971, morreu no Estoril em virtude de problemas cardíacos. Terminava, assim, "uma grande e simples vida"[1455].

[1451] A sua entrada para a Academia de Ciências de Lisboa data de 23 de dezembro de 1909.

[1452] MEDEIROS, Gago de – *Conceitos de Política Atlântica*. Lisboa: Parceria A. M. Pereira, Lda., 1968 [prefácio de Augusto de Castro], p. 10.

[1453] Idem – *Ibidem*.

[1454] Idem – *Ibidem*.

[1455] CASTRO, Augusto de – *Há 83 anos em Veneza*. Lisboa: Livraria Bertrand, 1966, p. 147.

Conclusão

Augusto de Castro foi, essencialmente, um jornalista e um diplomata. De todas as atividades a que se dedicou, de todas as funções que exerceu, ao longo da sua vida, estas são as que se entendem melhor definir a sua carreira e a sua personalidade. O jornalismo, que para si, sempre foi "a literatura do acontecimento", permitiu-lhe realizar a vocação de escritor, que, desde cedo, evidenciou. A diplomacia, que acabou também por ser veículo da sua veia literária, possibilitou-lhe um contacto direto com realidades que sempre constituíram temáticas predominantes dos seus escritos: a natureza, as viagens e a intelectualidade do seu tempo.

O jornalismo e a diplomacia permitiram-lhe, ainda, dar azo à sua personalidade de comunicador, sociável e expansivo. Como o mesmo reconhecia, as palavras nunca lhe faltaram, embora, por vezes, sentisse que o silêncio era mais necessário que as palavras.

Desde sempre, Augusto de Castro procurou abrigar-se das tempestades políticas, abster-se de comentários discordantes, em atitudes conciliatórias. Por isso, relacionou-se com moderados e extremistas, numa postura que, em sua opinião, apenas refletia a sociabilidade humana. Nesse aspeto, cedo deu o tom que seguiu pela vida fora, com os seus primeiros anos de vida pública a serem marcados por amizades, tanto com monárquicos, como com republicanos. Concordava, à semelhança de Bernardino Machado, que elogiou até bem perto do final da sua vida, que a afabilidade devia nortear as relações e que o combate de ideias se fazia através de ideias, não de palavras.

Mesmo os que não perfilhavam o seu espaço ideológico reconheceram-lhe a lisura e o respeito que demonstrara, já em criança, para com os empregados da Quinta do Fontão, quando era admoestado. O escritor David Mourão Ferreira, personalidade que não partilhava a sua tendência política, foi um dos que expressou o seu reconhecimento face à sua tolerância e destacou a autenticidade e a lhaneza do seu trato, características, de resto, testemunhadas por inúmeros dos seus colaboradores no *Diário de Notícias*, como Acúrcio Pereira, João Coito, Fernando Pires, Mário Matos e Lemos, etc..

De facto, fruto dos "doces anos" em que decorreram a sua infância e a sua juventude –que, como o próprio afirmou, lhe permitiram encarar a vida com alegria –, da presença e do apoio que parece constante das figuras paternas, mas também da postura que adotou perante a vida, Augusto de Castro foi sempre um homem que procurou estar de bem com os homens. E com o Estado. À semelhança de Júlio Dantas, um dos amigos forjados nos tempos da juventude, que se manteve pela vida fora. Mas ao contrário de Carlos Malheiro Dias que, nem sempre, comungou do espírito triunfador de Augusto de Castro.

Os seus primeiros anos, repartidos pelo Porto, pelo Fontão, por Coimbra e por Anadia revelaram-lhe o gosto pela literatura, que viria, de facto, a assumir-se como uma das grandes paixões da sua vida. De resto, as influências que são passíveis de encontrar na sua formação dizem muito mais respeito a escritores do que a pensadores. Assim, se evidenciou algumas ideias de Bacon, Kant, Proudhon e Renan, com quem terá contactado nos bancos da faculdade, os autores que realmente mostrou admirar estavam todos eles ligados à arte das letras: Victor Hugo, Alexandre Dumas, Alexandre Dumas filho, Shakespeare, Madame de Staël, Molière, Gil Vicente, Alexandre Herculano, entre muitos outros. Foi, aliás, nesses verdes anos, que publicou o seu primeiro livro, *Religião do Sol*, dedicado a uma juventude que teimava em passar depressa demais e que constituiu o primeiro de muitos álbuns de memórias.

O Direito, cursado na Universidade de Coimbra, nunca foi, apesar das suas incursões pela advocacia, uma área que o cativou. O seu "amor ardente" deflagrava pelo jornalismo, o que o levou a assumir, aos 20 anos, a direção de *A Província*, que manteve apenas por um ano e, a seguir, da *Folha da Noite*. À frente destes jornais, defendeu os interesses dos progressistas, em que se filiara, certamente, por tradição familiar, mais do que por fundadas convicções. E foi pelo partido liderado pelo tio, José Luciano de Castro, que subiu as escadas do hemiciclo, onde preferiu sempre o trabalho mais burocrático, mas também menos conflituoso, das comissões parlamentares ao confronto político dos debates.

Progressista durante o período monárquico, Castro não hesitou em aderir à República, alavancado por Guerra Junqueiro, encontrando, assim, um lugar no novo regime. Durante esse período manteve as funções que começara a exercer na Caixa Geral de Depósitos e Instituições de Previdência em 1908 e acumulou, a partir de 1912, a regência da oitava cadeira da Escola de Arte de Representar. O gosto pelo teatro era alimentado desde a sua passagem por Coimbra, onde redigira, conjuntamente com João Lúcio, a sua primeira peça, *Até que enfim*! Entretanto, estreitaria a sua ligação às artes cénicas com a publicação de novas peças, claramente, tributárias da estética naturalista/realista, herdada do século XIX. Centrando-se na banalidade dos triângulos amorosos e no mero desafio às convenções sociais e morais, Augusto de Castro criou enredos frágeis, que, apesar de terem subido aos principais palcos nacionais, rapidamente caíram no olvido.

Desse período datam também as suas crónicas para *O Século*, edições matutina e vespertina, que viria depois a compilar em três volumes, considerados essenciais no conjunto da sua vasta obra: *Fumo do Meu Cigarro*, *Fantoches e Manequins* e *Campo de Ruínas*. Se as duas últimas resultaram de impressões colhidas em Espanha,

França e Inglaterra no ano de 1917, *Fumo do Meu Cigarro* retratava a natureza, as mulheres, as viagens e a intelectualidade, ou seja, as temáticas que viriam a constituir-se como predominantes nas suas crónicas. Este género literário foi, de resto, o seu modo expressivo por excelência. Com efeito, praticamente todas as restantes obras de Augusto de Castro, excluindo as peças de teatro e as suas narrativas, mais não do são do que antologias de crónicas. A maior parte publicada na coluna que manteve, no cômputo geral, durante 45 anos no *Diário de Notícias*. Nessas rubricas buscava, essencialmente, registar as suas opiniões, as suas expectativas, o seu modo de ver o mundo, retratar os homens que tinha conhecido ou com quem tinha privado. Ou seja, passar para o papel as suas memórias, dando assim o seu contributo para a pequena história. Poder-se-á acrescentar que, na ausência de um livro de memórias, as suas crónicas são o seu testemunho dos homens e dos acontecimentos.

A relação de amizade entretecida com Alfredo da Cunha levou-o, em seguida, à direção do *Diário de Notícias*. Durante os quase cinco anos que se manteve à frente do matutino lisboeta, este possibilitou--lhe uma grande tribuna para expor a sua linha de pensamento em relação à participação de Portugal na Primeira Guerra Mundial, que justificou, tanto no teatro de guerra europeu, como no palco africano. Mas também, no que concerne à questão colonial, cujo programa de fomento expôs nos seus editoriais, à instabilidade política, à desordem interna e à ascensão dos regimes ditatoriais na Europa dos anos 20. A direção do *Diário de Notícias* possibilitou-lhe, ainda, a realização de entrevistas a destacadas personalidades da época, como Bento XV, Afonso XIII de Espanha e Lord Curzon. E permitiu-lhe lançar o repto para a realização de um grande congresso para a divulgação do espírito latino. Atraído, à semelhança de Homem Cristo Filho e de António Ferro, pela latinidade – ideia que se apresentou como estruturante do seu pensamento – e pelo fascismo italiano, Castro propôs a realização de um conferência, que tinha como principal objetivo promover a reunião dos principais agentes na formação da opinião pública: os jornalistas. O seu projeto concretizou-se, logo em 1923, com o I Congresso da Imprensa Latina.

Augusto de Castro ensaiava, deste modo, a sua veia propagandística, que viria, de novo, a evidenciar no plano apresentado para uma grande "Exposição da Civilização Latina", em 1935, nunca passado à prática, e na Exposição do Duplo Centenário, que coroou o fim do ciclo mais sólido do regime de Salazar.

Durante a primeira direção do *Diário de Notícias* assistiu-se, também, a uma aproximação do jornal relativamente aos interesses da Companhia Industrial de Portugal e Colónias, genericamente, conhecida por Moagem. Simultaneamente, os governos republicanos chamaram-no a representar Portugal em diversas comissões e conferências internacionais. O que, conjuntamente com a notoriedade alcançada pelos dois Congressos da Imprensa Latina, em 1923 e em 1924, projetou Augusto de Castro para uma carreira diplomática, em que manteve, sucessivamente, a confiança política da Ditadura Militar e do Estado Novo.

O seu percurso nesta área foi um dos momentos áureos da sua vida. Nos postos que ocupou, Castro revelou-se um diplomata perspicaz, conhecedor dos bastidores políticos, um informador atento, que acompanhava com vívido interesse tudo o que dizia respeito à política interna dos países onde havia sido colocado e que lia, minuciosamente, os jornais, sobretudo, no que dizia respeito a Portugal. De tudo isso deu conta na sua correspondência aos secretários-gerais do ministério dos Negócios Estrangeiros, com quem manteve relações cordiais. E até de amizade, como aconteceu com Teixeira de Sampaio. A diplomacia permitiu-lhe, ainda, o contacto com as personalidades mais importantes de sucessivas épocas: Pio XI, Pietro Gasparri, Benito Mussolini, Galeazzo Ciano, Paul Hymans, Paul-Henri Spaak, Charles de Gaulle, entre outros.

Os anos em que esteve em Itália, primeiro na legação de Portugal no Vaticano e, mais tarde, em Roma, permitiram-lhe, ainda, um contacto direto com o *Duce*, com quem partilhava o gosto pela escrita, pelo jornalismo e pelo teatro. A convivência alimentou a sua admiração pelo ditador italiano, admiração que Augusto de Castro viria a sustentar mesmo durante a guerra. Pelo homem, entenda-se, não pelos seus atos. Castro não advogava a guerra, pelo que nunca poderia defender o arrastamento da Itália para a conflito. Mas admirava a teatralidade do líder fascista e julgava compreender o homem que, em seu entender, tinha sido ultrapassado pelos acontecimentos. Todavia, tal como o teatro acabou cedo para Augusto de Castro, também Mussolini viu a sua peça terminada, após o rocambolesco terceiro ato da República de Salò.

O afastamento da carreira diplomática, na sequência das acusações que lhe foram dirigidas, no verão de 1938, foi entendido, por Augusto de Castro, como uma "punição". Ao contrário de tantos outros, o seu exílio foi o regresso a Portugal. O regime aproximou-o, mas não permitiu que caísse no olvido. Prova disso é a sua nomeação para comissário-geral da Exposição do Mundo Português, a fundação do jornal *A Noite*, de tendência nacionalista, propriedade da Empresa Nacional de Publicidade e o seu regresso ao *Diário de Notícias*. Onde, nos seus editoriais, preconizou a defesa da ideologia dominante, ajudando a construir e a perpetuar a imagem de Salazar e do seu regime.

De forma bem menos consistente do que outros intelectuais, como António Ferro e João Ameal, que, tanto no campo da formação de uma ideologia de propaganda, como no domínio da história, foram essenciais para a consolidação do novo regime – recorde-se que, no período em que o Estado Novo construiu, no essencial, a sua imagética, se encontrava no estrangeiro –, Augusto de Castro, ainda assim, contribuiu, sobretudo através de artigos laudatórios, para a veiculação das ideias do regime e as representações do ditador.

Apesar da admiração que havia sentido pelo fascismo italiano, Augusto de Castro advogou as diferenças do regime português, afirmando a sua originalidade, confirmando a ideia, insistentemente, propagandeada por Salazar, sobretudo no fim e depois da guerra, em Portugal e no estrangeiro. Aliás, foi após o termo da Segunda Guerra Mundial que Castro reassumiu um papel de grande importância na diplomacia, ao ser nomeado para a legação de Portugal em Paris, e ao representar Portugal nas conferências internacionais que se seguiram ao fim do conflito. De facto, ele foi, como afirmou o *Diário de Notícias*, na hora da sua morte, "os olhos e os ouvidos de Salazar", nos trabalhos da assembleia das Nações Unidas, nas conferências sobre a reconstrução da Europa Ocidental no quadro do plano Marshall e no Conselho Internacional do Movimento Europeu.

A sua identificação com o regime manteve-se mesmo após o afastamento de Salazar. Com a subida ao poder de Marcelo Caetano, Augusto de Castro continuou a pelejar pela ideologia dominante, inclusive, em relação à guerra colonial, que considerou, num editorial publicado na última fase da sua vida, "o último canto dos Lusíadas", escrito com "o sangue e a fé de uma mocidade que tem séculos de existência e revive agora, na sobrevivência de uma raça criadora de História".

Augusto de Castro obteve, também, da parte de Marcelo Caetano, o apreço e a estima, que António de Oliveira Salazar lhe havia demonstrado. De resto, ressalve-se que Salazar recebia-o uma vez por semana, sugeria-lhe artigos que ajudava a circunscrever e que, por vezes, solicitava o seu auxílio para a compilação de informações, como acontecera no caso da obra de Christine Garnier.

Contudo, apesar da sintonia evidenciada nos seus editoriais com o regime, Augusto de Castro procurou preservar a independência dos seus jornalistas no *Diário de Notícias*, como deram conta os periodicistas que com ele trabalharam e deu guarida, no suplemento cultural do matutino, a notórios oposicionistas que aí tiveram oportunidade de publicar os seus trabalhos. E não concordou com a censura, por reconhecer que esta limitava o trabalho dos jornalistas, procurando, ainda assim, num tom paternalista, alertá-los para esta (num convite talvez a um processo de autocensura).

Propagandista do Estado Novo, mais do que ideólogo ou político funcional do regime, defensor estrénuo do projeto da latinidade, da ideia de federação latina, e nunca do pan-hispanismo, causídico da vocação atlântica do país, bem como da sua herança colonial – o que o levou a ter muitas dificuldades em aceitar e compreender as críticas que internacionalmente foram lançadas ao Estado Novo, sobretudo pelos Estados Unidos da América, no pós Segunda Guerra Mundial – Augusto de Castro foi fascista, num tempo em que lhe conveio ser fascista, e salazarista, numa época em que lhe foi conveniente ser salazarista. Para assegurar a sua sobrevivência enquanto homem público, o seu sentido de oportunidade e, até mesmo oportunismo político, levaram-no a fazer longos silêncios sobre os aspetos mais negros do fascismo e do salazarismo. E a falar, de forma apologética dos seus líderes, Mussolini e Salazar, e das pretensas virtudes destes regimes ditatoriais.

Agindo e reagindo ao tempo, o jornalismo e a diplomacia foram, no entanto, a sua "religião do sol", que cultivou "dentro e fora de Portugal".

FONTES, BIBLIOGRAFIA E INTERNET

Fontes

Artigos

CERQUEIRA, Eduardo Ferreira – "O Aveirense Francisco de Castro Matoso visto através de uma homenagem dos seus conterrâneos." *Arquivo do Distrito de Aveiro. Revista Trimestral para Publicação de Documentos e Estudos relativos ao Distrito.* Coimbra: Francisco Ferreira Alves. 1974. Vol. XL: N.º 158, pp. 81-103.

COUTINHO, Francisco de Moura – "Casa Solar da Oliveirinha." *Arquivo do Distrito de Aveiro. Revista Trimestral para Publicação de Documentos e Estudos relativos ao Distrito.* Coimbra: Francisco Ferreira Alves. dezembro de 1944. Vol. X: N.º 39, pp. 243-259.

F.R. – "Teatros". In *A Comédia Portuguesa. Revista Semanal de Critica, Politica, Artes, Letras e Costumes.* Dir. de Marcelino Mesquita. Lisboa: Litografia Universal. Ano I, N.º 11, 7 de abril de 1902, p. 7.

GOMES, João Augusto Marques – *Memoria histórico-genealógica da casa e solar da Oliveirinha.* Aveiro: Minerva Central, 1897.

NEVES, Francisco Ferreira – "A Casa e o Morgado da Oliveirinha nos Concelhos de Eixo e Aveiro." *Arquivo do Distrito de Aveiro. Revista Trimestral para Publicação de Documentos e Estudos relativos ao Distrito.* Coimbra: Francisco Ferreira Alves. março de 1968. Vol. XXXIV: N.º 133, pp. 3-31.

PEREIRA, Acúrcio Pereira – *Depoimento à Comissão de Inquérito ao Diário de Notícias.* Lisboa: 16 de março de 1927, pp. 1-11.

SOUTO, Ricardo Nogueira – *Angeja e a Região do Baixo Vouga.* Aveiro: tip. Minerva Central, 1937.

Entrevistas

Adriano Moreira [oral]

Fernando Pires [escrita]

Milton Moniz [oral]

Obras

Anuário da Universidade de Coimbra. 1901-1902. Coimbra: Imprensa da Universidade, 1902.

Anuário da Universidade de Coimbra. 1897-1898. Coimbra: Imprensa da Universidade, 1897.

Anuário Diplomático e Consular Português. 1925. Lisboa: Ministério dos Negócios Estrangeiros, 1925.

Anuário Diplomático e Consular Português. Referente a 31 de dezembro de 1934. Lisboa: Ministério dos Negócios Estrangeiros/Imprensa Nacional, 1935.

Anuário Diplomático e Consular Português. Referido a 31 de dezembro de 1953. Lisboa: Ministério dos Negócios Estrangeiros/Imprensa Nacional de Lisboa, 1954.

Obras de Augusto de Castro

Artigos

CASTRO, Augusto de – "Inauguração da Exposição do Mundo Português. Discurso do Comissário-geral, Dr. Augusto de Castro". In *Revista dos Centenários*. Lisboa: Comissão Executiva dos Centenários, Ano II. N.os 19 e 20, julho/agosto de 1940, p. 12.

CASTRO, Augusto de – "Jornalismo". In *Gazeta Literária*. Porto: Associação dos Jornalistas e Homens de Letras do Porto. 1952. Ano 5, N.º 4, p. 79.

CASTRO, Augusto de – "Salazar". In *Salazar perante o mundo. O que pensam e escrevem do Chefe do Governo Português alguns nacionais e estrangeiros*. Lisboa: Editora Portugal – Ultramar, Lda., 1944, pp. 91-93.

Discursos e estudos

CARVALHO, Maria Amália Vaz de – *Cartas a uma noiva: com um discurso pronunciado pelo Sr. Dr. Augusto de Castro na Academia das Ciências de Lisboa, na sessão comemorativa do 50.º aniversário literário da autora*. 4.ª Edição. Porto: Porto Editora, 1979.

ORTIGÃO, Ramalho – *As Farpas: o país e a sociedade portuguesa. Com um estudo de Augusto de Castro*. Lisboa: Clássica, 1943-46.

CASTRO, Augusto de – "Discurso do Ex.mo Senhor Doutor Augusto de Castro". In *Discursos. Receção de Sua Excelência o Senhor Doutor José Manoel Cardoso de Oliveira, Embaixador do Brasil, na Academia das Ciências de Lisboa, como Sócio Correspondente*. Paris/Lisboa: Livrarias Aillaud e Bertrand, 1923, pp. 35 – 39.

Obras traduzidas

CASTRO, Augusto de – *La Fausse Route*. Trad. de Paul Pompei.

CASTRO, Augusto de – *Une femme... une ville*. Trad. de Jean Duriau. Paris: Ed. Excelsior, 1930.

CASTRO, Augusto de – *L'amour et le temps*. Trad. de Jean Duriau. Paris: Eugéne Figuière, 1932.

CASTRO, Augusto de – *Sant'Antonio nell'arte*. Trad. de Agénore Magno. Napoli: Edizione Amici dell'Arte, 1932.

CASTRO, Augusto de – *Sant'Antoine dans l'art*. Trad. de Jean Duriau. Paris, 1933 [separata de *La Vie Intellectuelle*].

CASTRO, Augusto de – *Sant'Antoine dans l'art*. [edição de *Les Annales du Centre Universitaire Méditerranéen*].

CASTRO, Augusto de – *Le donne e le città*. Trad. de Agénore Magno. Lanciano: Editore Carabba, 1933.

CASTRO, Augusto de – *Viaggio intorno all'amore o La rivoluzione della donna: idilli e ironie*. Trad. de Agénore magno. Lanciano: Editore Carabba, 1936.

CASTRO, Augusto de – *Eterna Civiltà Latina*. [edição do «Istituto Meridionale di Cultura», de Nápoles].

CASTRO, Augusto de – *L'amour tel qu'on le parle: idylles et ironies*. Trad. de Maria Croci. Paris: Edições Roger Seban, 1947.

CASTRO, Augusto de – *Une nuit*. Trad. de Jean Duriau. Paris: Edições Henri Lefébvre, 19[?].

Prefácios

BRANCO, Camilo Castelo – *Cartas inéditas de Camilo Castelo Branco ao 1.º Conde de Azevedo. Coordenadas, anotadas e seguidas de traços biográficos deste titular pelo 2.º Conde de Azevedo*. Coimbra: Coimbra Editora, 1927.

MEDEIROS, Gago de – *Conceitos de Política Atlântica*. Lisboa: Parceria A. M. Pereira, Lda., 1968.

NORTON, Luiz – *A corte de Portugal no Brasil: notas, documentos diplomáticos e cartas da Imperatriz Leopoldina*. Lisboa: Empresa Nacional de Publicidade, 19[68?].

RODRIGUES, Urbano Tavares – *Cinco aventuras sem importância*. 2.ª Edição. Lisboa: Empresa Nacional de Publicidade, 1934.

ROSTSCHILD, Henri de – *Cinquante Ans de Souvenirs*. Premier vol. Porto: Costa Carregal, 1945.

SILVA, Manuel Emídio da – *Encontros com Portugal*. Coimbra: Coimbra Editora, 1949.

SOUTO, Ricardo Nogueira – *Angeja e a região do Baixo Vouga*. Aveiro: Tip. Minerva Central, 1937.

Prosa

CASTRO, Augusto de – *Religião do sol: prosas rústicas*. Coimbra: Tip. de Francisco de França Amado, 1900.

CASTRO, Augusto de – *Os direitos intelectuais e a criação histriónica: a interpretação cénica pode constituir uma propriedade artística*. Lisboa: Tip. A Editora, 1912.

CASTRO, Augusto de – *Fumo do meu cigarro*. 2.ª Edição revista. Lisboa: Santos & Vieira, 1916.

CASTRO, Augusto de – *Fantoches e manequins*. Lisboa: Empresa Literária Fluminense, 1917.

CASTRO, Augusto de – *O que eu vi e ouvi em Espanha: junho a agosto de 1917*. Lisboa: J. Rodrigues, 1917.

CASTRO, Augusto de – *Campo de Ruínas. Impressões da guerra*. Lisboa: Santos & Vieira Empresa Literária Fluminense, 1918.

CASTRO, Augusto de – *Conversar*. 2.ª Edição. Lisboa: Portugal-Brasil, 1920.

CASTRO, Augusto de – *Dentro e fora de Portugal: páginas d'ontem e d'hoje*. Lisboa: Empresa Literária Fluminense, 1924.

CASTRO, Augusto de – *As mulheres e as cidades*. Lisboa: Empresa Literária Fluminense, 1928.

CASTRO, Augusto de – *O amor e o tempo: três novelas*. Lisboa: Empresa Nacional de Publicidade, 1929.

CASTRO, Augusto de – *Sexo 33 ou a revolução da mulher (idílios e ironias)*. 2.ª Edição. Lisboa: Empresa Nacional de Publicidade, 1933.

CASTRO, Augusto de – *Imagens da Europa: vistas da minha janela*. Lisboa: Empresa Nacional de Publicidade, 1936.

CASTRO, Augusto de – *A Exposição do Mundo Português e a sua finalidade nacional*. Lisboa: Empresa Nacional de Publicidade, 1940.

CASTRO, Augusto de – *Homens e Paisagens que eu Conheci*. 2.ª Edição. Lisboa: Livraria Clássica Editora, 1941.

CASTRO, Augusto de – *Viagem no meu jardim: horizontes e imagens: à sombra das velhas árvores*. Lisboa: Clássica, 1943.

CASTRO, Augusto de – *A tarde e a manhã*. Lisboa: Empresa Nacional de Publicidade, 1948.

CASTRO, Augusto de – *A arca de Noé*. Lisboa: Livraria Bertrand, [195-].

CASTRO, Augusto de – *Mestre outono, pintor*. Lisboa: Livraria Bertrand, 1957.

CASTRO, Augusto de – *Uma noite*. Lisboa: Editorial Organizações, [1960?].

CASTRO, Augusto de, *Homens e sombras*, Lisboa, Empresa. Nacional de Publicidade, 1961.

CASTRO, Augusto de – *Cinco figuras*. Lisboa: Empresa Nacional de Publicidade, 1963.

CASTRO, Augusto de – *Há 83 anos em Veneza*. Lisboa: Livraria Bertrand, 1966.

CASTRO, Augusto de – *O mundo não começa amanhã*. Amadora: Bertrand, 1971.

Separatas

CASTRO, Augusto de – *O último serão nas Laranjeiras*. Lisboa: Tip. da Empresa Nacional de Publicidade, 1934 [edição da «Sociedade do Jardim Zoológico»].

CASTRO, Augusto de – *O Teatro de Racine*. Lisboa: Academia das Ciências de Lisboa, 1940, pp. 1-9 [Separata das «Memórias». *Classe Letras*, Tomo III].

CASTRO, Augusto de – *Juventude e esplendor do Brasil*. Lisboa: Secção Brasileira do Secretariado da Propaganda Nacional, 1942 [Separata Revista Luso-Brasileira *Atlântico*].

CASTRO, Augusto de – *Discurso proferido na sessão comemorativa do I centenário de Manuel Pinheiro Chagas, secretário perpétuo da Academia Real das Ciências de Lisboa, em 10 de dezembro de 1942*. Lisboa: Ottosgráfica, 1942, pp. 1-16 (Separata Boletim da Academia das Ciências de Lisboa, 14).

CASTRO, Augusto de – *As bodas de ouro do São Luís*. Lisboa: Editorial Tica, 1945.

CASTRO, Augusto de – *A crise internacional e a política externa portuguesa. Conferência realizada na Academia das Ciências de Lisboa na noite de 28 de outubro de 1948*. Lisboa: Tip. da Empresa Nacional de Publicidade, 1949.

CASTRO, Augusto de – *The truths for which we fight*. Lisboa: Secretariado Nacional da Informação, [195-].

CASTRO, Augusto de – *Discurso pronunciado na solene sessão de encerramento das comemorações do I Centenário de Guerra Junqueiro, em 16 de dezembro de 1950*. Lisboa: [Academia das Ciências de Lisboa], 1950.

CASTRO, Augusto de – *Fausto de Figueiredo: discurso*. Lisboa: Tip. da Empresa Nacional de Publicidade, 1951.

CASTRO, Augusto de – *Ricardo Covões: discurso proferido no dia 2 de junho de 1952*. Lisboa: Tip. Freitas Brito, 1953.

CASTRO, Augusto de – *Garrett e o teatro português. Conferência pronunciada no Teatro Nacional D. Maria II, em 19 de novembro de 1954*. Lisboa: Bertrand, 1955.

CASTRO, Augusto de – *Great Britain, Portugal and Spain during the war*. London: Casa de Portugal, [1958?] [Artigos do *Diário de Notícias*, Lisboa, 1958].

CASTRO, Augusto de – *Subsídios para a história da política externa portuguesa durante a guerra*, Lisboa, Bertrand, 1958.

CASTRO, Augusto de – *Discurso proferido na sessão plenária consagrada à memória do insigne académico e cientista espanhol Dom Gregório Maraœon em 26 de maio de 1960*. Lisboa, 1960 [Separata do *Boletim da Academia de Ciências de Lisboa*, 32].

CASTRO, Augusto de – *O Conde de Arnoso*. Guimarães, 1961 [Separata da *Revista de Guimarães*, vol. LXXI, N.os 1-2].

CASTRO, Augusto de – *O portuguesismo no mundo*. Lisboa: Sociedade de Geografia, 1964.

CASTRO, Augusto de – *Who would have thought?...* Lisbon: Secretariado Nacional da Informação, 1964.

CASTRO, Augusto de – *Resposta ao elogio histórico de Júlio Dantas proferido pelo Sr. Vitorino Nemésio*, Lisboa, Academia das Ciências, 1966 [Separata *Memórias da Academia de Ciências de Lisboa*, Classe de Letras, 9].

CASTRO, Augusto de – *Pirandello e d'Annunzio*. Lisboa: Tip. Soc. Progresso Industrial, 1967 [Estrato da *Estudos Italianos em Portugal*, N.º 28].

CASTRO, Augusto de – *Doutoramento Honoris Causa de Augusto de Castro Sampaio Corte-Real*. Porto: Faculdade de Letras, 1970 [Separata da *Revista da Faculdade de Letras da Universidade do Porto História*].

CASTRO, Augusto de – *Les vents qui soufflent sur l'Afrique*. Lisboa, [s.n., 19--].

CASTRO, Augusto de – *The winds that blow over Africa*. Lisboa, [s.n., 19--].

CASTRO, Augusto de – *Die winde, die über Africa weben*. Lisboa, [s.n., 19--].

Teatro

CASTRO, Augusto de – *Caminho perdido*. Lisboa: Tavares Cardoso, 1906.

CASTRO, Augusto de – *Amor à antiga: comédia em 4 atos representada pela primeira vez no Teatro D. Maria II em 16 de fevereiro de 1907*. Lisboa: Ferreira & Oliveira, 1906.

CASTRO, Augusto de – *Chá das Cinco* [comédia em 3 atos], 1909.

CASTRO, Augusto de – *Vertigem: peça em 4 atos representada pela primeira vez no Teatro D. Amélia, de Lisboa, na noite de 18 de fevereiro de 1910*. Porto: Magalhães & Moniz, 1910.

CASTRO, Augusto de – *As nossas amantes: comédia em três atos*. Lisboa: Livraria Ferreira, 1912.

CASTRO, Augusto de – *A culpa: peça em um ato*. Rio de Janeiro: Portugália, 1918.

CASTRO, Augusto de – *Amor, peça em quatro atos, com um prólogo e em epílogo*. Lisboa: Empresa Nacional de Publicidade, 1934.

Traduções

COCTEAU, Jean – *A Águia das Duas Cabeças*. 1948 [tradução de Augusto de Castro].

DEVAL, Jacques – *Esta Noite em Samarcande*. 1952 [tradução de Augusto de Castro].

Publicações com a colaboração de Augusto de Castro

CASTRO, Augusto de e LÚCIO, João – *Até que enfim!: peça em 1 prologo e 8 quadros escrita expressamente para ser representada na recita de despedida do curso do 5º ano teológico-jurídico de 1901-1902*. Coimbra: Tip. França Amado, 1902.

CUNHA, Amadeu, CASTRO, Augusto de, e PRATT, Óscar de (dir. de) – *Os Livres: Revista Mensal de Letras, Artes & Ciências*. Porto: Livraria de Sousa Brito, 1897.

"Doutoramento «Honoris Causa» de Augusto de Castro Sampaio Corte-Real". *Separata da Revista da Faculdade de Letras da Universidade do Porto. História*. Porto: Faculdade de Letras, 1970, pp. 5-27.

Revista Literária. Dir. de C. A. de Matos Soeiro. Porto: Livraria Souza Brito, Ano 1.º, N.º 3, maio de 1897.

Revista Literária. Dir. de Carvalho e Melo e Matos Soeiro. Porto: Tip. Ocidental, Ano 1.º, N.os 4 e 5, Junho-Julho de 1987.

Artigos/Obras sobre Augusto de Castro

CRUZ, Malpique – *Augusto de Castro: o jornalista-escritor e o escritor-jornalista*. Porto: Câmara Municipal, 1988, pp. 451-456 [Separata do *Boletim Cultural da Câmara Municipal do Porto*, 2.ª série, vols. 5-6, 1987-88].

FERREIRA, David Mourão – *Augusto de Castro, cronista*. Lisboa: Academia das Ciências, 1983, pp. 331-336. [Separata *Memórias da Academia das Ciências de Lisboa. Classe de Letras*. Tomo XXIII. Lisboa: Academia das Ciências, 1983].

MATA, José Caeiro da – *Discurso pronunciado na homenagem prestada em Coimbra em 18 de março de 1953 a Augusto de Castro*. Lisboa: Academia das Ciências, 1953, pp. 1-12.

NAMORA, Fernando – *Augusto de Castro ou o Jardim da Vida e da Escrita*. Lisboa: Academia das Ciências, 1983, pp. 309-316. [Separata *Memórias da Academia das Ciências de Lisboa. Classe de Letras*. Tomo XXIII. Lisboa: Academia das Ciências, 1983].

OLIVEIRA, Maurício de – *Evocação de Augusto de Castro: palavras proferidas no almoço do Rotary Clube de Lisboa*. Lisboa, 1971.

REBELLO, Luís Francisco – *Augusto de Castro: Evocação do Dramaturgo*. Lisboa: Academia das Ciências, 1983, pp. 337-344. [Separata *Memórias da Academia das Ciências de Lisboa. Classe de Letras*. Tomo XXIII. Lisboa: Academia das Ciências de Lisboa, 1983].

ROLLO, Maria Fernanda – "Augusto de Castro Sampaio Corte Real". In ROSAS, Fernando e BRITO, J. M. Brandão de (dir. de) – *Dicionário de História do Estado Novo*. Vol. II. *M-Z*. Lisboa: Círculo de Leitores, 1996, pp. 815-816.

Periódicos

A Época. Lisboa: Ano V, 1906.

A Luta. Lisboa: Ano 1.º, 1906 a Ano 4.º, 1909.

A Noite. Lisboa. Ano I, 1939.

A Pátria Nova. Bragança. Ano: 1, N.º 32, quarta-feira, 2 de setembro de 1908.

A Província. Porto. Ano 1.º, 1885 a Ano XIX, 1904.

A Vanguarda. Lisboa: Ano IX (XVI), 1906.

Diário de Notícias. Lisboa. Ano: 19.º, 1883 a Ano: 107.º, 1971.

Folha da Noite. Porto. Ano I, 1904 a Ano II, N.º 173, 1905.

Jornal do Comércio. Lisboa. Ano: 56.º, 1908 a Ano: 58.º, 1910.

La Nation Belge. Bruxelles: Vingt et un année. Dimanche, 11 de Décembre de 1938.

Notícias de Lisboa. Lisboa: Ano II, N.º 362, segunda-feira, 26 de março de 1906.

O Campeão do Vouga. Aveiro: José Maria de Almeida Teixeira de Queirós. Ano I, N.º 1, sábado, 14 de fevereiro de 1852.

Ocidente. Revista Ilustrada de Portugal e do Estrangeiro. Lisboa. Ano: 25, 1902.

O Dia. Lisboa: (16.º Ano) 7.º Ano. 1906 a (19.º Ano) 10.º Ano. 1909.

O Liberal. Jornal Independente. Lisboa: Ano X, 1910.

O Século. Lisboa: Ano 26.º, 1906 a Ano 38.º, 1918.

O Século – Edição da Noite. Lisboa. Ano II, 1915 a Ano V, 1918.

O Tempo. Lisboa: Ano 1.º, 1911.

Artigos de jornal

BARRETO, Paulo – "Fumo do Meu Cigarro". In *O Século – Edição da Noite*. Lisboa: Ano IV, N.º 944, sexta-feira, 25 de maio de 1917, p. 1.

OLIVEIRA, Edmundo de – "Dois Livros". In *O Século – Edição da Noite*. Lisboa: Ano 5.º, N.º 1296, sábado, 25 de maio de 1918, p. 1.

NEGREIROS, Almada – "Os combates aéreos de todas a noites. Maravilhosos fogos de artifício". In *O Século*. Lisboa: Ano 37.º, N.º: 12808, sexta-feira, 3 de agosto de 1917, p. 1.

NEGREIROS, Almada – "Os serviços de saúde do Corpo Expedicionário Português". In *O Século*. Lisboa: Ano 37.º, N.º: 12805, terça-feira, 31 de julho de 1917, p. 1.

NEGREIROS, Almada – "Visita aos campos de batalha de onde o inimigo foi expulso". In *O Século*. Lisboa. Ano 37.º, N.º: 12795, sábado, 21 de julho de 1917, p.1.

Manuscritos

Biblioteca Pública Municipal do Porto

Coleção Manuscritos. Cartas para Conde de Azevedo/Augusto [de Castro]. M-2-CA58 [1-7]. M-2-CA58 [8-9]. M-2-CA262 [1-11].

Coleção Manuscritos. Correspondência para Antero de Figueiredo/Augusto de Castro. M-AF705-779.

Datilografados

Arquivo Histórico da Caixa Geral de Depósitos

Proc. Individual: Augusto Castro Sampaio Corte Real. Sala 3, 1779.

Arquivo Histórico e Diplomático do Ministério dos Negócios Estrangeiros

Direção dos Negócios Políticos e Diplomáticos

Legação de Portugal em Bruxelas (1929-1931 e 1935-1938). 3.º Piso, A. 4, M. 10, 3.º Piso, A. 12, M. 160, 3.º Piso, A. 4, M. 9, 3º. Piso, A. 1, M. 475, 3º. Piso, A. 1, M. 403, 3º. Piso, A. 1, M. 705.

Legação de Portugal em Bruxelas. Telegramas expedidos. 1930.

Legação de Portugal em Bruxelas. Telegramas recebidos. 1930.

Legação de Portugal em Bruxelas. Telegramas recebidos. 1935.

Legação de Portugal em Bruxelas. Telegramas recebidos. 1937.

Legação de Portugal em Bruxelas. Telegramas recebidos. 1938.

Legação de Portugal em Londres (1924). 3.º Piso, A. 4, M. 2.

Legação de Portugal em Londres. Telegramas expedidos. 1924.

Legação de Portugal em Londres. Telegramas recebidos. 1924.

Legação de Portugal em Paris (1945-1947). 2.º Piso, A. 48, M. 185. 2.º Piso, A. 47, M. 108.

Legação de Portugal em Paris. Telegramas recebidos. 1945.

Legação de Portugal em Roma (Quirinal) (1931-1935). 3.º Piso, A. 4, M. 14. 3.º Piso, A. 4, M. 15. 3.º Piso, A. 12, M. 160. 3.º Piso, A. 1, M. 473. 3.º Piso, A. 1, M. 489.

Legação de Portugal em Roma (Quirinal). Telegramas expedidos. 1933.

Legação de Portugal em Roma (Quirinal). Telegramas recebidos. 1931.

Legação de Portugal em Roma (Quirinal). Telegramas recebidos. 1934.

Legação de Portugal em Roma (Vaticano) (1924-1929). 3.º Piso, A. 4, M. 2, 3.º Piso, A. 11, M. 329, 3. Piso, A. 4, M. 3-B, 2. Piso, A. 48, M. 187, 3. Piso, A. 4, M. 4-B, 3. Piso, A. 4, M. 5, 3.º Piso, A. 11, M. 329, 3. Piso, A. 4, M. 7 A.

Legação de Portugal em Roma (Vaticano). Telegramas expedidos. 1924.

Legação de Portugal em Roma (Vaticano). Telegramas expedidos. 1925.

Legação de Portugal em Roma (Vaticano). Telegramas expedidos. 1926.

Legação de Portugal em Roma (Vaticano). Telegramas expedidos. 1928.

Legação de Portugal em Roma (Vaticano). Telegramas expedidos. 1929.

Legação de Portugal em Roma (Vaticano). Telegramas recebidos. 1924.

Legação de Portugal em Roma (Vaticano). Telegramas recebidos. 1925.

Legação de Portugal em Roma (Vaticano). Telegramas recebidos. 1926.

Legação de Portugal em Roma (Vaticano). Telegramas recebidos. 1928.

Legação de Portugal em Roma (Vaticano). Telegramas recebidos. 1929.

Congo e Lunda. Limites no Congo e no Lunda

"Ata das fronteiras na Luanda". A. 9, M. 25.

Gabinete do Secretário-geral

Núcleo Teixeira de Sampaio. Individuais. Caso Augusto de Castro. 1938, M. 2.

Pessoal: nomeações de Trindade Coelho e Augusto de Castro. 1929. GSG, M. 11 – 2.º P, A. 35/G, M. 1 – Env. 5, Doc. 03 e 3-A. GSG, M. 11 – 2.º P, A. 35/G, M. 1 – Env. 5, Doc. 03 e 3-A. GSG, M. 11 – 2.º P, A. 35/G, M. 1 – Env. 5, Doc. 03 e 3-A. GSG, M. 11 – 2.º P, A. 35/G, M. 1 – Env. 5, Doc. 03 e 3-A. GSG, M. 11 – 2.º P, A. 35/G, M. 1 – Env. 5, Doc. 03 e 3-A.

Padroado Português do Oriente

L'accordo fra la Santa Sede e la Repubblica del Portogallo. 15 de abril de 1928. Arquivo Histórico e Diplomático do Ministério dos Negócios Estrangeiros. Padroado Português do Oriente. 2. Piso, A. 48, M. 190.

Nota n.º 1490, 27 de fevereiro de 1926. Nunziatura Apostolica di Portogallo. Arquivo Histórico e Diplomático do Ministério dos Negócios Estrangeiros. Padroado Português do Oriente. 2. Piso, A. 48, M. 187.

Arquivo Nacional da Torre do Tombo

Ofício de Augusto de Castro para Ministro dos Negócios Estrangeiros. Arquivo Nacional da Torre do Tombo. Bruxelas, 2 de março de 1936. AOS/CO/NE – 4A, P. 5, 8 fls., pp. 435-442.

Ofício de Augusto de Castro para Ministro dos Negócios Estrangeiros. Arquivo Nacional da Torre do Tombo. Bruxelas, 5 de junho de 1936. AOS/CO/NE – 4A, P. 5, 14 fls., pp. 460-473.

Ofício de Augusto de Castro para Ministro dos Negócios Estrangeiros. Arquivo Nacional da Torre do Tombo. Bruxelas, 28 de dezembro de 1937. AOS/CO/NE – 4A, P. 8, 3 fls., p. 752-754.

Pedido de reintegração no quadro diplomático do Dr. António de Sèves. 1939-1947. Arquivo Nacional da Torre do Tombo. AOS/CO/NE – 1 A.

Relatório de Augusto de Castro para Ministro dos Negócios Estrangeiros. Arquivo Nacional da Torre do Tombo. Paris, novembro de 1948. AOS/CO/NE-21, Pt. 7.

Relatório de Augusto de Castro para Ministro dos Negócios Estrangeiros. Arquivo Nacional da Torre do Tombo. Bruxelas, 28 de fevereiro de 1949. AOS/CO/NE--1E, Pt. 29.

Secretariado Nacional de Informação. 1929/1974. Direção Geral dos Serviços de Espetáculos. PT/TT/SNI-DGE. Proc. 4500.

Biblioteca da Escola Superior de Teatro e Cinema (Instituto Politécnico de Lisboa)

Escola da Arte de Representar. Relatório do Diretor. Ano Letivo de 1911-1912. Série I, N.º 1. Lisboa: Imprensa Nacional, 1913.

Escola da Arte de Representar. Relatório do Diretor. Ano Letivo de 1912-1913. Série I, N.º 2. Lisboa: Imprensa Nacional, 1914.

Escola da Arte de Representar. Relatório do Diretor. Ano Letivo de 1913-1914. Série I, N.º 3. Lisboa: Imprensa Nacional, 1915.

Escola da Arte de Representar. Relatório do Diretor. Ano Letivo de 1914-1915. Série I, N.º 4. Lisboa: Imprensa Nacional, 1916.

Legislação

"Decreto com força de Lei de 20 de abril, separando o Estado das igrejas". In *Diário do Governo*. N.º 92, sexta-feira, 21 de abril de 1911, pp. 1-8. Disponível em http://dre. pt/pdfgratis/1911/04/09200.pdf [consulta efetuada em 13 de abril de 2013].

"Decreto-Lei n.º37062/1948, de 16 de setembro". In *Diário do Governo*. I Série. N.º 217, quinta-feira, 16 de setembro 1948, pp. 979-980. Disponível em http:// www.dre.pt/pdf1s/1948/09/21700/09790980.pdf [consulta efetuada em 23 de abril de 2013].

"Decreto n.º 233, sobre a separação do Estado das igrejas nas colónias". In *Diário do Governo*. N.º 276, terça-feira, 25 de novembro de 1913, pp. 4503-4504. Disponível em http://www.dre.pt/pdf1s%5C1913%5C11%5C27600%5C45034504.pdf [consulta efetuada em 13 de abril de 2013].

"Decreto n.º 3673, modificando o quadro do pessoal da polícia de investigação de Lisboa". In *Diário do Governo*. I Série. N.º 222, sexta-feira, 21 de dezembro de 1917, p. 1. Disponível em http://www.dre.pt/cgi/dr1s.exe?t=dr&cap=1-1200&doc=19172050&v02=&v01=2&v03=1900-01-01&v04=3000-12-21&v05=&v06=&v07=&v08=&v09=&v10=&v11=Decreto&v12=3673&v13=&v14=&v15=&sort=0&submit=Pesquisar [consulta efetuada em 11 de abril de 2013].

"Lei n.º 1444, concedendo amnistia para diversos crimes e delitos e inserindo várias disposições sobre o mesmo assunto". In *Diário do Governo*. I Série. N.º 73, sábado, 9 de abril de 1921, p. 579. Disponível em http://www.dre. pt/pdf1s/1921/04/07300/05790580.pdf [consulta efetuada em 9 de abril de 2013].

Bibliografia

ALEXANDRE, Valentim – "Ideologia, economia e política: a questão colonial na implantação do Estado Novo". *Análise Social*. Lisboa: Instituto de Ciências Sociais da Universidade de Lisboa. 1993 (4.º-5.º). Vol. XXVIII (123-124), pp. 1117-1136.

ALMEIDA, António José de – *Quarenta anos de vida literária e política*. Vol. IV. Lisboa: J. Rodrigues & C.ª, 1934.

ANTUNES, António Lobo – *Os Cus de Judas*, 26.ª Edição. Lisboa: Leya, 2008.

BARREIRA, Cecília – *Nacionalismo e Modernismo. De Homem Cristo Filho a Almada Negreiros*. Lisboa: Assírio & Alvim, 1981.

BARRETO, António e MÓNICA, Maria Filomena (coord.) – *Dicionário de História de Portugal: Suplemento*. Vols. I, II e III. Lisboa: Figueirinhas, 1999-2000.

BARROS, Júlia Leitão de – "Exposição do Mundo Português". In ROSAS, Fernando e BRITO, J. M. Brandão de (dir. de) – *Dicionário de História do Estado Novo*. Vol. I. *A-L*. Lisboa: Círculo de Leitores, 1996, pp. 325-327.

BARROS, Júlia Leitão de – *Fotobiografias do Século XX – Afonso Costa*. Dir. de Joaquim Vieira. Lisboa: Círculo de Leitores, 2002.

BARSTON, R. P. – *Modern Diplomacy*. New York: Pearson Longman, 2006.

BÉDARIDA, François – *Churchill*. Lisboa: Editorial Verbo, 2006.

BESSA-LUÍS, Agustina – *Doidos e Amantes*. Lisboa: Guimarães Editores, 2005.

BOAVENTURA, Armando – *Sem Rei nem Roque.../A Restauração da Monarquia em 1926 e o Império dos Altos-comissários*. Lisboa: Casa Ventura Abrantes Livraria Editora, 1924.

BRANDÃO, Fernando de Castro – *História Diplomática de Portugal: Uma Cronologia*. Lisboa: Livros Horizonte, 2002.

BRANDÃO, Raul – *Memórias*. Vol. I. Paris/Lisboa: Aillaud/Bertrand, 1925.

BRITO, José Faria de – "O vianês D. Joaquim Rodrigues de Lima (S. J.), Arcebispo de Bombaim". In *Cadernos Vianenses*. Tomo XV. Viana do Castelo: Câmara Municipal de Viana do Castelo, 1991, pp. 265-276.

BROWNLIE, Ian – *Princípios de Direito Internacional Público*. Lisboa: Fundação Calouste Gulbenkian, 1997.

BRUN, André – *A Malta das Trincheiras. Migalhas da Grande Guerra, 1917-1918*. Lisboa: Guimarães, 1919.

CABRAL, António – *As minhas memórias políticas. Em plena República*. Lisboa, 1932.

CAETANO, EDGAR – "1892 – Portugal: Era uma vez... um País que não pagou a dívida". In *Jornal de Negócios*. Edição online. Lisboa: Cofina media, domingo, 31 de janeiro de 2012. Disponível em http://www.jornaldenegocios.pt/economia/detalhe/1892__portugal_era_uma_vez_um_paiacutes_que_natildeo_pagou_a_diacutevida.html [consulta efetuada em 27 de novembro de 2012].

CAHIER, Philippe – *Le Droit Diplomatique Contemporain*. Genève: Ed. Librairie Droz, 1964.

CAMÕES, Luís Vaz de – *Os Lusíadas*. Canto I. Edição org. por Emanuel Paulo Ramos. Porto: Porto Editora, 1992.

CARVALHO, Vasco de – *A 2.ª divisão Portuguesa na Batalha do Lys (9 de abril de 1918)*. Lisboa: Lusitânia Editora, 1924.

CASIMIRO, Augusto – *Calvários da Flandres*. Porto: Renascença Portuguesa, 1920.

CASIMIRO, Augusto – *Nas Trincheiras da Flandres*. Porto: Renascença Portuguesa, 1918.

CASTRO, Fernanda de – *Ao Fim da Memória*. Vol. I. Lisboa: Verbo, 1988.

CATROGA, Fernando – *O Republicanismo em Portugal. Da formação ao 5 de Outubro de 1910*. Lisboa: Casa das Letras, 2010.

CATROGA, Fernando – "O Republicanismo Português (Cultura, história e política)". In *Revista da Faculdade de Letras – História*. Porto: Faculdade de Letras da Universidade do Porto, III Série, Vol. 11, - 2010, pp. 95-119.

CÉRTIMA, António – *O ditador: as crises, o homem, a nova ordem*. Lisboa: Livraria Rodrigues, 1926.

CHARLE, Christophe – *Le siècle de la presse (1830-1939)*. Paris: Éditions du Seuil, 2004.

CHORÃO, João Bigotte – *Carlos Malheiro Dias na ficção e na história*. Lisboa: Instituto de Cultura e Língua Portuguesa, 1992.

CIDADE, Hernâni – "Conferência realizada na Universidade do Porto, para celebrar o tricentenário do nascimento de Molière". In *Revista da Faculdade de Letras do Porto*. N.ᵒˢ 5-6. Porto: Faculdade de Letras da Universidade do Porto, 1922, pp. 385-404.

COIMBRA, Artur Ferreira – *Paiva Couceiro e a Contrarrevolução Monárquica (1910-1919)*. Braga: Universidade do Minho, 2004. Disponível em http://repositorium. sdum.uminho.pt/bitstream/1822/6989/1/Paiva%20Couceiro%20e%20a%20 contrarrevolu%C3%A7%C3%A3o.pdf [consulta efetuada em 18 de janeiro de 2013].

CORDEIRO, Carlos – "Um percurso político: José Bruno Tavares Carreiro (1880-1957). De abnegado regenerador a autonomista pragmático". In RIBEIRO, Maria Manuela Tavares (coord.) – *Outros combates pela História*. Coimbra: Imprensa da Universidade de Coimbra, 2010, pp. 105-128.

CORREIA, Fernando e BATISTA, Carla – "Anos 60: um período de viragem no jornalismo português". In *Media & Jornalismo. Revista do Centro de Investigação Media e Jornalismo*. Lisboa: Centro de Investigação Media e Jornalismo, N.º 9, 2006, pp. 23-39.

CORTESÃO, Jaime – *Memórias da Grande Guerra (1916-1919)*. Porto: Renascença Portuguesa, 1919.

CORVO, João de Andrade – *Estudos sobre as Províncias Ultramarinas*. Vols. I e IV. Lisboa: Academia Real das Ciências, 1883.

COSTA, Maria Teresa Castro – "Os Cafés do Porto." *APHA Boletim. Património Esquecido. O Recuperar da Memória*. Lisboa: APHA – Associação Portuguesa de Historiadores da Arte. 2004, N.º 2, pp. 1-14.

COSTA, Susana Goulart – "D. José da Costa Nunes (1880-1976): um cardeal no Oriente". *Lusitana Sacra*. Lisboa: Centro de Estudos de História Religiosa da Universidade Católica Portuguesa. 2ª Série, tomo XIX-XX, 2007-2008, pp. 261-288.

CRAIG, Gordon A., ALEXANDER, George L. – *Force and Statecraft. Diplomatic Problems of Our Time*. Oxford: Oxford University Press, 1983.

CRISTO FILHO, Homem – *Mussolini Bâtisseur de l'Avenir. Harangue aux Foules Latines*. Paris: Sociéte des Éditions, 1923.

CRUZ, Duarte Ivo – "Estudo do Ensino do Teatro: De Garrett a 1970". In *Conservatório Nacional – 150 anos de ensino do teatro: Homenagem a Almeida Garrett. Conferências realizadas no âmbito da comemoração dos 150 anos do Conservatório Nacional a 26, 27 e 28 de janeiro de 1987*. ESTC: Centro de Documentação e Investigação teatral, 1988.

CRUZ, Duarte Ivo – *História do Teatro Português*. Lisboa: Editorial Verbo, 2001.

CRUZ, Manuel Braga – "As negociações da Concordata e do Acordo Missionário de 1940". *Análise Social*. Lisboa: Instituto de Ciências Sociais da Universidade de Lisboa. 1997 (4.º-5.º). Vol. XXXII (143-144), pp. 815-845.

CRUZ, Manuel Braga – "O integralismo lusitano nas origens do salazarismo." *Análise Social*. Lisboa: Instituto de Ciências Sociais da Universidade de Lisboa. 1982. Vol. XVIII: N.º 70, pp. 137-182.

CRUZ SEOANE, María – *Historia del perodismo en España*. Três volumes. Madrid: Alianza, 1998.

CUNHA, Alfredo da – *Diário de Notícias. A sua fundação e os seus fundadores. Alguns factos para a história do jornalismo português*. Lisboa: Diário de Notícias, s.d..

CUNHA, Norberto Ferreira da – "O Salazarismo e a ideia da Europa". In LEAL, Ernesto Castro (coord.) – *O Federalismo Europeu. História, Política e Utopia*. Lisboa: Edições Colibri, 2001, p. 153 – 179.

DACOSTA, Fernando – "Almada e Dantas a Nu". In *Público Magazine. Almada. Um Homem no Século*. Lisboa. N.º 161, domingo, 4 de abril de 1993, pp. 44-48.

DANTAS, Júlio – *Páginas de Memórias*. Lisboa: Portugália Editora, 1968.

DÁSKALOS, Maria Alexandre – *A Política de Norton de Matos para Angola. 1912-1915*. Coimbra: Minerva, 2008.

DE FELICE, Renzo – *Breve História do Fascismo. Uma Síntese da Página Mais Trágica do Século XX Italiano*. Lisboa: Casa das Letras, 2005.

DE FELICE, Renzo – *Explicar o Fascismo*. Lisboa: Edições 70, 1978.

DENZA, Eileen – *Diplomatic Law. A commentary on the Vienna Convention on diplomatic Relations*. 3rd Edition. Oxford: Oxford University Press, 2008.

Diário de Notícias. Primeira Página. 1864-1994. Lisboa: Editorial Notícias, 1994.

Diário de Notícias fundado em 1864. Um jornal ao serviço do leitor. Lisboa: Ricardo de Saavedra, 2001.

DIAS, Armando Malheiro – *Sidónio e Sidonismo*. Vols. I e II. Coimbra: Imprensa da Universidade de Coimbra, 2006.

DIAS, Carlos Malheiro – *Ciclorama Crítico de um Tempo: Antologia*. Lisboa: Vega, 1982.

DIAS, Carlos Malheiro – "Discurso no lançamento da pedra fundamental do prédio do Liceu Literário". In *Liceu Literário Português: 100 anos de vida a serviço do ensino e da cultura*. Rio de Janeiro: s/ed., 1968, pp. 32-35.

DIAS, Carlos Malheiro – *Exortação à Mocidade*. 2.ª Edição. Lisboa: Portugal-Brasil Sociedade Editora, 1925.

DINIS, Júlio – *Uma família inglesa*. Porto: Livraria Civilização Editora, 1999.

DUROSELLE, Jean-Baptiste – *Histoire Diplomatique de 1919 à nos jours*. 11.ª Edição. Paris: Dalloz, 1993.

FARINHA, Luís – "A transformação política da República: o PRP dos "bonzos", tempo dos deuses menores". In ROSAS, Fernando e ROLLO, Maria Fernanda (coord.) – *História da Primeira República Portuguesa*. Lisboa: Edições Tinta da China, 2009, pp. 463-484.

FARINHA, Luís – "O Regime Republicano e a Constituição de 1911 – Entre a "Ditadura do Legislativo" e a "Governação em Ditadura": Um equilíbrio difícil". In *Historia Constitucional: Revista Eletrónica de Historia Constitucional*. Oviedo: Universidad de Oviedo. Area de Derecho Constitucional Centro de Estudios Políticos y Constitucionales. N°. 13, 2012, pp. 597-609. Disponível em http://www.historia-constitucional.com [consulta efetuada em 18 de março de 2013].

FAVA, Fernando Mendonça – *Leonardo Coimbra e a I República. Percurso político e social de um filósofo*. Coimbra: Imprensa da Universidade de Coimbra, 2008.

FERNANDES, José A. Rio – "Coisas do Porto. O Botequim." In *O Tripeiro*. Porto: Associação Comercial do Porto. 7.ª Série, Ano XII: N.º 10, outubro de 1993, p. 310.

FERNANDES, Paulo Jorge – *Mariano Cirilo de Carvalho. O «Poder Oculto» do liberalismo progressista (1876-1892)*. Lisboa: Assembleia da República/Texto Editores, 2010. Disponível em http://books.google.pt/books?id=hgl8LX9J7asC&pg=PA268&lpg=P A268&dq=henry+burnay+e+jos%C3%A9+luciano+de+castro&source=bl&ots=RhIB L4o7VW&sig=X7yZ5cgY92QaLnUlm-bBmzNT9fE&hl=en&sa=X&ei=eFMRUeOkM8 PAhAf-94DwCQ&ved=0CEgQ6AEwAw#v=onepage&q=henry%20burnay%20e%20 jos%C3%A9%20luciano%20de%20castro&f=false [consulta efetuada em 5 de fevereiro de 2013].

FERREIRA, António Matos – *Um católico militante diante da crise nacional. Manuel Isaías Abúndio da Silva (1874 -1914)*. Lisboa: Centros de Estudos de História Religiosa da Universidade Católica Portuguesa, 2007.

FERREIRA, Jaime Alberto do Couto – *Farinhas, moinhos e moagens*. Lisboa: Âncora Editora, 1999.

FERREIRA, Jaime Alberto do Couto – "Um século de moagem em Portugal de 1821 a 1920: Das fábricas às companhias e aos grupos de Portugal e Colónias e da Sociedade Industrial Aliança". In *A Indústria Portuense em perspetiva histórica: Atas do Colóquio*. Lisboa: CLC-FLUP, 1998, pp. 271-283.

FERRO, António – *Entrevistas a Salazar*. Prefácio de Fernando Rosas. Lisboa: Parceria A. M. Pereira, 2003.

FERRO, António – *Gabriele D'Annunzio e eu*. Lisboa: Portugália, 1922.

FERRO, António – *Homens e Multidões*. Lisboa: Bertrand, 1941.

FERRO, António – *Salazar. O homem e a sua obra*. 3.ª Edição. Lisboa: Empresa Nacional de Publicidade, s.d..

FERRO, António – *Viagem à Volta das Ditaduras*. Lisboa: Tipografia da Empresa do Anuário Comercial, 1927.

FERRO, Marc – *História da Primeira Guerra Mundial. 1914-1918*. Lisboa: Edições 70, 1992.

FLORINDO, João Manuel Alves – *Francisco Ventura. Um dramaturgo popular*. Vol. I. Coimbra: Faculdade de Letras da Universidade de Coimbra, 2009, p. 28 [Dissertação de Mestrado em Estudos Artísticos apresentada na Faculdade de Letras da Universidade de Coimbra]. Disponível em https://estudogeral.sib.uc.pt/bits-tream/10316/13487/1/Tese_mestrado_Jo%C3%A3o%20Florindo.pdf [consulta efetuada em 21 de fevereiro de 2013].

FOLGADO, Deolinda e CUSTÓDIO, Jorge – *Caminho do Oriente: Guia do património Industrial*. Lisboa: Livros Horizonte, 1999.

FRANÇA, José Augusto – *Os Anos Vinte em Portugal*. Lisboa: Editorial Presença, 1992.

FREIRE, João Paulo (coord.) – *O Diário de Notícias. Da sua fundação às suas bodas de diamante. Escorço da sua história e das suas efemérides*. Vol. I. Lisboa: Empresa Nacional de Publicidade, 1939.

FREIRE, Natércia – "Dimensão e Diversidade de uma obra". In *Artes e Letras. Suplemento Cultural do Diário de Notícias*. Lisboa: Ano XV, N.º 860, 29 de julho de 1971, p. 1.

FREITAS, Eugénio Andrea da Cunha – *Toponímia portuense*. Matosinhos: Contemporânea Editora Lda., 1999.

GAMEIRO, Luís – *António Pinheiro. Subsídios para a História do Teatro Português*. Lisboa: Faculdade de Letras da Universidade de Lisboa, 2011.

GARCÍA DE CORTÁZAR, Fernando e GONZÁLEZ VESGA, José Manuel – *História de Espanha. Uma breve história*. Lisboa: Editorial Presença, 1997.

GARNIER, Christine – *Férias com Salazar*. Lisboa: Parceria A. M. Pereira e Grasset & Fasquelle, 1952.

GENTILE, Emilio – *The sacralization of politics in fascist Italy*. London/Cambridge: Harvard University Press, 1996.

GILBERT, Martin – *A Segunda Guerra Mundial*. 5.ª Edição. Alfragide: Publicações Dom Quixote, 2009.

GILBERT, Martin – *História do Século XX*. 2.ª Edição. Lisboa: Leya/D. Quixote, 2011.

GONZAGA, Manuela – *Doida não e não! Maria Adelaide Coelho da Cunha*. Lisboa: Bertrand Editora, 2009.

GRÁCIO, Sérgio – *Ensinos técnicos e política em Portugal. 1910 – 1990*. Lisboa: Instituto Piaget, 1998.

Grande Enciclopédia Portuguesa e Brasileira. Lisboa: Página Editora, 1998.

Grande Enciclopédia Portuguesa e Brasileira. Vols. V e VI. Lisboa: Página Editora, 2001.

Grande Enciclopédia Portuguesa e Brasileira. Lisboa/Rio de Janeiro: Editorial Enciclopédia Limitada, s.d..

GUIMARÃES, Ângela – *Uma corrente do colonialismo português: a Sociedade de Geografia de Lisboa. 1875-1895*. Lisboa: Livros Horizonte, 1984.

HOBSBAWM, E. J. – *A Era dos Extremos. História Breve do Século XX (1914-1991)*. Lisboa: Presença, 2008.

HOMEM, Amadeu Carvalho – *A Propaganda Republicana. 1870-1910*. Coimbra: Coimbra Editora, 1990.

HOMEM, Amadeu Carvalho e RAMIRES, Alexandre – *Memorial Republicano*. Coimbra: Câmara Municipal de Coimbra, 2012.

JÚDICE, Nuno – "João Lúcio e o coração das coisas". In *Viajantes, escritores e poetas: retratos do Algarve*. Coord. João Carlos Carvalho e Catarina Oliveira. Lisboa: Colibri/Faro: Universidade do Algarve, 2009, pp. 103-108.

JUNQUEIRO, Guerra – *Finis Patriae*. Porto: Livraria Chardron, 1905.

KNOWLES, Elizabeth (edit.) – *The Oxford Dictionary of Quotations*. 7th Edition. Oxford: Oxford University Press, 2009, p. 249.

KUIN, Simon – "O braço longo de Mussolini: os 'Comitati d'Azione per l'Universitalità di Roma' em Portugal (1933-1937)". In *Penélope. Fazer e desfazer a história*. Dir. de A. M. Hespanha. Lisboa: Edições Cosmos. N.º 11, 1993, pp. 7-20.

LEAL, Ernesto Castro – *António Ferro. Espaço Político e Imaginário Social (1918-32)*. Lisboa: Edições Cosmos, 1994.

LEAL, Ernesto – *Nação e nacionalismo: A Cruzada Nacional D. Nuno Álvares Pereira e as origens do Estado Novo (1918-1939)*. Lisboa: Edições Cosmos, 1999.

LEAL, Ernesto Castro – *Partidos e programas. O campo partidário republicano português. 1910-1926*. Coimbra: Imprensa da Universidade de Coimbra, 2008.

LEAL, Ernesto Castro – "Quirino Avelino de Jesus, Um Católico «Pragmático»: Notas para o estudo crítico da relação existente entre publicismo e política (1894-1926). *Lusitania Sacra*. Lisboa: Centro de Estudos de História Religiosa – Universidade Católica Portuguesa. 1994. 2.ª Série, 6, pp. 355-389.

LEBLICQ, Yvon – "Un exemple de vénalité de la presse bruxelloise: les travaux d'assainissement de la Senne (1865-1868)". *Revue belge de philologie et d'histoire*. 1976. Vol. 54. N.º 54-2, pp. 489-516.

LEMOS, Mário Matos e – *Jornais diários portugueses do século XX. Um dicionário*. Coimbra: Ariadne/CEIS20, 2006.

LEMOS, Mário Matos e – "O duelo em Portugal depois da implantação da República". In *Revista de História das Ideias. Rituais e Cerimónias*. Coimbra: Instituto de História e Teoria das Ideias. Faculdade de Letras da Universidade de Coimbra. 1993. Vol. 15, pp. 561-597.

LEMOS, Mário Matos e – *Um Vespertino do Porto*. Lisboa: Edição do Autor, 1973.

LÉONARD, Yves – *Salazarismo e fascismo*. Mem Martins, Inquérito, 1998. LOPES, Fernando Farelo – *Poder Político e Caciquismo na I República Portuguesa*. Lisboa: Editorial Estampa, 1994.

LOPES, Norberto – *Sarmento Pimentel ou uma geração traída. Diálogos de Norberto Lopes com o autor das "Memórias do Capitão"*. Lisboa: Editorial Áster, 1977.

LOUREIRO, José Pinto – *Toponímia de Coimbra*. Tomo I. Coimbra: Coimbra Editora, 1960.

LUCAS, Maria Manuela – "Organização do Império". In MATTOSO, José – *História de Portugal*. Vol. V. *O Liberalismo*. Lisboa: Círculo de Leitores, 1993, pp. 285-311.

MAGALHÃES, José Calvet de – *A Diplomacia Pura*. Lisboa: Bizâncio, 2005.

MAGALHÃES, José Calvet de – *Breve História Diplomática de Portugal*. 3.ª Edição. Mem Martins: Europa-América, 2000.

MAGALHÃES, José Calvet de – *História das Relações Diplomáticas Entre Portugal e Os Estados Unidos 1776-1911*. Mem Martins: Europa-América, 1991.

MAGALHÃES, José Calvet de – *Manual Diplomático. Direito diplomático - prática diplomática*. Lisboa: Bizâncio, 2001.

MAIA, José João – "Transição epidemiológica, infraestruturas urbanas e desenvolvimento: a cidade do Porto." *Análise Social*. Lisboa: Instituto de Ciências Sociais da Universidade de Lisboa. 2000. Vol. XXXV: N.º 156, pp. 583-604.

MARQUES, A. H. de Oliveira – *A Primeira República Portuguesa (para uma visão estrutural)*. 1.ª Edição. Lisboa: Livros Horizonte, 1971.

MARQUES, A. H. de Oliveira – "Costa, Afonso Augusto da". In ROSAS, Fernando e BRITO, J. M. Brandão de (dir. de) – *Dicionário de História do Estado Novo*. Vol. I. *A-L*. Lisboa: Círculo de Leitores, 1996, pp. 231-232.

MARQUES, A. H. de Oliveira – *Dicionário de Maçonaria Portuguesa*. Vols. I e II. Lisboa: Editorial Delta, 1986.

MARQUES, A. H. de Oliveira – *Guia de História da 1.ª República Portuguesa*. Lisboa: Editorial Estampa, 1997.

MARQUES, A. H. de Oliveira (ed.) – Parlamentares e ministros da 1.ª República Portuguesa. Lisboa: Assembleia da República/Edições Afrontamento, 2000.

MARTÍNEZ, Pedro Mário Soares – *História Diplomática de Portugal*. 3.ª Edição. Coimbra: Almedina, 2010.

MARTINS, Guilherme d'Oliveira Martins – *Oliveira Martins – Uma biografia*. Lisboa: INCM, 1986.

MARTINS, Guilherme d'Oliveira Martins – *Oliveira Martins. Um combate de ideias*. Lisboa: Gradiva, 1999.

MARTINS, Rocha – *Pequena História da Imprensa Portuguesa*. Lisboa: Inquérito [1941].

MARTINS, Susana – "Do Reconhecimento Internacional da Ditadura Militar ao Estado Novo – pontos de reflexão para o estudo da Política externa de 1926 a 1933". In MARTINS, Fernando (ed.) – *Diplomacia e Guerra. Política externa e política de defesa em Portugal do final da monarquia ao marcelismo. Atas do I Ciclo de Conferências*. Lisboa: Edições Colibri e Centro Interdisciplinar de História, Culturas e Sociedades da Universidade de Évora, 2001, pp. 101-117.

MATOS, Helena – *Salazar. A Construção do Mito. 1928-1933*. Lisboa: Temas e Debates/Círculo de Leitores, 2010.

MATOS, José Norton de – *Memórias e trabalhos da minha vida*. Vol. II. Coimbra: Imprensa da Universidade de Coimbra, 2005.

MATOS, Luís Salgado de – "A campanha de imprensa contra o bispo do Porto como instrumento político do governo português (setembro de 1958-Outubro de 1959)". *Análise Social*. Lisboa: Instituto de Ciências Sociais da Universidade de Lisboa. 1999. Vol. XXXIV (150), pp. 29-90.

MATOS, Luís Salgado de – "Os bispos portugueses: da Concordata ao 25 de Abril - alguns aspetos". *Análise Social*. Lisboa: Instituto de Ciências Sociais da Universidade de Lisboa. 1994 (1.º-2.º). Vol. XXIX (125-126), pp. 319-383.

MATOS, Sérgio Campos – *Consciência histórica e nacionalismo: Portugal – séculos XIX e XX*. Lisboa: Livros Horizonte, 2008.

MATOS, Sérgio Campos – *História, mitologia, imaginário nacional. A História no curso dos liceus (1895-1939)*. Lisboa: Livros Horizonte, 1990.

MEDINA, João – "A Revolução Falhada ou a República Frustrada ao Nascer. O Fenómeno da «Adesivagem» às Novas Instituições". In MEDINA, João (dir. de) – *História Contemporânea de Portugal*. Tomo I. *Primeira República: da Conspiração Republicana ao Fim do Regime Parlamentar*. Camarate: Multilar, 1990.

MEDINA, João – *Os Primeiros Fascistas Portugueses: subsídios para a história ideológica dos primeiros movimentos fascistas em Portugal anteriores au nacional-sindicalismo: estudo antológico.* Coimbra: Atlântida Editora, 1978.

MEDINA, João – *Portuguesismo(s).* Lisboa: Centro de História da Universidade de Lisboa, 2006.

MENESES, Filipe Ribeiro de – *Salazar-Biografia Política.* Lisboa: D. Quixote, 2010.

MESQUITA, Mário – "Introdução. A vocação de jornalista em Carlos Malheiro Dias". In DIAS, Carlos Malheiro – *Ciclorama Crítico de um Tempo: Antologia.* Lisboa: Vega, 1982, pp. 7-25.

MIÈGE, Jean-Louis – *Expansión europea y descolonisación, de 1870 a nuestros dias.* Barcelona: Nueva Clio, 1975.

MILZA, Pierre – *Mussolini.* Lisboa: Verbo, 1999.

MÓNICA, Maria Filomena – "Capitalistas e industriais (1870-1914)". *Análise Social.* Lisboa: Instituto de Ciências Sociais da Universidade de Lisboa. 1987 (5.º). Vol. XXIII (99), pp. 819-863.

MÓNICA, Maria Filomena (coord.) – *Dicionário Biográfico Parlamentar. 1834-1910.* Vols. I, II e III. Lisboa, Assembleia da República, 2004.

MÓNICA, Maria Filomena – "Negócios e política: os tabacos (1800-1890)". *Análise Social.* Lisboa: Instituto de Ciências Sociais da Universidade de Lisboa. 1992 (2.º-3.º). Vol. XXVII (116-117), pp. 461-479.

MONTEIRO, Domingos – "Augusto de Castro. O Homem e o Escritor", pp. 23-27.

MONTEIRO, Isilda Braga da Costa e CARVALHO, Manuel Jorge – "O 31 de janeiro de 1891". In SILVA, Armando Malheiro da, SARAIVA, Arnaldo e TAVARES, Pedro Villas Boas – *Porto: Roteiros Republicanos.* Matosinhos: QuidNovi, 2010, p. 46-49.

MOREIRA, Fernando – *José Luciano de Castro. Correspondência política (1858-1911).* Lisboa: Instituto de Ciências Sociais da Universidade de Lisboa/Quetzal Editores, 1998.

MOTA, Carlos Alberto Magalhães Gomes – *A Polémica Entre António Sérgio e Teixeira de Pascoaes.* UTAD, 1998.

MOTA, Guilhermina – "Batalha de La Lys: um relato pessoal". *Revista Portuguesa de História.* Tomo XXXVIII. Coimbra: Faculdade de Letras da Universidade de Coimbra, 2006., pp. 77-107.

NAVARRO, Bruno J. – *Governo de Pimenta de Castro. Um General no Labirinto Político da I República.* Lisboa: Assembleia da República, 2011.

NEGREIROS, António Lobo de Almada – *Portugal na Grande Guerra: Crónicas dos Campos de Batalha. Paris/Rio de Janeiro: Garnier, 1917.*

NEGREIROS, José Sobral de Almada – *Manifesto Anti-Dantas e por extenso por José de Almada-Negreiros Poeta D'Orpheu Futurista e Tudo.* Lisboa: J. A. Negreiros, 1915.

NEMÉSIO, Vitorino – *Jornal do Observador.* Lisboa: Verbo, 1974.

NETO, Sérgio – *Colónia mártir, colónia modelo: Cabo Verde no pensamento ultramarino português (1925-1965).* Coimbra: Imprensa da Universidade de Coimbra, 2009.

NETO, Sérgio – "Para o estudo da 'Estética Oficial' do Estado Novo – Os prémios de teatro 'Gil Vicente' do SPN/SNI (1935-1949)". In *Revista Estudos do Século XX.* N.º 1. Coimbra: Quarteto, 2001, pp. 117-155.

NETO, Sérgio – "São Tomé e Príncipe n'O Mundo Português". *Atas do Colóquio Internacional São Tomé e Príncipe numa perspetiva interdisciplinar, diacrónica e sincrónica*. Lisboa: Instituto Universitário de Lisboa (ISCTE-IUL), Centro de Estudos Africanos (CEA-IUL), Instituto de Investigação Científica Tropical (IICT), 2012, pp. 207-216.

NETO, Vítor – "A questão religiosa: Estado, Igreja e conflitualidade sócio-religiosa". In ROSAS, Fernando e ROLLO, Maria Fernanda (coord.) – *História da Primeira República Portuguesa*. Lisboa: Edições Tinta da China, 2009, pp. 129-148.

NETO, Vítor – *O Estado, a Igreja e a Sociedade em Portugal: 1832-1911*. Lisboa: Imprensa Nacional Casa da Moeda, 1998.

NETO, Vítor – "O Estado e a Igreja na Primeira República". In *A Igreja e o Estado em Portugal. Da Primeira República ao limiar do Século XXI. Atas dos Encontros de outono. 21-22 de novembro de 2003*. Vila Nova de Famalicão: Câmara Municipal de Vila Nova de Famalicão/Editora Ausência, 2004, pp. 17-28.

NICOLSON, Harold – *Diplomacy. The Evolution of Diplomatic Method*. 5th Edition. Oxford: Oxford University Press, 1945.

NIETZSCHE, Friedrich – *Assim falou Zaratustra*. 15.ª Edição. Lisboa: Guimarães/Babel, 2010.

NUNES, Teresa – *Carlos Malheiro Dias. Um monárquico entre dois regimes*. Casal de Cambra: Caleidoscópio, 2009.

NOBRE, Eduardo – *Duelos & Atentados*. Lisboa: Quimera Editores, 2004.

NOGUEIRA, Franco – *Salazar*. Vols. III e IV. Porto: 1986.

NÓVOA, António – "António Sérgio (1883-1969)". In *Thinkers on Education*. Vol. IV. (*Prospects, n.º 91-92*). Paris: UNESCO/IBE, 1994, pp. 501-518.

NÓVOA, António – "A República e a escola: das intenções generosas ao desengano das realidades". In *Reformas de Ensino em Portugal. Reforma de 1911*. Lisboa: I.I.E., 1989, pp. IX-XXXIII.

NÓVOA, António e SANTA-CLARA, Ana Teresa (coord.) – *"Liceus de Portugal". Histórias. Arquivos. Memórias*. Porto: Edições Asa, 2003.

NOVAIS, Noémia Malva – *João Chagas. A Diplomacia e a Guerra (1914-1918)*. Coimbra: Minerva, 2006.

O Grande Livro dos Portugueses. Lisboa: Círculo de Leitores, 1990.

OLIVEIRA, Maurício de – *Evocação de Augusto de Castro: palavras proferidas no almoço do Rotary Clube de Lisboa*. Lisboa, 1971.

OLIVEIRA, Pedro Aires – *Armindo Monteiro: uma biografia política (1896-1955)*. Venda Nova: Bertrand Editora, 2000.

OLIVEIRA, Pedro Aires – "O corpo diplomático e o regime autoritário (1926-1974)". *Análise Social*. Lisboa: Instituto de Ciências Sociais da Universidade de Lisboa. 2006. Vol. XLI (178), pp. 145-166.

OLIVEIRA, Pedro Aires – "Sampaio, Luís Teixeira de". In ROSAS, Fernando e BRITO, J. M. Brandão de (dir. de) – *Dicionário de História do Estado Novo*. Vol. II. *M-Z*. Lisboa: Círculo de Leitores, 1996, pp. 876-877.

OSÓRIO, Paulo – *Quando estávamos em guerra. O que se desconhece ainda sobre os soldados portugueses em França*. Porto: Livraria Chandron, 1920.

QUEIRÓS, Eça de – *A Correspondência de Fradique Mendes*. Lisboa: Livros do Brasil, 1900.

PAKENHAM, Thomas – *The scramble for Africa: 1876-1912*. London: Weindenfeld and Nicolson, 1991.

PAULOURO DAS NEVES, José César – *Rituais de Entendimento. Teoria e Prática Diplomáticas: Apontamentos*. Lisboa: Ministério dos Negócios Estrangeiros, 2011.

PIMENTEL, Alberto – *O Porto há 30 anos*. Porto: Livraria Universal de Magalhães & Moniz, 1893.

PINHEIRO, António – *Contos Largos: impressões da vida de teatro*. Lisboa: Tipografia Costa Sanches, 1929.

PIMENTEL, Irene Flunser – *História das Organizações Femininas no Estado Novo*. Rio de Mouro: Círculo de Leitores e autora, 2000.

PINHEIRO, Rafael Bordalo, AZEVEDO, Guilherme de, e ORTIGÃO, Ramalho – *Álbum das Glórias*. 1.ª Série. Lisboa: Typ. Editora Rocio, N.º 26, abril de 1882.

PINTASSILGO, Joaquim – *Escolas de Formação de Professores em Portugal: História, Arquivo, Memória*. 1.ª Edição. Lisboa: Edições Colibri, 2012.

PINTO, António Costa – "O Fascismo e a Crise da Primeira República: os Nacionalistas Lusitanos (1923-23)". In *Penélope. Fazer e Desfazer História*. Lisboa: Instituto de Ciências Sociais da Universidade de Lisboa. N.º 3, junho de 1989, pp. 44-62.

PINTO, António Costa – *O Salazarismo e o Fascismo Europeu. Problemas de interpretação nas Ciências Sociais*. Lisboa: Editorial Estampa, 1992.

PINTO, Manuel de Sousa (dir. publ.) – *A Máscara: arte, vida, teatro*. Lisboa: Livraria Ferin, Editora. N.º 2, Vol. I, sábado, 27 de janeiro de 1912, pp. 21-35.

PINTO, Rui Miguel da Costa – *Das explorações africanas ao Ultimatum Inglês*. Comunicação apresentada na Academia de Marinha, em 28 de junho de 2011, p. 1-34. Disponível em http://www.marinha.pt/PT/amarinha/atividade/areacultural/academiademarinha/Conferencias/Documents/Das_exploracoes_africanas.pdf [consulta efetuada em 30 de novembro de 2012].

PLISHKE, Elmer – *Modern diplomacy: The Art and the Artisans*. Washington: American Enterprise Institute for Public Policy Research, 1979.

PROENÇA, Maria Cândida – "A educação". In ROSAS, Fernando e ROLLO, Maria Fernanda (coord.) – *História da Primeira República Portuguesa*. Lisboa: Edições Tinta da China, 2009, pp. 169-189.

PROENÇA, Maria Cândida – *A questão religiosa no Parlamento*. Vol. 2 *(1910-1926)*. Lisboa: Assembleia da República. Divisão de Edições, 2011.

RAMOS, Luís A. de Oliveira (dir. de) – *História do Porto*. Porto: Porto Editora, 1994.

RAMOS, Rui (coord.) – "A Segunda Fundação". Vol. VI. In MATTOSO, José (dir. de) – *História de Portugal*. Lisboa: Editorial Estampa, 1994.

REBELLO, Luiz Francisco – "Augusto de Castro: Evocação do Dramaturgo". Separata *Memórias da Academia de Ciências de Lisboa. Classe de Letras*. Tomo XXIII. Lisboa: Academia das Ciências de Lisboa, 1983, pp. 337-344.

REBELLO, Luiz Francisco – *História do Teatro Português*. 4.ª Edição. Mem Martins: Publicações Europa-América, 1988.

REBELLO, Luiz Francisco – "O Teatro na transição do regime (1875-1876 a 1917-1918)". In *A República foi ao Teatro*. Lisboa: Instituto dos Museus e da Conservação, 2010.

REBELLO, Luiz Francisco – *O Teatro naturalista e neorromântico (1870-1910)*. Lisboa: Instituto da Cultura Portuguesa, 1978.

REBELLO, Luiz Francisco – *O Teatro simbolista e modernista (1890-1939)*. Lisboa: Instituto da Cultura Portuguesa, 1979.

REBELLO, Luiz Francisco – *Teatro Português*. Vol. II. *Do Romantismo aos nossos dias: cento e vinte anos de literatura teatral portuguesa*. Lisboa: Círculo do Livro, s.d.

REBELLO, Luiz Francisco – *Três espelhos: uma visão panorâmica do teatro português do liberalismo à ditadura (1820-1926)*. Lisboa: Imprensa Nacional Casa da Moeda, 2010.

REIS, António – *Portugal Contemporâneo*. Vols. I, II e III. Lisboa: Publicações Alfa, 1990.

REIS, Bruno Cardoso – "A Primeira República e o Vaticano (1910-1926): a sombra inglesa e o peso do império". In MENESES, Filipe Ribeiro de e OLIVEIRA, Pedro Aires (coord.) – *A Primeira República Portuguesa. Diplomacia, Guerra e Império*. Lisboa: Edições Tinta da China, 2011, pp. 141-178.

REIS, Bruno Cardoso – "Portugal e a Santa Sé no sistema internacional (1910-1970)". *Análise Social*. Lisboa: Instituto de Ciências Sociais da Universidade de Lisboa. 2001. Vol. XXXVI (161), pp. 1019-1059.

RIBEIRO, Maria Manuela Tavares – *Mazzini e il Mazzianesismo in Portogallo*. Firenze: Le Monnier, 2003.

RIBEIRO, Maria Manuela Tavares – "Subsídios para a História da Liberdade de Imprensa: meados de século XIX". Separata de *Boletim do Arquivo da Universidade de Coimbra*. Coimbra: Arquivo da Universidade de Coimbra, n.º 6, 1984.

RODRIGUES, António Simões (dir) – *História Comparada. Portugal, Europa e o Mundo. Uma visão cronológica*. Lisboa: Temas e Debates, 1997.

RODRIGUES, António Simões (coord.) – *História de Portugal em Datas*. 3.ª Edição. Lisboa: Temas e Debates, 2000.

RODRÍGUEZ, Alberto Pena – "La creación de la imagen del franquismo en el Portugal Salazarista". In TORGAL, Luís Reis e PAULO, Heloísa (coord.) – *Estados autoritários e totalitários e suas representações*. Coimbra: Imprensa da Universidade de Coimbra, 2008, pp. 183-198.

ROLLO, Maria Fernanda – *Portugal e a reconstrução económica do pós-guerra: o Plano Marshall e a economia portuguesa dos anos 50*. Lisboa: Instituto Diplomático/Ministério dos Negócios Estrangeiros, 2007.

ROLLO, Maria Fernanda – *Portugal e o Plano Marshall*. Lisboa: Editorial Estampa,1994.

ROSAS, Fernando – *Salazar e o Poder. A Arte de Saber Durar*. Lisboa: tinta da China, 2012.

ROSAS, Fernando, BARROS, Júlia Leitão, e OLIVEIRA, Pedro (org.) – *Armindo Monteiro e Oliveira Salazar. Correspondência Política (1926-1955)*. Lisboa: Editorial Estampa, 1996.

SABINO, Amadeu Lopes – *A Lua de Bruxelas*. Lisboa: Campo das Letras, 2000.

SALAZAR, Oliveira Salazar – *Inéditos e dispersos*. Organização e prefácio de Manuel Braga da Cruz. Vol. I. *Escritos político-sociais e doutrinários, 1908-1928*. Venda Nova, Bertrand, 1997.

SALMON, Jean – *Manuel de Droit Diplomatique*. Bruxelles: Bruylant, 1994.

SAMARA, Maria Alice – "A questão social: à espera da «Nova Aurora»". In ROSAS, Fernando e ROLLO, Maria Fernanda (coord.) – *História da Primeira República Portuguesa*. Lisboa: Edições Tinta da China, 2009, p. 149-167.

SAMPAIO, José Salvado – "Escolas Móveis – contribuição monográfica". In *Boletim Bibliográfico e Informativo*. Lisboa: C.I.P. Gulbenkian, N.º 9, 1969, pp. 9-28.

SANTOS, Eduardo dos – *A questão da Lunda. 1885-1894*. Lisboa: Agência Geral do Ultramar, 1966.

SANTOS, Miguel Dias – *A Contrarrevolução na I República. 1910-1919*. Coimbra: Imprensa da Universidade de Coimbra, 2010.

SANTOS, Vítor Manuel Madeira dos – *Na oficina do dramaturgo: edição crítica de uma obra inédita de Marcelino Mesquita*. Évora: Universidade de Évora, 2007 [dissertação de Mestrado em Literatura Portuguesa Contemporânea apresentada à Universidade de Évora].

SARAIVA, José Flávio Sombra (org.) – *Relações Internacionais. Dois séculos de história. Entre a preponderância europeia e a emergência americano-soviética (1815-1947)*. Vol. I. Rio de Janeiro: Instituto Brasileiro de Relações Internacionais, 2001.

SARDICA, José Miguel – *Duque de Ávila e Bolama. Biografia*. Lisboa: D. Quixote, 2005.

SARDICA, José Miguel – *O Século XX Português*. Alfragide: Texto, 2011.

SARDICA, José Miguel – *Portugal Contemporâneo: Estudos e História*. Lisboa: Universidade Católica, 2013.

SATOW, E. – *A Guide to Diplomatic Practice*. London & New York: Longmans, Green & Co, 1917.

SCHWALBACH, Eduardo – Á lareira do passado. Lisboa: Edição do Autor, 1944.

SELVAGEM, Carlos – *Tropa d'África: jornal de campanha dum voluntário do Niassa*. 3ª Edição. Lisboa: Bertrand, 1925.

SEQUEIRA, Gustavo de Matos – *História do Teatro Nacional D. Maria II*. Lisboa: Teatro Nacional D. Maria II, 1955.

SÉRGIO, António – *Bosquejo da História de Portugal*. 2.ª Edição. Lisboa: Oficinas Gráficas da Biblioteca Nacional, 1923.

SÉRGIO, António – "Tréplica. A Carlos Malheiro Dias sobre a questão do Desejado". In *Seara Nova: Revista Quinzenal de Doutrina e Crítica*. Dir. de Raúl Proença. Lisboa. N.ᵒˢ 45 e 46, maio de 1925, pp. 173-177.

SERRA, João B. – "A evolução política (1910-1917)". In ROSAS, Fernando e ROLLO, Maria Fernanda (coord.) – *História da Primeira República Portuguesa*. Lisboa: Edições Tinta da China, 2009, pp. 93-128.

SERRÃO, Joel (dir. de) – *Dicionário de História de Portugal*. Vol. IV. *Lisboa-Pário*. Porto: Livraria Figueirinhas, 1984.

SILVA, Armando Malheiro da – "General Norton de Matos (1867-1955). Aspetos maiores de um perfil histórico-biográfico – o militar, o colonialista e o democrata". In *Africana Studia*. Porto: Faculdade de Letras da Universidade do Porto. 2003. N.º 6, pp. 173-200.

SILVA, Armando Malheiro da – "Os católicos e a «República Nova» (1917-1918): Da «questão religiosa» à mitologia nacional. *Lusitania Sacra*. Lisboa: Centro de Estudos de História Religiosa – Universidade Católica Portuguesa. 1996-1997. 2.ª Série, 8/9, pp. 385-499.

SILVA, Germano – "A Praça Nova das Hortas." *Jornal de Notícias*. Porto. Ano 121, N.º 302, 29 de março de 2009, p. 74.

SILVA, João Manuel Gonçalves da – "O clientelismo partidário durante a I República: o caso do Partido Reconstituinte (1920-1923)". *Análise Social*. Lisboa: Instituto de Ciências Sociais da Universidade de Lisboa. 1997 (1.º). Vol. XXXII (140), pp. 31-74.

SILVA, Manuel Carlos – *Nação e Estado. Entre o Global e o Local*. Lisboa: Edições Afrontamento, 2006.

SOBREIRA, Maria Rosa – *Os Jornalistas Portugueses. 1933-1974. Uma profissão em construção*. Lisboa: Livros Horizonte, 2003.

SOUSA, Fernando de, AFONSO, Ana Maria e ROCHA, Ricardo – *Os Governadores Civis do Distrito de Bragança*. Bragança, 2005, p. 330. Disponível em http://www.gov--civil-braganca.pt/wp-content/uploads/2010/08/historico-governadores.pdf [consulta efetuada em 9 de janeiro de 2013].

SOUSA, Jorge Pedro – "Eduardo Coelho, um inovador no jornalismo português oitocentista - o caso do Diário de Notícias". In *Revista PJ:Br - Jornalismo Brasileiro*. São Paulo: Universidade de São Paulo, n.º 12, novembro de 2009.

SOUZA, Teotónio R. de - O Padroado português do Oriente visto da Índia instrumentalização política da religião. In *Revista Lusófona de Ciência das Religiões*. Lisboa: Centro de Estudos em Ciências das Religiões da Universidade Lusófona, Ano VII, N.º13/14, 2008, pp. 413-430.

TAVARES, Pedro Villas Boas – "Amadeu Cunha. Subsídios para apreciação da sua vida literária." In BARROCA, Mário (coord.) – *Carlos Alberto Ferreira de Almeida. In memoriam*. Porto: Faculdade de Letras da Universidade do Porto, 1999, pp. 423-434.

TAVARES, Pedro Villas Boas – "A propósito da Religião do Sol". In *Primeiro de janeiro. Das Artes/Das Letras*. Porto: 20 de março de 1985, p. 16.

TEIXEIRA, Nuno Severiano – "A República e a política externa". In MENESES, Filipe Ribeiro de e OLIVEIRA, Pedro Aires (coord.) – *A 1.ª República Portuguesa. Diplomacia, Guerra e Império*. Lisboa: Tinta da China, 2011, pp. 23-33.

TEIXEIRA, Nuno Severiano – *O Poder e a Guerra. 1914-1918. Objetivos nacionais e estratégias políticas na entrada de Portugal na Grande Guerra*. Lisboa: Editorial Estampa, 1996.

TEIXEIRA, Nuno Severiano – "Política externa e política interna no Portugal de 1890: o Ultimatum Inglês". *Análise Social*. Lisboa: Instituto de Ciências Sociais da Universidade de Lisboa. 1987. Vol. XXIII (98): N.º 4, pp. 687-719.

TELO, António José (org.) – *António de Faria*. Lisboa: Edições Cosmos, 2001.

TELO, António José – *Decadência e Queda da 1.ª República*. Vol. I e II. Lisboa: A Regra do Jogo, 1978-1980.

TELO, António José – *Economia e Império no Portugal Contemporâneo*. Lisboa: Cosmos, 1994.

TENGARRINHA, José Manuel – *Estudos de História Contemporânea de Portugal*. Lisboa: Editorial Caminho, 1983.

TENGARRINHA, José Manuel – *História da Imprensa Periódica Portuguesa*. Lisboa: Portugália, 1965.

TORGAL, Luís Reis – *António José de Almeida e a República*. Lisboa: Círculo de Leitores, 2004.

TORGAL, Luís Reis – "António José de Almeida: jornalista e político da República". In PEIXINHO, Ana Teresa e SANTOS, Clara Almeida (coord.) – *Comunicação e Educação Republicanas. 1910-2010*. Coimbra: Imprensa da Universidade de Coimbra, 2011, pp. 13-57.

TORGAL, Luís Reis – *Estados Novos. Estado Novo. Ensaios de História Política e Cultura*. Vols. I e II. 2.ª Edição. Coimbra: Imprensa da Universidade de Coimbra, 2009.

TORGAL, Luís Reis – *História e Ideologia*. Coimbra: Minerva, 1989.

TORGAL, Luís Reis – "Intelectuais orgânicos e políticos funcionais no Estado Novo". *Transformações estruturais no campo cultural português. 1900 – 1950*. Atas do Congresso com o mesmo título realizado em 21-23 de outubro de 2004. Coimbra: Ariadne Editora/CEIS20, 2005, p. 235-253.

TORGAL, Luís Reis – "Jorge Ramos do Ó, *Os Anos de Ferro. O Dispositivo Cultural durante a «Política do Espírito». 1933-1949*, Lisboa, Editorial Estampa, 1999". In *Análise Social*. Lisboa: Instituto de Ciências Sociais da Universidade de Lisboa. 2020, Vol. XXXVII (primavera), pp. 299-303.

TORGAL, Luís Reis (coord.) – *O cinema sob o olhar de Salazar*. Lisboa: Temas e Debates, 2011.

TORGAL, Luís Reis – "O Modernismo Português na formação do Estado Novo de Salazar. António Ferro e a Semana de Arte Moderna de São Paulo". In SILVA, E. Ribeiro da, CRUZ, M. Antonieta, RIBEIRO, J. Martins e OSSWALD, H. (org.) – *Estudos de Homenagem a Luís António de Oliveira Ramos*. Porto: Faculdade de Letras da Universidade do Porto, 2004, pp. 1085-1102.

TORGAL, Luís Reis, MENDES, José Amado e CATROGA, Fernando – *História da História em Portugal. Séculos XIX-XX*. Lisboa: Círculo de Leitores, 1996.

TORRES, Adelino – "Angola: conflitos políticos e sistema social (1928-1930)". In *Estudos afro-asiáticos*. N.º 32. Rio de Janeiro: Centro de Estudos Afro-Asiáticos, dezembro de 1997, pp. 163-183.

Tricentenaire de Molière. Recueil des discours prononcés à l'occasion des fêtes du troisième centenaire de Molière. Janvier 1922. Paris: Éditions G. Crès, 1923.

VALENTE, Vasco Pulido – "Henrique Paiva Couceiro – um colonialista e um conservador". *Análise Social*. Lisboa: Instituto de Ciências Sociais da Universidade de Lisboa. 2001. Vol. XXXVI: N.º 160, pp. 767-802.

VALENTE, Vasco Pulido – *O Estado Liberal e o Ensino. Os Liceus Portugueses (1834-1930)*. Lisboa: Gabinete de Investigações Sociais, 1973.

VALENTE, Vasco Pulido – *Portugal. Ensaios de História e de Política*. Lisboa: Alêtheia Editores, 2009.

VASQUES, Eugénia – *A Escola de Teatro do Conservatório (1839-1901): Contributo para uma História do Conservatório de Lisboa*. Lisboa: Gradiva, 2012.

VERÍSSIMO, Helena Ângelo - *Os Jornalistas nos Anos 30/40. Elite do Estado Novo*. Coimbra: Minerva, 2003.

VILAR, Pierre – *História de Espanha*. Lisboa: Livros Horizonte, 1971.

WATSON, Adam – *The Evolution of International Society. A comparative historical analysis*. London: Routledge, 1992.

WEBER, Max – "Alocução no Primeiro Congresso da Associação Alemã de Sociologia em Frankfurt". In *Gesammelte Aufsätze zur Soziologie und Sozialpolitik*. Tübingen: J. C. B. Mohr [Paul Siebeck], 1924, pp. 434-441.

Internet

Ata geral redigida em Berlim em 26 de fevereiro de 1885. Disponível em http://macua. blogs.com/files/conf_berlim_1885.pdf [consulta efetuada em 24 de maio de 2013].

AZEVEDO, Eunice – *A Ceia dos Cardeais*. Centro de Estudos do Teatro/Instituto Camões. In http://cvc.instituto-camoes.pt/teatro-em-portugal-espetaculos/2467-a-ceia-dos-cardeais.html [consulta efetuada em 29 de outubro de 2012].

CATROGA, Fernando – "Pátria e nação". Paraná: Centro de Documentação e Pesquisa de História dos Domínios Portugueses da Universidade Federal do Paraná, 2011/2012, p. 32. Disponível em http://www.humanas.ufpr.br/portal/cedope/files/2011/12/P%C3%A1tria-e-Na%C3%A7%C3%A3o-Fernando-Catroga.pdf [consulta efetuada em 28 de fevereiro de 2013].

Convenção de Lisboa, de 25 de maio de 1891. "Diário da Câmara dos Senhores Deputados da Nação Portuguesa. 1822-1910". In Debates Parlamentares. Direção de Serviços de Documentação e Informação. Assembleia da República. Sessão de 27-06-1891, p. 12. Disponível em http://debates.parlamento.pt/page. aspx?cid=mc.cd&diary=a1891m06d27-0012&type=texto&q=lunda&sm=p [consulta efetuada em 30 de abril de 2013].

Intervenção de Augusto de Castro Sampaio Corte Real. "Diário da Câmara dos Senhores Deputados da Nação Portuguesa. 1822-1910". In *Debates Parlamentares*. Direção de Serviços de Documentação e Informação. Assembleia da República. Sessão de 23-08-1905, p. 11. Disponível em http://debates.parlamento.pt/page.aspx?cid=mc. cd&diary=a1905m08d23-0011&type=texto [consulta efetuada em 9 de janeiro de 2013].

Intervenção de Augusto de Castro Sampaio Corte Real. "Diário da Câmara dos Senhores Deputados da Nação Portuguesa. 1822-1910". In *Debates Parlamentares*. Direção de Serviços de Documentação e Informação. Assembleia da República. Sessão de 20-10-1906, p. 10. Disponível em http://debates.parlamento.pt/page.aspx?cid=mc. cd&diary=a1906m10d20-0010&type=texto [consulta efetuada em 14 de janeiro de 2013].

Intervenção de Augusto de Castro Sampaio Corte Real. "Diário da Câmara dos Senhores Deputados da Nação Portuguesa. 1822-1910". In *Debates Parlamentares*. Direção de Serviços de Documentação e Informação. Assembleia da República. Sessão de 05-12-1906, p. 12. Disponível em http://debates.parlamento.pt/page.aspx?cid=mc. cd&diary=a1906m12d05-0012&type=texto [consulta efetuada em 14 de janeiro de 2013].

Intervenção de Augusto de Castro Sampaio Corte Real. "Diário da Câmara dos Senhores Deputados da Nação Portuguesa. 1822-1910". In *Debates Parlamentares*. Direção de Serviços de Documentação e Informação. Assembleia da República. Sessão de 20-05-1908, p. 12. Disponível em http://debates.parlamento.pt/page.aspx?cid=mc. cd&diary=a1908m05d20-0012&type=texto [consulta efetuada em 16 de janeiro de 2013].

Intervenção de Augusto de Castro Sampaio Corte Real. "Diário da Câmara dos Senhores Deputados da Nação Portuguesa. 1822-1910". In *Debates Parlamentares*. Direção de Serviços de Documentação e Informação. Assembleia da República. Sessão de 07-07-1908, p. 9. Disponível em http://debates.parlamento.pt/page.aspx?cid=mc. cd&diary=a1908m07d07-0009&type=texto [consulta efetuada em 16 de janeiro de 2013].

Intervenção de Augusto de Castro Sampaio Corte Real. "Diário da Câmara dos Senhores Deputados da Nação Portuguesa. 1822-1910". In *Debates Parlamentares*. Direção de Serviços de Documentação e Informação. Assembleia da República. Sessão de 10-07-1908, p. 19. Disponível em http://debates.parlamento.pt/page.aspx?cid=mc. cd&diary=a1908m07d10-0019&type=texto [consulta efetuada em 14 de janeiro de 2013].

Intervenção de Augusto de Castro Sampaio Corte Real. "Diário da Câmara dos Senhores Deputados da Nação Portuguesa. 1822-1910". In *Debates Parlamentares*. Direção de Serviços de Documentação e Informação. Assembleia da República. Sessão de 11-07-1908, p. 16. Disponível em http://debates.parlamento.pt/page.aspx?cid=mc. cd&diary=a1908m07d11-0016&type=texto [consulta efetuada em 14 de janeiro de 2013].

Intervenção de Augusto de Castro Sampaio Corte Real. "Diário da Câmara dos Senhores Deputados da Nação Portuguesa. 1822-1910". In *Debates Parlamentares*. Direção de Serviços de Documentação e Informação. Assembleia da República. Sessão de 08-03-1910, p. 3. Disponível em http://debates.parlamento.pt/page.aspx?cid=mc. cd&diary=a1910m03d08-0003&type=texto [consulta efetuada em 14 de janeiro de 2013].

Intervenção de Carlos Pereira. "Diário da Câmara dos Deputados. 1911-1926". In *Debates Parlamentares*. Direção de Serviços de Documentação e Informação. Assembleia da República. Sessão de 24-06-1924, p. 6. Disponível em http://debates.parlamento.pt/page.aspx?cid=r1.cd&diary=a1924m06d24-0006&type=texto&q=augusto%20de%20castro&sm=p [consulta efetuada em 19 de abril de 2013].

João Lúcio. In http://www.olhao.web.pt/personalidades/jo%C3%A3o_l%C3%BAcio.htm [consulta efetuada em 24-10-2012].

Juízes Conselheiros do Supremo Tribunal de Justiça. http://www.stj.pt/stj/estrutura/juizes1833/446-juizes-conselheiros1833 [consulta efetuada em 20 de novembro de 2012].

LAMBERT, Maria de Fátima – "Teixeira de Pascoaes, Almada e Pessoa: breves notas para a redenção da nacionalidade no século XIX". Porto, 1997, p. 3. Disponível em http://www.academia.edu/1089445/_Teixeira_de_Pascoaes_Almada_e_Pessoa_breves_notas_para_redencao_da_nacionalidade_no_seculo_XX_ [página consultada em 27 de fevereiro de 2013].

MOTA, Maria – "Sob o signo de Prometeu. A polémica sebastianista entre António Sérgio e Carlos Malheiro Dias (1924-1925)". In *VIII Congresso LUSOCOM*, p. 2127. http://conferencias.ulusofona.pt/index.php/lusocom/8lusocom09/paper/viewFile/162/138 [página consultada em 5 de novembro de 2012].

Nota Biográfica de Pedro Araújo (1862-1922). http://sigarra.up.pt/up/pt/web_base. gera_pagina?P_pagina=1006616 [consulta efetuada em 30 de janeiro de 2013].

Projeto de Lei n.º 48. "Diário da Câmara dos Senhores Deputados da Nação Portugueza. 1822-1910". In *Debates Parlamentares*. Direção de Serviços de Documentação e Informação. Assembleia da República. Sessão de 22-08-1908, pp. 8-9. Disponível em http://debates.parlamento.pt/page.aspx?cid=mc.cd&diary=a1908m08d22-0009&type=texto [consulta efetuada em 14 de janeiro de 2013].

Registo Geral de Mercês de D. Luís I, liv. 24, f. 151. http://digitarq.dgarq.gov.pt/details?id=2041116 [consulta efetuada em 20 de novembro de 2012].

Registo Geral de Mercês de D. Luís I, liv. 44, f. 129. http://digitarq.dgarq.gov.pt/details?id=2041117 [consulta efetuada em 20 de novembro de 2012].

Registo Geral de Mercês de D. Luís I, liv. 44, f. 129v. http://digitarq.dgarq.gov.pt/ details?id=2041118 [consulta efetuada em 20 de novembro de 2012].

Registo Geral de Mercês de D. Luís I, liv. 44, f. 129v. http://digitarq.dgarq.gov.pt/ details?id=2041119 [consulta efetuada em 20 de novembro de 2012].

Registo Geral de Mercês de D. Luís I, liv. 44, f. 130v. http://digitarq.dgarq.gov.pt/ details?id=2041121 [consulta efetuada em 20 de novembro de 2012].

Registo Geral de Mercês de D. Luís I, liv. 48, f. 259. http://digitarq.dgarq.gov.pt/ details?id=2041123 [consulta efetuada em 20 de novembro de 2012].

Registo Geral de Mercês de D. Luís I, liv. 44, f. 130. http://digitarq.dgarq.gov.pt/ details?id=2041120 [consulta efetuada em 20 de novembro de 2012].

Registo Geral de Mercês de D. Luís I, liv. 5, f. 121. http://digitarq.dgarq.gov.pt/ details?id=2093043 [consulta efetuada em 20 de novembro de 2012].

Registo Geral de Mercês de D. Luís I, liv. 5, f. 121. http://digitarq.dgarq.gov.pt/Details-Form.aspx?id=2092820 [consulta efetuada em 20 de novembro de 2012].

ROVISCO, Maria Luís – "Reavaliando as narrativas da nação – Identidade Nacional e Diferença Cultura". In *Atas do IV Congresso Português de Sociologia – Sociedade Portuguesa: Passados Recentes, Futuros Próximos*. Coimbra: 2000, pp. 1-16. Disponível em http://www.aps.pt/cms/docs_prv/docs/DPR462dca-1d5f381_1.PDF consulta efetuada em 28 de fevereiro de 2013].

ANEXOS

Cronologia da vida e obra de Augusto de Castro Sampaio Corte-Real

1883

11 de janeiro: Nasce no Porto, na Rua de Cedofeita.

1892

Conclui a Instrução Primária.

Inicia estudos no Liceu Central do Porto.

1897

Conclui os estudos no Liceu Central do Porto.

4 de outubro: Ingressa na Faculdade de Direito da Universidade de Coimbra.

1900

Publica *Religião do Sol*.

1902

Publica com João Lúcio *Até que enfim!*

Conclui a licenciatura em Direito com média de 14 valores.

Abre escritório de advogado no Largo de S. João Novo, no Porto.

17 de novembro: Estreia-se nas lides judiciais.

1903

25 de maio: Assume a direção do jornal *A Província*.

1904

9 de julho: Abandona a direção do jornal *A Província*.

16 de julho: Assume a direção do diário *Folha da Noite*.

1905

Casa com Maria Emília de Barbosa Falcão de Azevedo e Bourbon de Castro.

4 de abril: Nomeado deputado da nação por Bragança.

26 de abril: Abandona a direção do diário *Folha da Noite*.

1906

Nomeado deputado da nação por Aveiro.

Publica *Caminho Perdido*.

1907

Publica *Amor à antiga*.

17 de abril: Assume o cargo de redator principal do *Jornal do Comércio*.

1908

Nomeado deputado da nação por Ponta Delgada.

15 de junho: Nomeado chefe de serviços da Caixa Geral de Depósitos e Instituições de Crédito e Previdência.

Setembro: Começa a exercer funções como chefe de serviços da Caixa Geral de Depósitos e Instituições de Crédito e Previdência.

1909

Publica *Chá das Cinco*.

1909

23 de dezembro: É eleito para a Academia das Ciências de Lisboa.

31 de dezembro: Abandona o cargo de redator principal do *Jornal do Comércio*.

1910

Publica *Vertigem*.

1911

14 de novembro: Passa a desempenhar o cargo de administrador-geral da Caixa Geral de Depósitos e Instituições de Crédito e Previdência.

1912

Nasce a sua primeira filha, Maria Cândida Barbosa de Azevedo Bourbon de Castro Bernardes.

16 de junho: Deixa o cargo de administrador-geral da Caixa Geral de Depósitos e Instituições de Crédito e Previdência.

20 de novembro: Começa a exercer funções no Conservatório Nacional ou Escola de Arte de Representar, onde rege a 8.ª cadeira, "Organização e Administração Teatral.

1914

14 de dezembro: Passa a exercer o cargo de vogal do Conselho de Administração da Caixa Geral de Depósitos e Instituições de Crédito e Previdência.

1915

Possível diretor e cronista de *O Século – Edição da Noite*.

Cronista de *O Século*.

24 de janeiro: Deixa de exercer o cargo de vogal do Conselho de Administração da Caixa Geral de Depósitos e Instituições de Crédito e Previdência.

11 de outubro: Passa a exercer o cargo de vogal do Conselho de Administração da Caixa Geral de Depósitos e Instituições de Crédito e Previdência.

1916

Nasce a sua segunda filha, Maria Isabel Cândida Barbosa de Azevedo Bourbon de Castro Moniz.

Publica *Fumo do Meu Cigarro*.

1917

Publica *Fantoches e Manequins*.

Integra a Comissão de Serviço de Instrução Pública (Ministério da Instrução Pública).

30 de dezembro: Deixa de exercer o cargo de vogal do Conselho de Administração da Caixa Geral de Depósitos e Instituições de Crédito e Previdência.

1918

Publica *Campo de Ruínas. Impressões de Guerra*.

Publica *A Culpa*.

Deixa de ser cronista do jornal *O Século*.

Integra a Comissão de Serviço do Ensino Artístico (Museu de Arte Antiga).

1919

Integra a Comissão dos Prejuízos de Guerra (Ministério dos Negócios Estrangeiros).

1 de junho: Assume, pela primeira vez, a direção do *Diário de Notícias*.

1920

Integra a Comissão designada à Conferência de Paz (Ministério dos Negócios Estrangeiros.

Julho: Parte para a capital francesa, sob a alçada do ministério dos Negócios Estrangeiros, em missão de serviço público.

23 de dezembro: Deixa de exercer funções como chefe de serviços da Caixa Geral de Depósitos e Instituições de Crédito e Previdência.

1922

25 de outubro: Deixa de exercer funções no Conservatório Nacional ou Escola de Arte de Representar.

1923

5 de março: Representante das delegações portuguesa e brasileira no I Congresso da Imprensa Latina, em Lyon. Fundação da Associação da Imprensa Latina.

1924

14 a 20 de fevereiro: Presidente do II Congresso da Imprensa Latina, que decorre em Lisboa.

28 de fevereiro: É nomeado Chefe de Missão de Primeira Classe, Enviado Extraordinário e Ministro Plenipotenciário da República Portuguesa em Londres.

29 de março: Abandona a direção do *Diário de Notícias*.

20 de abril: Parte para a legação de Portugal em Londres.

24 de abril: Toma posse do novo cargo em Londres.

6 de junho: É publicado o decreto que transfere Augusto de Castro para a legação de Portugal junto da Santa Sé.

18 de julho: Toma posse do novo lugar no Vaticano.

1929

2 de maio: Augusto de Castro fica a pertencer definitivamente ao quadro dos Ministros Plenipotenciários de 1.ª classe.

28 de setembro: Decreto que transfere Augusto de Castro para a Legação de Portugal em Berlim (não toma posse).

18 de novembro: Decreto que transfere Augusto de Castro para a Legação de Portugal em Bruxelas.

12 de dezembro: Toma posse da Legação de Portugal em Bruxelas.

1931

14 de janeiro: Decreto que transfere Augusto de Castro para a Legação de Portugal em Roma (Quirinal).

10 de fevereiro: Toma posse da Legação de Portugal em Roma (Quirinal).

1934

Publica *Amor*.

1935

4 de janeiro: Decreto que transfere Augusto de Castro para a Legação de Portugal em Bruxelas.

13 de fevereiro: Toma posse da Legação de Portugal em Bruxelas.

1938

8 de dezembro: Entrega a gerência da Legação em Bruxelas.

24 de dezembro: Decreto colocando na disponibilidade, por conveniência de serviço, Augusto de Castro.

1939

Nomeado comissário-geral da Exposição do Duplo Centenário.

20 de março: Funda e assume a direção de *A Noite*.

21 de maio: Assume, pela segunda vez, a direção do *Diário de Notícias*.

10 de Junho: Abandona a direção do jornal *A Noite*.

1945

16 de janeiro: Decreto colocando Augusto de Castro na Legação de Portugal em Paris.

28 de janeiro: Abandona a direção do *Diário de Notícias*.

10 de fevereiro: Assume a legação de Portugal em Paris.

1947

29 de julho: Augusto de Castro abandona a legação de Portugal em Paris.

14 de agosto: Assume, pela terceira vez, a direção do *Diário de Notícias*.

1948

Regressa a Paris, na qualidade de observador, para assistir às conferências sobre a reconstrução da Europa Ocidental, no quadro do Plano Marshall.

1949

Regressa a Paris, na qualidade de observador, para assistir às conferências sobre a reconstrução da Europa Ocidental, no quadro do Plano Marshall.

25 a 28 de fevereiro: Participa no Conselho Internacional do Movimento Europeu, que decorreu em Bruxelas.

1951

Entrevistado por Christine Garnier para a obra *Férias com Salazar*.

14 a 22 de dezembro: Lidera a delegação portuguesa, enviada ao Congresso da União Latina, realizado no Rio de Janeiro.

1953

11 de janeiro: Colocado na situação de aguardando aposentação (por perfazer 70 anos).

1954

20 de agosto: Desempenha os lugares de Presidente da Comissão de Limites entre Portugal e a Espanha, de Presidente da Comissão Nacional da União Latina e de representante de Portugal no Conselho Executivo deste Organismo Internacional.

1957

Abril: Missão Extraordinária de Serviço Público, Conferência Internacional de Informação, Paris.

1959

11 de junho: Missão Extraordinária de Serviço Público no estrangeiro.

1964

Homenagem prestada pela Sociedade de Autores e Compositores Teatrais.

1965

Homenagem prestada pela Associação de Imprensa Estrangeira.

1968

Recebe o Grande Prémio Nacional de Literatura.

1969

20 de dezembro: É distinguido, pela Faculdade de Letras da Universidade do Porto, que lhe confere o grau de doutor Honoris Causa. Na mesma altura é-lhe concedida a Medalha de Ouro pela Câmara Municipal da mesma cidade.

1971

Maio: Nomeado pelo Governo para presidir à Comissão Nacional das Comemorações do IV Centenário da Publicação de *Os Lusíadas*.

24 de julho: Morre no Estoril.

www.ingramcontent.com/pod-product-compliance
Lightning Source LLC
Chambersburg PA
CBHW060132280326
41932CB00012B/1499